李如龙 著

薪火相传

李如龙自选集

暨南大学出版社
JINAN UNIVERSITY PRESS

中国·广州

雨露集　黄典诚先生对音韵学的重要贡献
可贵的启迪，永恒的怀念　罗常培与《厦门音系》
——纪念李荣先生　　　　词汇研究的新局面和新课
二十世纪汉语方言学的　　　汉字双重性质论纲
东南方言声调比较研究》　《福州方言熟语歌谣》序　桃李集
北土话音韵研究》序　山为绝顶我为峰　《晋方言语法研究》

图书在版编目（CIP）数据

薪火相传：李如龙自选集/李如龙著 . —广州：暨南大学出版社，2023. 1
ISBN 978 - 7 - 5668 - 3543 - 7

Ⅰ. ①薪… Ⅱ. ①李… Ⅲ. ①汉语—文集 Ⅳ. ①H1 - 53

中国版本图书馆 CIP 数据核字（2022）第 214950 号

薪火相传：李如龙自选集
XINHUO XIANGCHUAN：LI RULONG ZIXUAN JI
著　者：李如龙

出 版 人：张晋升
策划编辑：李　战
责任编辑：黄　颖
责任校对：刘舜怡　王燕丽　陈皓琳　陈慧妍
责任印制：周一丹　郑玉婷

出版发行：暨南大学出版社（511443）
电　　话：总编室（8620）37332601
　　　　　营销部（8620）37332680　37332681　37332682　37332683
传　　真：（8620）37332660（办公室）　37332684（营销部）
网　　址：http://www.jnupress.com
排　　版：广州市天河星辰文化发展部照排中心
印　　刷：佛山市浩文彩色印刷有限公司
开　　本：787mm×1092mm　1/16
印　　张：29
字　　数：460 千
版　　次：2023 年 1 月第 1 版
印　　次：2023 年 1 月第 1 次
定　　价：99. 80 元

前　言

已有的"自选集"好像都是出版家慕名而主动向作者约稿的，我这一本却不是，而是在六十多年的教学研究生涯中油然而生的感觉催生的。"薪火相传"是中国式的学术传承的一句老话。当我在回忆自己的学术经历的时候，最先想到的是指引我上路的大家和老师。1953年上大学的时候我还不满十七岁，来到厦门大学，就读到1926年罗常培先生来这里教书时写的《厦门音系》，它让我知道了农民说的土话还有那么多可以研究的东西。然后就有黄典诚老师给我们讲授的"语言学概论""方言学""音韵学"这些课程，认识了语言学还是个蕴含深广的大学问。正好那时的大学在大力推广普通话、讨论简化字和汉语拼音方案，报纸上还连载吕叔湘和朱德熙先生的《语法修辞讲话》；而班上同学说的上海话、福州话、莆田话、绩溪话我全都听不懂；此外，每周还有古代汉语和外语课。突然置身于这样的语言环境和语言学天地，我感到新奇和兴奋，还有几分责任感，我看到语言学是条走不尽的路，值得干一辈子。

大学毕业后我就投入了全国性的第一次方言普查，在闽南、闽西记音、整理材料，后来又参与编写《福建省汉语方言概况》，直到校印出版"讨论稿"，1963年还为这本书举办了一次全国性的学术讨论会。在正常教学之外，我整整忙了六年多。因为有黄典诚老师的悉心指导和诸多同道的切磋，我算是得到方言学的一番训练。1964 年，我和潘茂鼎先生一起到北京，向丁声树、李荣先生请教《福建省汉语方言概况》如何修订，也访问了王力、袁家骅、胡明扬等先生，得到了肯定，信心更足了。20 世纪 70 年代转到福建师范大学任教之后，我又抓紧调查了闽北、闽东的方言，写了十几个县的方言志，和几位朋友合编了福州和建瓯两种方言词典。那时，拨乱反正、改革开放，迎来了学术的春天，办起了各种学会。我一方面从方言调查中尝到甜头，觉得福建方言大有可为，但又感到总是守在海陬一隅，缺乏交流，不是办法，便争取一切机会出去与同行交流，向老专家请教。自 1981 年的中国语言学会、音韵学会在武汉成立之后，又有方言学会、国际汉藏语学会、地名学会、应用语言学会等接二连三地开会，让我走进了更加广阔的学术天地，尝到相关学科沟通互动、相互为用的乐趣。1987 年，我在福建师范大学开始带方言学硕士生，1995 年在暨南大学又带了博士生，2000 年后在厦门大学和中国传媒大学继续招博士生。我就跟他们一起做调查、编了几本书：《客赣方言调查报告》《福建双方言研究》《粤西客家方言调查报告》《汉语方言特征词研究》；还一起办会：闽方言会、客方言会、东南方言语法研讨会、东南亚汉语方言讨论会、汉语词汇学会、汉语国际教育的会，做了一些一己之力办不成的大事。前后 20 年间，和硕士生、博士生共同编写的专著就有十几本。博士生毕业后大多把学位论文打磨成高质量的专著，好些都已经超过了我的水平。这就使我体会到了教学相长的乐趣，也是薪火相传的新成果。

收在这个《自选集》的文章有三类。

第一部分"雨露集——师友启迪"，收进 15 篇文章。郑朝宗、黄典诚两位教授是我在厦门大学中文系就读时的老师，我对他们的品格和学问是非常敬重的。罗常培、丁声树、吕叔湘、周有光、李荣是我崇敬的语言学家，曾世英先生是引导我走进地名学的大师，张永言、张志毅、丁邦新、罗杰瑞是同我有过亲切交往的大学者，我从他们那里学到许多知识和理论，文章里记录了他们给我的启发和教示。至于高本汉，是我所崇拜的早年欧洲的汉学家，他对汉语汉字的理解最深。这些文章说的主要是自己学习他们著作的所得体会。有的从年龄说是同辈人，学问却比我高明，从他们那里我得到了

"薪传"的温暖。

第二部分"鳞爪集——四野漫步"，收了我自己的 14 篇论文，大多是近几年间写的内容，包括现代方言学的经验总结、方言演变的现状考察和相关语言政策的思考；关于词汇学、汉字学的几点讨论。这些文章都是已经出版的论文集尚未收进去的。有的是受到同行的启发或会议、专集约稿而写的，自己觉得还值得一读，也选编在本集。

第三部分是"桃李集——满园春色"，收了 33 篇为年轻朋友的专著写的序文。这些语言学专著大多是从我而学的博士生的学位论文。我历来不要求学生跟着我亦步亦趋，而是发挥其所长，给他们指引个方向，提供一些方法和资料，让他们自由奋斗。这种教学法看来还能更多地发挥他们的创造性，有些见解和结论是我自己还提不出来的，序文里表达了我对他们的成功祝贺和欣慰之情，介绍他们的研究课题是为何选定的，有什么学术价值和意义，肯定他们的创获和贡献或研究方法上的成功之处，以及我读过他们的论著之后得到的"教学相长"的乐趣。有的也指出不足之处和尚待进一步研究的课题，鼓励他们继续努力。

中国的语言丰富多彩，中国的语言学也必定会有更大的发展，改革开放近半个世纪的成功实践证明了，凭着汉语、汉藏语的独特魅力和中华文化的丰富蕴含，中国语言学必定会走向世界，为世界语言学做出应有的贡献。只要语言学工作者能保持坚强的意志、旺盛的精力，薪火相传、前赴后继，我们就一定会有光明的未来。

李如龙

2022 年 11 月 10 日

目 录
CONTENTS

◎ 桃李集——满园春色

雨露集

师友启迪

为学艰难， 为人紧要①

——怀念郑朝宗、黄典诚教授

　　我的青年时期是在厦门大学中文系度过的。刚入学的时候，真是一派明媚的春光，一个十六岁的乡下孩子，我满腔热情地来寻求自己的人生道路。吃着许多以前没吃过的东西，见到许多未曾见过的风光，在书籍的海洋里不知疲倦地涉猎着新的知识。开头的两年，我感受到从未有过的幸福，每天都有许多新的收获，个子也长高了，总觉得有使不完的劲。第一个寒假，我甚至舍不得回到乡下去，为了多读一些书。那个春节，见到教授们都穿着长袍，满脸阳光地互相拜年，那温文尔雅、友爱祥和的气氛，还有不时夹杂着的似懂非懂的文言，给我留下了难忘的印象。我想，这里有几千年中华文化的积淀，也有新中国向上发展的蓬勃朝气，我一定要努力学习，像他们一样，成为一个学者，为国家的文化事业做贡献。第一次学年考试，我是门门五分，把我乐的。暑假后，学校选送我上北京的留苏预备班。开学不久，我和另一位同学因为有海外关系和台湾关系，政审不合格被退回，那个同学哭了，我想，我学的是中国语言文学，不去也罢，走自己的路吧。回校后，赶上"反空袭斗争"、金门炮战，我们照样上课，虞愚教授在课堂上吟诵楚辞还那么铿锵响亮，洪笃仁先生的习作讲评依然鞭辟入里。课堂讨论时大家争

---

① 本文刊于《文缘——我与厦门大学中文系》（厦门大学中文系编，2011 年）。

着发言,热烈非常,到期末就在南普陀的山洞里考试,学习、锻炼都不受影响。而后,首都的艺术家分期分批来这个海防前线的大学慰问演出,高元钧的山东快书、俞振飞的昆曲、常香玉的豫剧、侯宝林的相声都曾是我们的艺术盛宴。

可惜在两年之后,来了一个烽烟滚滚的年代。从"反胡风""反右"到"批三家村""十年浩劫",中文系都是重灾区。整整的十年间,有许多不堪回首的往事。开始时,我从沉默、迷茫中选择了从事与政治离得远点的语言学,后来,在书桌前都坐不稳的时候,也努力紧跟过,也曾经头脑发热、是非不清、方向不明,但是对于关爱我的师友,我从未踩过他们一脚,也没有揭过谁的隐私,总是在寻找自己选定的语言学的治学之路。在这段为学之道上,使我深切怀念的是郑朝宗、黄典诚两位教授。

记得在20世纪80年代初我到福建师大任教之后,有一次郑先生以省文联主席的身份到福州开会,我去宾馆探望这位我所敬重而又多年未见的老师,没想到他第二天就到我的宿舍来看我,这使我十分感动。在长时间的交谈中,老人兴致勃勃地对我说了他正在带领几位研究生研究他的好友钱锺书先生的文学理论,希望沿着钱先生的道路,在研究中外古今的文学名著的基础上探讨真正的文学理论。他还说,真正的理论是超乎时空的,只有做纵横的比较才能获得。这话对我震动很大。我想起上学期间他给我们上"西洋文学"时那些广博而又深邃的文学理论,想起他的讲座"中国的小诗"对唐代以来的绝句的细致的艺术分析,原来,郑先生思考这些问题已经数十年了,如果没有二十年的困顿和摧残,他早就是这种文学理论的大家了。这次深谈他还说了,做学问要大处着眼、小处着手。有些学者读了很多书,也很聪明,但是不做具体的研究、不写文章,到头来眼高手低,一事无成。在欧洲就有不少这样的学者。他肯定了我做过大量的方言调查,要我做古今南北的比较研究。从那时起,我就做闽语的比较研究,逐步扩展到客赣方言乃至东南方言的比较,和古汉语作比较,并在学生中贯彻这种思路,带领他们一起做。

那次谈心时,我曾向先生建议,把他的公子郑天耀调来厦大,他在师大附中是个很优秀的教师,厦大历来都没有人研究语文教育,正好用。先生说，他在那里做得好，就让他继续发挥作用吧，在高校不能做大学问终究是站不住的，三十年前我的外甥女就是我当系主任时把她调往中学的。我这才想起，在我留校任教之前，正是语言学师资奇缺的时候，我的班主任刘以珥老师就是先生把她调离中文系的。郑老师做学问、当系主任就是这样看重事业而不图谋任何的私家利益的。我不觉汗颜了。

20世纪90年代初，我到广州工作后，又一次回厦大开会，很高兴地登门又去拜望郑先生，那时，他的身体已经大不如前了，对几个研究钱学已经初露头角的学生不能留校也表示惋惜。这次他拿了刚出版的《海夫文存》，认真地签字盖章后送给我。回家后我仔细研读了好几天，老师的新著又一次给我极大的启发。原来钱锺书先生早就在赠诗中给他很高的评价："陆沉与盲聋，如子免庶可"，他为这个典故做了解释：王充的《论衡》里说，"知古不知今，谓之陆沉；知今不知古，谓之盲聋"。钱锺书的《谈艺录》是先生经常引用的，尤其是"东海西海，心理攸同；南学北学，道术未裂"。打通中外古今南北，人文科学的研究才能走上真正的科学之路，这就是钱锺书、郑朝宗这批30年代的学贯中西、精通古今的大学者留给我们的最大学术财富。如今这一代学者已经纷纷离我们而去了。他们的成就我是望尘莫及的，但是他们留下的宝藏，我们这一辈人应该把它传下去。我在暨南大学招收博士生之后，就更加坚定地按照这条路子走。我常说，自己承不了前、启不了后，但是打通古今南北、兼容中外理论这个方向是我经常给他们强调的，他们称之为"十字架理论"，并相互鼓励，努力去做。年青一代能够沿着这条路子走到新的高峰，也就是薪火相传了。

黄典诚教授是我的语言学启蒙的业师。我选定语言学之路就是从敬佩他的学识开始的。他给我们上的方言学、音韵学、汉语史，把历来被认为枯燥无味的"绝学"讲成了趣味盎然的学问，用大家所熟知的方言事实和古代诗文名句来论证语言演变的规律，不但可以做理论的类推，还可以"宣诸唇吻"，读得出音，想得到义。他在教学中用"中古音—标准音—方言音"的"三角互通"的音韵学习方法，为方言考求本字，从而把语音、词汇的研究紧密结合为系统。这样的综合研究方法，在老一辈的音韵学家、方言学家中可谓一枝独秀、极具匠心。他跟我说过，音韵学、训诂学是跟章黄学派的大弟子余謇教授学来的，现代语言学和方言学是从周辨明教授那里学来的，周辨明是赵元任为首的"数人会"之一。他独到的成功，正是把中西语言学的优秀成果兼容并蓄的结果。大学四年间，从学习国际音标、掌握广韵音系开始，记录方言字音、词汇，参加汉语拼音方案和汉字简化方案的讨论，到撰写本科毕业论文《上古音的拟测》，都是在他的耳提面命之下进行的。连努力学习普通话、临摹魏碑、学着作诗填词以及吟诵，也是向他学。留校工作后，从1958年到1963年，虽然也有政治运动的冲击，由于承担了方言普查的国家任务，和福建师院合作，调查全省方言、编写《福建省汉语方言概况》，时间上还得到了一定的保证。这几年，黄先生在失去正式教职、离开课堂的情况下，还是一如既往、认真负责地参加全过程的工作，满腔热情地指导大家。1962年那段比较宽松的日子，我还请他为青年教师和几个高年级学生在夜间讲解《诗经》和音韵学。身处逆境的先生，只要有机会把他的学问传给年轻人，就全神贯注地教，吟诵诗经时还是那么激昂慷慨、幽雅传情。《福建省汉语方言概况》的框架是在他的指导下制定的，有四分之一的篇幅是他执笔写成的，材料的核定、分区的确定、音韵的比较、本字的考释、地图的绘制，乃至全书的篇目安排都是他确定的。印成讨论稿时，所有的参与者都没有署名，他从未计较。省内外数十位专家聚集在刚落成的鹭江宾馆讨论这本书稿时，都认为把福建方言的研究推到了一个新的高峰。这件事的成功，黄老师功不可没，他是默默无闻、埋头苦干的真正领导者。

不久，我也离开了厦大，听说先生被发配到农场去劳动，我们的来往也中断了。到1988年，他的《训诂学概论》《诗经通译新诠》《汉语语音史》和《〈切韵〉综合研究》这几本很有分量的大书陆续出版。我才知道，原来，在农场的几年，年过花甲的他，白天挥汗劳作，晚上挥笔写书。不能教书，不能做调查，不能参加集体课题的研究，他就退而求其次，自己做案头的工作，利用文献做理论的研究。这就是中国特有的、有真才实学的学者，有历史责任感的学者，不论困厄或是通达，一心惦记着学术事业，千方百计要把自己认定的有价值的学识尽量多地教给后来者。他后期出版的这四本专著，前两本是把音韵学和训诂学结合起来做的研究，训诂中强调音训，诗经的诠释也不采取经学的阐释方法，富于新意；后两本提出了用声、韵的对立矛盾（强声弱韵和强韵弱声）的"内因"理论，用以解释古今音的演变规律，显然是提炼得很精到的确论，至今还是汉语音韵学上前沿领先的理论。

20 世纪 70 年代恢复工作之后，黄先生主持了《普通话闽南话方言词典》的编写工作，参与了东南几省众多学者合作的《汉语大词典》的编写工作。福建省语言学会也恢复活动了，黄先生修订《福建省汉语方言概况》的工作进行了一段，又决定改编为《福建省志·方言志》。我在福建师大期间还是和黄先生常有往来，见到他身心健壮，又编书又带博士生，我为他高兴，也为培育了我的中文系高兴。我当了 20 年的助教，1978 年申请评讲师，后来我才听说他是评委会副主任，不用多说就通过了。1981 年在厦大举办全国汉语方言学会成立大会，我们在一起努力工作，过后又赴京参加中国语言学会常务理事会讨论举办全国方言研究班的事。在建瓯举办全国高校青年教师的"方言研究班"时一起给学员讲课，我得以再次听他的课，帮他做辅导，一直都合作得很好。我和黄先生在历届中国语言学会、中国音韵学会、汉语方言学会等会议上经常见面，老师总是鼓励我的每一个进步。后来我有一本研究地名的小书要出版，那是我自己写的第一本专著。当我向先生提出请他写序时，他很快就用庄重的文言文写好寄来了，并且鼓励有加："余嘉其敏于思而勤于学，卓然名家于举世不屑之际，钩沉发微于俗务纷纷之外，是难能也。"他带的首届硕士生也让我来参加答辩。因年事已高，他想退出省语言学会会长的位置，就指着身边坐着的何耿丰和我，要我们接班。最后的几年，他卧病在床，有一次我从广州回校时去看他，他还惦记着《福建省志·方言志》尚未定稿，许多事还没做。我又一次深受感动，连忙劝慰他，该做的事都会做好的，先生已经尽心尽力五十多年了。说到这里我不禁心酸语塞。

两位我所敬仰的先生，说来有许多共同点。他们都是 30 年代走出校门的，一南一北（厦大和清华），都出于名校和名师，都是教书诲人不倦、治学大气不凡、学识广博而又精深，立意高超而方法严密。但是，正当要做一番大事业的时候，由于历史的原因，他们都受到了不该有的挫折。整整 20 年，心情不得舒畅，事业不能发展。更令人感动的是，在这种情况下，两位先生还是孜孜不倦地潜心学问，循循善诱地教导学生。为学是艰难而坚韧不拔，为人是仁爱而克己有节。此才此德，不都是值得后来者铭记在心和发扬光大的吗？学习先辈的为学才能继承艰难的事业，学习先辈的为人才能完善自我，两者是同样紧要的。

那年系里为郑先生做百年冥寿，我正在香港访问，未能赶来参加；黄先生八十冥寿时一些校友给出了文集，我是后来才知道的。两位我所崇敬的老师，我都还未曾有过怀念的文字。如今我也离开教学岗位了，给年青一代传道授业的机会不多，但是要把厦大中文系办好，我想把这两位先生的思想和精神传承下去是非常必要的。"嘤其鸣矣，求其友声"，我希望借校庆 90 周年系里出纪念文集的机会，写下以上这些话，让厦大中文系的后来者知道这段历史，思索其中的是非得失，总结有益的经验教训，多知道一点为学的艰难、为人的紧要，接过先辈的事业，把我们的系办得更好，为国家为民族做出更多的贡献。

写到这里，涌出了绝句一首，聊为先人致哀，也与后人共勉：

> 斯人已去究堪哀，壮志未酬屈巨才，
> 我辈难能承与启，诚心翘望燕归来。

黄典诚先生对音韵学的重要贡献①

一、黄典诚先生对音韵学和方言学的建树和开拓

黄典诚先生（1914—1993）从 1933 年考入厦门大学到 1993 年谢世，和厦大有一个甲子的因缘，然而先生不仅属于厦大，也属于中国语言学。在 60个春秋之中，他为传统语言学承前启后，为现代语言学扬中纳西，用自己的杰出贡献，树立了一代大家的风范。在 20 世纪三四十年代，他继承了余謇先生的国学和周辨明先生的现代西方语言学，一面精心研读经典文献、深究小学的是非；一面努力发掘母语的宝库、积累田野调查的新知，并加以融会贯通，致力于理论的突破和实践的应用，获得了骄人的成就，在音韵学和方言学上尤其有着重大的建树和开拓。

在音韵学方面，他提出了声韵（调）对立统一、强弱竞争的规律，用音韵历史演变和现代方言事实相互论证，对古今音韵的变迁做出了科学的解释，从而把音韵学推向了语音史的新高程。在方言学方面，他从剖析闽南话

---

① 本文最早发表于《古汉语研究》（2012 年第 4 期），后收入《黄典诚教授百年诞辰纪念文集》（叶宝奎、李无未编，厦门大学出版社 2013 年版）。

母语入手，在指导福建方言普查的同时，结合自己首先调查的闽北（建瓯）方言和莆仙方言，经过深入的比较，为闽语的分区提出了新的科学论断——确立了统一闽语的概念，改称"闽北"（福州）为"闽东"，指出沿海、沿山的东西之别大于南北之异，把福建境内的闽方言分为五区；他的《闽语的特征》为提取大区方言的特征所做的示范，《闽南单音语典——从文白对应考释闽南方言用字》为方言词考求本字独辟蹊径，今天看来都有创始之功。

对于传统的训诂学和文字学，黄先生不但有广泛的涉猎和系统的概括，而且多有独到见解。关于方言的拼音化和共同语的规范和普及，他也投入了大量的劳动，有不少真知灼见。他为地方戏曲写过剧本，精于古诗词的吟诵和魏碑的书法，都有独具的神韵。

最为可贵的是，黄先生一生最精彩的学术创获正是在他最宝贵的年华（1955—1975）、在蒙受困厄和艰辛的时候实现的。这些从石罅中长出的曲折的根茎和灿烂的奇葩，充分表现了先生矢志不渝追求科学真理的忠贞，这不就是中国知识分子的高贵品格吗？

作为学生和同事，我和黄先生有过12年的密切相处（1953—1965）：在他的指导下，我完成了《上古音的拟测》的本科毕业论文，调查全省十几种方言，合作编写了《福建省汉语方言概况（讨论稿)》。后来又有过20年的频繁接触（1973—1993）：合作创办福建省语言学会（1980）、承办全国汉语方言学会成立大会（1981），共同为两次全国性的方言讲习班（建瓯1981、泰宁1987）上课，一起出席历届中国语言学会、中国音韵学会和国际汉藏语言学会等学术会议，合作主持编写《福建省志·方言志》（1982—1985）。回忆这些年里和黄先生相处共事的学术生涯，我常常为那些不平常的岁月里未能帮助先生摆脱困境而抱憾，也为能够得到先生的教诲而庆幸，对于先生的理论未能加以发扬光大则常常感到惭愧。此次全国音韵学会同时以"纪念黄典诚教授百年诞辰"为题，我谨就向黄先生学习音韵学和方言学的一些心得写成此文，表达我对先生的感怀之心。

二、"强声弱韵、强韵弱声"的规律和重纽的解释

黄典诚教授对音韵学的最大贡献在于他提出的汉语音韵由于内部矛盾而形成的强弱不平衡律的理论。他在 1979 年发表的《汉语音韵在强弱不平衡律中发展——兼论中古四等的由来》的长篇论文中提出：汉语语音变化发展的根本原因在于它内部的矛盾性。"声母和韵母各以和它对立着的方面为自己存在的前提，互相联系，互相统一，双方共处于一个统一体——音节中；……又互相对立，互相排斥，互相斗争，从而推动着汉语语音的变化发展。……分析和研究汉语语音的变化发展，同研究其他事物的变化发展一样，必须坚持唯物辩证法，即一分为二的观点。"[①] 他以茶（荼）为例，说明上古音的鱼部字到中古分别派入模韵和麻韵，形成了 o（模）- a（麻）的不同韵母，其原因是："荼"走的是"强声弱韵"的路，强化保留了定母，韵母则弱化为 o；"茶"走的是"弱声强韵"的路，声母弱化为澄母，韵母则强化保留了 a。在课堂上，他还举过许多其他类似异读分化的字，例如"车"，"九鱼切"是强声弱韵，今读 ju，"昌遮切"是弱声强韵，今读 che；"贾"，"公户切"是强声弱韵，今读 gu，"古疋切"是弱声强韵，今读 jia。后代许多方言的读音也证明了：麻韵大多读 a，是比较接近上古鱼部读音的，中古以后模韵的元音则一路高化为 o - u。经过全面的验证，他发现：上古保留在中古的 19 个声母恰好都是强化的声母，也符合清儒所说的"古无清唇、古无舌上、古人多舌音"以及近人的"娘日归泥说""影喻晓匣双声"等论断，而中古的二三等韵母都是强化保留了原来舌位较低的元音；与二三等配合的声母则是与上古声母不同的、变异了的弱化辅音。于是黄先生既把清儒的结论和黄季刚的 19 个"古本声"之说衔接起来了，又合理地解释了中古音四个等的声韵相配。他又说："弱声强韵，因声母颚化，出现了-i-介音，这个介音遂使本是洪音的二等韵，转变为细音的三等韵……二等变为三等韵之后，声母和韵母又继续发生了矛盾和斗争，结果又一分为二，一方面是强

[①] 黄典诚：《黄典诚语言学论文集》，厦门：厦门大学出版社 2003 年版，第 47 页。

化了弱声，弱化了强韵；另一方面是弱化了弱声，强化了强韵。前者为三等子类韵，它的声母是非敷奉微、章昌船书禅邪以日、庄初崇生、见溪群疑、晓影云二十三个；后者是三等丑类韵，它的声母是帮滂并明、知彻澄娘来、精清从心、见溪群疑晓影十九个。但是，在《韵镜》里，子类韵只剩下非敷奉微、见溪群疑、晓影云十一个声母，而丑类韵最多竟有帮滂并明、知彻澄娘来、精清从心、庄初崇生、章昌船书禅邪以日以及见溪群疑晓影三十一个声母。"①

关于《切韵》四个等的由来，他在《从〈诗〉音到〈切韵〉》一文中有更明确的概括："中古等韵图里的一等和四等，都属于洪音的重声轻韵；二等是和它们相对的洪音轻声重韵。……中古三等是必具韵头i的细音。这种细音里也具有重声轻韵和轻声重韵两种类型。"② 这样，就把三等韵为何出现几个不同的小类也一并做出了合理的解释。

黄先生1986年参加了"纪念黄侃先生诞辰一百周年"的学术会议，发表了《从十九纽到四十一声》的论文，篇幅虽短，却很有说服力，章黄学派的弟子们高兴地说，我们老师的理论在您的手上得到了继承和弘扬。

关于声韵的强弱相变，黄先生还从《广韵》所附的《辩四声轻清重浊法》找到了内证。把该表中的例子和反切排列对比之后可以看到，其所谓"轻清"与"重浊"，正是等韵学上各种音类对立的归纳：

	轻清		重浊	
开、合口	钱	昨仙切	泉	聚缘切
一、二等	三	苏甘切	衫	所衔切
一、四等	再	作代切	济	子计切
一、三等	猛	莫幸切	皿	武永切
三、四等	绵	弥鞭切	眠	莫边切
敷、非纽	芳	敷方切	坊	府良切

---

① 黄典诚：《黄典诚语言学论文集》，厦门：厦门大学出版社2003年版，第67页。
② 黄典诚：《黄典诚语言学论文集》，厦门：厦门大学出版社2003年版，第28-29页。

知、章纽	朝　知遥切	昭　止遥切
泥、日纽	女　尼吕切	汝　如与切
从、邪纽	墙　疾羊切	详　伊羊切
重纽四、三等	妙　弥笑切	庙　苗召切
冬、东重韵	彤　徒冬切	同　徒红切
庚、耕重韵	梗　古杏切	耿　古幸切
支、脂重韵	施　式支切	尸　式脂切
幽、尤重韵	幽　于虬切	忧　于牛切

黄先生写道："由此可见，轻清重浊完全是两两比较出来的东西。例如在二等与一等相对的情况下，二等是轻清，一等是重浊（降/杭）；但在三等与二等相对的情况下，却是三等轻清，二等重浊（皿/猛）。"[①]紧接着他又用各音类的实际语音差异来解释这些对立，和他所提出的声韵强弱的对立完全可以相互论证。

在后来出版的《汉语语音史》中，黄先生还根据汉字谐声和音韵史的材料，进一步发挥了"声韵强弱竞争说"，指出不论是声母或韵母，强化和弱化都可以发生多次。例如，最常见的舌头音（端组）先是弱化为书、禅、邪、以（台—胎—始—怡—鲐，寺—待—侍—诗—溡），后弱化为章、昌、船（都—者—躇—褚），最后还弱化为知、彻、澄（猪—褚—躇）。众所周知，直到《切韵》的年代，知组还没有完全从端组分化出来。又如韵母的弱化，上古的鱼部，先是弱化为中古的模韵（o），后来又弱化为四等齐韵（e）以及三等的支韵（ie）和虞韵（io）。

根据《汉语语音史》的描绘，我们还可以按照黄先生的声韵强弱竞争的理论，从宏观上归纳出汉语语音不同历史时期的不同发展大势。从上古到中古的发展，明显的大势是：经过声韵的强弱竞争，音类是分化为主，由少变多。例如，由于声母的弱化，帮组分出非组，端组分出知组；由于韵母的强弱分化，造成了四个等的差异（二三等是强韵，一四等是弱韵）。而从中古

① 黄典诚：《黄典诚语言学论文集》，厦门：厦门大学出版社2003年版，第118页。

到现代音的发展大势，则明显是整化为主，由多变少。例如，庄组、章组（照系）合并为"翘舌音"；非、敷、奉合为同一个声母（f）；全浊声母清化并入相对应的清音声母，次浊声母大合并（微、疑、云、以并入影母，都读为零声母），精组和见组的细音合并（尖团不分）；开合四等整成开齐合撮的"四呼"；阳声韵尾-m 并入-n，入声韵尾-p、-t、-k 脱落并入阴声韵；入声调并入平、上、去三声。

《汉语语音史》所列声韵调的数量变化也正说明了这样的大势：

	声母	韵母	声调
上古	19	33（不分 i、u 韵头）	3（平上去）
中古	36—40（后期）	193	4（平上去入）
近代	20	19（分韵头 44）	4（阴阳上去），方言更多
现代	23	36	4（同上，不含轻声）

可见，声韵的强弱竞争再加上分化和整化的演变大势的不同，便可以完整地解释整个汉语语音史的发展过程了。

不仅如此，黄先生还把"声韵强弱竞争"的理论用于解释历来争议不少的中古音的"重纽"问题。他在《反切异文在音韵发展研究中的作用》中说："重纽三等（重声轻韵）往往和只具唇牙喉声组的邻韵（轻声重韵）构成两读；重纽四等（轻声重韵）却常常和独立四等（重声轻韵）的唇牙喉声组构成又音。重纽的出现说明汉语音韵自上古至中古确是在轻重分合很不平衡的规律中发展。"① 在《〈切韵〉综合研究》第六章里，他就重纽问题做了这样的总结："如果强声弱韵洪音不在一等而在四等，即其细音也就不能自四等反映，只好用本韵重纽四等的形式表现出来，因此如果没有相应的纯四等，即重纽四等可视为真正的四等。寅类三等都是混合韵，但混合之中还有未分之前本韵的残余，这就是三等的重韵，如果没有独立的重韵，只分出纯牙喉而为重纽四等，这种重纽，不是真四等，而是假四等。这种重纽往往

---

① 黄典诚：《黄典诚语言学论文集》，厦门：厦门大学出版社 2003 年版，第 101 页。

和纯四等构成又读的现象。"① 写到这里，黄先生引用了赵元任先生的一段话："同音在同样音的情形下一定要同样变，这原则在语史学上固然是很有用，但是怕不能认它为完全没有例外，否则在《广韵》的同'纽'之下（就是在一个圈儿之下）怎末常常发现今音分化的现象？一个很要紧的非音的而又能影响音变的情形就是读书跟说话的分化。"② 在赵元任先生的启发之下，黄先生最后做了这样的推论："看来强声弱韵者似是古时的文读系统，而强韵弱声者却是古时的白读系统。"③

三、在研究方法上的贡献

黄先生之所以能抓住汉语音韵演变的关键，提出触及语音发展全局的规律，并不是偶然的，这是他带着强烈的理论探索意识长期思索的结果。在《汉语语音史》的绪论里，他就明确提出，研究汉语语音史必须以"研究汉语语音的内部发展规律"为目标，从"区分音类、辨明音值"开始，"阐明语音发展的线索"，"总结演变规律"。④ 他还强调指出："必须坚持马克思主义的观点和方法论，必须坚持辩证唯物主义和历史唯物主义的观点和方法。"⑤

中国的传统音韵学从《切韵》成书算起已有 1 500 年的历史。由于历史积淀丰厚，经典文献浩瀚，加以引进了古印度的声明学之后，形成了一套切合汉语实际的、独特的声韵调分析方法。但是，在 20 世纪之前，因为囿于表意汉字的"字音"（音节），研究存在不少局限。例如，重神轻形，重音类、轻音值，重书面语文献、轻口头语记录，重单字音分析、轻连读音考察，重共时的语音结构系统的研究而轻历时的语音演变规律的探索。20 世纪之后，传来了西方的国际音标、语音学和历史比较语言学，从高本汉的《中国语言学研究》开始，经过赵元任、罗常培、李方桂、王力等一代宗师的努

---

① 黄典诚：《〈切韵〉综合研究》，厦门：厦门大学出版社 1994 年版，第 160 页。
② 赵元任：《赵元任语言学论文集》，北京：商务印书馆 2002 年版，第 303 页。
③ 黄典诚：《〈切韵〉综合研究》，厦门：厦门大学出版社 1994 年版，第 159 页。
④ 黄典诚：《汉语语音史》，合肥：安徽教育出版社 1993 年版，第 6 页。
⑤ 黄典诚：《汉语语音史》，合肥：安徽教育出版社 1993 年版，第 4 页。

力，在汉语语言学的现代化建设中，汉语音韵学逐步实现了现代化，衍生出了汉语语音学、汉语音系学和汉语语音史。

从汉语音韵学到现代的语音学、音系学、语音史，不仅是新旧学科名称的不同，而且在研究目标、内容和研究方法上都有明显差异。要把传统的音韵学改造成现代语言学，就必须像罗常培先生在《汉语音韵学导论》中所说的，"审音、明变、旁征、祛妄"，纠正"考古功多，审音功浅"，"本乎时序，参校方言"，"外宜博学殊域言文，内须多明方音系统"。① 这都是黄典诚先生在课堂上经常引用的名言。他所理解的语音史就是要在几个不同历史时期的共时语音系统研究的基础上做历时的比较，拿历史上的通语和古今方言做比较，理清其演变过程，总结其发展规律。黄先生的这些做法和王力先生 1985 年出版的《汉语语音史》在理论和方法上都是完全一致的。

传统音韵学和现代语音史的方法论的差异，最重要的是前者主要依据的是已有的韵书、韵文和韵图，后者则十分重视鲜活的现代方言的语音事实（历代域外汉字读音的记录也是一方面的参考）。从高本汉、罗常培、王力以来的学者，能在音韵研究上提出新结论的，大多是运用这个方法得来的。黄典诚先生研究音韵学能有重大的贡献，尤其是如此。他堪称把文献典籍和方言材料结合起来解决音韵问题的典范。他在方法论上的成就也是对于汉语音韵学研究的重要贡献。

黄典诚先生晚年呕心沥血的研究成果《〈切韵〉综合研究》终于在他过世的第二年（1994）由厦门大学出版社出版了。这本用手抄本出版的力作，从切韵的来历、渊源、体制、音系及其性质（包括其中所含的难以解释的问题）到一千多年来的繁衍和现代各方言的不同表现，都做了完整细密的分析，建立了以"声韵强弱竞争"为中心的汉语语音史的系统。建立这个系统最重要的文献材料依据就是占了全书近四分之一的附录——《〈切韵〉反切异文类聚》和作为旁证的《博雅音》，方言材料则主要是闽方言。

据黄先生归纳，《切韵》的异读，在声母方面主要是全清与次清、清与浊、鼻音与非鼻音的互转，也有舌齿之间和牙喉之间的互转；韵母方面首先

---

① 罗常培：《汉语音韵学导论》，北京：中华书局 1956 年版，第 23 – 24 页。

是与韵头有关的开合与四等之间的互转，其次是音类的旁转，还有就是韵尾的对转与旁转；声调的平上去入之间的通转所占的分量最多。这些有的是上古到中古发展过程的产物，不少反映了新旧读音之异，例如清唇出于重唇、舌上出于舌头、正齿出于齿头、喻四出于定母，一四等和二等、一等和三等、二等和三等、四等和三等都构成不少异读，根据黄先生的检验，都与声韵强弱竞争的定律相符，所以他说，这些异读材料"可以作为汉语语音自上古至中古发展的借鉴"。

能够把切韵的反切异文和闽语的文白异读联系起来，从切韵的异读出发，既解释了汉语音韵声韵强弱竞争，又论证了闽南话的文白异读，这是黄先生独有的慧眼。闽南话的文白异读是黄先生最熟悉的了，切韵的反切异文是他在农场劳动时挥汗数月，翻遍了王仁煦的《刊谬补缺切韵》逐字摘录下来的。下文试就黄先生所摘的一些常用字拿闽南话的异读及其意义列表对照，说明其中的深刻联系：

异读字	切韵的反切异文	闽南话的异读及含义（下文注音 h = ʔ）
适	施只｜之石	sik 阴入，合适（活该）｜teh 阴入，适定（下聘金）
副	敷救｜芳逼	hu 阴去，正副｜pih 阴入，（用刀薄削）
出	尺类｜尺律	tshui 阴去，用手挖出｜tshut 阴入，出入
刺	七罶｜七迹	tshi 阴去，草刺｜tsiah 阴入，编织
揣	丁果摇｜初委，度量	tai 上声，摇摆地走｜tshe 上声，推算
上	时掌｜常亮	tsiũ 阳去，上山｜tsiũ 轻声，面上
下	胡雅｜胡讶	ke 阳去，低｜he 阳去，放下
过	古和｜古卧	kua 阴平，经停｜ge 阴去，过去
数	所矩｜色句	so 上声，十数个｜siao 阴去，账目
料	落萧｜力吊	liao 阳平，算计，处治｜liao 阳去，下料
沉	除深｜直妊	tim 阳平，下沉｜thiam 阳去，使沉
淡	徒甘水貌｜徒滥无味	tam 阳平，湿｜tã 阳去，咸淡
弹	徒干｜徒旦	tuã 阳平，弹琴｜tuã 阳去，反弹

锤	直垂｜驰伪	thui 阳平，铁锤｜thui 阳去，下垂
施	式枝｜施智	si 阴平，实施｜si 阴去，舍施（施舍）
笼	力红｜力董	lang 阳平，鸡笼｜lang 上声，竹笼
砻	卢东｜卢贡	lang 阳平，米砻｜lang 阳去，石砻（地名）
索	苏各｜所戟	soh 阴入，绳索｜sik 阴入，索取
解	加买说议｜胡买晓	kue 上声，解说｜ue 阳去，通晓，会
断	都乱决狱｜徒管	tuan 阴去，断定｜tng 阳去，断了
笨	布忖竹里｜盆本	pun 上声，笨箫（笛子）｜pun 阳去，笨用（笨）

四、关于切韵性质的独特理论

基于"声韵强弱竞争律"，黄典诚教授理清了从上古音到中古音的演变过程和结果；又从"切韵反切异文"和"重纽"论证了切韵系统所蕴含的文白异读。于是，便引出了黄先生关于"切韵音系的性质"的独特理论。

《〈切韵〉综合研究》的第七章，专门讨论了"《切韵》的性质"。20 世纪 60 年代之初，音韵学界曾经讨论过切韵音系的性质，不同的学者发表过"古今南北的综合论"和"中古时期的单一音论"的观点。在介绍了两种观点并做了一些评论之后，黄先生做了三方面的详尽分析：

（1）从《切韵》的"剖析毫厘，分别黍累"晓得它确实有一个具体的音系为依据。所谓"支脂鱼虞，共为不韵"指的是"共有 i-韵头，但韵腹的元音不同"；"仙先尤侯，俱论是切"则是"韵母相同，韵头有异"。切韵所剖析的主要就是一、二、四等和各个重韵的元音有异，一、三、四等和某些重韵的韵头不同。如果没有具体的音系为依据，何以"剖析"？

（2）从《音辞篇》证《切韵》之"捃选精确"是可宣诸唇吻的，其依据"独金陵与洛下"。洛下是故国的东京，金陵是南迁的新都。金陵的官音和洛下的民语应该并无二致。

（3）从《辨四声轻清重浊法》和闽南方言的文白异读得到启发，提出了《切韵》也有文白两读的推想。如上文所述，黄先生从"轻清重浊法"

得到的启发："《切韵》里面不论洪音细音，都有类似文白的轻清与重浊两套。"① 学者们对《切韵》是一时一地之音质疑最多的是，为什么会有 206 韵之多？对此，黄先生写道："《切韵》音系一共拥有 40 个声母，不分四声，尚有 90 个韵类……如所已知，闽南方言韵母也差不多有 90 类之多。闽南方言韵母之所以有近 90 类之多，主要原因是其中既包括文读系统也包括白读系统。文白两个系统合在一起，这是闽南方言韵类繁多的原因。""我们曾经设想《切韵》系统中，一、四等是洪音文读系统，二等是洪音白读系统，至于三等全属于细音。凡遇帮滂并明（在开口韵）、知彻澄娘、庄初崇生、见溪群、疑晓影等可算属于强声弱韵的文读系统；凡遇非敷奉微（或明）、章昌船书禅日、精清从心邪、见溪群疑晓云影以等，可算属于弱声强韵的白读系统。文白两读往往构成规律对应，闽南方言至今这种现象俯拾皆是。"② "总之，我们认为《切韵》音系是历史悠久的洛阳官音移植到金陵后由文读系统和白读系统交相为用构成的，文读表现在强声弱韵上，白读表现在弱声强韵上。"③

关于《切韵》音系性质的争论已经沉寂 40 年了，如果说现在还没有明确的结论，为什么在古今语音和南北方音做比较时，大家还当它是一个统一的音系？我在音韵学会上曾经问一些朋友，为什么不再讨论这个问题。有的朋友说，各有所据，难以定论。有的说，不做结论照样研究音韵学嘛。我总觉得，这个未定论的背后，还隐藏着我们对于汉语语音史尚未解决的问题，恐怕做出一个大家都能认可的结论，还是回避不了的。黄典诚先生的《〈切韵〉综合研究》出版快要 20 年了，最近重读了先生的一系列著作，深感这是一笔丰厚的遗产，很值得我们认真继承。他的"声韵强弱竞争"定律和关于切韵的性质的观点，是个相互联系的理论体系。支撑这个理论的依据，有钱大昕以来的关于古今声母演变的定论，有黄季刚先生的"古本声、古本韵"的宏论，有不可否认的《切韵》反切异文的大量事实，有宋元以来关于广韵的韵图和"轻清、重浊"的归纳，还有活生生的闽南方言大量存在

---

① 黄典诚：《〈切韵〉综合研究》，厦门：厦门大学出版社 1994 年版，第 183 页。
② 黄典诚：《〈切韵〉综合研究》，厦门：厦门大学出版社 1994 年版，第 184 页。
③ 黄典诚：《〈切韵〉综合研究》，厦门：厦门大学出版社 1994 年版，第 185 页。

的、按照严整的对应规律整合过的文白异读。黄先生的这些说法可能有点特立独行，但是，有了这么多的理论和事实的支撑，应该说还是容易理解、可以接受的。如果说，对于具体的音类的演变和某些音韵现象的分析还有可以讨论的余地，那么黄先生所倡导的对立统一观，历时和共时相结合、理论和材料相结合、音韵现象和方言事实相结合、同类音韵文献相比较等方法论，则是他留给我们的宝贵的精神财富，值得后来者反复琢磨。学习这些理论和方法，对于汉语音韵学的现代化建设肯定是有益的。

参 考 文 献

[1] 黄典诚：《〈切韵〉综合研究》，厦门：厦门大学出版社 1994 年版。

[2] 黄典诚：《汉语语音史》，合肥：安徽教育出版社 1993 年版。

[3] 周辨明、黄典诚译著：《语言学概论》，厦门：福建教育出版社 1985 年版。

[4] 黄典诚：《黄典诚语言学论文集》，厦门：厦门大学出版社 2003 年版。

[5] ［瑞典］高本汉著，赵元任、罗常培、李方桂合译：《中国音韵学研究》，北京：商务印书馆 1994 年版。

[6] 罗常培：《汉语音韵学导论》，北京：中华书局 1956 年版。

[7] 王力：《汉语语音史》，北京：商务印书馆 2008 年版。

[8] 王力：《汉语史稿》，北京：科学出版社 1957 年版。

[9] 董同龢：《汉语音韵学》，台北：文史哲出版社 1981 年版。

[10] 陆志韦：《陆志韦语言学著作集》（一），北京：中华书局 1985 年版。

[11] 周法高：《广韵重纽的研究》，《“中央研究院”历史语言研究所集刊》（第 13 本），1948 年。

[12] 黄侃撰：《黄侃论学杂著——〈说文略说〉〈音略〉〈尔雅略说〉等十七种》，上海：上海古籍出版社 1980 年版。

[13] 陈寅恪：《从史实论切韵》，《岭南学报》1949 年第 9 卷第 2 期。

[14] 周祖谟：《切韵的性质和它的音系基础》，《问学集》（全二册），北京：中华书局 1966 年版。

罗常培与《厦门音系》①

一、《厦门音系》的作者罗常培

罗常培先生（1899—1958），字莘田，出生于北京的满族人。1919 年在北京大学文学专业毕业后，又到哲学系学了两年。曾在南开中学任教，当过京师公立第一中学代理校长。

1926 年，厦门大学委托林语堂在北京诚邀知名专家前往任教，罗常培和鲁迅先生先后南下应聘。当年秋季，国学研究院成立。据《厦大周刊》161 期（1926 年 10 月 30 日）所载，他刚来国学院时聘为讲师，立即开了三门课，每周 8 小时。"经学通论"是"叙述经学之历史及各经之大义，使学生明了经学研究方法"。"文选及文史"是"按时代先后叙述散文与骈文之发达转变及作家之生平，各时代大家之代表作"。"古韵沿革"则是他精心研究的音韵学，当时已经有《汉语音韵学导论》的初稿，自然是得心应手的课。由于有深厚的学术根底和纯熟的北京话，他讲课又能深入浅出、举重若

① 本文刊于《厦门大学与中国现代学术·厦门大学百年学术论著选刊（前言集）》（厦门大学百年学术论著选刊编纂组，厦门大学出版社 2021 年版）。在《厦门大学与中国现代学术·厦门大学百年学术论著选刊》的《厦门音系》（影印本）（罗常培著）中为该书的"前言"。

轻，很能使学生理解并引起他们的兴趣。

1927 年，他和鲁迅先生同时应聘于中山大学，在广州开设了"声韵学""等韵学"等课程。1928 年，赵元任到广州调查方言，他们共同讨论了许多问题，志趣十分相投，罗常培遂辞去中山大学的教职，到筹建中的中央研究院历史语言研究所任专任研究员（该所不久迁往北平，后又迁南京）。从那时到 1934 年的 7 年间，他撰写了 20 多篇音韵学论文，出版了《厦门音系》《唐五代西北方音》，调查了徽州 6 县方言，从 1931 年起，又和赵元任、李方桂合作，翻译高本汉的名著《中国音韵学研究》（后于 1936 年出版）。1934 年，北京大学和史语所商量，请罗常培回母校任教，兼任中文系系主任的胡适知人善任，遂将系务交给他办理。"卢沟桥事变"之后，他一路辗转到了昆明的西南联大，不久，也兼任中文系系主任。在云南期间，他到滇西调查了十几种民族语言（包括白语和贡山俅语），并组织学生做了大量民族语言和云南方言的调查，不少人后来成为研究民族语言的大家（如傅懋勣、马学良、陈士林、高华年），他还把民族语言的调查扩展到民族文化的考察，1943 年在一次文史演讲会上以"文化与语言"为题开讲，初步建构了文化语言学的理论框架。

1944—1948 年，罗常培应邀到美国讲学，先后在加州大学伯克利分校、耶鲁大学和密歇根大学讲课、发表演讲、指导博士论文，受到普遍的赞扬。回到北大之后，他一面整理文稿，出版《语言与文化》（1950），同时以高度的政治热情迎接新中国，参加全国政协第一届全体会议。

1950 年 6 月，刚成立的中国科学院决定建立语言研究所，他受命筹办工作并担任首任所长。之后的几年间，他创办了《中国语文》并担任主编；组建"语法小组"，请丁声树先生主持研究现代汉语语法，从 1952 年开始以《语法讲话》为题在《中国语文》连载，于 1961 年以《现代汉语语法讲话》为题在商务印书馆出版；还招聘人员设立"民族语文组"，调查研究少数民族语言，1956 年扩大为少数民族语言研究所。新中国的语文工作百废待兴，为了加快培养研究人才，他与北京大学中文系商定，于 1952 年开办三年制的"语言专修科"，又于 1956 年和教育部合办"普通话语音研究班"，这两个班为少数民族语言和汉语方言的调查培养了一批青年学者。在 1955 年一年之内，他主持举办了三个大型的全国性语言学学术会议：全国文字改革会议、现代汉语规范问题学术会议和民族语文讨论会，借此动员和组织全国语言学家为新中国的语言文字事业贡献力量。罗先生由于患有高血压还坚持繁忙的工作，积劳成疾，虽住院多次还不肯放下工作，于 1958 年 12 月病重再度住院，医治无效，与世长辞。他留下的四百万字著作覆盖了大部分的语言学科，许多方面都有划时代的意义，堪称中国现代语言学的奠基人之一。

罗常培先生在厦大中文系任教虽然时间不长，却展示了他的慧眼，很快就看准了厦门话的特点和价值，用很短时间搜集并记录了厦门话的语料，离开厦门以后又争取机会进行深入研究，写成了《厦门音系》并于 1930 年出版，这是他的第一部方言学专著，也是现代汉语方言研究的奠基石之一。离开厦门之后，他还惦记着厦大的语言学事业。据本人了解，1954 年，在他任语言研究所所长期间，有一次在北京的会上见到黄典诚教授，就鼓励他研究闽方言，比较泉漳厦的异同，并拨给经费调查莆田方言。黄先生调查了莆田方言后又研究了建瓯方言，这两项研究后来就为福建方言普查、研究闽方言的分区提供了重要的基础。方言普查完成后，在黄典诚先生指导下编成的《福建省汉语方言概况（讨论稿）》于 1962 年发行。至此，从林语堂、周辨明、罗常培到黄典诚，在厦大中文系形成了以方言学和音韵学为重点的语言学传统，做出了一系列贡献。林语堂的《语言学论丛》，周辨明的《厦语音韵声调之构造与性质及其与中国音韵学上某项问题之关系》（德国汉堡大学博士论文），罗常培的《厦门音系》，黄典诚的《〈切韵〉综合研究》以及他所指导和主持的《福建省汉语方言概况（讨论稿）》《普通话闽南话方言词典》，便是这个学术传统中的耀眼明珠。

二、《厦门音系》的写作过程和出版情况及其指导意义

罗常培在《厦门音系》的自序里说："1926 年秋，余从鲁迅诸先生后，避地厦门。海澨屏迹，端居多暇。授读之余，时与思明林藜光，晋江邱立，龙溪薛澄清诸子，访问语音，察其条贯；并征集当地通俗韵书，里巷谣谚及教士所为罗马字注音诸书，互相参究。积以半年，略有所得。"他所结交的

这几位闽南学者都是专家名流，分别精通泉漳厦口音。薛澄清是漳州人，曾作《十五音与漳泉读书音》，邱立是泉州人，曾作《闽南方言考》，均刊于《历史语言研究所周刊》；林藜光是厦门人，厦门大学哲学系毕业，罗常培找他记录了厦门音，后来从广州回北平之后，恰好林氏由厦大国学院法国籍戴密微教授推荐给北京大学的钢和泰教授（俄国人）当助手，罗常培于1930年初约请林藜光，在三个月中用周末时间为他校订厦门音（后来通晓英、法、德、日诸语及梵、藏文字的林藜光得到史语所赞助，赴法跟随印度学大师列维深造，十余年后完成了梵文《正法念处经》的校注）。罗常培先生不但善于交友，而且一开始就开创了研究汉语方言的正确道路：比较邻近方言的异同；搜罗民间流行的方言韵书和歌谣俗谚；利用西洋传教士的方言记录材料；运用传统音韵学的音系理论并吸收西方现代语言学的方法（国际音标和现代实验语音学的语音分析方法）。《厦门音系》的成功正是融合了中西学的理论和方法的结晶。

《厦门音系》的初版是1930年作为历史语言研究所的单刊出版的，罗常培在自序中说，该书得到了赵元任先生"恳挚修订"和林语堂先生的"精审校阅"，可见他的谦逊学风和敬重年长学者的修养。

1955年的三个大会之后，为了加快推广普通话、改进语文教学、促进语言规范化，急需培养人才开展全国性的方言调查。国务院于1956年2月6日发出《关于推广普通话的指示》，要求"在1956年和1957年完成全国每一个县的方言的初步调查工作"；国家教育部和高教部则于1956年3月20日发出《关于汉语方言普查工作的指示》，要求综合大学开设"汉语方言学"课程，语言研究所编辑出版《汉语方言调查手册》和《汉语方言调查简表》；各省市和大学成立方言调查指导组。在中央部门紧锣密鼓的督促之下，作为早期研究汉语方言的名著《厦门音系》于1956年由科学出版社重版。在"再版序言"里，罗常培首先列数了自己对该书的不满意："偏重语音，忽略了词汇和语法"；"太偏重细微音值的描写，而没有充分按照原则归纳音位"；"没有比较厦门音跟北京音的异同"；语音比较时"列表的方法烦琐累赘"；拟制罗马字采取双字母。接着他又列举了本书"可取的地方"："用现代语音学的方法来详细分析一个重点方音"；指出了厦门话"几乎各成一个系统"的文白异读的重要性，"对于推进方言研究的发展上是有相当的意义的"；"长篇故事和民间文艺的记录，对于研究词汇和语法的关系非常重大"。这种实事求是的态度，表现了他对科学事业的负责精神，不论是对于当年的方言普查或是后来的方言研究，都有重大的指导意义。

1957—1958 年的政治运动耽误了一些业务工作，但是语言文字方面的工作还是有些重要进展。经过语言研究所的努力准备（出版调查材料、训练调查干部），1958 年以后，全国方言普查普遍开展起来了。在福建省，1956 年10 月，省教育厅就组织厦门大学和福建师范学院的教师参加"方言调查指导组"，着手训练人员，开展调查工作。到 1960 年完成了一批调查点之后，省教育厅又组织两校人员（还有语言研究所前来协助工作的两位研究人员和几位中小学老师参加）成立了《福建省汉语方言概况》编写组。指导编写工作的黄典诚先生就是按照罗先生在《厦门音系》再版前言里的说法，对福建省内 7 个区的代表方言的语音和古音及普通话语音进行三向的比较，同时，也加强了词汇和语法的调查，记录了一些语料（标音举例），获得了较好的效果。《福建省汉语方言概况（讨论稿）》出版后，受到了国内外读者的欢迎，几年间有较高的引用率。事实证明，罗先生在再版前言里说的"实事求是地批判了它的一些缺点，也肯定了它的一些优点，希望读者们用抱着'不以瑕掩瑜'的态度来看它，或许对于调查方言的工作还有相当的用处"，这是符合科学道理和历史事实的。

三、《厦门音系》的基本内容

《厦门音系》共有七章，各章的基本内容如下：

第一章"叙论"，简要介绍了厦门话是分布在闽南、粤东、台湾、海南及南洋多国的"福佬话"的代表，使用人口约 1 500 万。关于闽南方音的研究，则介绍了 18 世纪的《汇音妙悟》和《雅俗通十五音》（泉州音和漳州音的韵书）；19 世纪道格拉斯的《厦门白话字典》、甘为霖的《厦门音新字典》；1920 年周辨明办的厦语社出版的定期刊物《指南针》也发表过不少拼音读物；还有卢戆章编过的《中华新字漳泉语通俗教科书》。但是，前人对厦门话尚未做过细致的音值分析；对于厦门话与《切韵》音系的关系也还没有仔细研究过。有鉴于此，罗先生住在厦门未足八个月就抓紧记录厦门话语音，并于离厦三年后完成此项研究。本章叙述了这个编写过程。

第二章"厦门的语音"，就厦门话的各类声韵调及其在话语连读中的变化都做了精细入微的描写，而且与前人的说法做了比较说明，堪称汉语方言语音描写的最早精品。例如关于声母中的 [b] 说，"两唇接触很轻。破裂的力量很弱"；[l] 又说，"舌头极软，用力极轻，两边所留的空隙很小，听起来并不像北平的 [l] 那样清晰，几乎有接近 [d] 的倾向"｛后来的《福建省汉语方言概况（讨论稿）》曾据此把厦门话的 [l] 标为 [d]｝。罗先生所列的 20 个声母，[b, l, g] 和 [m, n, ŋ] 是互补的，舌尖音声母 [ts, tsʰ] 和舌面音也是互补的，按照音位标音法应该合并，后来罗先生也发现了不妥。至于 57 个韵母，他归纳为 6 个元音音位，关于塞音韵尾 [p, t, k]，他也有准确的描写："有势无音，并不能听见显著的破裂，所以只能算是截断音。"关于鼻尾韵变为"半鼻音"（即鼻化韵），他指出，"字首的声母也受同样的影响"。在声调部分，他不但用五线谱将 7 个声调及轻声、连读变调的实际调值做了明确的描写，指出"轻声的音值甚短而弱"，还把读轻声的字的范围也举例说明：包括句尾语助词，动词的趋向和结果补语（看见、行出去），有些短语后字轻读重读可以别义（"后日"后字轻声是"后天"，重读是"后来"；"无去"后字轻声是"丢掉"，重读是"没去"）。关于双音和多音词语的连读变调，罗先生在说明了规则后还指出，"都以先轻后重为原则"（即后字为重音）。一个生长于北方从未接触过南方方言的二十几岁青年，在很短时间里，能够把与众不同的厦门音描写得如此精细，全是出于他浓烈的兴趣、有素的语音学训练和敏锐的悟性，真是精彩至极。

第三章"厦门的音韵"，先是拟制了拼写厦门话的罗马字方案，并与已有的周辨明及四家教会罗马字做对照，而后排列了单字音表，包括 2 296 个音节，其中开口 835 个、齐齿 945 个、合口 516 个。接着便是全书最精彩的部分——"厦门字音话音的转变"。罗先生中肯地指出："各系方言的读书音跟说话音都有些不同，但是很少像厦门音系相差那么远的。厦门的字音跟话音几乎各成一个系统，所以本地人发音时特别要声明孔子白（按，用方言口语所作的解释）怎么说，解说怎么读，这一点要算是厦门话的特质之一。"
他把调查所得的文白异读归纳成三大类，包括"同声异韵"的十七类，例如：沙 sa/sua、带 tai/tua、家 ka/ke、大 tai/tua、临 lim/liam、东 tong/tang、间 kan/king、等 ting/tan，另有大批的鼻尾韵变为鼻化韵和 p、t、k 韵尾变为喉塞尾的（注音略）：三、山、天、泉、边、平、横、官，合、接、薄、八、百、节、白、惜。"同韵异声"的两类，例如：手 s/tsh、糊 h/k、富 h/p、筛 s/t。还有"声韵俱异"的也是两类，例如：门 bun/mng、红 hong/ang、园 uan/hng、话 hua/ue、怀 huai/kui、树 su/tshiu、石 sik/tsioh、转 tsuan/tng、反 huan/ping、飞 hui/pe、车 ku/tshia。罗常培先生以敏锐的语言学灵感发现了厦门话的这一特点，并做了初步的分析，给了后人重大的启发。厦门话的文白异读是在不同时代接受共同语的语音和词汇的结果，是一个研究闽方言和古汉语的语音、词汇关系的重大课题。本书所列的厦门话文白异读，缺少了声调对应的文白差异（例如五 ngo/go、有 iu/u，除了声韵的不同，还有上声和阳去的声调差异）。有些例字也还未经本字考证而出现差误，例如，lai 应是"里"的白读（不是"内"），hu 的本字是"烌"，而不是"灰"的白读，lang 的本字是"农"而不是"人"的白读。黄典诚先生在 20 世纪五六十年代就为闽南话考订了许多本字（可参考《黄典诚语言学论文集》），他所指导的《福建省汉语方言概况（讨论稿）》关于厦门话的文白异读也有全面深入的发挥。经过几代人的努力，关于文白异读所反映的方言语音的历史层次，已经有许多高质量的新成果，但是我们不能忘记罗先生的开创之功。

第四章"厦门音与十五音的比较"，在简要介绍《雅俗通十五音》的源流之后，本章用列表的方式对比了厦门话和漳州话的差异，把韵母的不同归纳为 9 项，应该说都是很准确的。

第五章"厦门音与《广韵》的比较"，是熟悉古音韵的罗先生的兴趣所在，也是本书的重要内容。声类部分他用一个总表列举了厦门声母与《广韵》47 声类的对应，每个音韵地位只列一个例字，并标出所代表的字数。另外是按照唇、舌、牙、喉、齿分列的 5 个详表，把常用字都列在对应的格子里，字多的主要对应和字少的条件对应以及个别字的例外对应都区分得十分清晰。然后罗先生根据这些对应归纳出厦门话和古声母的差别 11 条，主要有：轻唇重唇不分，舌头舌上不分，齿头正齿不分，照系二三等、喻母三四等不分，全浊变入全清比次清多，晓匣心邪审禅清浊无别，心邪审禅少数字变读 ts、tsh，等等，都抓住主要特点并且作了十分准确的表述。只是少数字只在字下加横，未标明是训读音或白读音，例如：唔/不、转/返、遘/到、下/低、园/藏、囝/子，可能是发音人把前者误认为后者，这是一般的本地人的做法。韵类部分则分成阴韵 7 摄、阳韵和入韵各 9 摄，共列三个表。把古音的开合四等各韵（附有音值拟测）和厦门的韵母列出对应（如有文白异读则在不同韵类处重现），在对应的每个例字下方注明相同对应的字数。列表之后，把"《广韵》跟厦韵的重要异同"归纳为 15 项，对各摄各韵的走向也有明白的说明，有些韵类的今读还有字数百分比的统计。如豪韵读 o 的占 75%，肴韵读 au 的占 51%，阳声韵变为鼻化韵的 267 字，阴声韵鼻化的只有 83 字，-p、-t、-k 韵尾界限分明，只有 p 变 t 的 4 字，t 变 p 的 1 字、k 变 t 的 23 字。声调方面，厦门话 7 调和《广韵》的四声对应比较整齐，书中把主要对应和少数例外列入简表，展示得一目了然。

第六章"标音举例"，包括《北风跟太阳》的"语助词故事"和《龙眼干》《草蜢公》《阿达子》《老鼠干》四首儿歌。故事逐字用罗马字注音，儿歌除了注音之外还请赵元任先生用五线谱标出了调，可以如实地唱出原声来。

第七章"厦门音与十五音及《广韵》比较表"及其索引，占了全书过半篇幅，看似多余，实际上是把 4 636 字的厦门音与《广韵》和漳州音的关系都展示出来了，是全书字音材料的汇总，在当时可供复核实际语音、检验所概括的规律，以后则可作为后人研究厦音演变的依据，这是一种很负责任的做法。

四、《厦门音系》的学术价值

1928 年，广州成立中央研究院历史语言研究所不久，罗常培就入职了。当年，该所负责人赵元任出版了《现代吴语的研究》巨著，发表了江浙两省的 33 种吴方言的 2 700 个字音、1 400 个词汇和 50 多个语法例句的语料，成为第一部汉语大区方言面上调查比较的经典之作。在 1930 年和 1940 年这两年，罗常培先后出版了《厦门音系》和《临川音系》，作为深入研究两种重要方言的单刊，这三部著作都是史语所初创时期的现代汉语方言学的奠基之作。

《厦门音系》的学术价值主要有以下三个方面：

第一，首创重点方言单点研究的理论框架：从音值到音类、从描写到比较、从音节到多音连读、从字音到语料，这是一整套的由表及里、由点到面、由浅入深的推进过程。

音值的描写是古代中国传统语文学之所缺，只能引进西方现代语音学的音素、音标分析方法；音类是汉语和汉字相结合之后特有的语音现象，由于广韵在汉语历史上作为官方颁布的标准音已经推行了千年，广韵的声韵调类别系统与历代通语和各地方言都存在一定的对应关系，只有经过音类的比较，才能理解和表述方言语音的共时结构特征和历时演变规律，这就是必须运用传统的汉语音韵学理论来分析方言语音的缘由。罗常培不愧是语音学家和音韵学家，所以他对厦门话的音值和音类的分析都为后人树立了范例。

音节是与汉字相对应的语言的自然单位，研究方言语音要从音节入手，分析其声韵调的结合方式，这是研究汉语语音所必须遵循的基本步骤。近代汉语以来，多音词语已经占了优势，在实际语流之中，音节进入词、语、句之后又有多方面的变化，各地方言中的变调、轻声、儿化、合音等就是这类语流音变。罗常培不但能深刻理解汉语的特征，对音节的结构和音类进行详尽的区分，而且具备敏锐的辨音能力和深厚的语音学修养，在调查分析厦门话的语音系统时就发现了许多连读音变和变调、轻声等现象，并把它们表述出来，这在汉语方言调查研究中也是首创的。

语音是语言的物质外壳，调查方言必须从语音入手，由于汉语音韵学比较繁难，以往的方言调查往往集中于语音的研究，拿方言事实去论证音韵学的原理，有的学者甚至认为方言研究就是为音韵学服务的。罗常培的《厦门音系》开创了用音韵学原理来解释方言特点的先例，使方言语音研究走上切合汉语特征的厚今薄古的发展道路，也为汉语音韵开辟了与方言调查语料相结合，从而转变为历史语音学的崭新方向。

虽然罗常培把此书限定于"音系"的研究，但是他还是看到了语音是依存于词、语、句的，词汇、语法现象则体现在实际语料之中，所以他在"音系"的讨论之余还加入了一批故事和儿歌的语料。他在"再版序言"中说，本书"偏重语音，忽略了词汇和语法"，又说，"长篇故事和民间文艺的记录，对于研究词汇和语法的关系非常重大"。这是他 25 年后的体会。

可见，《厦门音系》所建构的框架虽然还有畸轻畸重之处，但是罗常培很快就有十分清楚的认识，这对于后来者是有启发、引导作用的。

第二，从方言研究的方向和方法上说，《厦门音系》开辟了正确道路，具体表现在：音韵学与方言学相互为用而厚今薄古；立足于调查口语，也重视文献的搜集和运用；既引进西学的先进方法，又能兼容中学传统。

中国古代的语言学是面向古代书面语所做的研究，研究语音的音韵学，只研究字音的音类及其结构和流变；研究词汇的是训诂学，主要是对前代字义异同及其变化的考释；研究汉字字形演变的是文字学，自从晚清发现甲骨文之后，多数学者都集中研究先秦的古文字。百姓口里的方言俗语一直是不登大雅之堂的。诚然，中国古典语文学也有其独特价值，例如，探讨汉字的结构原理以及何以能够使用数千年；汉字和汉语的相互适应还能记录千变万化的多种语言，创造一座座文学语言的艺术高峰；透过古文字考订和古籍研究可为考古及了解古代文化做出重大贡献。

自从 19—20 世纪欧洲兴起现代语言学之后，正是第一代的语言学家赵元任、李方桂、罗常培通力合作，历经数年，把高本汉的《中国音韵学研究》翻译成中文，并且在学术界产生广泛影响之后，到 20 世纪 30 年代，才逐渐建立了中国的现代语言学。现代语言学最根本的变化就在于从古代语言研究转向现代语言研究；从书面语的研究转向口头语的研究；在语音、词汇研究的基础上深入语法结构的层面。赵、李、罗三位以及王力、吕叔湘等第一代语言学大师不但传播了西方现代语言学的先进经验，而且精通中国的古典语言学，在调查研究现代汉语及各种方言和少数民族语言上都做出了重大贡献，开拓了古今汉语研究的新路。

就罗常培的《厦门音系》而言，他运用音韵学知识来考察方言语音是古为今用，而不像清代一些学者那样，拿方言事实去证明音韵学问题，把方言学作为音韵学的附庸。这是现代语言学和古代语文学的分水岭。在研究厦门方言时，他搜集了明清两代的闽方言韵书、近代以来教会罗马字的资料和民国初年本地学者的有关著作，在分析厦门语音时，他十分关注现实的方言与前人提供的语料的异同，做到了口语的事实和文献记录相互论证，这也是给后学提供了科学方法的示范。至于如何对待中国古典语文学和西方的现代语言学，晚清以来在学术界曾有过争论，主张全盘西化和坚持维护国粹的各执一端，甚至互相攻击。有幸的是，上述第一代中国现代语言学大师都真正兼通中西学的精髓，所以不走极端，而是各取所长、实行中西融合，走的是一条实事求是的科学之路。实际上，语言有全人类的共性，也有不同民族的个性，语言的研究既要探讨共性，也应该着重考察个性。西方的文字早已拼音化，现代的物理学、生理学也发展得早，在分析语音的物理属性和生理属性上他们有长处，创建了记录语言的音标；中国的音韵学对于字音的声韵调的分析和音类的区分也有一套精密的理论，《厦门音系》就是最早运用西方语音学和汉语音韵学科学分析单点汉语方言的典范。

可见，《厦门音系》的学术价值不仅在于它最早系统研究厦门话，而且它提供了研究汉语方言的一整套科学的方向和方法，对方言学的研究有奠基的作用。

第三，《厦门音系》善于发现方言的特征并展示特征，这也是它对方言学的重要贡献。

汉语的历史悠久，分布地域广阔、自然环境多样、灾荒与战乱造成了频繁的移民，在自然经济条件下，通语在不同地域交流不畅，于是形成了许多大大小小的方言。在长期的使用过程中，方言也形成了自己的语音、词汇和语法的结构系统，历史长、使用人口多、文化积蕴丰富的重点方言的系统往往有更多独具的特征。正如研究语言应该善于发现该语言有别于其他语言的特征一样，研究方言最重要的任务也就是要善于发现与众不同的特征并加以论证。罗常培对厦门音系的研究，在这方面为后人树立了完美的标杆。在音值方面，关于几个次浊声母（b、l、g）和鼻化韵、塞音尾韵的精确描写，都是前所未有的。在音类方面，声母系统关于轻唇重唇不分、舌上舌头不分、齿头正齿不分，晓匣、心邪、审禅无别，全浊清化后送气少、不送气多；韵母系统关于文读模侯相混、豪肴有别、之支脂无别、宕江通相混，咸深（-m）、山臻（-n）韵尾守旧，入声韵尾（-p、-t、-k）界限分明，声调方面由于浊上归去，四声分为七调，各方面都表述得十分准确而精练。在音读方面，关于文白异读的系统而精确的分析，关于多音词语的连读音变（轻声和变调）的条分缕析的说明，都是前人所未曾达到的水平，至今还是为汉语方言研究树立的经典之作。

如果说，《厦门音系》是年轻的语言学家初到厦门时的即兴之作，也是给学界留下的出手不凡的珍品，应该是不过分的。

参考文献

［1］罗常培：《厦门音系》，北京：科学出版社 1956 年版。

［2］中国科学院语言研究所编：《罗常培语言学论文选集》，北京：中华书局 1963 年版。

［3］中国语言学会《中国现代语言学家传略》编写组：《中国现代语言学家传略·第二卷》，石家庄：河北教育出版社 2004 年版。

［4］［瑞典］高本汉著，赵元任、罗常培、李方桂合译：《中国音韵学研究》，北京：商务印书馆 1996 年版。

［5］黄典诚：《黄典诚语言学论文集》，厦门：厦门大学出版社 2003 年版。

［6］《厦大周刊》（1922—1930），厦门大学图书馆藏。

［7］福建省汉语方言调查指导组、福建省汉语方言概况编写组编：《福建省汉语方言概况（讨论稿）》，1962 年。

音韵与方言结合的光辉典范①

——读《汉语音韵讲义》缅怀丁声树先生

丁声树先生所撰的《汉语音韵讲义》从油印本算起在方言学界使用半个世纪了，距《方言》季刊 1981 年正式刊出也已近 30 年。这本只有三万字（16 开本，13 页，李荣所制表格和练习题不算在内）的讲义，可以说是一部厚积薄发的经典，是用音韵学原理指导方言调查，又用方言研究成果来论证音韵现象的科学指南。半个世纪的实践证明，它是音韵学和方言学相结合的光辉典范。

抗日战争初期，二十多岁的丁声树就参加了湖北方言调查，后来又转到云南和四川继续艰苦的调查工作。在赵元任的领导下，他和李方桂、罗常培等共同创立了运用广韵系统调查分析方言语音的一整套工作规范。《汉语方言调查简表》和后来的《方言调查字表》（1956 年出版）都是当年制定的、按照广韵音系排列的、供方言调查用的基本材料。据丁先生在史语所的同事吴宗济先生回忆，当时赵元任和李方桂两位先生还常在音韵学方面征询丁先生的意见。1956—1957 年，为了开展全国方言普查，丁先生主持创办了三期"普通话语音研究班"，训练方言调查人员。他一面编讲义，一面上课，每周

---

① 本文刊于《学问人生　大家风范：丁声树先生百年诞辰纪念文集》（中国社会科学院语言研究所、《丁声树先生百年诞辰纪念文集》编辑组编，商务印书馆 2009 年版）。

六天，星期天才回家。由丁声树和李荣当主教练训练过的数十名学员，后来都成了方言普查的好手，开辟了新中国方言调查研究的新局面。这部简明精当的教材是经过实践考验、行之有效的真经。

我参加了 20 世纪 50 年代福建省方言普查的全过程。但因为当时大学还没毕业，无缘参加"普通话语音研究班"。不过，从参加普查的同事那里，我得到了这本油印的讲义。从那时起，它就是引导我学习音韵学和进行方言调查的入门指导书。20 世纪 60 年代给本科生开方言课、音韵课，20 世纪 80 年代给硕士生、博士生开同样的课，我也都拿它作为基本教材。每次学习和教课我都反复体会到，这的确是一本精致而实用的教科书。

《汉语音韵讲义》以广韵音系为纲，以现代北京音为目，编织了一个古今音的关系网。这个大网既精深又无缺漏，既严密又不艰深；不但便于入门，也能指导深造；既解释了古音到今音的演变过程，又能从今音推知古音。这就把历来弄得有些玄虚的音韵学原理变成了可以用已知的语言事实去理解的知识。为了搭建古今音的通道，可以看到，这位大师并不是简单地罗列古今音的对应关系，而是为初学者着想，精心寻找和设计了由易及难的途径。例如，北京音和大多数官话方言都已经没有入声，为了便于官话区的人了解哪些字是入声字，《汉语音韵讲义》指出："现在北京音里的阳平字凡是声母不送气的字，一定不是从古代的平声来的，只有从古入声来的阳平字才有不送气声母。"又如，分辨一二三四等对现代人来说相当困难，《汉语音韵讲义》巧妙地应用古今音声韵组合规律，选取了许多重要的条目，做了简单易懂的说明："端透定三个声母只见于一等和四等，不见于二等或三等，因此凡是现代读 t、t^h 的字，洪音一定是一等，细音一定是四等。""凡现在声母是 f 的字全是古三等字。""凡现在声母是 ʐ 的字都是三等。""凡现在读 tsʅ、tsʰʅ、sʅ 和 tʂʅ、tʂʰʅ、ʐʅ 的字全是古三等字。"这都是化玄虚为平易的例子。

关于中古音系统的叙述，《汉语音韵讲义》虽没有长篇大论，却是抓住要害，把基本原理说透，并且很注意分清语音演变中的基本对应、条件对应和例外的个别字。措辞用字十分注意推敲，做到了精密、简明、无懈可击。例如，关于如何认识四个等的特点及其在语音演变中的作用，《汉语音韵讲义》中说："无论哪个等的特点，都可以从两方面来考察，一方面是就古代声母和韵母的配搭上看，另一方面是从现代汉语的反映上看。这就是说，我们必须从古代音系的结构上看，从古今语音的对比上看，才可以认识各等的特点，才可以明白等在古今语音演变上所起的作用。"这就是辨等的最概括、最精辟的说法了。在具体辨等的方法上，又强调了若干个要点：出现在一、四等的声母只有 19 个；见于三等的声母是另外的 14 个；在分布上，帮组和非组、庄组和章组都不在同一个韵里出现，等等。这些都是帮助辨等最有效的依据。又如，关于古开合和今四呼的关系，《汉语音韵讲义》指出："必须把古声母的系、组和韵母的摄、等与开合口联系起来才可以看出古今的演变。""古代的开合口、摄、等和今音的开齐合撮大致都有相当整齐的对应关系，但是错综的情况也要注意。"接着是许多具体的描述，精当地分别了主流和支流。例如，凡今音 t、tʰ 两母的开口呼**总是**古代的一等开口来的，合口呼**多是**从古代的一等合口来的，但一部分 uo 韵母的字是古一等开口，如"多、脱、吞"；今音 n、l 两母的开口呼，古代**大半是**一二等开口，但是有**一部分**字是从古代合口来的，如"雷、内、嫩、脓"是一等合口。"类、泪"是三等合口；今音 ts、tsʰ、s 三母的开口呼**主要是**从古代一等开口来的。但是 ʅ 韵母**全是**从三等开口（止摄）来的，还有**少数**知章组声母字今读 ts、tsʰ、s 的，古代是二三等开口。今合口呼除 uo 韵母外**总是**从古代的一三等合口来的。这些文字中的黑体字，很能说明作者是下功夫推敲过的，用字十分精确。

为什么编教材需要"大家"来做？因为"大家"才能说得深刻而准确，要言不烦。但是"大家"不一定都那么平易近人，愿意为读者设想，只有甘当人梯的学者，才愿意、也才能够把深奥的理论说得通俗而浅显。丁声树先生是公认的"大家"，又是有口皆碑的"人梯"，所以能编出这样的好教材。

因为有了这样的好教材，"普通话语音研究班"的学员在半年间，既学了普通话标准音，又学了音韵学，掌握古今音演变的原理，还学会记录方言语音、整理方言音系，大多都能掌握独立调查方言的能力，学得好的还能对方言语音进行音韵分析，提取方言语音特征。

在《汉语音韵讲义》的理论和方法的启发之下，我在使用这个教材之前，先给学员训练国际音标，结合普通话标准音和学生的母语的语音，让他们学会听音、辨音。到了按照《汉语音韵讲义》讲授音韵知识时，就可以同时用《方言调查字表》逐韵记音，记完一个韵就观察和整理该韵在普通话和方言里的对应关系。记完了《方言调查字表》，还要求学生整理出古音与普通话语音、与方言之间的两种对应规律。做好这个大作业，就可以弄清古音、通语和方言三者之间的关系。这样，三点就可以成面。有了这个"三角平面"，既可以从北京音推知古音，也可以从方音推知古音，对中古音系的理解就会有左右逢源之乐；对普通话和方言的语音系统也就会有立体化的理解。这样，不论是研究古音、研究语音史还是研究普通话和方言的语音，都能走上正道，把研究做得更加深入。可见，《汉语音韵讲义》是把音韵学和方言学结合起来、相互为用的最好向导。

丁声树先生主持全国方言普查工作时，不但编写了《汉语音韵讲义》，给"普通话语音研究班"上课，还主持编制了《方言调查词汇手册》（1955年出版）和《方言调查词汇表》（1958年编，1981年发表于《方言》），这就为汉语方言词汇的调查研究准备了相当全面的基本材料，建立了方言词汇调查研究的工作平台，为20世纪60年代之后汉语方言研究的蓬勃发展打下了扎实的基础。1958年由科学出版社出版的《古今字音对照手册》也是丁先生主持编录的（李荣参订），这是一本按照《汉语音韵讲义》的理论和方法编写的工具书，对照了六千个常用字的古今音，是重要的方言音韵研究的基础建设工程。至今为止，这本《古今字音对照手册》还是方言调查和音韵研究的最重要的参考书。这是丁先生把音韵学和方言学结合起来、相互为用的另一个重要贡献。

丁先生对中国现代语言学的贡献还有大家所熟知的《现代汉语语法讲话》和《现代汉语词典》。这两本高水平、高质量的集体研究成果，都是由丁先生主持编写的，倾注了他大半辈子的心血，这是所有参编人员都有口皆碑的。由于丁先生的勤奋和严谨，这两部著作至今依然是汉语词汇和语法研究的圭臬。丁先生学问之精深和广博，在这些方面都得到了充分的体现；他甘当无名英雄的奉献精神，也是尽人皆知的。此外，他在训诂学上的成就，早在青年时代就已经成名，这就用不着我来多说了。

　　我和丁先生虽然只有过一次接触，却一下子就使我震惊，至今记忆犹新。1964 年春天，我和潘茂鼎先生一道去语言研究所，向李荣先生汇报福建省的方言普查成果——《福建省汉语方言概况（讨论稿）》的修订工作，请教工作方案。在前后将近一个月的时间里，李先生多次接见我们，谈了许多修订时应该注意的事项。当时丁先生已经到词典室去主持《现代汉语词典》的编写工作了，有一天，他来听取我们的汇报，我们再三请他指导，他只是说："福建的方言我不懂，你们才有发言权，我提不出什么意见。"其实，他知道的很多，只是因为治学严谨，不愿随意发表意见。我们虽然有几分失望，却也不敢勉强。而丁先生这句话引起了我良久的思索：一个公认的语言学大家，主持全国方言普查工作的领军人物，竟是这般谦逊！当时我还只有二十多岁，去北京前，自以为已经调查了福建境内十几个点的方言，整理过全省的方言材料，统过《福建省汉语方言概况（讨论稿）》的大部分稿子，真有几分踌躇满志的样子，有时连李先生提的一些不合自己胃口的意见都有点听不进去。一听丁先生这句话，我忽然就为自己的浅薄无知而感到羞愧。别说其他的方言大区，就是福建境内的闽语和客家话我还有许多是完全不懂的，凭什么就扬扬自得起来了？从那以后，在方言研究上，我才有了比较老实的态度。对于自己不熟悉的方言，不敢妄加分析；即便是自己熟悉的方言，也会多想想究竟是怎么一回事。尤其是对于不同的看法，我慢慢学会了冷静地思考，谨慎地寻求结论。几十年过去了，回想起来，如果能从老一辈的大师那里多学一点做事做人的道理，一定可以使自己少走一些弯路，多做一点正事。

　　丁先生离我们而去二十年了，加上他晚年卧病十年，这三十年正是祖国改革开放的大好时机。如果他能继续带领着语言学工作者做事，我们几代人不知要多得到多少教益！中国的语言学事业一定能做得好上加好！

　　今年是丁声树先生一百周年诞辰。在纪念他的日子里，让我们缅怀他的伟大功绩，学习他的崇高精神，继承他的未竟事业，把我们的语言学工作做得更大更好！

永存的怀念和鞭策①

——缅怀曾世英先生

地名研究所来信索稿，说要为曾世英先生出一本纪念文集，捧着这封信我顿时呆住了，原来他老人家离开我们整整一年了，这一向我总觉得他还在北太平路 16 号上班，他也许还在等待着我这晚来的弟子的回信。

他悄悄地走过一个世纪，步履是那样地轻盈，好像总是生怕惊动了旁人似的。同那些走起路来尘土飞扬、叫声如雷贯耳的人相比，他好像还与我们同在。

他像一盏灯，用生命之油点燃着不灭的火光。那油是一点一点干涸的。他好像还怀着许多的眷恋，一步一回头地舍不得离开我们。同那些潇洒走一回，享尽人生乐趣撒手而去的人相比，他其实还没有走。

他留给我们的是那样多，他的才华、品格、道德、文章是几代后人都学不完、用不尽的。那年我一口气读完他的九秩论文选时，在扉页上写下了口占七绝一首："舆图华夏着先鞭，文改地名有巨篇。立学功高山仰止，为师德厚日中悬。"我想，历史还将继续证明我的感觉是没有错的。

我认识曾世英先生只有十来年时间。1979 年秋，我参加南方 13 个省地名普查试点工作两个月，从此介入了地名的调查研究。那几年，福建省的地

---

① 本文刊于《曾世英纪念文集》（金祥文主编，中国地图出版社 1996 年版）。

名普查工作进展较快，成立了地名研究会，创办了《地名知识》刊物，曾先生对此十分高兴。1981 年春天，我趁着参加中国语言学会常务理事会之便，到测绘研究所拜会了先生，汇报了南方方言区地名调查的种种问题，建议在我参加筹备的将在来年成立的全国方言学会上，发动方言学工作者多多介入地名工作，并在适当的时机举行方言地名审音用字的专题座谈会。曾先生当即决定让杜祥明同志届时来厦门参加会议，并认真地询问了为各地方言地名记音或录音有多少工作量，有没有可能录制方言地名音档以供方言学家研究。

此后曾先生总是拿我这个后辈当成忘年交，每有新著就寄一份来征询意见，每次在一起开会就利用晚饭后散步的机会约我讨论一些问题。有时我到北京开会，到办公室去探望他，话没说完下班时间到了，他便邀我乘单位的车到家里，一面吃晚饭一面继续讨论问题。每逢新年则必有他寄来的贺年卡。有时因为出差，回信不及时，他还不厌其烦再次相询，常常使我感到不安。

1983 年，曾先生专程来福州了解地名普查中的问题，谈起所里让他出差南下，他脸有喜色，但也说："他们把我当老人，许多该外出的事不让走了，也许出差费也紧了。"在福州，他听取了汇报，查看了许多资料，并约好几位研究福建地名和地方史的教授登门造访，作长时间的谈话。那次去福州，他发现了漳浦县的"礼是列岛"原来是 19 世纪用洋人的名字命名的，后来查清了本来的地名，在地名规范化当中纠正过来了。原来，从 20 世纪 30 年代他绘制《申报地图》时起，这九百六十万平方公里的祖国版图就时刻装在他的胸中，任何有损于祖国的主权和民族尊严的小问题都逃不过他的火眼金睛。关于方言复杂地区的地名调查和规范，是他这一行的另一个重要课题。不久，在他的倡导下，国家语委专门派出工作人员到闽粤桂三个省区查阅了大量的地名普查资料，对于这三个省区的数百个方言地名用字做了一次全面的调查研究。后来经过长时间的琢磨，他就这批资料写了《地名用字标准化初探》一文，对于方言地名中的各种生僻字做了详尽的归纳和分析，并提出如何加以整理的建议。1988 年，我把自己十年间写成的关于地名的文章编成《地名与语言学论集》一书，求先生赐序，老先生认真审读了全稿，不但很快就给写了一篇《导言》，而且提出，希望将此文加入我的集子，可惜拙作的出版几经周折未能付梓，直到 1993 年才印出来，好在曾先生的大作收入了 1989 年出版的《曾世英论文选》，以免同我的习作一样受冷落。

曾世英先生是新中国成立文字改革委员会时的委员。从 20 世纪 50 年代开始他就以远见卓识和炽热的情怀从事汉语拼音和中国地名罗马化的研究。他是争取用汉语拼音拼写中国地名以代替历来在国际上通行的"威妥玛"拼音的元勋。经过我国政府多年的努力，1977 年在雅典举行的联合国第三届地名标准化会议上，终于以绝对多数赞成的票数通过了用汉语拼音作为中国地名罗马字母拼写法的国际标准的提案。此后，为了落实这项伟大的改革，建立中国地名委员会，开展全国性地名普查，倡导中国现代地名学的研究，这位年近八旬的老人焕发青春，不辞辛劳地承担了大量的研究工作和组织工作。尤其是对于学术上的一些原则性问题，他坚持始终力行贯彻。例如，关于外文版地图上的自然地理实体，他一直主张专名通名都用音译；对少数民族语地名则是坚持用汉语拼音按本族语音转写。他每次见到我的时候往往是没有任何客套，开门见山就把这些与语言学相关的问题向我提出来，要我对此表明态度，写文章加以阐述。说实在的，在这些问题上我是完全支持曾先生的观点的，但我想老先生已经说得那么透彻，还有容我置喙之处吗？他的许多主张都是本乎科学原理，也合乎国际惯例的，但是有时很不被理解，大凡许多先知明哲总是经常要碰到这种尴尬境遇的吧。这种时候他既不轻易地迁就、顺从决策者，也不利用自己学术上的权威地位去压服人，而是循循善诱，晓之以理，耐心等待。然而，许多早就应该办的事就这样议而未决，拖着没办。我国地名工作本来起步就比较晚，曾先生耗尽了晚年的心血为我们奠定了很好的基础，但是应该说，至今还有许多他所倡导的事情没有能够及时地办好。直到九十高龄，他还每周到办公室上两次班，他曾对我说："上班对我来说已经是另外的含义了。"我听了以后，心里是深深地敬佩，也和着几分伤感。是的，这已经不应是老先生上的班了，是我们还没有把许多事办好，让他放心不下。

和曾世英先生接触过的人，无不为他的精神所感动，在学术上他一丝不苟，在事业上他执着追求；对待工作他是锲而不舍，对待同事和学生他是诚挚而宽厚。在他的词典里唯独没有一个"我"字。每当我们想起这位穿着蓝布衫和黑布鞋的老人，想起他孜孜不倦埋头工作时，我们除了怀念，还一定会得到一种心甘情愿的鞭策的。

胸怀人民的大家风范①

——学习吕叔湘先生关注语文普及和应用研究的精神

一、历来关注语文普及和应用

1983 年，商务印书馆出版《吕叔湘语文论集》，吕先生在简短的序文里写道："除几本单刊和一本语法论文集之外，我写的东西多少值得一看的都在这里了。"这说明他对收在这本集子里的文章是十分重视的。他把这些文章分成八组：①语言研究；②语言文字；③语法的研究和教学；④词典和词义；⑤古书标点；⑥翻译；⑦文字细节；⑧语文教学。并接着写道："看上去是够杂的。杂，就不免于浅。浅也许有浅的好处，可以有更多的读者。只要浅而不至于陋，我就很满足了。"这八组文章中，①～③是关于普及语言学知识的，④～⑦是有关语文运用的指导，⑧是语文教学的研究，如今称为应用语言学。之所以要"杂"，这当是现实的需要；之所以要"浅"，则是为了拥有更多的读者。可见，吕先生热衷于语言学的普及工作和应用研究是心所由之的热切行动。吕先生是公认的大家，他的普及、应用研究不但不

---

① 曾于 2004 年 6 月 23 日在"纪念吕叔湘先生百年诞辰国际学术研讨会"上宣读，后收入本人所著论文集《汉语应用研究》（中国传媒大学出版社 2004 年版）。

陋，而且每臻绝唱，给人们留下永恒的启发。

除了《吕叔湘语文论集》，在其他"单刊"中至少还有六本属于普及和应用的著作：1944 年出版的《文言虚字》（开明书店），1947 年出版的《中国人学英文》，1951 年出版的《习作评改》（开明书店），1953 年出版的《语法学习》（中国青年出版社），1980 年出版的《语文常谈》（生活·读书·新知三联书店），1984 年出版的《语文杂记》（上海教育出版社）。这些单刊也都是深受读者喜爱、一再重印的名著。可见，语文普及和应用，一直是吕先生从事学术工作所关注的。这就是他的胸怀人民、为大众服务的大家风范。

二、语法研究也注意普及和应用

作为大家，吕叔湘先生在汉语语法研究中也是以注重普及和应用而著称的。他的成名作是 1942—1944 年出版的《中国文法要略》。这是继《马氏文通》和《新著国语文法》之后汉语语法研究的经典之作。该书按"词句论"和"表达论"分为上下卷。前者说明词句结构如何表达思想，帮助人们理解言语和读懂文章；后者则说明观念的范畴和关系如何用语言文字来表达，以帮助人们整理思想，学会说话和做文章。由于当时学校课本和社会生活中还是文言白话并用，因此该书采取了文言和白话对照的形式，这都是注重于实际应用的研究方法，至今还留给人们许多启发。1951—1952 年间，他和朱德熙先生合作的《语法修辞讲话》更是一部注重实用、引导规范，把语法研究和修辞、逻辑融为一体的普及性著作，曾经在新中国的一代青年人中产生过广泛的影响，是汉语语法学发行量最大的教材之一。语法和修辞相结合，甚至达到难解难分的地步，这恐怕是汉语语法的一个根本特征，很可惜，半个世纪过去了，关于这一点好像还没有引起语法学家的充分关注。1961 年吕先生和丁声树等先生主持出版的《现代汉语语法讲话》也贯彻着注重罗列语言事实，尤其是口语的事实，注重语言实际应用的语法专论的思想。1979 年出版的《汉语语法分析问题》对 80 年间的汉语语法研究做了系统而全面的检讨，梳理了尚存的问题，指出了如何进一步解决问题的方向和方法，这则是在新的基点上的语法理论的普及。

多做普及和应用方面的事，会不会妨碍精深的研究呢？从吕先生的经验来看，答案是否定的。事实上，任何一门科学的创立和发展都是实际应用的需求激起的。中国传统小学建立于汉代，这是因为当时所推崇的先秦经典和现实的语言文字已经有了隔阂，因而文字、音韵、训诂之学应运而生。今天，计算机普及、人机对话广泛应用，中文信息处理、计算语言学、实验语音学也有了长足进步。外国学生学习汉语的热度不断升温，则一再推动着对外汉语教育的研究。想当年《语法修辞讲话》在《人民日报》连载时，办公室的干部和教室里的学生都在讨论"这话说得通不通"，这种语法学的大普及对语法研究的推动是自不待言的。当时批评过的"恢复疲劳、打扫卫生"，后来引起了争论。吕先生说："恢复疲劳"可以解释为"把身体和精神从疲劳中恢复过来"，"打扫卫生"可以解释为"打扫是为了卫生"。从此，语法学界对于汉语的动宾之间的语义关系就有了更多的理解和分析。可见，关于规范与否的争议、注重普及和应用也是推进学术、使研究走向深入的动力。正是长期地坚持进行大量的普及工作和应用研究，吕先生后期所写的《汉语语法分析问题》才成了汉语语法研究上承前启后的公认的世纪的总结。

三、热心地编纂辞书和通俗读物

讲到吕叔湘先生关注语言学的普及和应用研究，不能不提到《现代汉语词典》和《现代汉语八百词》。这是语言研究所许多学者集体编写的权威性工具书。前者在 20 世纪 50 年代是吕先生主持编写工作的，后者则一直是吕先生主编的。这两本大书为现代汉语的词汇、语法的规范奠定了重要的基础，培养教育了几代人，其中倾注了吕先生的大量心血。这两部书的发行量估计已经突破了百万册。

上文提到的吕先生的几本单刊由于平白如话、娓娓动听、言简意赅、过目难忘，所谈论的又是雅俗共赏、老少咸宜的语文表达的身边见闻，所以都是发行量极大的书。《中国人学英文》在 1947 年、1962 年、1980 年重版过三次；《语文常谈》单是 1981 年就印了两次，近 25 万册；《语文杂记》1984 年初版就印了 87 500 册。因为是好书，后来都脱销了。我们应该追踪统计吕叔湘先生各种著作的发行情况，总结和认识这位大师的贡献。

语言文字是日常生活中最普通的现象，语言学的研究却有难以穷尽的内涵。为了普及语言科学的知识，必须把深奥的道理用通俗的话语说明白。在这方面，现代语言学家中能做得到的并不太多。吕先生的这种功力是很难企及的。《语文常谈》在说到现代白话时写道："（现代的）白话的面貌跟半个世纪以前已经大有不同了：它继承了旧白话的传统，又从文言，并且在较小的程度上也从外语，吸取了有用的语汇和语法，大大地丰富了和提高了。"简短的几句话把现代白话的状况和品质、变迁的途径都说清楚了。不久前，还有些"语言学家"在鼓吹文言，贬低现代白话，这不正说明了普及语言科学不仅对工农大众是必要的，其实对于文人学士也是不可少的吗？吕先生就在这本书的序文中写道："还有人说：'中国话'就是没有'文法'，历代文学家都不知道什么叫'文法'，却写出好文章；可是他回答不上来为什么有的话公认为'通'，有的话公认为'不通'，后者至少有一部分是由于不合'文法'。不幸的是，诸如此类的意见不是来自工农大众，而是来自部分知识分子。这说明关于语言文字的知识确实还是有待于普及。"看来，正是从这一点出发，吕先生才能长时期地对普及工作乐而不疲。

不论是普及还是应用，都应该立足于具体的语言事实，大处着眼，小处着手，透过具体问题说出一般的道理。吕叔湘先生的许多此类文章都是这样写出来的。《语文杂记》大多是不满千字的短文，却篇篇掷地有声、发人深思。《句式变化》列举了三件可以变换的句式：①我不喜欢吃米饭；②米饭我不喜欢吃；③吃米饭我不喜欢。但如果把"吃米饭"换成"写信""下棋"，或者把"喜欢"换成"爱"或"敢""会"，有的句式就不能变换。并且指出"这跟句子里边的词汇有关"，"是语义问题"，"这个问题值得进一步探讨"。这就是语义（词汇）和语法（句式）的相互制约，后来成了"语法研究的三个平面"的热门课题。吕先生在这本书的序文里说："语言学的大厦不但需要有高明的工程师搞设计，也需要有很多辛勤的工人添砖加瓦。只以几张蓝图为满足是无异于画饼充饥的。"应该说，吕先生既是高明的设计师，也是辛勤而灵巧的巨匠，和那些只热衷于画图纸，搭"理论框架"的空头理论家是截然不同的。

记得有次我出差北京要回福州时，吕先生知道我在福建师大工作，和洪心衡先生有交往，他特地交代我："回福州后代我去拜候洪先生，向他问安。"洪心衡教授是每天读报，随手做卡片，用最新的例句来分析语法现象，并且写出了许多有见地的好文章的。吕先生正是欣赏他的这种添砖加瓦的精神，一向对这位老学者十分敬重。

四、为语文教学改革奔走呼号

在吕叔湘先生所从事的普及工作和应用研究中，关于语文教育问题的论述尤其值得我们反复学习。因为事实证明他的许多提法都是至理名言，然而直至今日还是没能很好地贯彻下去。

吕先生精通古今汉语，熟谙英语，又有雄厚的语言学基础和长时期的语言教学和研究的实践。在论及语文教育问题时，一开始便能高屋建瓴、统观全局，提出的问题都很能切中要害。有些深层次的问题，如果没有反复地实践还很难理解到位。1963年他在《文字改革》月刊上发表的《关于语文教学的两点基本认识》就是这样一篇重要论文。他提出的基本认识之一是"从事语文教学就必须认清语言文字的性质……认清汉语各种形式——普通话和方言、现代汉语和古代汉语的分别和它们的相互关系"。从叶圣陶、朱自清到吕叔湘、张志公，将近一个世纪了，行家们都很强调：语文教的是口头语和书面语，即语文工具的运用。如今关于"培养听说读写的能力"的说法是写入语文教学大纲了，但是对于"工具论"的指责和批评仍不绝于耳，时而还要以各种名目（非政治倾向、忽略民族文化传统、漠视文学素质教育等）加以抨击。语言文字作为工具自然有别于镰刀和斧头，它的成品就有不少是文学，它的内容则是民族的文化。语文能力强了，文学修养和文化素质就上去了。语文不过关，空喊文学和文化的口号而无所作为，这样的人难道还少见吗？关于认清现代汉语和古汉语的关系，这些语文大家半个世纪以来一再呼吁立足于现代汉语，口语训练和书面语训练并重。可是加强文言文教学的呼声也总是此起彼伏。新近发布的教学大纲和教材，文言文又在中学课本中占了很大比重。"大学语文"教材以古文为主体的状况也没有认真纠正。学了许多文言文还写不通实验报告的理工科学生大有人在。关于认清普通话和方言的关系，在语文教学中就更没有引起注意了。方言区的学生学不好普通话有不少是由于歧异的方言的干扰，可是语文教材只教现代汉语，从未联系方言，老师说不清方言和普通话的差别，也是普遍存在的现象。

至于基本认识之二——认清学会语文的过程，吕先生说："语文的使用是一种技能、一种习惯，只有通过正确的模仿和反复的实践才能养成。""习惯的特点就是不自觉。学龄前儿童的学习语言是不自觉的。进了学校，学认字，学写字，学新词新语，起头是自觉的，但是最后仍然得由自觉变成不自觉，让这些东西成为自己的语文习惯的一部分，才能有实用价值。"这里关于语言习得和语言教学的关系说得多么通俗又多么深刻！可是语文课中的堆砌知识，满堂灌，只教有限的范文，缺乏广泛的阅读，甚至限制学生看电视，而不是引导学生在课内外、校内外通过广泛的听说读写实践去识别语言的通与不通、好与不好，从而建立良好的语言习惯，这种状况至今还没有得到根本的扭转。

中国的语文教育已经有数千年的历史。社会在进步，时代在变迁，可是有许多长年形成的章法一直在左右着教坛。什么文道结合、以文载道，教材只能从文学美文中选编，文言精品脍炙人口；什么"读书百遍，其义自见"。许多老说法貌似有理，实际上却经不起推敲。因而几经变动和改革，语文教学的效果还是不能适应现实的需求。尤其是经历过"文革"的浩劫，语文教学更是充斥着烦闷的教条，走入了"假大空"的困境。1978年初，在一次座谈会上吕叔湘先生以超人的胆识振臂高呼，指出："十年的时间，二千七百多教材，用来学本国语文，却是大多数不过关，岂非咄咄怪事！""少数语文水平较好的学生，你要问他的经验，异口同声说是得益于课外看书。"这篇发言稿后来刊登在《人民日报》上，引起了极大震动。在那前后几年间，吕先生到处就语文教育的改革写文章，做报告，和语文工作者讨论、谈心。不久，在1981年的中国语言学会成立大会上，吕先生又指出，语言学家应该关心十亿人民的语文生活，要大家关注语文教学、语文规范。20世纪80

年代之后，语文教育一直是语言学界、语文教育界的热门课题，各种改革方案层出不穷，为配合教学需要的教学语法研究，汉字和词语的频度研究，异读词、异体字的研究，各种辞书的编纂都有了长足的进步。应该说，这些事业的发展，和作为语言研究所的所长和中国语言学会的会长的吕先生的倡导是分不开的。此外，我们还常常可以看到，对于一些似是而非的问题，吕先生总是直言不讳，旗帜鲜明，同时也摆事实、讲道理，苦口婆心，不厌其烦地指出问题的所在。大家熟知，吕先生是反对中小学里教很多文言文的。他认为如果为了理解现代汉语中的文言成分，编一本工具书就够了；认为为了培养读古书的能力，接受文化遗产，就必须进行文言文的基本训练，"达到能阅读一般文言的程度，我估计至少得学习五六百课时，差不多要占去高中阶段的全部语文课的时间，课外作业时间还不算"，明显是做不到的，对于大多数学生来说也是不必要的。至于时有所闻的"说不学文言就写不好白话文"，他明白地说："这是一种似是而非的理论。……五四以后一段时期，很多受过长期文言训练的人改写白话，就是写不好。而现代有许多作者并没有受过多少文言训练，写白话挺漂亮。"从这个方面，我们看到了，吕先生作为语言学界的领袖人物，不但有广博而精深的识见，更可贵的是他对人民事业的高度责任感，对新时代的使命感，对学术改革则是既有过人的胆识，又有足够的耐心和细致。

吕叔湘先生关注语言学普及工作和应用研究的精神、胸怀人民的大家风范永远值得我们学习。

汉字的类型特征和历史命运

——认真学习周有光先生的汉字学新论

一、周有光先生的汉字"三相"说

周有光先生在对世界上的文字做了长期比较研究之后，于步入百岁的 2005 年写了《汉字性质和文字类型》这篇重要文章，他从文字类型学出发，提出考察文字体系特征的"三相"说——符号形式的"符形相"、语言段落的"语段相"和表达方法的"表达相"。从三个"相"分析汉字的性质，他的结论是：从语言段落说是"'语词和音节'文字"，从表达方法看是"'表意和表音'文字"，从符号形式看则是"'字符'文字"(2010：149)。历来关于汉字的性质问题曾经有过许多讨论，可谓众说纷纭、头绪不清，有了这个周全的理论作分析，事实的条理就明朗起来了。

所谓"三相"就是三个考察的角度。只有全面地考察才能准确地把握汉字的类型和特征。早先研究汉字的系统大多是沿着"六书"的思路走的，在逐项分析的基础上，把六书归纳为三书，这是一大进步。但是这还是局限于"表达相"，说明汉字是如何标记汉语这个音义结合体的。说汉字是表音文字、表意文字、象形文字、表意兼表音等，都是从这个角度说的。关于语素文字、语词文字、音节文字的争论则是围绕着"语段相"说的。关于汉字自身的形体系统倒是还研究得不够深入，曾有过象形符号、方块符号、笔画结构等说法，或概括力不足、系统性不清，或陷入烦琐的基本笔形、派生笔形的分类。

文字是语言的符号，语言和文字毕竟还是两个相关而并不相同的事物。但是，汉语和汉字却常常含混起来，"文从字顺"，"他一个字也没说"，其中的"字"指的是言语。这绝非偶然。从语言和文字的关系看，汉字本来就具有双重的性质，汉字是文字的形体系统和语言的音义系统的特殊而巧妙的重合。前一个系统属于文字符号，后一个系统属于语言。

周先生说的"符形相"是形体的系统（也许可以称为"形体相"）。关于这个系统也许可以表述为：形体包括字形和字体。通常说的"形、音、义"的"形"，指的是"字形"和"字体"两方面。汉字的字形是由点状、线状的笔画按一定方式组成的多层的方块结构。汉字的笔画无非是点状和线状两种，其组成虽然复杂，也还有一定的规则；所谓多层，指的是字内的结构：上下、左右、上中下、左中右、内外（包围、半包围）和字间的结构（主要是独体字、合体字，合体字还有二合、三合等区别）；每个字最后组成的大体都是个方块形的结构。至于汉字的字体，大致有古体（包括甲骨文、钟鼎文、大篆、小篆）与近体（包括隶书、楷书、草书），繁体与简体，正体与异体，印刷体、手写体和艺术体等。尚未进入语言的形体系统的零件，还有"偏旁"，包括作为音符的声旁和作为形符的形旁。

周先生说的"语段相"是汉字进入语言作为语素的系统，鉴于汉字总是以单字为单位，也可以称为"语言相"或"语素相"。语言相是就它进入语言说的，语素相则是从它作为语言的最小单位来说的，语素可以用作语词，称"语素相"比"语段相"可能更合适。进入语言，作为语素的字，依然由"形音义"三个方面构成，作为语素的字，字形方面的区别有：不同时代出现和通行的"古今字"，不同地区、不同方言使用的"俗字"，官方确认的"规范字"、将被淘汰的"异体字"，不合规范的"错别字"。

由于汉字的双重身份——既作为文字符号，又作为语言成分，汉字的"音"也便有两种性质。作为文字符号的音是"音节"，和其他语言的音节并无区别，只是别的语言的音节是用字母组成的，汉字则是用笔画组成的方块字来表示，对音节的研究是普通语音学（包括实验语音学）的任务。作为语言成分的"字音"，每一个字便进入"音韵系统"，获得一定的"音韵地位"，参加到整个汉语语音结构系统的动态演变中去了，对字音的研究用的是汉语音韵学的理论和方法。例如，语音学研究音节，山、删、杉（水杉）都读 shān，沙、杉（杉木）、杀都读 shā，在音韵学中，这些字的音则都属于不同的音韵地位：

山	山摄开口二等山韵生母平声	沙	假摄开口二等麻韵生母平声
删	山摄开口二等删韵生母平声	杀	山摄开口二等黠韵生母入声
杉	咸摄开口二等咸韵生母平声	杉	异读字，韵母因连读而异化

字音的音韵地位是怎么来的？是从中古音"《广韵》系统"来的。因为这个语音系统作为通语的语音规范，沿袭了一千多年，在科举取士的年代，写诗作文都以它为正音标准，所以对历代通语和方言都有重大影响。字音的"音值"古今南北多有分歧，"音类"却存在大体的对应，研究古今通语和南北方言，教学母语和二语教学都得拿音类作比较。

由于汉字长于表意、弱于表音，也由于音节数有限、表意需求无穷，还由于古今通语和方言语音的变化，汉字在发展的过程中就造成了大量多音字、同音字、方言俗字，使得汉字的字数不断增多，给汉字教学造成很大困难。这是汉字进入语言之后，才出现的字音方面的问题，是汉字成为语素后付出的代价。

至于字义，应该也有两个方面的系统。作为尚未进入语言的单字，"字义"对一般人来说，指的是形旁的类义（如三点水与水有关，言字旁与言说有关）以及作为语素的最常用、最基本的意义，对于了解古汉语的人来说还可能包括造字时的初义。进入语言，作为语素或单音词，字义则有本义、引申义、比喻义、语法义、语用义等复杂的内容。

周先生说的"表达相"（表达方法）指的是"创造文字的方法"，也就是以往所说的"造字法"。应该说，造字法是生成文字形体系统的出发点（或可称为依据），也是通往语素系统的桥梁。图画文字用视觉符号描绘事物；拼音文字用字母拼合音节的方法标记语音，而后透过语音理解语义；汉字则是主要用表意、辅以表音的笔画组合，综合地表现语言的音义。很明显，不同的表达方法创造出来的是不同类型的文字。古来所说的"六书"就是按照不同的造字法归纳出来的，象形字是表形的，假借字是表音的，指事字、会意字是表意的，形声字则兼有表音表意两方面的作用。转注历来界定不明，至今犹有争议，暂不论。

"三相"说启发我们，研究汉字的类型和特征必须进行全方位、多视角的考察。"三相"说的分析，也使我们看到，汉字正是自身的形体系统和作为语素的系统的巧妙重合。而造字法系统则是把这两个系统关联起来、使之重合为一体两面的完整系统的凭借。这样来理解特立独行的汉字，应该是最全面、最准确的。

那么，历来人们对汉字的"形音义"的直感和称说是否有道理呢？古人对造字法的分析有无科学性？看来，这些感性知识和历史传承下来的研究经验，都可以纳入"三相""两系"的理性分析。事实上，以往的许多研究结论并非矛盾对立的，只是切入点不同，是可以相互补充的。以下试用一个表格来说明这些说法是可以理顺、可以相容的。

表 1　汉字形音义的"三相"分析表

汉字	形	音	义
形体系统（符形相）	形符 笔画、部件、方块 独体、合体、记号 繁体、简体、异体 篆体、隶体、楷体	声符 声旁	义符 部首、形旁、表意声旁
语素系统（语段相）	字形 古今字、方言字、 俗体字、错别字	字音 音值、音类 （声类、韵类、调类）、 同音字、多音字	字义 本义、引申义、词汇 义、语法义、语用义
造字系统（表达相）	表形 象形字	表音 假借字、译音字、 形声字的声符	表意 指事字、会意字、形声 字（意符）

二、汉字超越时空，维护着语言文化的统一

汉字虽然进入了汉语，成为语素，然而还保留着原来的表意为主、表音宽泛的性质特征。从汉隶到现在的两千年间，形音义三者之中，"形"是稳定、基本不变的，"义"是核心保持稳定、外围随时增删变异，"音"也是因时而变、因地而异，甚至可以因人而异。这种状况就使它和汉语的语素之间保持着一定的独立性，在一定程度上超越了时空，具备了贯穿古今、沟通南北的神奇力量。用汉字记录的书面语——文言，经过千百年众多文人学士的打造和锤炼，经过学校的传习，政府的整理、规范和推行，成了延续语言文化的不绝洪流。中古通语的音类使语音的千年变异保持着对应，方言的歧异也没有造成语言系统的混乱，古代诗文典籍所承载的精神文明成果得到了世代传承。"和为贵""任重道远""三思而后行""岁寒然后知松柏之后凋""工欲善其事，必先利其器"，这些至理名言之所以能够世代诵读传承、千年不衰，靠的就是汉字的这种神力。现代人不知古音，也未必能读准当代标准音，但哪怕用各自的乡音去认读，都可以得到共同的理解。"野火烧不尽，春风吹又生""欲穷千里目，更上一层楼"，这些用汉字写下的一两千年前的诗句，现代人只要掌握了字义，便能了解和欣赏其深刻的道理和优美的诗意，这应该是世界文字中绝无仅有的奇迹。

对此，唐兰说过："中国人把文字统一了古今的殊语，也统一了东南西北无数的分歧的语言。"（1979：3）文化史家钱穆则说："中国文字虽在追随语言，而仍能控制语言……三千年以上的古书现在中国的普通学者大都仍能通读，中国文字实在是具备着简易和稳定的两个条件的，这一点不能不说是中国人文化史上的一种大成功，一种代表着中国特征的艺术性的成功，即以简单的驾驭繁复，以空灵的象征具体的艺术之成功。"（1988：75）

关于汉字书写的文言及其对中国文化所起的沟通、统一的作用，高本汉说过："中国地方有许多种各异的方言俗语，可是全部人民有了一种书本上的语言，以旧式的文体当做书写上的世界语……不但可以不顾方言上的一切分歧，彼此仍能互相交接，而且可以和以往的古人亲密地交接，这种情形在

西洋人士是很难办到的。……中国人对于本国古代的文化，具有极端的敬爱和认识，大都就是由于中国文言的特质所致。"（1931：45－46）他还说："这个大国里，各处地方都能彼此结合，是由于中国的文言，一种书写上的世界语，做了维系的工具……历代以来，中国之所以能保存政治上的统一，大部分也不得不归功于这种文言的统一势力。"（1931：49－50）

三、汉字的功过值得进一步研究

事物演变的原因有内因和外因。外因是演变的条件，内因是演变的根据，外因经过内因起作用。汉字之所以能够延续几千年，至今不衰，主要是它的内在的类型特征决定的。作为语言的符号，汉字属于"意音文字"的类型，表意为主，表音为辅，形体上采取的是笔画组成的、兼有表意和表音部件的、多层的方块结构。这种"形音义"的综合体和早期汉语的单音节词占优势的语言类型是十分适应的，因而汉字又成为汉语的词，具备了语言和文字的双重性质，汉字的形体系统和语素系统重合为一，从此，汉字适应汉语的需要，不断改进自身的结构和功能，经过多音、多义、异读别义的变化，又步入复合构成双音词、部分词汇语法化为虚词的过程。汉字在书面语建设上的作用更是无法估量，由于汉字具有贯穿古今、沟通南北的特点，所记录的文言不断丰富发展，为传承和发扬中华文化，为保持民族语言的稳定，乃至维护国家的统一都做出了重要的贡献。

然而，汉字也有弱点和缺陷：形体复杂、字数繁多、表音不力，因而难学难教，难写难记。100年前，当国家积弱、外侮不断之时，面对着文教落后、文盲充斥、科技不兴的社会状况，一批先进文化人在"打倒孔家店"，反对文言文、提倡白话文的新文化运动中，提出了改革汉字、实行拼音化的要求。激进者甚至喊道："汉字不灭、中国必亡。"几代爱国学者为此殚精竭虑，探索改革方案，编教材、办刊物、组织教学试验班，即使在抗日战争的烽火之中，他们也在难民营里、在根据地的农民夜校里，用"新文字"识字扫盲、教唱抗战歌曲。其革命意志和奉献精神感人至深、令人敬佩。从晚清的"切音字"运动到民国初年制定"注音符号"，从沪宁的"国语罗马字"、延安的"北方话拉丁字",再到举国上下讨论"汉语拼音方案",经过60年的努力,终于研制了一套为汉语注音的最佳方案。自从1958年在学校推行之后,实践证明,"汉语拼音方案"为汉语注音是成功的,不论在母语教育还是在对外汉语教学中,都是识字学话的好工具。1982年,国际标准化组织已经把"汉语拼音方案"认定为拼注汉语的国际标准,取代了通行100多年的威妥玛式拼音法。

鉴于汉字和汉语直到目前为止还是相适应的,和汉语拼音相互配合,在现代化各方面的应用也是大体有效的,大多数人依然维持着"目治"的习惯,如果要实行汉字拼音化,又还有大量问题难以解决,在1986年初的全国语言文字工作会议上,国家语委决定停止"汉语拼音化"的口号,但也坚持了一系列语文现代化、规范化的改革措施。应该说,这个政策对于维护语言文字应用的稳定起到了良好的作用。

从那时到现在,又是30年过去了。改革开放之后,国家的发展日新月异,我们赶上了信息化、网络化的世界潮流,结束了"万码奔腾"的时代,普及了汉语拼音的计算机输入,经济文化的腾飞实现了普通话的普及。在这种崭新的形势下,网络世界中汉语资讯的明显劣势,汉语对各种外国语的机器翻译中遇到的瓶颈,又使人想起汉字拼音化的需求,已有学者提出继续拼音化的改革意见。而为了发扬民族文化传统、振兴国学,也有学者主张加强汉字和文言文教学,对汉语拼音方案和简化字做适当的修改,甚至有人主张恢复繁体字。除了两种极端的意见之外,也有一些学者正在研究如何扩大汉语拼音的运用,探讨试行汉字和汉语拼音双文字方案的可能性;在汉字的使用上,则有繁简并用的"和谐体"的倡议。

这些不同的认识,在当前处于转型期的社会里,在语文生活的许多方面都给我们提出了许多新的问题。仅是关于汉字的认识、使用和改革,就有两个根本问题需要我们开展认真的研究。

首先,关于汉字的类型特征和性质,就还值得深入探讨。本文提出的汉字已经进入汉语,一身二任,既是文字,又是语素,这本来是中国人都有的语感,可是经常听到这样的非议:语言是第一性的,文字是第二性的,不能混为一谈。试想想,从利玛窦的拼音开始,几百年来为汉语设计的拼音方案应该有几百种了，学起来确实也快。当年厦门不识字的老太太，几天就能掌握拼写本地话的"白话字"，给南洋的亲人写信。可是因为各种拼音方案只是拼音的符号，只是语言的外衣，说穿就穿上，说脱就脱了；而形音义一体的汉字，真正认识了就忘不了，还可以让你猜词、扩词、造词、认古词、读古诗、浮想联翩、临帖、挥毫、龙飞凤舞。试问，像《兰亭集序》《滕王阁序》这类文章千百年后还能让后人研读和欣赏，世界上还有第二种这样的语言文字吗？正是汉字的表意宽泛、表音含糊、形体怪异而优雅，又能实现单字和语素的重合，才能具备这样的魔力。试想，果若改成拼音文字，口语中尚未存活的大量书面语词、文言语词，立刻就要退出当代的文本；浩如烟海的库存古籍也只能成为古代语言文字研究者们的专利品，成为古董送进博物馆了。如果不是汉字的一身二任，哪能具备这样的魔力？

其次，对100年的汉字拼音化改革运动，我们也应该做出科学的历史总结。发起这个运动的先知者曾经饱含着可贵的革命精神，唤起过广大民众，闪烁过智慧的光辉，掀起过满天风云，应该给定这个百年运动及其领袖人物的历史地位。对于汉字可否拼音化，当年曾经有过的争议还值得做出合理的甄别，至今未能实现拼音化，根本的原因究竟是什么？是我们对汉字的性质和功能认识有误或是改革的方案欠妥，还是时机未到，或是方法失误？当年提出的普通话不普及，大家不习惯罗马字母，不宜拼音化，如今普通话普及，拼音方案也熟练应用在十亿人的手机输入了，为什么连"字母词"进入词典也有人反对，凡此种种，都值得深入研究。日本语是和汉语类属不同，运用了汉字、假名和罗马字的"三合面"文字，曾经多次提出要废弃汉字，至今也没能成功，这和中国的汉字改革未果有何异同？汉字存活数千年的历史经验是什么，它经历过哪些调整和改革，支撑它的最重要的活力是什么？它的功过应该如何厘定？作为人类文化的一种独特的历史现象，汉字的存在和发展、优点和缺陷、功绩和局限，都需要重新加以认真研究，做出公平合理的评价。

四、当下和未来，汉字还要不要改革

改革开放以来，经济文化和科学技术急速发展，社会生活发生了重大变革。为了适应数字化、网络化的需要，语言文字的应用也提出许多新问题。就社会用字看，人名用字、网络用字已经难加控制，汉字字种的总量正在悄然膨胀，各类学校的教材用字也很难控制，报章出现的古字、俗字也难于管控。现代汉字和古代汉字是否需要划个界限？汉语拼音方案使用一个甲子了，上过小学的人都能准确无误地用来手机输入，但普及教育中用它正音吗？拼音读物为什么销声匿迹了，连编给外国人学习汉语用的读物都很少全文注音的。译名混乱，Bush 译成布什、布殊、布西，Reagan 译成里根、列根、雷根。汉语拼音在词汇规范化、科技术语的统一上还有许多该做的事。

对于 21 世纪的华文，与时俱进的世纪老人周有光早就发表了许多真知灼见。2002 年他在《21 世纪的华语和华文》一文中说："汉字难学难用，主要不在笔画繁，而在字数多。""现代通用汉字有 7 000 个，其中半数 3 500 个常用字……最高频 1 000 字的覆盖率是 90%，以后每增加 1 400 字提高覆盖率十分之一。利用常用字，淘汰罕用字，符合汉字规律。……21 世纪将出现一种'千字文'加拼音的'基础华语'，作为学习华语的教材。'基础华语'对外国人学习华语最为有用。在 21 世纪的后期，讲究效率的华人将把一般出版物用字限制在 3 500 常用字范围之内，实行字有定量，辅以拼音。"（2010：170）

这两条措施都是现成的、可行的，只要经过周密的设计，逐步试行和改进还是可能取得成功的。关键是，脑子里增加一根弦，让汉字的"六书"加上拼音这一书，把尚无定写的外国人地名统统用恰当的拼写法对译过来，一定是快刀斩乱麻的好办法；把字无定写的拟声词用拼音拼出来，只能更加贴切；甚至把"的、地、得"都打成单个字母 d，多么快便！逐步夹用拼音，应该是可以办到的。前几年《现代汉语词典》收进了"字母词"，经过一番试验，虽然也引起一场争议的风波，后来大家也接受了、习惯了，这就是经验。除此之外，也可以做另一种设想，实行汉字和汉语拼音双轨制，把汉语

拼音作为文字方案设计好，在科技应用、对外交往、口语加工等方面发挥其长；在书面文本、人文学科、古籍整理、书法艺术等方面则仍然在不同领域继续应用不同范围的汉字，既实现拼音化，又保留汉字的应用，这种文字的"双轨制"算不算是一种两全其美的办法？有没有可行性和可操作性？这些都是值得讨论的问题。

以上是我学习了周有光先生关于汉字学新论之后，对汉字的类型特征的理解，以及对汉字的历史命运和现实应用的思考，虽然琢磨多时，还是没有很大的把握，提出来求证于方家和同道。

参考文献

[1] [瑞典] 高本汉著，张世禄译：《中国语与中国文》，北京：商务印书馆1931年版。

[2] 黄侃述，黄焯编：《文字声韵训诂笔记》，上海：上海古籍出版社1983年版。

[3] 中国社会科学院语言文学应用研究所编：《汉字问题学术讨论会论文集》，北京：语文出版社1988年版。

[4] 李国英：《小篆形声字研究》，北京：北京师范大学出版社1996年版。

[5] 李如龙：《汉字的历史发展和现实观照》，《光明日报》，2014年12月8日第16版。

[6] 李孝定：《汉字史话》，台北：联经出版事业公司1977年版。

[7] 钱穆：《中国文化史导论》，上海：上海三联书店1988年版。

[8] 裘锡圭：《文字学概要》，北京：商务印书馆1988年版。

[9] 苏培成：《现代汉字学纲要》，北京：北京大学出版社1994年版。

[10] 唐兰：《中国文字学》，上海：上海古籍出版社1979年版。

[11] 周有光：《新语文的建设》，北京：语文出版社1992年版。

[12] 周有光：《朝闻道集》，北京：世界图书出版公司北京公司2010年版。

[13] 中国大百科全书出版社编辑部：《中国大百科全书·语言文字》，北京：中国大百科出版社1988年版。

附记：本文于 2015 年提交"语文现代化学会第 11 届年会（成都）"，收入本书时做过修改。1964 年，鉴于厦大中文系有研究汉字改革传统（自林语堂、周辨明、黄典诚到许长安），我赴京时曾恭请周先生来厦大讲授"汉字改革概论"，周先生欣然同意，后因政治运动未果。1986 年 1 月 6—13 日举行的全国语文工作会议上与先生同个小组讨论，见先生谈笑风生，说不搞拼音化，照样要研究、要改革，印象深刻。最后见面时（2010 年）还持赠签名本《朝闻道集》。谨以此文表示对老寿星的无限崇敬之意。

从闽语的"汝"和"你"说开去①

——怀念李荣先生

一

1999 年 8 月的一天，我请李蓝带路去拜会李荣先生。每次见到李先生，他总要问问闽语的一两个字，而我也都从中得到重要的启发，所以我也把这种拜会当成学习的机会。果然，这次他又问了：厦门话的第二人称代词究竟是"汝"还是"你"？

这个"汝"也问到要害上了。厦门话的第二人称代词说 li↑，属上声调。就这个音说，可以是"汝"也可以是"你"。因为厦门话的泥母、日母都与来母相混，逢鼻化韵读 n，逢非鼻化韵读 l；次浊上声字读上声调，二者相同；鱼韵的部分口语常用字也与止韵多数字相混读为 i（因为没有撮口呼韵）。例如：

---

① 李荣先生于 2002 年底仙逝，本文原是应语言研究所方言研究室主任周磊同志之约，为李先生纪念文集所作，不知何故，该文集一直未能出版。后来发表于《方言》2004 年第 1 期，当年中国人民大学报刊复印资料转载过。副标题是收入本集时所加。

鱼韵字	猪	箸	鱼	去	徐
	₌ti	ti²	₌hi	kʻi²	₌tsʻi
之韵字	耻	治	耳	起	饲
	₌tʻi	ti²	hī²	₌kʻi	tsʻi²

大概因为这个原因，有人认为厦门话的第二人称代词是"你"，就厦门话而言也无不可。

为方言词考求本字，只就一个点去考察，碰到这类情形就可能得出不正确的结论。因此李荣先生提出，"本字考"要作"方言比较"。经过几个姊妹方言点的比较，往往就可以排除一些假象，找到真正的本字。厦门话的"汝"或"你"，如果联系不远处的泉州音、漳州音去考察，便可以找到明确的答案。请看以下字音的比较：①

	汝	猪	鱼	女	鼠	除
泉州	₌lɯ	₌tɯ	₌hɯ	₌lɯ	₌tsʻɯ	₌tɯ
厦门	₌li	₌ti	₌hi	₌lu	₌tsʻu	₌tu
漳州	₌li	₌ti	₌hi	₌lu/₌li	₌tsʻu/₌tsʻi	₌ti

	李	起	时	思	史	四
泉州	₌li	₌kʻi	₌si	₌sɯ	₌sɯ	sɯ²/si²
厦门	₌li	₌kʻi	₌si	₌su	₌su	su²/si²
漳州	₌li	₌kʻi	₌si	₌su	₌su	su²/si²

在厦门郊区的海沧一带，第二人称代词说₌lu，鱼说₌hu，猪说₌tu。早期的厦门音和泉、漳音的鱼韵字正好形成u:ɯ:i的对应。两三百年前的《汇音妙悟》和《雅俗通十五音》正是反映的这种情形。1909 年编印的反映厦门

---

① 本文所用闽语材料多引自《闽语研究》和《福建省志·方言志》两书，有些是本人田野调查所得。为便于比较，字音只标调类，未标调值；为简便起见，词汇只标本调，未标变调。一字两音的，斜杠前为文读，斜杠后为白读。

音的《八音定诀》则兼有 ɯ、u、i 的异读。例如，锄见于"他书"读 [₅t'ɯ]，又见于"他须"读 [₅t'u]，鱼见于"喜诗"读 [₅hi]，又见于"喜书"读 [₅hɯ]。现代厦门音"汝"读ᶜli，"鱼"读₅hi，显然是漳州人来多了，漳州音影响厦门音的结果。而现代漳州话新派文读"女"为ᶜlu，"鼠"为ᶜts'u 则应是受地位高的城市方言厦门话影响的表现。泉州是闽南开发最早的地方，古城的读音稳定，鱼韵都读 [ɯ]，这个音显然更为古老。从 ɯ 变为 u 和 i，音理上也容易理解：一个把唇拢圆，一个舌面前移。

至于之韵字，在泉州只有精庄组读 ɯ 韵（如上文所举例字思、史），其余都读 i；在漳州和厦门则是多数读 [i]，精庄组文读为 [u]。可见，鱼韵和之韵在闽南话的语音对应里是判然有别的。闽南话第二人称代词是鱼韵的"汝"可以得到确证。

这个"汝"的音，传到潮州和浙南之后数百年了，至今还和泉州音相同，读为 ɯ，潮州话和浙江省苍南灵溪话都是 lɯ⁵³（温端政，1991），在海南省各地和新加坡、马来西亚一带的闽籍华裔中则普遍读为ᶜlu，这是厦门初开埠时的厦门音。在台湾的闽南话则读ᶜli的居多，偶尔也有ᶜlɯ和ᶜlu的说法。

和闽南话的 lɯ–li 相对应的鱼韵"汝"字，在闽东读为ᶜny³²（福州），在莆田读为ᶜty³⁵³，这都是十分明确的。而在之韵只有精庄组的文读音会读成 y（子ᶜtsy、史ᶜsy），其余都只能是 i。

总之，在闽台、浙、粤、琼各地，沿海的闽语的第二人称代词都是"汝"。

然而，闽语中也有不说"汝"而说"你"的，这便是内陆闽语——闽北方言和闽中方言。在那里，第二人称代词是之韵字而不是鱼韵字。试比较：①

	你	里	辞	芝	李姓	李李子	事
永安	₅ŋi	ᶜni	₅ʂɿ	₅tsɿ	ᶜli	ᶜʃia	ʃiaᶜ
沙县	₅gi	ᶜle②	₅ʂɿ	₅tsɿ	ᶜle	ᶜsai	saiᶜ
建瓯	ni₂	ᶜli	ᶜtsu	₅tsi	ᶜli	sɛ²	ti²

---

① 闽北方言中建阳、松溪有两类阳平，阳平乙用左下角的 。表示。

② 沙县高元音逢上声调读为开一度元音的"变韵"，可能是受闽东方言福州话的影响。

建阳	₀nɔi	ˢlɔi	˪so	˪tsi	ˢli	se²	ˢhai
松溪	niɛ˪	ˢlɛi	˪tsu	tsiɛ˪	ˢli	syœ²	tei˪

	女	除	去	书	锯	鱼
永安	ˢŋy	˪ty	k'ɯ²	ˢʃy	ky²	˪ŋy
沙县	˪gy	˪ty	k'o²	˪ʃy	ky²	˪gy
建瓯	ˢny	ˢty	k'o²	ˢsy	ky²	ŋy²
建阳	ˢny	˪ly	k'ɔ²	ˢsy	ky²	˪ŋy
松溪	ˢnœy	˪tœy	k'o²	ˢsy	ky²	₀ŋy

可见，除了个别白读音，鱼韵字在闽北、闽中都读撮口呼韵 y，而之韵字则未见有撮口呼的读法。内陆闽语的第二人称说"你"而不说"汝"也是确然可证的。

<h1 style="text-align:center">二</h1>

人称代词是方言中的基本词，是很能体现方言特征的。不仅如此，沿海闽语和内陆闽语之间并非只是偶尔可以发现的一两处此类基本词汇的差异，而是有着一批典型的特征词的差异。从以下词汇材料可以看到，沿海闽语有更多闽语特征词，只有少量条目发生词汇变异；内陆闽语则由于客赣方言的影响已经放弃部分闽语特征词了（有个别条目保留的是早期闽北方言固有的独特说法）。

沿海闽语五点：

普通话	福州	莆田	厦门	汕头	屯昌
人	侬ₛnøyŋ	ˢnaŋ	ˢlaŋ	ˢnaŋ	ˢnaŋ
他	伊ₛi	ˢi	ˢi	ˢi	ˢi
猪	猪ₛty	˪ty	˪ti	˪tɯ	˪ʔdu
泥土	壑ₛt'u	˪t'ɔu	˪t'ɔ	˪t'ɔu	˦u̯ɦu
书信	批ₛp'ie²	˪p'e	ˢp'ue	信 seŋ²	tin²
缝（动）	担 t'ieŋ²	t'iŋ²	t'ĩ²	t'ĩ²	˪ɦi

铺（动）	舒 ₌ts'y	₌ts'y	₌ts'u	铺 p'ɔu⁼	₌fu
嫩（菜）	幼 iɛu⁼	iu⁼	iu⁼	嫩 nuŋ⁼	幼 iu⁼
摘（果子）	摘 tiɛʔ₌	採 ʿts'ai	挽 ʿban	摘 tiaʔ₌	ʔdia₌
盖（被子）	赣 ʿkaŋ	₌kaʔ₌	kaʔ₌	kaʔ₌	ka₌
湿	滥 laŋ⁼	澹 ₌taŋ	₌tam	₌tam	₌ʔdam
（绑）紧	模 taiŋ⁼	綯 ₌ɛŋ	₌an	紧 ʿkeŋ	₌an
（粥）稠	□ kyʔ₌	涝 ʿk'o	ʿk'o	□kap₌	□kit₌
（粥）稀	清 ₌ts'iŋ	激 ka⁼	ka⁼	ka⁼	ka⁼
（肉）瘦	瘤 ₌sɛiŋ	精 ₌tsiŋ	₌tsiã	₌tsiã	瘤 ₌tan
闭（眼）	□ k'aiʔ₌	k'eʔ₌	k'ueʔ₌	合 ap₌	暧 nip₌
眼泪	目滓	maʔ₌	目屎	目汁	mak₌
	mɛiʔ₌ ʿtsai	ʿtsai	bak₌ ʿsai	mak₌ tsap₌	tsiɔp₌
东西	毛 nɔʔ₌	物毛	物件	mueʔ₌ ʿki	物 ʿmi
		mueʔ₌ nɒʔ₌	biʔ₌ kiã⁼		
女婿	儿婿	团婿	ʿkiã sai⁼	ʿkiã sai⁼①	郎家
	₌niɛ lai₌	ʿkyɒ lai⁼			₌lɔ ₌kɛ
坟墓	墓 muɔ⁼	mɔu⁼	bɒŋ⁼	坟 ₌p'uŋ	墓 ₌mɔu
说话	讲话	ʿkɒŋ ua⁼	ʿkɒŋ ue⁼	呾话	讲话
	ʿkɔuŋ ua⁼			tã⁼ ue⁼	ʿkɒŋ ₌ue
厨房	灶前	tsau⁼ ₌le	灶骹	灶间	灶前
	tsau⁼ ₌lɛiŋ		tsau⁼ ₌k'a	tsau⁼ ₌kãi	tau⁼ ₌tai
（肚子）饿	空 k'ʿœyŋ	楞 ʿuɑi	₌iau	困 k'uŋ⁼	xun⁼
种田	作田	tsɔ⁼ ₌lɛiŋ	tsoʔ₌ts'an	种田	作塍
	tsɔ⁼ ₌ts'ɛiŋ		tseŋ⁼ ₌tsʰaŋ		to₌ san
可爱	好疼	ʿho t'ia⁼	ʿho t'iã⁼	好惜	好疼
	ʿxɔ liaŋ⁼			ʿho siɔʔ₌	ʿhɔ ɦia⁼
中间	大中	中央	₌tiɒŋ ₌ŋ	₌taŋ ₌ŋ	□央

---

① 汕头话又说"阿郎 ₌a ₌ŋŋ"。

tai³ ₋louŋ	₋ŋɒ ₋ouŋ				₋lau ₋o
(一)个(蛋)	粒 la?₋	其 ₋ke	粒 liap₋	liap₋	枚 ₋mo

内陆闽语五点：

普通话	永安	沙县	建瓯	建阳	松溪
人	人 ₋nã	₋lɛiŋ	neiŋ³	₋nɔiŋ	₋neiŋ
他	渠 ₋ŋy	₋gy	ky₋	₋ky	kyo₋
猪	豨 ₋k'yi	₋k'ye	₋k'y	₋k'y	₋k'y
泥土	泥 ₋le	₋le	nai³	₋nai	₋na
书信	信 sã³	sɛiŋ³	seiŋ³	sɔiŋ³	seiŋ³
缝（动）	连 ₋lɛiŋ	₋nĩ	luiŋ³	₋lyeiŋ	₋liŋ
铺（动）	铺 ₋p'u	₋p'u	₋p'y	₋p'o	₋p'u
（菜）嫩	嫩 luã³	nuĩ³	nɔŋ³	nuŋ³	nueiŋ³
摘（果子）	讨 t'ɯ	₋t'ɔ	₋t'au	₋hau	₋t'o
盖（被子）	遮 ₋tsia	₋tsia	₋tsia	₋tsia	₋tsia
湿	湿 tʃ'e₋	tʃ'iɛ₋	ts'iɛ₋	ts'ie₋	ts'iei₋
（绑）紧	固 ku³	紧 kɔ̃³	₋keiŋ	₋kiŋ	₋keiŋ
（粥）稠	浓 ₋lɐm	₋lœyŋ	nøyŋ³	₋neiŋ	₋nœyŋ
（粥）稀	增 tsã³	₋tsɛiŋ	₋tsaiŋ	₋lɔiŋ	₋tsaŋ
（肉）瘦	瘦 sø³	sau³	se³	sɵu³	sa³
闭（眼）	暝 ŋi₋	瞑 ts'ɤ₋	ts'i₋	ts'i₋	ts'i₋
眼泪	目汁 ₋mu ts₋	₋bu tsɤ₋	mu₋ tsɛ₋	mu₋ le₋	mu₋ tsi₋
东西	□ ₋xɒ	₋xa	物事 mi₋ ti³	事 hai³	物事 ma₋ tai³
女婿	婿郎 sa³ ₋lam	sai³ ₋laŋ	郎 sɔŋ³	₋sɔŋ	₋sɔŋ
坟墓	坟 ₋xuã	₋xuĩ	冢 ₋tœyŋ	₋teiŋ	₋tœyŋ
说话	话事 uɒ³ ʃia³	ua³ sai³	ua² ti²	ua² tɔi²	ua² tɛi²

厨房	鼎间	ᶜtia ₌koĩ ᶜtiõ ₌kĩ	ᶜtiaŋ ₌kaiŋ	ᶜtiaŋ ₌kaiŋ	ᶜtiaŋ ₌kaŋ
（肚子）饿	腹饥	饥₌kye pu₌kye	₌kuɛ	₌ye	pu₌kyœ
种田	弄田	lɔuŋˀ laŋ₌ts ʔ	₌ts ʔõi	打田 ᶜta ts ʻaiŋˀ	作田 tsɔ₌ts ʻaŋ
				ᶜta ₌tʻaiŋˀ	tsɔ₌ts ʻ
可爱	得人惜 ta₌lātʃʻɯi tʃʻiᵓ	tɜˀ₌lɛiŋ	好惜 ᶜxau ᶜxau ts ʻiᵓ	ᶜxau ts ʻiᵓ	ᶜxo ts ʻyo
中间	中央心 ₌tem ₌m ᶜsã	₌ta ᵢ ₌maᵓ₌	tɔŋˀ ₌ɔi ₌seiŋ	tɔŋˀ ₌ɔi ₌sɔiŋ	中央心 ₌taŋ ₌seiŋ
（一）个（蛋）	隻 tʃioᵓ	tʃiaᵓ	tsiaᵓ	tsiaᵓ	tsiaᵓ

可见，闽中、闽北的"你"和沿海闽语的"汝"有异，这不是偶然的个别现象，而是反映闽语应该先分东西两片的重要事实，福建闽语的东西之分大于南北之分，这是不容置疑的。

三

据杨伯峻、何乐士研究，古代汉语的第二人称代词，"甲骨文仅见'女''乃'二字。'女'就是后来的'汝'，多用在主位和宾位，用在领位的极少见：'乃'则只用在领位，'尔''你''而'，甲骨文未见，金文出现也较晚，只见于东周列国彝器中，而且常用于领位"（1992）。可见"女（汝）"的说法比"你"早，"乃、你"上古音都属支部，并且双声同调，"你"显然是从"乃"变来的。但是"女"的用法直到五代还很常见。据蒋冀骋、吴福祥（1997）《近代汉语纲要》所统计，五代文献中"你、尔、汝"的用例次数是：

	你	尔	汝
《王梵志诗》	47		4
《六祖坛经》	1		85
《寒山子诗集》	18	2	27
《敦煌变文集》	187	40	246
《祖堂集》	361	1	742

据此，该书推论说："大致可以推测，'你'在口语中取代'汝'而作为第二人称代词的唯一形式，可能是北宋晚叶。在《王俊首岳侯状》里，'你'出现17次，而不见'汝''尔'等第二人称代词。"（蒋冀骋、吴福祥，1997：379 – 380）

在现代方言里，用"女（汝）"表示"你"比较少见。据《汉语方言大词典》（宫田一郎、许宝华，1999），除闽语之外，只见于山西的运城、解县一带的中原官话。运城将其用作夫妻间亲密的称呼，1919 年出版的《解县志》也说："夫妻称尔、汝，亲密之词也。"这种以"汝"为昵称的用法由来已久。《论语》中，孔夫子常称弟子为"汝"，而弟子则不称师长为"汝"。《世说新语·言语》注引《文士传》说："（祢衡）少与孔融作尔汝之交，时衡未满二十，融已五十。"又，杜甫《醉时歌》有"忘形到尔汝，痛饮真吾师"句，其中的"汝"都属于昵称（杨伯峻、何乐士，1992）。另据《河北方言词汇编》（李行健，1995），河北邯郸地区的广宗第二人称也说"汝"。

和解县的晋语、邯郸的官话不同，"汝"作为第二人称代词在闽语中是普遍的、常见的一般用法，这也是闽语保留着更多的上古汉语常用词的证明之一。

除了闽语之外，吴语的第二人称代词也可能是"汝"。据《江苏省志·方言志》（鲍明炜，1998）和《浙江吴语分区》（傅国通等，1985），第二人称代词在苏州话说 nE^{31}，写为"倷"，嘉兴说 ne^2，海盐说 ne，桐庐说 ne^2，和第三人称的"渠"与远指代词的"许"的白读音 gE、ge、hε、he 等韵母都很相近，而"渠""许"正是鱼韵字，吴语的第三人称代词的本字是"渠"而不是"伊"，远指代词，hE（嗨）是"许"，已经有许多学者论证过了（游汝杰，1995），其结论是可信的。即使是其他不读 nE、ne 而读 ŋi 的吴方言，例如靖江、无锡、衢州以及江山、丽水、温州等，也并不是不可能来自鱼韵字的"汝"。试比较以下字音：

	靖江	无锡	衢州
汝	n̠i˩	n̠i˩	ʔn̠i˥
去	tɕʻi˥	tɕʻi˩	kʻi˥
徐	zi˥	zi˩	zi˩

上文所述的厦门话也正是不把一些常用的鱼韵字读 ɯ、u，而变读为 i 的。看来，这种常用字的变读并非偶合，而是走的同样的路——高元音之间的互变。

如果吴语的第二人称代词也可以肯定是"汝"，靖江等地的鱼韵常用字读为 i 韵也可肯定和厦门话"汝"读 i 是同类的变化，那么，吴语和闽语的早期亲缘关系又可以获得一个有力的证据。

由此可见，考求方言词的本字是透过方音和古音的对应关系（包括常例对应和变例对应或特例对应）去认识方言词和古代语词的历史关系，为方言词的继承和演变作历史的定位。这是一项十分重要的基础工作，也是把方言语音和方言词汇联系起来相互论证的科学方法。弄清楚方言词的本字不但可以了解方言的流变，也可以补充方言语音演变的例证。不仅如此，弄清楚方言词的本字还有助于我们去了解方言和不同时代古汉语的关系及方言间的亲疏远近的关系。换言之，只有考定了本字才能进行纵横两向的语音、词汇的比较研究。考本字是理解一个个方言语词的起码条件，也是对方言进行整体研究的必要基础。

有人说，记录方言词汇把音记准，把意义注解清楚就行了，若要用汉字书写方言词，应该"从俗从众"，写不出字就"开个天窗"也很好，何必总想到古书上去找个生僻字来写？大家都不认识的字，写了也白写。这是不理解考本字的意义所造成的误解。记录方言词未必一定要考出本字，但是当语言和文字因为音义的变化而失去联系时，正如李荣先生所说的，考本字可以"帮助我们确定语言和文字的联系"（1985）。如果要拿方言和古汉语、普通话或其他方言作词汇比较，就更需要考本字了。考本字是为了研究方言而不是为了给方言词寻找汉字书写形式。

李荣先生创办《方言》杂志后，便身体力行，倡导两方面的研究，一是考本字，一是研究方言的变音和变调。20 年来，许多学者循此开展了许多研究。正是李荣先生的示范和提倡，经过一番实践使我们体会到这都是汉语方言研究的好方法。考本字把方言语音的研究和词汇的研究结合起来了，把方言研究和古汉语研究结合起来了，把单点方言的研究和多点方言的比较结合起来了。而属于"构造音位学"的变音和变调不但是方言音韵系统的组成部分，而且使我们了解了方言语音系统和词汇、语法系统相互联系、相互制约的原理。由于这两方面的研究，汉语方言的研究突破了"字音"的局限，结束了停留于记音、整理音系、排列语音对应字表的简单操作，获得了可喜的进展——从描写语言学推向比较语言学的重要进展。

李荣先生就是这样用自己成功的研究实践来启发后辈学者、倡导科学方法，从而推动学术研究的。他从来不喜欢发表宣言、做出指示，也不愿意侈谈观点、构建"理论框架"，或者用一大堆新名词来做醒目的包装，但是，细心的学者都不难从他的研究中得到重要的启发。这就是"引而不发，跃如也"，也就是"润物细无声"啊！

参 考 文 献

[1] 陈章太、李如龙：《闽语研究》，北京：语文出版社 1991 年版。

[2] 黄典诚、李如龙主编：《福建省志·方言志》，北京：方志出版社 1998 年版。

[3] 温端政：《苍南方言志》，北京：语文出版社 1991 年版。

[4] 杨伯峻、何乐士：《古汉语语法及其发展》，北京：语文出版社 1992 年版。

[5] 蒋冀骋、吴福祥：《近代汉语纲要》，长沙：湖南教育出版社 1997 年版。

[6] ［日］宫田一郎、许宝华主编：《汉语方言大词典》，北京：中华书局 1999 年版。

［7］李行健主编：《河北方言词汇编》，北京：商务印书馆 1995 年版。

［8］鲍明炜主编：《江苏省志·方言志》，南京：南京大学出版社 1998 年版。

［9］傅国通等：《浙江吴语分区》（浙江省语言学会《语言学年刊》第三期·方言专刊），杭州大学学报增刊，1985 年。

［10］游汝杰：《吴语里的人称代词》，梅祖麟等：《吴语和闽语的比较研究》，上海：上海教育出版社 1995 年版。

［11］李荣：《语文论衡》，北京：商务印书馆 1985 年版。

可贵的启迪，永恒的怀念①

——纪念李荣先生百年诞辰

1963 年暑假，在《福建省汉语方言概况（讨论稿）》铅印发行一年之后，在福建省教育厅支持下，《福建省汉语方言概况》编写组在厦门举办了讨论该书的"福建方言学术研讨会"。与会的 40 位省内外专家肯定了该书的成绩，也提出一些修改意见。过了半年多，省教育厅领导的编写组决定修订该书以正式出版。作为编写组的负责人，我和潘茂鼎先生专程到北京住了一个多月，主要是听取丁声树、李荣两位先生的修改意见，也访问了北京的几位教授，向他们请教。从 6 月 1 日到 7 月 4 日，李先生抽出 4 个半天给我们讲解了许多调查方言和编写调查报告的原则和方法，提出了修改意见，和我们一起制订修改工作方案。潘先生 20 世纪 40 年代毕业于厦门大学教育系，1958 年进了李先生主讲的"语音研究班"，改行做方言调查，我是 1958 年初一毕业就在黄典诚老师的指导下参与方言普查。我们已经知道，丁先生和李先生都是水平高、经验丰富的大学者，是全国方言普查的业务指导，我们都把这次访问当成进修的机会。李先生的讲解直截了当、明白透彻，不但有针对性，而且生动有趣。当时的我，还是一个没见过世面的小青年，认真记

---

① 本文于 2021 年 10 月提交"中国社会科学论坛 2021·语言学——汉语方言学暨纪念李荣先生百年诞辰国际学术研讨会"。在网上宣读，收入本书略作改动。

录的同时还敢大胆发问。如今翻开当年的记录，重读起来还能体会到深刻的启迪而兴奋不已。

那是我第二次见到李先生，语言所对福建的普查特别关心，在普查工作才刚刚起步时，李先生就来过厦大。当时的厦大中文系搬到三明工地办学，自己搭竹棚子住，上课之外找各地来的民工调查方言，此外，还办扫盲班，组织文艺队在工地演出。李先生大概觉得那是办不成学、做不了方言调查的，周边连住的旅社都没有，好像没过夜就走了。初次见面，接触不多，留下的印象只是他说带着《现代汉语词典》校印稿在车上看，带着用纸张包着的钢笔水漏出来弄脏了衣服，"墨水成了祸水"（我那时才知道，普通话的"墨、祸"是谐音押韵的）。不过，后来他派来了陈章太、张盛裕两位研究人员协助核查调查材料和编写《福建省汉语方言概况》（以下简称《概况》），共事的几年间，他们常常说起李先生手把手指导调查方言的许多故事，使我们对李先生有了不少了解，所以这次去北京，就像是旧时的赶考，现在的成果验收，很认真，也满怀希望向李先生多学些东西。

李先生四个半天跟我们的谈话，我至今还保留着笔记，以下是一些记录的要点：

对于福建方言的普查成果，他总的评价是"成绩很大，问题不少。深入研究，会有很多收益，但是目前的收益还不太大"。"前中央研究院曾经计划用五年时间调查福建方言，但后来没有做。"关于调查方法，他说："汉字是古代的，又是现代的，既有音，又有义，是适应古今南北的。用汉字去调查方言有方便之处，但是在福建有时就会吃不开，因为一字多音、有音无字的现象很多；如果用词去调查只能问出字的部分读音，却是真实的。只问'字音'，还会遇到'查有其音，貌合神离'，所以，还是要以词为本。词对上了，字也就对得上，为了让词对上字，有时要费些周折，绕道走。调查时如何处理字和词的关系是个大问题，很值得仔细研究。""中央研究院的调查是广种薄收，不深入。""调查福建方言，要问字的不同读音，读书音、说话音，在不同词里的不同读音都要记，但是要注意排除'训读'。"有一次，丁先生还插话说在福建，最好有的县要调查几个点。这些话使我原来的"成就感"大大压缩了，责任感则大大加强了，他们所说的种种难度，可能碰到的陷阱，我把它理解为一种友善的提示，也是对我们的开导和鼓励。

关于普查和编写《概况》的要求，李先生一再强调的是要"罗列事实"。他说："世界上只有两样东西是不容争辩的，一是事实，二是各人的不同兴趣。""编《概况》的首要任务就是展示所记录的材料，当然，材料要过硬。"第二个要求是反映面上的状况，"各点之间的材料要对齐。重要的点调查材料可以多一些，但要与面上相呼应，借助面上的比较来加深点上的深入理解，做到点与面相互论证。两个点能画出无限的圆，有三个点就只能画一个圆"。另一个要求是"语言材料的比较要抓住特点之所在，特别关注那些异乎寻常的特殊材料，特殊之处对齐了最能说明问题。为方言分类时，尤其要关注那些特殊点，特殊点比共同点更重要。比如辨别不同民族的人，眼睛和鼻子就不如头发是什么颜色那么重要"。还有，既然是概况，就不是理论性的著作，"理论水平应该表现在实际工作中，做到准确地反映实际，只有准确的实际材料才能体现理论，检验理论"。"调查方言和研究方言不是一回事，工序不同，要求有别。调查是到实地了解语言事实，没有实地调查就没有资格做推论。开面粉厂是收集麦子加工成面粉，只卖面粉，不做面条、更不卖面条。否则读了《孙子兵法》就可以当元帅了。"至于《概况》要不要包括"指导学习普通话"的章节，李先生明确地指出，"《概况》既不要去专门探讨理论，也不要把应用全包了。概况就是反映语言的实际，事实说得准确就是最好的质量。对前人的理论，赞同的可以引用，不赞同的也不要去辩驳，把事实说明白了就完成任务了。指导本地人学好普通话要另外编写《学话手册》。衬衫是衬衫，手帕是手帕，你有一块漂亮的花手帕，总不能把它贴在衬衣上吧"。这一席话使我知道了，调查与研究要求不同，理论的探索与实际材料的叙述和开发应用也都有不同的要求。对于刚入门的新手，这是最重要的提示，就像刚到山门，给你指出了，登山顶、下谷底或进庙堂应该怎么走。即使是一个学科之内，还有不同门类、不同课题，各有不同要求。

关于方言和历史文化的关系，李先生说："语言历史和人文历史有关系，社会几经沧桑，历史不断演变，方言也在变，但是方言反映社会的变迁比较慢，语言的政治性并不强。历史是历史，方言是方言，账要分别算，不能简单地用史料来弥补方言调查的不足；把材料做好了，就有了历史价值，现状之中有最多的历史，这就是'厚今薄古'。说明语言和历史的关系，不要想走捷径，也没有廉价的办法，历史学对语言学家并不特别客气。""方言的分化和历史、地理的关系很复杂。有时高山、大河是不同方言的分界线，有时却是同区方言分布的范围。调查方言时要了解地理和历史，但不要作简单的推论。""历史上有过民族的接触与融合，不同语言也有借用，但是使用材料时要谨慎。"这些说法又让我了解了，相关学科之间有联系，又有区别，不能相互混杂和替代。

为什么要强调"罗列事实"呢？李先生说："我们的语言学之所以落后，很重要的原因就是挖掘新鲜材料太少。古人的办法是在有限的文献里打转，这是一种最笨的方法。拿两个杯子把水倒来倒去，最后就干涸了，还能得出新的知识吗？相反的，有好的材料就可以验证旧的说法、总结新的理论，而旧的说法有时就不能说明新发现的事实。"改革开放之后，李先生创办《方言》杂志，就以发表新鲜方言语料为主要任务，从而有力地推动了汉语的研究，也引起了国际语言学界的重视，获得了很高的评价，发行量也是上乘。应该说，这种重在发掘语言事实的思路，正是振兴汉语语言学的正确道路，比起古时候总在古籍、文献中找出路，或者是有些学者总是想跟着西方语言学理论走，却是更切实、更高明了。后来，在调查研究的过程中，我逐渐理解了，事实是客观的真实，罗列是有序的列举，事实是探索理论的凭证，也是检验理论的依据。所以，李先生常说："你说我只是'罗列事实'，这是对我的褒奖。"事实总是不断演变的，所以要反复做调查，才能获得新知。汉语方言的事实无限丰富，历来重视不够，发掘不力，却老想着提出理论。在拨乱反正、改革开放的当时，这正是指导语言学建设的正确方向。

在语音、词汇的调查工作方面，李先生也有许多精当的提示。例如语音方面，他说："有些字在不同方言有不同读音，赵元任先生在《中山方言》里列的'特字表'要特别关注。例如，不同的方言，'篏'的声母有 k、kh 两种读法；有的方言，'锤'用作名词和用作动词时，声母有送气不送气之别。有些双音词是连读后造成了变音，如北京话'亲家'读成'庆家'。像泉州话的阴阳去单念同音，在双音词里连读时变成不同调，这就应该分别记为阴去和阳去。有连读变调的方言记多音词时，可先记下变后的调，再去查看单字的本调怎么读，合不合变调规律。""北京话的白读音往往是外来音，外地方言的白读音则往往是本地音"，这个观点就是当时很明确跟我们说过的。在词汇调查方面，他也有许多很重要的提醒，如说："有的地方'香烟'说'烟酒'，你就要问问，如果是'烟和酒'要怎么说？有的地方把'眼睛'说成'目珠'，你还得追问，'眼珠'怎么说。"还有，"地名的本地读音有的和写的字读音不同，要注意记下本地人称说时的实际读音，有时要说明说法和写法为什么不同并不容易"。对于发音合作人，李先生叮嘱说："他所发的方言词的音是最高权威，但是他对自己所说的话所做的种种解释和分析，只能供我们参考，不过，你不要同他争论，过后再去研究就是。"这些说法有的是我们在调查过程中体会过的，有的是对我们提问的解答，对于实际的方言调查工作，都有重要的启发意义。

李先生知道我们在北京住了好长时间，还访问过其他专家，临别时特地提醒我们："福建方言不容易对付，要多听不同意见的话，别安于现状。"去北京前，我以为我们七八条枪，几年间能编成一部大书，还真有点自鸣得意、一副踌躇满志的模样，经过这一个多月的进修，最后的这句意味深长的话，使我头脑清醒了很多，也受用了好些年。

没想到，我们回闽后不久，刚要启动《概况》的修订工作，从批判"三家村"开始，政治运动接二连三，十年间业务活动几乎完全停止了。几年狂风暴雨之后，大部分教师到农村去接受"再教育"。到1973年，下放干部开始返回大学了，我还记得李先生说的"闽方言很值得研究、也很不容易对付"，"深入下去，必有大收益"的话，当下放所在地的县政府希望我留在县委工作时，改称福建师范大学的新领导因为在"文革"前就相识了，也托人招呼我去加盟，我很快就选择了后者，为的是到那里去，便于调查闽东、闽北方言，进一步了解闽方言这个"半壁江山"，以便对闽方言做整体的深入研究。

到福建师大工作的20年，我已经人到中年了，总想追回十年动乱所耗费的青春，进一步做好福建方言的调查研究，为语言学建设多做些实实在在的事。正好在拨乱反正之后，汉语方言的研究赶上了最佳年代，出现了一片繁荣景象。李荣先生创办了《方言》，组织了《汉语方言大词典》和《中国语言地图集》（汉语方言卷）的编纂工作；李先生领军的全国方言学会创办之后活动频繁，后来粤、闽、客、吴各大方言也先后有了两年一次的专门研讨会；加上地方志的出版也推动了各地方言志的编修。我在福建师大先是和厦门大学的同行师友筹建福建省语言学会并开展诸多活动；恢复高考后在中文系开了现代汉语、方言调查、音韵学、语言教育等课程，带着如饥似渴的学生调查他们的母语；我自己是一放假就下乡，十几年间几乎跑遍了闽东、闽北每个县城和未曾调查过的乡镇方言岛，调查成果收进了和陈章太同志合作的《闽语研究》。在编修地方志的热潮中，我先后编写了 12 种福建省内的县市《方言志》，后来又和黄典诚老师一起主编了《福建省志·方言志》；和福建师大的几位同事合编了《福州方言词典》。1981 年我和黄典诚老师到北京列席中国语言学会的常务理事会议，这次会议委托我们在建瓯举办"方言研究班"，并在厦门大学筹办成立全国汉语方言学会。1982 年在完成这两项任务的过程中和李先生也有许多接触，都得到他的许多指导。在厦门大学举行成立大会快要结束时，商讨方言学会领导机构，他提出："咱们能不能不设会长，只设理事会，理事是办事的，名单也不要太长，不要沦为'排座次'、挂空名。前后两届承办会议的省各选 3 名理事，其他省配上十来位，每届理事会推举一位召集人，让方言学会立个新风吧。"绝大多数与会者都赞同这样的方案，整个会议开得很热烈、很和谐。开头那几届会议也办得生气勃勃。20 世纪 80 年代李先生主持编写《现代汉语方言大词典》时，当我得知闽方言只定了福州、厦门两种后，在一次会议上，我向李先生建议，增加和福州、厦门差别更大的建瓯话，立即就被李先生接受了，并同意我和潘渭水合作编写。1987 年起，我和几位硕士生一起调查了 20 多点客赣方言和福建省内的"双方言"，出版了两本调查报告。在 20 世纪 80 年代全国地名普查的十年间，我研究了许多与地名相关的语言学课题，也出版了两本专著。我的中年时期所有的这些业务活动，都是对 1964 年李荣先生那次精心指导的努力实践。他的《切韵音系》《汉语方言调查手册》和后来出版、亲自签名赠送给我的《音韵存稿》与《语文论衡》，以及他在《方言》杂志发表的许多论文，使我在教学中有了好用的理论和方法，也是指导自己研究的指南。例如，他在《方言》杂志发表的关于"考本字"的论文，就给我重大的启发，使我体会到考求方言词本字是追寻方言词来源、理解方言演变、发现方言和汉语史的关联的重要措施，我连续研究了大批闽方言、客方言的"本字"，得到了巨大的鼓舞。他在《切韵音系》里提出切韵音系中的四等韵是没有-i-介音的，我就用所得的闽方言资料加以论证和分析，在音韵学会上受到好评，写成论文发表后也备受关注。记得在罗常培先生的《语言与文化》中，我兴奋地看到罗先生引用的李荣先生调查的云南地名资料，让我知道了地名是语言学研究的重要素材，对我那十年间的地名研究也有重要的启发。那几年，所有重要的全国性学术会议，我都赶写论文，争取参加，见到老一辈的语言学家，就提出问题向他们请教。见到李先生，就把方言调查研究中遇到的问题拿来问他。有一次出差到北京，听说他从前拐棒胡同搬走了，我当时思考客赣方言比较多，还请黄雪贞同志带我去拜望他，向他请教关于客赣方言的关系问题。1991年在南京开方言学会年会时，我曾请教他，词汇调查表的数量和条目如果不适合特定的地区和研究目的的需要，怎么办？他说："调查表格不能没有，那是一个时代的成果，但也不要为它所限制。重要的是，调查的人要管住表格，表格里有问不到的可以放弃，表格里没有、事实上有的要记下来，问得越细越好，能问出特殊的方言事实最好。"后来在调查闽方言过程中，我多次为闽方言重编了多种繁简不同的调查条目，语法调查的例句也编过多种。还有一次，记得是在编写41部"方言词典"的会议上，为了闽方言考求本字，我多次通读《集韵》，读到"'水水'之诛切，闽人谓水"，我就请教他，这是不是闽语把"心、书、生"一些字改读塞擦音声母的古时例证？李先生说："不一定，孤证不宜作大面积的推论。"后来我经过一番查考，心母字变读 tsh 也不只是闽方言的变异，例如武汉、成都的"碎"，南昌的"癣"，广州的"赛"都是读为 tsh 的。我又从中体会到李先生做学问的严谨，未经严密调查和论证的推论是不可取的。

1993年我离开福建到暨南大学服务，1994年开始招收博士研究生，广东的潮汕闽语、珠江三角洲的粤语和粤西的客家话，包括来暨南大学留学的马来西亚、印度尼西亚学生所说的汉语方言，都引起我很大的兴趣。按照李荣先生一向的主张，从自己的母语开始调查研究，再扩展到旁的方言、居住地的方言，逐步扩大比较研究的范围。我和几位学生一起调查了荷塘粤语和粤西的多种客家话（出版过调查报告），举行了第一次东南亚华人语言的研讨会，会后出版的论文集发表了多篇调查报告。关于方言的比较，我更多地关注词汇的比较、文化类型的比较和方言语法的调查，申请了"汉语方言特征词研究"的国家社科基金课题，后来编辑出版了《汉语方言特征词研究》的专集，又争取了境外、国外研究基金支持，于20世纪90年代组织了"中国东南部方言语法研讨会"，前后十几年间开过十次小型研讨会，20多位中青年学者就一个共同的题目和统一的例句调查自己的母语，写出调查报告，出版过7本专著。1998年，我回到母校厦门大学，除了接连承办闽方言、客方言的国际研讨会和全国性的词汇学研讨会之外，还举办了第38届国际汉藏语学术研讨会、汉语特征研讨会。在这几十年间，李先生多次跟我说过，"研究方言可以得到语言学的全面训练"，这也是我在半辈子的学习和工作中反复实践并且逐渐深刻体会到的，也是我经常给青年学生们转述、鼓励他们认真调查研究方言的原话。面对丰富多样的方言事实，要训练听音、辨音能力，能够整理音类音值组合的系统及其种种变异，能考察古今音的演变过程；要分清本字、俗字、同音字、异读字和训读字，知道字义的种种引申途径；要知道由字组词、组词成句的构造规则。这不就是语音学、词汇学、语法学、汉字学的全方位、高要求的训练吗？如果说，我的后半生在方言学之外，在音韵学、词汇学、语法学、历史语言学、汉字学以及汉语特征研究方面还能有所涉猎，说上几句有价值的话，便都是方言的研究给我带来的。李先生的启发使我体会到，研究方言，不进行多方面的训练，一定研究不好；总是局限于方言本体的研究，不敢走向古今汉语的语音、词汇、语法的探索，便会故步自封、浪费资源。

1999年8月间，我到北京开会，得知李荣先生住院回家休养，就请李蓝领着我去探望先生，当我跟他说，回厦门大学近年了，李先生就热切地和我谈起闽方言的研究，这回他郑重地问我，闽语的第二人称代词究竟是"你"还是"汝"？卧病多时、还在休养之中，他还在关注着闽语，给我提出闽语的要害问题，这种敬业精神实在使我十分感动。我怕影响他的休息，不敢多说，只简单地回答："沿海的典型闽语说的是'汝'，闽北、闽中的内陆闽语说的是'你';还有第三人称,沿海说'伊',内陆说'渠',这都是客赣方言对内陆闽语影响的结果。"后来想起多年来的"闽语邵将区"的说法并不合理,我又补充了一句:"到了邵武,三身代词就是和闽语完全不搭界的hang、hian、hu 了。除此之外,邵武话全浊送气,晓母混入非敷奉,蟹、山、咸一二等有别,不少常用名词有'儿'尾,邵武、光泽、建宁一带的方言,不宜定性为闽方言。"李先生点点头。临走时,他知道我就要回厦门,就让我把《渡江书》手抄本带还李熙泰,又说了一句:"闽方言是很值得深入研究的。"

李荣先生就是这样的大家,朴实无华,不发空论,跟你说的都是他自己深思熟虑过的研究经验,含着深刻启迪的至理名言,够你受用终身的。这样的语言学家多么值得我们敬仰和怀念!认真学习他的理论和方法,我们一定能在语言学研究的道路上不断地前进。

汉语词汇史的开拓者（代前言）①

——我所敬重的张永言先生

1981 年，我到成都参加中国语言学会第一次年会，见到了慕名已久的张永言先生，他和我们称为"老大"的黄家教先生是深交挚友，一见面就像是多年未见的老大哥那样，屈膝深谈、多方关心、爱护有加，给我留下了深刻的印象。

那时候，刚刚拨乱反正，语言学的教学研究百废待兴，记得参加中国语言学会和中国音韵学会的成立大会时，我听到许多老一辈语言学家的高论，顿时感到从未有过的兴奋，以前调查方言和学习音韵学时积下的许多问题，都想重新做些思考。那次去成都前，特地先在桂林、昆明停留数日，做点壮语、傣语的调查，希望能从民族语言的比较找到研究方言和音韵的出路。和张先生的交谈中，我得到不少鼓励，后来又读了他的《上古汉语有送气流音声母说》（音韵学会论文）的初稿和《语源札记》，我才壮起胆来，拿汉语方言和民族语言进行比较研究，试着写了几篇文章。1982 年在北京的国际汉藏语学会上宣读的《闽西北方言"来"母字读 s 的研究》，就是在"送气流音声母说"的启发之下写的。我在调查闽南方言时发现过不少读为 h 声母的

---

① 本文刊于《汉语历史语言学的传承与发展——张永言先生从教六十五周年纪念文集》（朱庆之、汪维辉、董志翘、何毓玲编，复旦大学出版社 2016 年版）。

次浊声母字，如疑母：额、鱼、岸、迎、危、砚，泥母：年、诺，日母：燃、肉、箬，明母：棉、茅，在百思不得其解时，豁然开朗了。通过和壮侗语的比较，提出了来母读 s 也是上古音送气流音的余存的观点。1983 年又给第 16 届国际汉藏语言学会的夏威夷会议提交了《闽南方言和台语的关系词初探》，其中关于闽语的"骹"（脚）是壮侗语的 ha 的"底层"，也是在张先生的启发下得出的结论。（均见《汉语方言研究文集》，商务印书馆 2009年版）。当年我所作的汉语方言和民族语言的比较，只是如履薄冰的探索，就是有张先生的鼓励才壮起胆来的。

收在《语文学论集》中的好几篇用民族语言的材料论证古籍中的疑难词汇的文章，是张先生开的训诂学和民族语言比较研究的先河。除了上文提到的两篇以外，还有《论上古汉语的"五色之名"兼及汉语和台语的关系》《语源探索三例》《"轻吕"和"乌育"》和《汉语外来词杂谈》等 6 篇，都是 20 世纪 80 年代发表的。这在当时训诂学研究和民族语言研究很少沟通的情况下，可谓振聋发聩，给人带来了重大的启发。尤其是"五色之名"一文，抓住人类认知颜色的基本词，从上古汉语的同义词分析入手，按照章太炎的"经以同训，纬以声音"的方法，把同义词"归纳为一个个词族，以此作为进行其他各种研究的张本"，"试图以古汉语与台语做一初步比较，看看其间有无'关系词'可寻"［第 177－178 页，均为《语文学论集》（语文出版社 1999 年版）一书的页码，下同］。不但提出此项比较研究的方法，全文还罗列了"黑、白、赤、黄、青"五种颜色的上古汉语同义词 311 条和壮侗、藏缅等语言的颜色词 38 个，以供后人做分析。

这组论文给我印象最深的是论述得很精彩的"铩"和"愿"。他从《越绝书》的"越人谓人'铩'"确认了闻宥先生所说的即指现今台语的"男人"，并用壮侗诸语言的材料以及李贺诗句"官军自杀容州楼"来加以论证。后来我在《福建方言》一书中用福建西沿 8 种客赣方言和受其影响的闽语龙岩话的"称人为 sa^2"及其他壮侗语的类似说法再做过论证（李如龙，1997：112）。张先生又说，"艚"是闽南话的"船"，读为 tsong，是"出口转内销"，先由马来语借用到南洋（新马、印尼）去的闽南话（漳州腔，那一带早期去的漳州人居多），后又用汉字造出新的形声字来标记它。这些考证虽然未必每一条都是不争的定论，但大多十分精彩，却是可以肯定的。古今汉语、南北方言、汉藏语言的交叉研究、相互论证，今天看来是寻常事了，但在当时，汉语史研究、汉语方言研究和少数民族语言研究是各据一方、少有沟通往来的，这显然是一种非常难得的开拓精神。从事这项研究不但需要广博的学识，还得有非凡的胆力，想要跟进并不容易，所以后来的一段时间里一直"和者盖寡"，至今还值得后辈学者学习。

要开拓就先要有根据地，要创新也得先有好的继承。永言先生早年做的是训诂学研究。在继承前代训诂学的成果时，他既不是全盘接受或肯定，也没有轻易指责和否定；而是采取科学客观的分析态度，做一分为二的评价。例如对近人张相的《诗词曲语辞汇释》一书，就肯定了它从《助字辨略》的"筚路蓝缕"走到了"开疆拓土"，"做出了卓越的贡献"（1999：75）。但是也指出了一些不足之处，例如，有些常用的语词还没有收入，未能用散文用例与诗词互证，尤其没有联系当代的方言做解释。这就是传统训诂学的痼疾：只是局限于部分书面典籍的考释，而没有拿常用词语和实际口语（包括方言）作比较。就以张先生文中所举的字为例，便可以找到许多恰当而有力的方言例证："真成"作为副词表示"真的、确实"，在闽南话就还很常用，读为 tsin^1 tsiã^2，如说："真成悬"（实在高）、"真成古意"（非常厚道）；"争"表示"差"，在粤语还常常单说（争几多：差多少），在闽南话则与"差"合成双音词说成"争差"。文中指出的张著释义不够精确和概括也很中肯。例如"斗（鬥）"解释为"拼、并、合"就失之含混。"斗榫"见于江淮官话和吴语、闽语，粤语说"斗木佬"（木匠），"斗"义为"组装"，闽语说"斗阵、斗伙、斗伴"，义为"组合"。

另外一部张先生评介的训诂学名著是郝懿行的《尔雅义疏》，在肯定其"据目验考释名物"方面"相当出色"的同时，也指出了其"不够审慎""失误甚多"（1999：27），诸如"音同、音近、合声、声转、声通"等"以音释义往往失之于滥"（1999：33），在词义解释上则对词的完整性和多义性认识不足，在虚实分辨、古注辨正方面也常有附会和差误，最后的结论是"瑕瑜互见，得失相参"（1999：45）。这种典籍评介，能根据语言事实做出评论、继承中有扬弃，才是对待传统研究成果的正确态度和科学方法，对于后学才会有切实的帮助。这是永言先生长期从事语言学教学积累下来的"传道、授业、解惑"的可贵经验，时至今日还很值得高校老师们学习。

永言先生是在艰难困顿的抗战时期上的中学，因为得到许多内迁四川的名师如叶圣陶、吕叔湘、冯友兰、贺麟等的指点，不但通读了大量文史、小学的经典和时贤的现代语言学论著，而且在这批大师的影响下，很早就掌握了英语和俄语，接触到西方语言学理论。正如他自己所说的，由于有这些积累，在日后的教学研究中才能"拓宽学术视野、扩大知识源泉，让固有传统学科与国际汉学、东方学沟通，给汉语史研究吹入一些新的气息"（1999：435）。这种"中学打底、积累材料，西学启发、形成理论"的学术途径正是中国现代语言学一代宗师们开辟出来的，而且是行之有效的，张永言先生正是能够承前启后，才成了与新中国一起成长的语言学大师。

除了上述的开启训诂学与民族语言比较研究的先河和分析评介传统训诂学的重要成果之外，永言先生在汉语史的研究上还有许多理论上的创获。

创获之一是关于词义演变研究的方法论。1960年，永言先生在《中国语文》发表了《词义演变二例》，讨论了"闻"从"用耳朵听"发展为"用鼻子嗅"的问题，指出了这个变化不是太田辰夫所说的发生在六朝，他援引了《史记》《博物志》等典籍中的许多例句，后来受到殷孟伦先生的启发，又把"嗅"义的用法推到西周，并确认了"听、嗅"二义"最初是兼包的"，"是共时的交替而非历时的演变"，是"感觉的挪移"或"通感"（1999：8）。后来受到傅东华先生的质疑后，他又写了《三谈"闻"的词义》（1984年发表），肯定了"指出某一个词到某一个时代才有某一个意义"，"既是必要的，也是可能的"，反驳了傅先生"只须利用汉语本身的丰富遗产，便可以自给自足，不一定要乞灵于亲属语言"（1999：13）的意见，指出"亲属语言材料的充分合理的利用必将为汉语词源研究开阔新的视野"，"除了继承中国传统语言学的精华而外，还必须吸收外国语言学中对我们有用的东西"（1999：16）。对于傅先生说的"音、形、义三者互证"的"特有方法"他也没有简单地认同，而是强调了"广泛系联音同义近的字的'声系法'才是汉字的特点所规定的汉语特有的词源学方法，也是训诂学家们经常运用并在一定范围内和一定程度上行之有效的方法"（1999：15）。应该说，《语文学论集》开头的这三篇文章所体现的理论和方法，对于汉语词义、词源的研究，至今还有重大的现实指导意义。尤其是"汉字的特点所规定的汉语特有的词源学方法"这个画龙点睛的说法，特别值得我们深思。

创获之二是关于词的"内部形式"的论述。这是 1981 年发表在《语言研究》创刊号上的论文。自从索绪尔的"符号的任意性"理论传播之后，许多学者都相信能指和所指之间是不可论证的。永言先生在这篇论文中，参考了洪堡特和兹维金采夫的提法，结合汉语的实际和传统语文学的多种结论，详细地论述了大多数语词都可以找到它的"得名之由"，也就是词的理据。正如洪堡特说的，词"是语言创造力量在发明词语的某个特定时刻对这个事物的理解……是由精神在语言创造过程中独立自主构成的"（1997：104）。张先生认为："除了一些原始名称以外，语言里的词往往有可能考出其内部形式或者理据。"他还说，汉语最常见的构词方法是词根复合法和加缀派生法，其内部形式是显而易见的；语义分化构成新词（卓—桌、倚—椅）和语音变换构成新词（结—髻、执—贽），新旧词构成了词族，也有理可寻；而单音和双音的单纯词的内部形式，则"可以用汇集同根词进行综合考察的方法来加以阐明"，"'单纯词说不上有什么内部形式'，这种看法是不妥当的"（1999：167）。按照传统小学"音义相关、音近义通"的原理，文中还列举了不少实际例子，如《史记》"蚩廉善走"的"蚩廉"，应是从"风曰孛览"来的；《庄子》的"望洋向若"，如果和同时代的"望羊、茫洋、网养、潒荡、潒浪、网两、魍魉"等联绵词联系起来考察，就不难看出都有"迷迷糊糊或模糊不清的样子"（1999：173）。此外，民间常见的"流俗词源"，例如把一些地名附会成不同的含义，甚至用它们编造出离奇的故事，这就说明，人们都是喜欢给词语安上个好理解、好记忆，并且生动有趣的得名之由的。四川丰都县的"阴王庙"原是奉祀"阴长生和王方平"两位仙人的，后来却成了"阴曹地府之王"，丰都也因而成了"鬼都"了（1999：175）。看来，由于汉字的形音义一体、以表意为主，又用字组词、字义和词义相关，因而造成了"望文生义"的习惯，汉语词汇的理据比起其他语言可能更加充分，这一点也是很值得进一步发掘的。

关于"名称是怎样成立的?""山川是怎样得名的?""名称是怎样改变

的?",张先生早就关注过了。1964 年他在《中国语文》发表的《郦道元语言论拾零》一文,列述了郦道元结合地名的研究,提出了山川"以物色受名",又有"因声以纳称",也有"因色、因形"以纳称的。在地名的演变中,还提出过"字随读改""读随字改""音从字变",从而赞扬了郦道元考察地名时的语言之功(1999:163)。

创获之三是关于汉语词汇特点的概括。1988 年出版的《中国大百科全书·语言文字卷》的"汉语词汇"条是张永言先生撰写的,其中所述六条汉语词汇特点,就是很精彩的概括。"单音节语素和复合构词法"与"双音节化趋势",这是他所列的第一、二两条,他所提炼的这两条结论,直截了当地说明了汉语词汇系统的整体架构。汉语词汇正是以单音词为核心、双音词为基础的,双音词及其他多音词则是由单音词(或语素)复合而成的。复合构词作为汉语构词的主要特征和西方语言的以语根加上语缀构词为主,形成了鲜明的差异。而多音词语大量发展之后,许多又压缩为双音的结构(杞人忧天——杞忧、对外贸易——外贸、科学技术委员会——科委、申请举办奥林匹克运动会——申奥)。他所概括的第三条,"构词法和句法的一致",这是吕叔湘、朱德熙先生都曾经说过的,文中说:"汉语里应用最广的构词法是词根复合法,即依照句法关系由词根组成复合词的方法。这种构词法跟由词结合为词组的造句法基本上是一致的。"(1999:419)除此以外的第四、五两条,"叠音字和联绵字"和"四字成语",则把复合词以外的最具汉语特征的词语也说遍了。最后的第六条,"外来词的义译"则反映了汉语"自源性"和汉字的"表意特征",因为这两个原因,汉语总是不喜欢用音译法借用外族语词。这六条简短的语言,把汉语词汇的主要特征都说清楚了。张先生把这篇《汉语词汇》收入《语文学论集》时,在"前言"里谦虚地说,这一篇"不是论文或札记,列于篇末",其实这是对于汉语词汇特征的精粹而简明的提炼,没有很深的功底是写不出来的。

新中国成立时,张永言先生还是个二十出头的小伙子,在四川大学的教学中,由于他的勤奋,很快就崭露头角。刚过而立之年,他就在《中国语文》上连续发表论文,评论张相、郝懿行的训诂学名著,讨论词义的演变和研究的方法。当遭到一些老一辈学者的批评之后,他颇具辩驳的胆力,表现了一个青年学者的深厚积累的底气和追求真理的无畏精神。在长期教学生涯中，他从不张扬自己，而是认真负责，拿潜心研究过的精品教给学生。1981年，为了向学生负责，他根据多年教学的经验，在《中国语文》发表了《读王力主编〈古代汉语〉札记》，指出了这本通行很广的教材中的一些问题。从中可以看出，他的教书和研究是何等仔细；也可以看到他对古代汉语各个方面的广泛涉猎和丰厚的学术素养。作为一个新时代的承前启后的学者，他不但能够深入发掘传统语文学，熟练掌握音韵训诂文字之学，而且能够站到时代的前沿，了解国内外现代语言学的最新发展动向，在新旧传承和转型之中，起到了桥梁的作用。

1947年，王力先生在《新训诂学》一文中对训诂学做了总清算，提出了"新训诂学"的要求。他说："等到训诂脱离了经学而归入了史的领域之后，新的训诂学才算成立。到了那个时节，训诂学已经不复带有古是今非的教训味道，而是纯粹观察比较和解释的一种学问了。"（1958：289）《语文学论集》也有十篇是对旧训诂学作"清算"的，更多的则是按照"新训诂学"的要求所作的研究成果，包括词义演变的考察，古汉语词汇与民族语言的比较，古汉语语音、词汇、语法现象的解释，这几类研究便是运用新的语言学的方法研究汉语词汇史的，而且这些课题都带有前瞻性，能够给予后来者重要的启发。

这些启发之中，应该特别指出的是他所提倡的常用词的历时研究。1995年，他和得意门生汪维辉联名，在《中国语文》发表了《关于汉语词汇史研究的一点思考》，文中说："常用词的历史的研究是很有意义的，而且是大有可为的，但迄今尚未引起词汇史研究者的普遍重视。……大家的兴趣和工夫几乎都集中到考释疑难词语上头去了。这种情况看来亟须改变，要不然再过一二十年，词汇史的研究将仍然会远远落在语音史和语法史的后面。因为常用词大都属于基本词汇，是整个词汇系统的核心部分，它的变化对语言史研究的价值无异于音韵系统和语法结构的改变。词汇史的研究不但不应该撇开常用词，而且应该把它放在中心的位置，只有这样才有可能把汉语词汇从古到今发展变化的主线理清楚，也才谈得上科学的词汇史的建立。"（1999：417）从传统的音韵学发展为汉语语音史，训诂学转变为词汇史，这是把古代的"小学"变成现代语言学，是一场学术研究的革命性转变，从研究目的、研究对象、研究材料到研究方法都有明显的不同。研究目的从"解经"和注释文献变为"探索词汇发展规律"；研究对象从生僻词转为常用词；研究材料从历史上的文言转向现实的白话（包括书面语和更加广泛的口头语）；研究方法则从文献考证转向古今汉语和南北方言的纵横两向的比较研究。从那时到现在的二十年间，我们高兴地看到，永言先生倡导的常用词的历史比较研究已经得到学术界的普遍认可，并且出现了一大批很有分量的成果，应该说，他的这项及时的倡导功不可没。

1991 年，永言先生发表了《从词汇史看〈列子〉的撰写时代》，用常用词的历史演变的事实，论证了《列子》确实是出自晋人之手的伪书。如《黄帝》"吾诚之无二心，故不远而来"，将"诚"用作"相信"的意思，与《尔雅》的"诚，信也"并不相符（1999：365）；又如《说符》："卫人有善数者，临死以诀喻其子"，他引了许多书例证明了，"'诀'是晋代的新词新义，在东晋典籍中尤为常见"（1999：367）。这个"诀"，现今闽南话还用作单音词表示"诀窍"。这是用词汇史来辨别古籍真实年代的好办法。可见，常用词的历史研究不但是研究词汇史的根本，还有其他方面的功用。

从以上所述的《语文学论集》的创获可以看到，半个多世纪以来，张永言先生在训诂学向词汇史转型发展的过程中有着多方面的杰出贡献，说他是汉语词汇史的开拓者是一点也不为过的。

除了《语文学论集》，永言先生还有出版于 1982 年的《词汇学简论》，严学宭先生在该书的序言中说它"对词汇学各关键问题都有所论列，取材广泛，叙述精要，观点新颖，适合作为普通词汇学的入门向导，对汉语词汇的研究，也富有指导意义"（1982：弁言）。如果说《词汇学简论》是一本简明扼要的入门指导，《语文学论集》则可以给从事训诂学和词汇史研究的学者多方面的理论和方法的启发，两书自出版以来一直是引用率很高的名著。永言先生亲手题签送给我的这两本好书，一直在鼓励、引导着我学习词汇学、研究词汇史。正因为如此，我希望有更多的年轻同道拿它们作为自己的指路明灯。我到了新世纪能腾出手来，做了一些词汇学的研究，就是得益于永言先生的启发。

　　张先生从教已经 65 年了，他精心培育的弟子一个个都很杰出，已经成为词汇学领域里的中流砥柱。每次在他那狭小的阁楼里见到他时，他总是念叨着学生们待他怎么好，平时常有电话问安、报告研究成果，过生日还远道而来，聚集于成都。平淡的交谈使我见到了他那清澈明亮的心灵。最近，他的门生们要为他出版从教六十五周年的纪念文集，嘱我写篇文章，我是张先生的不合格的学生，却之不恭，就写下了以上所感。谨以此表示我对张先生的敬重。张先生待人，一向是宽厚的仁者，为学则一直是勇敢的智者。仁者寿，智者寿，张先生应该有双重的大寿。

参考文献

[1] 张永言：《词汇学简论》，武昌：华中工学院出版社 1982 年版。

[2] 张永言：《语文学论集（增补本）》，北京：语文出版社 1999 年版。

[3] 王力：《汉语史论文集》，北京：科学出版社 1958 年版。

[4] ［德］威廉·冯·洪堡特著，姚小平译：《论人类语言结构的差异及其对人类精神发展的影响》，北京：商务印书馆 1997 年版。

[5] 李如龙：《福建方言》，福州：福建人民出版社 1997 年版。

[6] 李如龙：《汉语方言研究文集》，北京：商务印书馆 2009 年版。

关于汉语方言的分区[①]

1 汉语方言的分区是汉语方言学的重要课题

关于汉语方言的分区问题，从中国现代语言学兴起时就受到关注了。现在看到的最早为汉语方言分区的是章太炎（《訄书》，1900），他是中国传统小学到现代语言学转折发展中的大家，他的《新方言》是继承扬雄《方言》传统的两千年后的力作。稍后的黎锦熙、赵元任、李方桂等都为汉语方言的划分做过努力。

为什么关于方言的分区会得到第一代语言学家们的关注呢？

从客观上说，由于中国人口众多，地域辽阔，在悠久的历史中经历过无数次的征战，政区的分合，人民的流徙和移垦，却又未曾分裂为不同的国家，反倒是诸多民族相互融合，民族间还形成了统一的书面共通语，而在口语中则存在着品种繁多、差别巨大的方言。十里异音、一地多语的现象，随处可见。现代语言学从古代语文学的书斋里解放出来，致力于现实生活的语言研究，学者自然要关注方言的研究。究竟汉语有多少种方言，这是人们首

---

① 本文承约刊于《山高水长：丁邦新先生七秩寿庆论文集》（何大安等编，"中央研究院"语言学研究所 2006 年版）。

先要回答的问题，这便是"方言研究必从分区开始"的道理。

然而殊异的方言区古已有之，何以先前就不关注呢？这便是学者们的主观意识所使然。汉代之后的语文学，以书面语为正，以古代语为雅，方言口语不过是粗鄙的俚俗，自不足论。没有学术观念的变革，人们是不会关注方言的。

经过百年的实践，随着方言调查研究的不断广泛和深入的开展，学者们对汉语方言的分区也进行了反复的修订，每次修订都标志着研究水准的提高。可见，关于汉语方言的分区的思考和修正是方言调查研究的重要推动力。为汉语方言分区，自然不只是为了回答"汉语有多少种方言"的问题，换言之，并非为分区而分区。方言之间有语音、词汇和语法的差异，方言的分区是就方言差异进行比较和归类，这正是方言学研究的基础工作和基本任务。就这一点说，对汉语方言的分区是汉语方言研究的总结和检验。

有时，基于同样的方言事实，可以得出关于方言分区的不同结论，这是由于人们对于方言现象有不同的理解，也可能因为不同的语言的方言及其与通语的关系有不同的状况。例如差异多少才算是不同的方言，乃至算是不同的语言，这就必须结合不同国家、不同民族、不同的地域的历史文化特点来考虑。可见，方言分区的研究，并不是纯粹的方言研究，还应该进行普通语言学的理论研究，才能解决问题。

共时的方言差异总是语言的历史演变的结果。这其中包括：语言的分化造成方言差异；方言差异以及分化后的方言创新经过整合形成了方言独特的系统；在某种方言的基础上形成了民族的共通语；通语一旦形成之后又对于各种方言施加着程度不同的影响；各方言之间由于强弱势的差异也会发生不同力度的相互作用；在通语和周边方言乃至外族语的影响之下，方言还可能发生质变——从古方言变为现代方言。凡此种种都是历史语言学的研究内容。可见，研究方言差异和讨论方言分区，还必须和历史语言学相结合。关于汉语方言的研究也必须和汉语史的研究相联系、相呼应、相促进。事实上，汉语方言差异和分区的研究已经为汉语史的研究做出了不少贡献。

除此以外，方言差异的比较、方言分区的研究还必须和语言教育、应用语言学结合起来，以实现它的应用价值。20世纪50年代的方言普查的直接目标有二，一是调查方言的差异和特点，摸清方言的分区和分布；二是找出方言差异、方言特征和通语的对应规律，编写学习普通话手册，为教学和推广普通话服务。现在看来，由于整个语言学界对于应用研究的忽视，这些年来后一个任务完成得并不好，但是初步的实践给我们留下了深刻的启发。实际上按照不同方言区的特点不但可以设计出不同的普及普通话的方案，还应该设计出整套语言普及教育和规范教育以及制订适当的语言政策的方案。在这方面，方言学工作者是大有可为的，关于方言分区的研究是很有实用意义的。

由此看来，关于汉语方言的分区问题，历来为语言学家所注目，其中确有深刻的学术理念和社会原因。研究汉语方言的分区问题不但是汉语方言学的基本任务，对于汉语史、汉语语言学以及汉语应用研究也有重要的意义。

2　为汉语方言分区的原则

2.1　要注重考察方言与通语的不同关系

为汉语方言分区，最重要的固然是对诸多方言的差异进行科学而细致的比较，提取各方言的主要特征，却不能就方言论方言，而应该在方言的整体的本质特征上有充分的考虑。长期以来关于方言分区的研究普遍忽略了这一点。

什么是方言的整体的本质特征呢?

方言是一个历史的概念。在远古时期，并没有通语，只有方言。各个部落都有分布在一定地域，部落的方言也就是部落语言。只有诸多的部落形成了联盟，出现了民族共同体之后，各部落之间的交往才出现了共通语，这时部落语言就成了和共通语有别的方言。从这个意义上说，方言和通语是个相对的概念，没有通语，也就无所谓方言。到了高度现代化的社会，统一的民族语言高度发展，方言差异逐臻消亡，个别残存的方言差异已经不能够构成系统，这种方言差异就真正下降为社会方言，成为和职业、文化、性别的差异相类似的现象，方言区的对立也就濒于消除了。如今的一些国家和地区已经出现了这种苗头。可见，方言的本质特征就在于它和共同语的对立。

迄今为止，我们所知道的民族共同语都是在一种方言的基础上形成的。确实，共同语可以是异民族利用政治、经济的势力强行推行的，如早期的殖民者所做的那样，但不可能是天上掉下来的，也不可能是各方言区的人协议决定的。于是，不同的方言和通语之间就有了不同的差异和亲疏关系。作为共同语的基础方言，方言和通语亲和力最强、差异最小，相互交流和吸收也多，它们是嫡传的血亲，最具有特权。在其余的方言中，那些使用人口多，分布地域广的，又处于经济相对发达地区的强势方言，它们具备保持相对独特性的资本，有时还会同通用语相抗衡。民国初年制定"注音符号"时，鉴于吴语有全浊声母，吴语区的官员和学者就制定了一批浊声母的国音字母，改革开放之后的所谓"粤语北上"，也是这种现象的表现。至于那些使用人口少、分布地域不广，又处于经济落后地区的方言，或者直接吸收通语的成分来改造自己，或者就近向强势方言靠近，它们在语言竞争中是弱者，方言特点消磨得也快。

事实上，方言的整体（或者称为群体）和通语又组成了一个更大的整体。我们所说的现代汉语就是应该包含着作为标准形式的民族共同语和诸多的方言。在这个更大的整体中，通语和方言有着错综复杂的关系。李荣先生曾经说过："普通话在方言之中，又在方言之上"，这就是方言和通语的复杂关系的总概括。通语就是在某种方言的基础上形成的，它对方言有一定的制约和影响，但它又不断吸收着方言的成分来充实自己。方言和通语就是这样相互矛盾、对立，又相互转化、统一的关系。方言之间的种种差异都是在这样的关系中展现出来，并且也不断地发生着变异、互动，不断地调整、演变。在这个动态的变化中，通语的成分逐渐进入方言，方言的成分也不同程度地被通语接收。

从这样的整体的本质特征来考察方言差异和方言分区，我们显然应该把汉语的方言首先分成官话方言（作为通语的基础方言）和非官话方言两大类：在非官话方言中又应该按照与基础方言差异的大小分为近江方言和远江方言。所谓近江方言就是北部吴语和赣、湘、徽等方言，它们地处长江中下游南岸，和官话方言连片，接触多，受影响也大；所谓远江方言则是南部吴语和闽、客、粤诸方言，也可称为东南方言。它们显然与官话差异大。

这种分区法和罗杰瑞用 10 条标准把汉语方言分为南、北、中三大区是大体一致的。这不是偶合，而是用两种不同原则考察的结果的重合，正可以相互论证。

从这一点出发回顾历来为汉语方言新作的分区，20 世纪 50 年代之前把几种官话方言和其他非官话方言并列起来分区显然是不妥的。20 世纪 50 年代之后把官话作为一个大区与各种非官话并列是一大进步。1987 年《中国语言地图集》另立晋语与官话并列，目前尚有争议，关键是要论证晋语与其他官话方言之间的差异究竟有多大，它们和通语的关系有没有明显的不同。

2.2　要兼顾纵向演变和横向作用对方言差异作整体的、系统的分析

中国历史悠久，汉语方言源远流长，封建社会长期停滞不前，地方行政区划历代相因少有变动；在语言文字方面，用表义的汉字作为构词材料，汉字的官音又具有高度权威，汉字的形音义在相当程度上限制着方言语音和词汇的变化。于是用古籍中有限的关于古方言的零星记载乃至诗人们或宽或严的用韵和现代方言作比较，长期以来在考虑方言分区时就形成了一种定式思路，以为现代方言都是从某个单一的古方言发展而来，方言差异的比较就只有一条路子：拿广韵系统作比较。

古代社会发展缓慢，汉语方言形成早（大多已有千年的历史），后来也很保守，变化慢，这只是历史事实的一方面。在另一方面，数千年的中国史，战乱不断，灾害频仍，统一的国家多次分裂，多个民族轮流主政，每次改朝换代，几乎都伴随着社会动荡和大规模的移民潮。各种汉语方言形成以来，表面维持着唐宋元明清的统一国家，实际上却包藏着无数的军阀混战、农民起义、民族征讨、百姓流徙，因而所有的汉语方言几乎都是人口来源复杂、语言源流叠加的"多来源、多层次"的状况，而不是纯之又纯的从古代到现代的一对一的迁移或蜕变。唐代科举制度之后，官方推行的书面共通语对方言有强力的影响（不同的地区其影响力又有强有弱）。宋元之后城市兴

起，手工业作坊和交通、贸易逐渐发达，晚清以来商品经济不断发展，各方言之间的交往和人口的迁移明显加剧了。近代汉语的口语系统（近代白话）正是在这个时期形成并成为现代汉语的前身。与此同时，古方言之间不可避免地经历着竞争、吞并、融合和调整。这便是汉语方言发展过程中的另一种动因——横向的作用。研究汉语方言的形成、发展所造成的方言差异及现实的分区，一定要兼顾纵向流变（自变）和横向作用（他变）这两种考察方向。

诚然，某种汉语方言早先一定有一个主要的源头，从现代方言追寻古方言也是很有意义的研究。发掘这类材料，有时少少的几条就能说明许多问题。《尔雅》郭璞注："水中浮萍，江东谓之薸，音瓢。""今江东呼浦澳。"现代吴语浮萍不少地方还说薸，浙江的许多水边地名则以隩（墺）为通名。然而如果以为现代方言都是从同样的古方言一脉相承传下来的，就往往不符事实。闽方言不但有古吴语的传承（如薸、澳、鲑、侬、㑩），也有古楚语的留存：《方言》："盛多……楚魏之际曰夥。"今闽语中，福州"几多"说"若夥"［nuo uai］，泉州"无多"说［bo ua］；"差，愈也……南楚谓之差"，今福州病情好转正是说差。这就是闽语有楚语来源的极好证明。古时候可能有不同的源头，后来也可能有不同时代不同来源的成分的叠加或覆盖。闽语的文白读之中不但有汉魏六朝的古音，也有唐宋的层次，甚至有元明之后的近代变异，这已经是许多学者指出过的了。研究粤语的学者喜欢说现今的粤语源于秦始皇五十万戍卒入粤，至少也可以推到两汉之交赵佗的治理南粤，其实秦汉古音在现代粤语已经很难寻觅了，广州音系显然是北宋末年珠玑巷来人带来的口音覆盖过的。

一定要充分估计横向影响对形成方言差异和方言特征的作用。论历史，江皖的吴语区是古吴地，现代湘赣语分布的是古楚地，那里都是战国时期的形胜地，比闽粤的开发早多了，可是现代的吴、赣、徽、湘诸方言却比闽、粤、客更加接近官话方言，这当然是宋元之后江淮官话横向作用的结果。随着方言调查的深入，学者们从大城市转向边远山村，从方言区的核心地带转向边界处，于是发现了大量"归属未明"的"乡谈、土话、本地话、白话、土白"，不论是单点或成片，都在为划分定性而发愁。其实，这都是些不同方言区交界地带或双语多语并用地区的小方言，由于通语和多种方言的相互作用变得"四不像"了。如果我们真正理解了横向接触的巨大作用，就不会对此大惊小怪。

只有兼顾纵向演变和横向作用，才能对方言差异和方言特征作全面系统的考察。任何方言都是一个完整、自足的系统，只有从系统出发，才能提取到真正的方言差异和特征。已有的研究由于只注重纵向演变而忽略横向作用，因而所提取的方言差异和特征有时就难免是片面的、局部的。

那么，为什么人们会或多或少地低估方言的差异来自通语和异方言的横向作用呢？究其原因，中西的因素都有。西方 19 世纪的历史比较法的旨趣在于追寻原始母语（proto），勾画"谱系树"，用发生学来解释语言的演变。这个理论不能说都没价值，也许对于解释印欧语的分化流变是很适合的，但它绝对不是放之四海皆准的唯一方法，直到 20 世纪末叶还有不少学者热衷于构拟原始闽语和原始吴语，却一直走不出狭小的胡同。就中国传统来说，有两条很值得重新反思。一是以古为雅、唯古是重；二是离不开广韵系统的标杆准绳。凡是保留了上古时期的某个音类或音值，哪怕只有几个无足轻重的字，也要把它列为最重要的方言特征，作为区分方言的标准。客赣方言有一二十个浊上字读归阴平，立刻奉为至宝，用作识别客赣方言的标准。闽方言有些现象是不合广韵系统的规矩的，于是成了"超广韵"的根据，立即可作为最早形成的方言的依据。其实，这些少数字的独特表现乃至某几个特字的读音，只是方言演变过程中某个阶段的某种特点的局部留存，用它来说明方言的发展过程中的一个单项记录是可以的，作为现实方言系统的基本特征就不合适了。正如人的躯体上某个小疤痕，可以说明它何时曾经历过什么，受到损伤，却不能用来识别人的整体特征。

2.3　要如实地对汉语方言作多层级和非穷尽的划分

各种方言之间，不论是语音、词汇、语法，彼此的差异有大有小，不同方言之间亲缘关系有远有近。有的特点是多区共有的，有的是一区独具的。换言之，方言间的差异和关系是分层级的，不可能都是一个平面上的并列关系。为方言分区必须反映出这种层级关系。正如朱德熙先生说的："方言区实际上是方言亲缘关系在地理上的分布，划分方言区是给现代方言分类，可是划分出来的类要能反映亲缘关系的远近。"（1986：249）1963 年出版的《福建省汉语方言概况（讨论稿）》把福建境内的方言按"群—区—话—音"划分为四个层级。1988 出版的《中国语言地图集》分为"大区—区—片—小片—点"五个层级，李荣先生说："其中区、片和点是最基本的。区底下一般分成若干片，片有时分成若干小片，有些区可以总括为一个大区。"（1985）比起五十年代以前的一个平面上的一次性分区，这也是一大进步。

在区分层级的问题上，我们所面临的问题是方言区的范围有大小，区内各小方言之间的关系也有亲疏远近，每个区分为几层，具体的处理不无困难。看来，必须有统一的原则——以方言差异和方言特征为依据，也应有灵活的尺寸。分布地域广、内部分歧大的可多分几层，分布地域狭、内部分歧小的区则宜少分几层。官话方言和客家方言分布地域广，但是内部差异较小；徽语和赣语分布地域较窄，但内部差异不小。据此，方言的区片都可以有大小，不能强求一致。同一个区的分片有时也有难处。还是应该按照分层级的原则，先从大处着眼，层层往下分。例如吴方言显然是苏、沪、宁、绍的一致性多，与通语较为接近；温、处、衢的差异大，与通语相差大，与闽语关系深，应该先区分北片吴语和南片吴语。闽语可能先分三片为宜：福建境内西片（闽北、闽中）受客赣方言影响大与沿海的东片分立，雷琼闽语受壮侗语影响深可以并列为一片。粤语的东片（珠江三角洲）特点鲜明，内部较为一致，西片从四邑到广西内部差异大，可先分东片和西片。凡是内部差异大的片，下层的分片和小片可以多区并列或多层分立，例如南片吴语可考虑分为台、温、处、衢、婺、严等几个区片，沿海闽语可分闽东、闽南和莆仙，闽南再分西片的龙岩、漳平，东片的泉、漳、厦、台和南片的潮汕片。

为方言分区和划分行政区域是不相同的。为了管理的方便，行政区划大体应该有统一的级别系统，如现行的省、市、县、镇（乡）、村的五级管理，每一个自然村都应该有它的归属。方言的分区不必求得各区所分的层级都相同，每一级的辖区大小也往往有不同；而且，并不是每一个点都得归入某个区片。换言之，方言的分区应该留有余地，可以允许有归不进区片而又不宜独立为区片的点和面。

不宜归入区片也不宜独立成区片的方言主要有两种类型。第一种类型是方言区的边界地带常有的两种方言之间的渐变过渡区。方言区的交界地带可能有三种情况，一是因山岭、河海阻隔或其他原因没有交往而出现断然的界线。例如长江下游江南是吴语，江北是江淮官话，大体还算清楚；武夷山北段的西侧是赣东的吴语和赣语，东侧是闽语。二是双语过渡区。例如湘南就有大片湘语（南部土语）和西南官话的双语区，漳州地区西沿有一个狭长的闽南话和客家话的双语过渡区。三是渐变过渡区。例如闽西北的闽方言与赣方言之间，沙县是典型的闽语，光泽、邵武和建宁是典型的赣语，从顺昌、将乐至泰宁是二者之间的过渡区。顺昌的赣语特点和邵武的闽语特点最少，将乐、泰宁则是二者兼有，逐渐增减（李如龙，1991）。这种类型可以称为过渡型的方言点片。

第二种类型可以称为混合型方言。这种方言有的是处于两种方言区的交界处的集镇，由于两种方言区的人混居，两种方言混杂，形成了一种新的系统，归入哪一区都不合适，例如建阳与邵武交界处的黄坑镇，兼有建阳闽语和邵武赣语的特点，主次难辨（李如龙，1991）。有的混合型方言是因为在历史上经过长期迁移，混杂不同方言区的人，后来形成了兼有几种方言特点的新系统。例如海南岛三亚市的迈话，就兼有海南闽语、粤语和客家话的特点（李如龙，1996）。近些年来，边界方言和混合型方言发掘得不少了，例如在湘桂粤交界处的许多土语群，有关的学者已经多次讨论过，发现了许多前所未闻的方言差异。如果把这些新材料放在一起加以分析和归纳，一定可以为这些不宜划入某个区的方言作一个比较准确的界定。

游离于方言区之间的方言是不同方言区之间的"中介"，两种事物之间存在着中介现象，这是许多事物常见的，为方言划区并不是划分选民区，让每个人都有投票的地方，大可不必分得穷尽，也无须划定明确的界线。这是尊重客观实际，而不是马虎偷懒。

2.4　要适当运用历史文化背景资料进行参考性的论证

方言是分布在一定的地域的，为方言分区自然要考察方言所分布的地域。然而方言是人文、历史的现象，它的形成和发展必定受到历史文化因素的制约，因此，为方言分区也不能不考察各方言的历史文化背景。为方言分区是学者们比较和分析方言差异和特征的理性行为，而方言又是方言区人民世代相因、口口相传的交际工具，人们都有实践中形成的感性认识。感性认识和理论分析有时未必十分密合，但总体上说应该是可以互相论证的。

参考历史文化背景的材料来为方言分区主要可以从三个方面入手。

首先，要注意搜集移民史的材料。大批量的移民不论对方言的形成或演变都会起很大的作用。不同时期的批量移民都从出发地带来了自己的方言母语，如果先后来自不同地区的方言，往往先到为主，后到者让步汇入。如闽南方言区宋元之后也有客家人进入，但客家方言特征并未大量进入闽南话；因为年代不同，批量也不同。有的也可能是叠加的，例如闽南话形成过程中就有六朝、中唐等时期的移民的语言渗入，从现状看，几个不同历史层次的特点是叠加的。还有的是覆盖式的，例如珠江三角洲至少汉代就有一些中原移民进入，初唐开通五岭之后也有人南下定居，但是批量最大的是宋元之交经由珠玑巷南迁的汉人，从今天广州话的语音系统看，显然是第三次把前两次移民带来的母语覆盖了。移民史的材料，历史有记载，但往往不能详尽；族姓的谱牒常有详细记录，但明以前的族谱往往不实；而民间口口相传的说法有时倒是十分可靠。从潮州到雷州到海南都有"祖上来自福建莆田荔支村"的口传说法。查证史书上的人口记录，确实宋代之后莆田人口外流不少，而潮、雷、琼则不断增加。对照方言特点看，也可发现一些重要方言词是莆田话越过泉漳而和潮、雷、琼闽语相通（例如把桌子说床，开水说沸水，肥肉说白肉）。为什么说是荔支村？岭南人好荔枝，而唐代的莆田确盛产此物。此外，对于方言区的"飞地"和方言岛，移民史的材料就更加重要了，这种方言的形成往往有十分具体的历史原因和年代以及来源地。例如粤北、粤东的客家人清初移居四川是官方组织的。闽南人到闽东、浙南则是清初因人多地狭前往捕鱼和烧瓷的。

其次，要参考行政区划和经济交通的历史状况。汉语的方言大多是在唐宋之后定型的，从那以后的州府设置长期相承，少有变动，自然经济又把人们束缚在土地上，州府内部交往较多，经过明清两代，各方言区的疆界更加稳定下来，许多方言的现代分区和分片大多与当年的州府的疆界相符合。这一点在浙江和福建表现得最为充分。经济和交通是人民交往的最主要条件，对于方言的分布和方言差异的形成的影响也是不言而喻的。粤语之所以东片内部差异小，西片差异大，就是由于这一点不同，珠江三角洲是河网地带，早有商品经济的发展，交往频繁，所以内部差异小；西片的交通和经济发展相对迟缓，所以方言差异大。闽南方言区沿海的泉漳厦宋元以来就发展了航运和商品贸易，所以差异小；西部山区的大田、龙岩、漳平因为交通阻塞，经济落后，所以方言分歧大。

最后，还要适当参考方言区的通话情况和人们的语感和认同感。一般说来本地人称自己话是什么话，和哪些地方相通，和什么话不同，这种感性认同和科学分区的情况通常是比较接近的。赣南和粤北地区都有"本地话"和"客家话"的不同语感，这和当地的两种差别较大的口音相应。雷州半岛有闽、粤、客三种方言，在民间，闽语叫黎话，粤语叫白话，客家语则称"大偎、小偎"（"大偎"是较为纯正的客家话，"小偎"较不纯正。"偎"是客家话的"我"的借写），民间语感和调查结果也相符。不过，方言的语感和区片是否形成经济文化中心和有无代表性的权威方言有关。在福建北部，因为福州成为经济文化中心，福州话有较大权威性，所以闽东人都认同"福州话系统"，而闽北人则缺少闽北方言的认同感，问他们说什么话，都按县名甚至乡镇名来称呼。

以上所说的各种历史文化背景因素中，究竟哪一项是主要的，哪一项是从属的，在不同的方言中可能是有区别的，不能一概而论。移民史、经济史、文化史乃至通行什么地方剧曲，都可能成为重要的考察内容，必须从实际出发作具体分析，而且这些外因总是通过方言差异的内部整合的内因起作用的。为方言分区的最重要依据还是方言差异和方言特征，最艰巨的工作还在于方言事实的比较分析，从中提取合理的划分标准。

3 汉语方言的分区的标准

3.1 宜采取综合性标准

这里说的综合性标准包括以下几点：①不以语音标准为限或为主，而应该把语音和词汇、语法综合起来判断。②不论是语音或是词汇语法都不能用一条或少数几条标准，而应该精选一批重要条目作标准。③必须充分注意字音的文白异读和多音词连音变读的差异，包括连读变调、轻声、儿化、小称、变韵、合音等。下文先就此作些简单说明。

以往关于汉语方言的调查研究都以语音为主。在方言的结构体系中，语音系统性强，也最容易提取方言差异。因此，已有的分区以语音为主是可以理解的。但是如果以为本来就应当如此，就不对了。因为：第一，方言是一个完整的语音、词汇和语法统一起来的结构体系，汉语方言的差异不仅在语音，词汇上的差异也很大，近些年来"方言语法差异不大"的提法遭到越来越严厉、越来越有力的批评。我们对方言词汇和语法研究得不够是应当改进的，但以此来论证方言分区应以语音标准为主，这就欠妥了。第二，事实上，多年来方言词汇语法的研究成果辉煌，也有了许多新的理论。例如关于方言的基本词、核心词、特征词的研究，关于若干封闭性词类的研究，关于方言虚词的研究和若干常用句型的比较，都有重大的进展。词汇语法也有系统性，并非无从捉摸。如果根据常用性、重要性和构词能力强的标准提出一个核心词表，经过比较提取一批特征词、鉴别词，时至今日已经不难做到。罗杰瑞提出的十条分区标准中就有八条是属于词汇语法的（名词：儿子、房子、母鸡，动词：站、走，代词：他，助词：的，否定词：不）。应该说，这是很有见地的，所选取的条目也很能展示方言差异。我主张制定一个100~200的核心词表，包括适用于汉语的斯瓦迪士200词和各地多有差异的"万能"动词、副词、量词和最常用的虚词，用它来为汉语方言分区，想必有很大的效能。第三，方言差异在语音方面和词汇语法方面未必是相应的，客赣方言之间语音差异小，词汇差异大，已经有许多专家论证过了。湘语和吴语的语音差异也可能比词汇语法差异小，而几种闽南方言中词汇语法的共性则可能比语音的共性多。第四，就感性常识说，不同方言间的学习和沟通，难的也是词汇语法而不是语音。闽粤方言词汇差异大，改革开放后许多外地人涌入珠江三角洲后都想学粤语，学会的却很少，多半是词汇难学。可见，方言间的词汇、语法差异是不容忽视的，以语音标准作为区分方言的唯一标准或主要标准是片面的、不科学的。

用一条或几条语音或词汇标准来区分方言，只能说是简便，易于操作。如果这少数几条标准是经过大量的比较之后从许多标准选取最重要的条目，也可能切中方言差异的某些要害，但总是容易造成以偏概全，不能完全切合实际。如果提取 10 条左右的语音标准，选用 100 条左右最能体现方言差异的词汇和 20 种语法例句，就这些小批量的条目进行比较，对于其中的主次轻重作适当的加权，进行量化统计，也许就可以比较准确地展示方言差异，提取不同方言的主要特征。

关于连音变读，近 20 年间发掘了大量的方言差异，这是当代方言研究的可喜收获。连音变读是多音词大量扩充、语法化的步伐加快之后带来的变化，是现代汉语有别于古代汉语的重要特征。由于多音化和语法化的进度不一，方言间在连音变读上的差异是十分明显的。轻声、儿化在官话方言是普遍存在的特征，连读变调和小称音变在吴方言最发达，粤方言只有语素变调，没有其他各种连读音变；客方言则偏于保守，连音变读还在酝酿之中，而在闽方言，闽东的花样最多，有变声、变韵、变调，闽南有普遍的变调和某些轻声，闽北则基本没有各种连音变读，用这一条来区分三片闽语就十分有效。连音变读并非单纯的语音现象，而与词汇的构成和语法意义有关，应该说这是最具"综合性"的方言差异。此外，文白异读的现象也是现代汉语方言的重要区别特征。它反映了语音的不同历史层次是如何整合成一个完整的系统的，也体现了同样的语素在词汇意义上的不同分工，体现着词汇的历史层次。文白异读多，是晋语和闽语的重要特征，在闽方言之中，各地又有许多不同的表现，闽南有文白读的字最多（大体过半），闽北最少，潮雷琼方言则白读多文读少。文白异读最少的是粤方言，这可能是宋元的文读层覆盖了先前的白读音的结果。

3.2 反映历史和现状的统一

关于区分方言的语音标准，丁邦新先生在他的著名论文里提出了："以汉语语音史为根据，用早期历史性的条件区别大方言：用晚期历史性条件区别次方言，用现在平面性的条件区别小方言。"（1982）20 多年以来，这个理论已为学者们所熟知，也得到不少学者认同。它的特点是为各种分区的语音标准分出了不同的历史层次，并发现这种历史层次正是和方言的发展过程相配合的，既有应用价值，也有理论意义。汉语的方言多数是在汉唐之际打下基础的，在它们的形成阶段，各方言都反映了当年的不同语音特征。分道扬镳之后，方言各自又有创新，这大体上是符合事实的。丁先生所列举的"历史性"条件多是管字多的音类，"平面性"的条件则多为音值的变异。音值的变异总是经常发生、迅速变化的，往往是音类分合的先奏。区分方言的标准无疑是应该更注重音类的变迁。

关于这个问题，我想到两点，似乎可以做一点"微调"。一是提法问题，还是说"区分方言的标准应该反映历史和现状的统一"较为概括。"历史性条件"和"平面性条件"并用，其实也就是历史和现状的统一，但是两种历史条件有时很难分出早晚，有的勉强分开再与平面性条件一道定性分等并且和方言区的大小层级一一对齐，就会显得生硬而缺乏灵活性。事实上，汉语方言形成年代有先后，形成之后的演变速度有快慢，近期的种种变异也有大小，一刀切地把语音的不同层次和分区的不同层级直接对号入座，有时难免与复杂的情况不相适应。例如有无入声韵和入声调是官话和非官话区之间的重要差异，但是江淮官话和晋语又还保留着入声韵和入声调，而官话区里的不同区片，有的是不分清浊都归入阳平（如西南官话），有的是先分清浊而后派入平上去三调，"入派三声"的表现显然不是两次分化的结果。又如全浊塞音清化，是多区方言的共同走向，但有的是先清化为送气清音而不论平仄，有的先清化而后按平仄再分送气与不送气，从历史层次来说也有差别。此外，近期的平面性差异未必比早期的历史性变异更不重要，也未必是小方言之间的差别。例如多音词语的连读音变，按时间说是清代之后的近期演变，但是轻声、儿化显然是官话和非官话之间的差异；小称的有无和不同形式则是各大区之间的差别，而变声、变韵则是次方言之间的识别标准。这些多音词连读音变已经是现代方言的结构性、系统性的音变，并与语音、词汇和语法特征相关联，显然应该把它列为区分方言的重要标准。

由此可见，关于语音分区标准问题，还是应该反映历史和现状统一，这样的提法可能会更概括，也更灵活些。历史和现状的统一是各方言共同的，但在不同的方言，有的变化慢，存古多，有的发展快，创新多，存古和创新如何整合成共时系统，还得就不同的方言作具体的分析。

此外，关于历史性的语音标准及其历史层次的认定也有些条目值得进一步讨论。轻唇音读为重唇，舌上音读为舌头，这是初唐以前的现象的留存，除此之外，精、庄、章（部分）不分（东南方言中有继承上古音不分的如吴、闽语，也有精与庄章分后再合的，如客、粤语）。全浊塞音的清化和阳声韵尾、入声韵尾的脱落（又分合并简化或鼻化乃至脱落几种模式）都是《中原音韵》之后的层次，再后来是舌根音的颚化，效蟹摄元音韵尾的脱落都是些有区别作用、覆盖面也比较大的特征。

总之，语音特征的分区标准既要重视早期语音特征的留存和演化，也要重视晚近的变异和创新。既然是为现代方言分区，还应该立足于现代的方音状态，考察继承、留存和变异、创新是如何整合的，努力做到历史和现状的统一，用词汇、语法的情况来检验上述关于语音分区标准的分析，也是完全贴合的。一般说来，古词语在东南方言多些，官话区少些。例如食—吃，拍—打，寒—冷，惊—怕，行—走，曝—晒，但也有不少古今词并存于官话的次方言中。例如晏、迟、晚，寻、找，（粥）稀、清，择、选、拣、挑，等等。可见，不宜提倡用古词语来划分大区，用后起词语来划分社区。单音词鼻、耳，只有个别方言在说，大多数方言已经加了后缀，说鼻子、鼻哥、鼻头、鼻团、鼻公、耳朵、耳公、耳仔、耳空、耳头，耳团。分区条目就应该多收此类古今并存，新旧兼有，能显示大的区片的特征的条目，还是以"厚古而不薄今"为妥。

3.3 合理处理普遍性和局部性的标准

丁邦新先生在他的论文中还把分区标准分为普遍性和独特性两类。普遍性标准是涵盖面广的，不同的方言多有不同的表现；独特性标准是只反映个别区的特点的。前者用来作为分区的主要依据，后者则是对个别区所作的补充条件。从理论上说，这种区分反映了方言差异中的共性和个性，是合理的。从应用上说，这种区分精简了大面积比较的项目，却又不遗漏个别性的区别性特征，也是很有价值的。其实，某个区独有的特征是很少的，"独特性"的说法还是改由"局部性"更为准确。例如舌上读为舌头，丁先生作为闽语独有的特征，其实在湘语也有反映，在客家话里也有个别字的表现（如"知"读 ti），关中方言的 pf、pf'声母，在潮汕闽南话里也曾发现，边擦音ɬ则见于闽语莆仙话和粤语四邑话还有一些徽州方言。

词汇和语法的分区标准中也有普遍性和独特性之别，大部分基本词汇和语法形式都是各方言共有的，只要发现有可用来区分方言区的条目就可作为鉴别的标准，例如三身代词分单复数是普遍的，第一人称复数式分包括式和排除式是局部的；指代词分近指、远指是普遍的，中指是局部的；被字句是普遍的，把字句是局部的（已经发现有的方言没有把字句，把宾语提前作为受事主语）；有些常用词在一些方言区没有相对应的方言词，也不能作为普遍性的条目作比较。例如"回家"在一些方言要说成回来或回去；"早饭、晚饭"在一些方言也不单说；闽南话的"有影、无影"（有这事、没的事）也是一区独有的词目。东南方言中不少地方手和臂合称为手，腿和脚合称为脚，和其他方言也不能对齐。可见，大面积的比较分区只能选取普遍性条目，局部性条目只能作为同区的小区间的比较条目。提取词汇语法条目可以从普通话出发，但一定要经过其他区的初步检验，把那些对不齐的局部性条目删去。已有的词汇语法调查表格都是从普通话出发拟定的，不少条目到了方言区就问不出来，有些多义词用作比较条目时，意义和用法没有经过限定，调查得来的材料对不齐，就会成为废条，例如"打"在普通话可以是量词、动词、介词，作为"万能动词"，打伞、打听、打滑、打往等，在许多方言有的就根本不说。反之，有许多很有特色的方言词却因没有机会出场，调查不出来。例如个子"高"，吴语说"长"，闽东说"悬"，闽南说"躼"。天气"凉""冷""冻"则在粤语很难分得清。

看来，这个普遍性和局部性的理论也应该做一点补充。语音分区条目和词汇分区条目不也是应该多提取在字、词上涵盖面大的条目吗？而那些覆盖面窄但又很有特色的也可以作为局部性条目备用。

正如上文所说过的，由于厚古薄今、以古为雅的传统影响，在研究现代方言分区问题的时候，对于语音、词汇上与古代汉语相同、相似的一些方言特点，虽然在熟悉古汉语的专家看来很显眼，很容易引起关注，因而被列为重要的分区标准，其实那些管的字少的语音特征，以及未必很常用也未必很具构词能力的古语词在整个语言系统之中，在本地人的日常交际之中并没有什么特别之处，有的甚至是微不足道。把这些条目突出出来与那些管字多的音类特征以及那些牵连全局的变调规律之类的特征并列在一个平面上就不合适了。例如古浊塞音声母字、阳声韵字、入声韵字都是管字多的大音类，而客赣方言的归入阴平的浊上字，闽方言读为群母的匣母字，读为塞擦音、擦音的以母字，客粤方言读如晓母的溪母字等就都是字数不多的小音类。甚至十分著名的闽语的"轻唇读为重唇"，其实辖字也不多，据厦门话统计，《方言调查字表》非组字 151 个，读为重唇音的字非敷奉和明母各占一半（38 字），不计明母（其他方言读如明母的也不少），则只占四分之一。

词汇和语法方面的分区标准也必须精选那些口语常用的构词能力强的核心词和那些常见的虚词和句式。例如脸—面的区别就连带着一系列合成词：脸色、脸皮、脸形、脸毛、丢脸、白脸、红脸等。兼用为给予义的动词和被动义的介词"给"也十分常用，词汇意义和语法意义并存，而且各大方言之间区别明显：官话说"给"，吴语说"拨"，湘语说"把"，赣语说"搦、畀"，客语说"分"，闽语说"乞"，粤语说"畀"。

如果不把普遍性和局部性的分区标准区别开来，就会造成方言分区上的误判。闽赣交界处的邵武、光泽话被定为闽语就是一个典型的事例。在语音方面，邵武话确实也有些闽语老底的特征，例如轻唇读为重唇，舌上读为舌头（字数均已减少），心邪书禅等擦音读塞擦音，来母字读 s-等，但都是字数不多的带残余性质的局部性特征，而与赣语相同的则多是普遍性的特征，例如全浊声母字读为送气清音，轻唇音含晓匣合口字，古咸、山、蟹一二等字韵母有别，透定母字读 h-，清从母字读 th，等等。在词汇语法方面，我们比较过 250 条常用词，闽赣多数无别的 20 条，邵武同闽不同赣的 31 条（如厝、囝、箸），同赣不同闽的则有 97 条，再加上许多儿尾词，那些古老的闽语特征词已处于被淹没的状态（李如龙，1991）。正是基于这些比较，我们给邵武话的定性是已经赣语化的闽语。

根据综合性的要求，历史和现状的统一的原则和处理普遍性和局部性的关系的方法，拙作《汉语方言学》关于区分方言的语音标准、词汇标准和语法标准都有一些比较具体的方案，例如语音方面的普遍性、独特性标准各 10 条，词汇语法方面开列了 100 条参考词目和 50 条语法例句，可供参考，此处不再列述。

3.4　正确理解分区标准的特征性

为方言分区，从汉语整体说是要对现代汉语的方言差异进行科学的分类，并且把这些类型和方言的地域分布联系起来；从方言个体来说是要展示该方言的特征。因此，提取区分方言的标准时都必须密切注意并充分体现方言差异的特征性。这是大家一致的看法。然而对"特征性"的理解似乎还有些歧异，因而在调查、比较的过程中也就有不同的方法，即使用的同样的材料也会有不同的取向，下文对此作三点讨论。

第一，分区标准应该突出体现方言的特征，但是也必须能体现方言的系统。任何方言都是一个自足的系统，选取分区标准不能只顾系统，而应该从系统中抽取特征，用有限的特征体现完整的系统。例如语音方面，汉语的语音系统是多层级的，有音位（音值及其区别性特征）系统、音节结构系统、音类演变系统、字音分布系统和连音变读系统。分区语音标准可以把重点放在音类演变和连音变读上，但必须努力兼顾对别的层级有所反映的现象。例如声韵调的组合规律和文白读的分布规律可能对二级分区有重要意义。

第二，所谓特征性并非独特性，分区标准可以是独有的，也可以是多区共有的。独有的特征展示单区方言的个性特征，两区或多区共有的特征则展示几个区的共性，但对其他区来说仍然是个性。例如语音标准中，全浊皆读为送气清音，从关中方言到通泰方言到客赣方言，总体上是相同的，但具体的分类也还有彼此的差异。尤其是客与赣，因为有这一共性（其实还有差异的，赣西北就有次清混入全浊的），有些学者就据此力主把客赣合为一个区。在讨论方言区的特征词的时候，也常常听到对多区交叉共有的特征词的非议。"拿"，福州话、宁波话都说"驮"；"桌子"，广州话、上海话都说"台子"，这种交叉现象不但说明它与通语是对立的，与其他方言有别，只与一两处方言共通，正是如实地展示了它与通语及诸方言的多层多样的关系，不但是可用的区别标准，从某种意义上说更有它的特殊价值。因为方言之间的亲缘关系有远有近，方言差异及方言特征自然也就有独有的和共有的，这本来就是正常的现象。

第三，为了确保体现特征性，对分区标准的掌握是否应该严之又严，越少越好呢？讨论分区标准的学者多半主张标准越少越好，这是传统的定性研究的风格。从计量研究的需要说，则应该有一定的批量。定性研究是任何时候都不能没有的，但定量研究的优点也不能漠视。看来还是应该走定性和定量相结合的道路。通过定性研究开路和定向；通过定量研究区分主次并做周密的检验。各得其所，各显神通，取长补短，以臻科学，何乐不为呢？我主张不要为了便于操作而力求其少，也不要追求缜密而力求其多。太少不能反映系统性，也不能反映方言间多种多样的亲缘和地缘关系；太多则又难于区分主要特征和次要特征，计量结果难免走样。总之，多到便于区分主次和权重，少到能反映系统和方言间的多层关系。至于有人甚至还鼓吹过只用一条标准（一个语音特征，一个词）来分区，不说它形同儿戏，招来挂一漏万、矛盾百出的非议怕是难以幸免的。

4　结语

汉语方言的分区是一个重要的课题，眼下又还没有获得一致的意见，今后还应该继续研究下去。只有经过长期的努力、多次的反复，才能切近语言实际，得到科学结论。

最近的二三十年间，汉语方言的研究有长足的进步，如今发掘的语言事实多了。方言间、方言与古今通语间乃至方言与民族语言间的比较也多起来了，不但有单点的描写，也有面上的综合和整体的比较。关于理论问题的探讨也逐渐引起了重视。但是，关于汉语方言的分区目前还难以做出大家都满意的结论。因为在这三个方面的工作我们还有欠缺。

在语料方面，由于以往的调查表格有明显的缺陷，语音方面多停留于单字音，对于语音结构的考察和分析不够，无字可写的许多方言词记录不多。词汇调查表格历来是从通语出发拟定条目的，许多富于方言特色的词汇就调查得不够。方言语法现象的调查近些年来引起许多学者的关注，但深入的研究刚刚开始，我们对各方言的语法特征还认识得很少，语法例句的拟定也不太有把握。此外，对于方言边界点的调查，小地方的怪方言的调查还有不少空白。在语料不足的情况下，分区结果自不可能完善。

在比较研究方面，我们的经验也还很不够。语音的纵向比较，由于有音韵学成果可供借鉴，成果较多；横向的共时结构特征的比较还没有很好地开展。词汇语法差异如何比较就更是心中无数，还没有摸索出较为规范的比较模式。由于比较研究的欠缺，许多展示方言差异的重要方面，我们还若明若暗，更未能了解它们的重要性，因而干脆就把这些现象的考察排除在分区的依据之外。例如，变调的模式有多少种？轻声、儿化及其他小称的发展过程如何？声韵的组合方面，古今南北的差异有哪些类型？在各区方言都无法提取出特征词表的情况下，如何比较方言的词汇差异？近代汉语以来，各方言的语法化进程明显不同，其演变类型和发展阶段怎样，目前也未能解答。为方言分区是对方言差异、方言特征的比较，比较上不去，分区怎能有大进展？

在理论方面，有关分区问题还有许多尚待探讨的课题。方言的分类和分区究竟是不是同一回事？有的学者说，方言的比较和分区是属于历史语言学的范畴的，对不对？对于共时的结构系统来说，早期的发展和晚近的变异，何者更为重要？语音的发展和词汇、语法的发展是否同步？如果不同步，又是如何关联的？是否只有洋泾浜、皮钦语那样的不同民族语言的混合才算是混合语？汉语方言如果有混合语，如何界定？能否用语音分区、词汇分区、语法分区、文化分区等不同角度对方言作不同的分区？

可见，关于汉语方言的分区问题，现在还不必急于分清是非，做出结论。关键在于扩充语料、加强比较和探讨理论，过了一个阶段可以来一番梳理，肯定共识，提出问题，再分别去深入研究。只要提出新的论点，都要针对不同的方言区进行检验。任何科学的分区都要经过检验。在研究方法上，应该提倡百花齐放。运用多种方法去研究同样的问题，只有好处没有坏处。在这方面不同流派的学者要互相尊重、互相学习。前人做过的通过绘制方言条目分布地图画出同言线丛的研究，还是有效的方法，关于语音的结构，可能还用得着实验语音学的成果。建立方言字音、词汇和语法的可供比较的大型语资料库进行大数据分析显然是一个十分重要的措施。只有在大面积比较的基础上，经过提纯、浓缩，才能制定出合理的分区标准来，这是不言而喻的。

最后，我们还应该看到在现代化、全球化的滚滚浪潮冲击之下，许多方言都已经处在萎缩之中，方言分区的标准和操作方法虽然还会有许多争议，但是方言的急剧变化又容不得我们慢条斯理地犹豫不决，而应该抓紧商议，尽早达成共识。

参考文献

［1］丁邦新：《汉语方言区分的条件》，《丁邦新语言学论文集》，北京：商务印书馆 1998 年版。

［2］王福堂：《汉语方言语音的演变和层次》，北京：语文出版社 2005 年版。

［3］北京大学中国语言文学系语言学教研室编：《汉语方音字汇》（第二版），北京：文字改革出版社 1989 年版。

［4］北京大学中国语言文学系语言学教研室编：《汉语方言词汇》（第二版），北京：语文出版社 1995 年版。

［5］朱德熙：《在中国语言和方言学术讨论会上的发言》，《中国语文》1986 年第 4 期，第 246－252 页。

［6］何大安：《规律与方向：变迁中的音韵结构》，台北："中央研究院"历史语言研究所 1988 年版。

［7］陈章太、李如龙：《闽语研究》，北京：语文出版社 1991 年版。

［8］李如龙：《方言与音韵论集》，香港：香港中文大学中国文化研究所吴多泰中国语文研究中心 1996 年版。

［9］李如龙：《汉语方言的比较研究》，北京：商务印书馆 2001a 年版。

［10］李如龙：《汉语方言学》，北京：高等教育出版社 2001b 年版。

［11］李荣：《官话方言的分区》，《方言》1985 年第 1 期，第 2 - 5 页。

［12］李荣：《汉语方言的分区》，《方言》1989 年第 4 期，第 241 - 259 页。

［13］袁家骅等：《汉语方言概要》（第二版），北京：文字改革出版社 1989 年版。

［14］游汝杰：《汉语方言学教程》，上海：上海教育出版社 2004 年版。

［15］［美］罗杰瑞著，张惠英译：《汉语概说》，北京：语文出版社 1995 年版。

＊其余关于闽语、客赣语的书文恕未另列。

关于文白异读的再思考[①]

丁邦新先生 2008 年出版的论文集有一篇为他的老同学郑锦全先生祝寿的论文——《北京话文白异读和方言移借》，文章虽然不长，却很有分量，也很见功力。

李荣先生 1982 年提出了一个著名的论断："北京的文白异读，文言音往往是本地的，白话音往往是从外地借来的。其他方言区的文白异读，白话音是本地的，文言音往往是外来的，并且比较接近北京音。"后来，耿振生对此提出了相反的意见，丁邦新的论文就是对这个争议所作的评论。他在查遍北京话有文白异读的中古收 -k 尾入声字的文白异读之后，论证了文读音是符合古今音演变规律的"本地固有读音层"，支持了李荣的意见，认为"收 -i、-u 尾的 -k 尾字在别的方言里不同的演变，跟北京固有的读音层不一样，在不同时期移借到北京话里来，人群迁徙和社会上不同语言层的混杂是主要原因，今天的北京音实在是一个方言混杂的语言，其中读书音是本地固有的读音层。白话音是从外地的方言移借而来，一字多音正是反映这种现象"。

这场争论引起了我对汉语方言文白异读现象的进一步考察。本文把多年

---

① 本文刊于《汉语与汉藏语前沿研究——丁邦新先生八秩寿庆论文集》（上卷）（何大安等主编，社会科学文献出版社 2018 年版）。

思考的心得写出来就正于方家。

1 北京话的固有音和外来音

丁邦新抓住了李荣和耿振生争议的焦点：究竟北京话的文读和白读哪个是"本地固有的读音层"？丁先生用文白异读的字和无异读的字作比较，说明了"各摄文读音跟其他没有两读的入声字的读法是一致的，尤其铎韵、职韵的白读韵母完全不见于其他的字，直接否决了白读韵母作为基本音的可能"。其实，从整体上一眼就可以看明白了：北京话的白读音只有古时-k尾的入声韵的少数字（可能不上百字），如果只有白读音才是"本地固有的读音层"，北京话的固有读音岂不是就落空了？原来大家所认同的，北京话是从《中原音韵》所记录的"大都话"直接继承下来的，后来整合为"十三辙"的现代汉语的标准音，不就失去了依傍，成为奇谈怪论了？何方的"外来影响"能整合成如此严密的语音系统呢？

林焘先生在《北京官话溯源》一文中说："所谓大都话，实际是辽金两代居住在北京地区的汉族人民和契丹女金等族经过几百年密切交往逐渐形成的，到元建大都时已趋于成熟，成为现代北京话的源头。"（1987）钱曾怡主编的《汉语官话方言研究》在谈到北京官话的形成过程时说："虽然元末明初北京人口发生了很大的变化，但元代的北京话还是保留下来了。"（2010：66）至于老北京话何以能够保留，书中分析了三种可能的原因：大都人逃离大都之后又大量返回来了；北京邻近的话本来就口音相近，周边的人移入北京之后并没有动摇其基础；后来从远道入京的则多为官、兵、商，来源复杂，方言多样，也无法取代北京话。仅就入声消失过程中的演变说，《中原音韵》清入字归上声、宕江通三摄的入声字出现文白异读，明末的《合并字学集韵》清入派入四声、曾梗摄的入声字也出现文白异读。宕江曾梗通五个收喉塞音的韵尾是最后脱落的，出现了文白异读正是反映了这个过程。这近千年的演变并非重大的更革，也不是中断或替换，而是局部的渐变积累。

被耿振生认为是"本地固有的语音层"的-k尾入声字的白读音其实正是主要来自北京近郊和东北官话、冀鲁官话。据《汉语官话方言研究》（钱曾怡，2010）所附录的"音系基础字字音对照表"所示，宕江摄的"鹤着薄勺"读为 au，"脚药约觉学"读为 iau，梗摄的"白百拍迫择摘麦"读为 ai，通摄的"粥熟肉、六"读为 ou、iou，都是这几个官话区连片的读法，未见于其他官话区；只有曾摄的"贼黑北"读为 ei 还见于中原官话。这种情况耿振生也看到了，他说："北京话的白读音有宕江摄的 au、iau 和通摄的 ou、iou，韵母分布于效摄和流摄相同，这在洛阳一带是没有的，这一类白读音主要存在于河北、东北。"又说："梗曾摄白读音 ai、ei 也主要存在于河北、东北。"他还说："北京市郊各区县，和河北省的保定、廊坊、唐山以及天津市等地，文白异读的情况大体跟北京话一致，都是白读音要多一些，读书音要少一些。"因为他预先设定了"文读音是外来的"，所以不认为现代北京音的主体（文读音）是大都音的继承，而解释为从洛阳、南京一带的"强势方言"借来的，而局部的变异（白读音）则认定为固有的、后来向周边方言扩散了。汉语史的基本事实早已说明，中原一带的语音南宋之后就不再是强势的了，明清之后近代汉语的标准音显然经历过由南京到北京的转移，北京音的主体（文读系统）从《中原音韵》到《合并字学集韵》到十三辙是一脉相承的。而白读层才是从河北、东北一带就近借用的，周边白读字比北京多，是北京话借用时打了折扣，如果说是周边方言向北京话借用之后又加以发扬光大了，反倒没有说服力了。

2　为什么有固有音和外来音之别

文白异读的概念是谁首先提出的，本文不作查考。不过，1931 年出版的《厦门音系》，对于厦门话的文白异读就有了明确的记录。1926 年，罗常培先生到厦门大学任教半年多，就睿智地发现厦门话的这个特征。1930 年，经过在北京三个月的补充调查，在他写成的《厦门音系》中，就明确指出："各系方言的读书音跟说话音往往都有些不同，但是很少像厦门音系相差那么远的。厦门的字音跟话音几乎各成一个系统，所以本地人发音时特别要声明，'孔子白'怎么读，'解说'怎么读。这一点要算是厦门话（至少也可以说是福佬语系）的特质之一。"（1956：41）所谓"读书音、孔子白"就是读书识字时塾师所教的"字音",历代塾师口口相传的字音大体是《康熙字典》所集录的历代韵书的反切切出来的,后来从《汇音妙悟》《雅俗通十五音》一类地方韵书也可以切出字的文读音。所谓"说话音、解说"就是该字的意思(字义)在方言中相应的说法(词义)的音,例如"九",举友切,文读音是 kiu^3(如说"九归"),用方言来"解说",就是说话音 kau^3(如说"九重粿",一种米浆蒸的多层淡年糕)。"山"文读音 san^1,"山海关、山明水秀、高山流水"都读文读,"山头、山骹(山脚下)、半山腰"则用白读音 sua^1。这和李荣先生的说法是相符的:"其他方言区的文白异读,白话音是本地的,文言音往往是外来的,并且比较接近北京音。"因为文言音是用通语的反切切出来的,所以是外来的,又因为古今通语是相对应的,所以比较接近北京音。至于白话音,因为是用方言词来"解说"的音,所以是本地的。

然而为什么在"本地的"和"外来的"这一点上,北京话和其他方言的文白异读会有相反的表现呢?这就充分地说明了北京话作为通语的标准音和其他方言的不同。北京话语音作为元代以来的近代汉语通语的基础,和《中原音韵》有严整的对应,这是主流,口语里某些发生了变异的音是外地借入的旁支;相反地,其他方言本地固有的是方言音,外来的音则往往是来自通语近于普通话的音。例如北京话的"颈"文读 $t\varsigma i\eta^3$,符合古音"居郢切"的对应,是本地固有音,白读 $k\partial\eta^3$,应是从济南一带借入的二等牙音未颚化的音;"绊",文读 pan^4,也符合古音"博漫切"的对应,是固有音,白读 $phan^4$ 是和江淮官话、西南官话以及南方方言相近的外来音。反之,"颈",南昌的 $t\varsigma ia\eta^3$ 是白读的固有音,文读的 $t\varsigma in^3$ 是从普通话借入的音;长沙的 $phan^5$ 是方言固有的白读音,pan^5 是普通话借入的文读音。

在南方方言中,文白异读最多的是闽语。据周长楫等统计,《方言调查字表》的 3 758 个单字中,厦门话有文白异读的字达 1 529 个,占三分之一强,其中还有超过十分之一的字是一个文读配有两三个的白读(1998:100),总量应在 60% 以上,足见文白异读之多。在北方,文白异读最多的是晋语。和闽语一样,晋语的文白异读也很明显,白读音是固有的,文读音是接近普通话的外来音。不论在声母、韵母或声调,都是如此。例如:

例字	大	崖	陷	棚	赠	伸	郭	折
文读	ta⁴	ia¹	xæ⁴	phəŋ¹	tsəŋ⁴	səŋ¹	kuaʔ⁵	tsəʔ⁵
白读	tʅ⁴	nai¹	çie⁴	phie¹	tsəŋ¹	tshəŋ¹	kuaʔ⁵	tsaʔ⁵

再举一处中部的吴方言为例。郑张尚芳在《温州方言志》说："白读的层次来自不同时代读音的遗留，或不同方言的影响，而文读来自浙江官话书音及随其相混韵出现的平行变化，跟不同的条件音变。"他举的例子有：

例字	粪	含	澄	嫌	去	管	浓	一
文读	faŋ⁵	fiø²	dzeŋ²	ji²	tɕhy⁵	ky³	noŋ²	jai⁷
白读	paŋ⁵	gaŋ²	deŋ²	ɦia²	khi⁵	kaŋ³	ȵyɔ²	ji⁷

从这些文白对应看，也是文读近于通语，白读反映了方言固有的语音特点。可见李荣说的方言白读是固有音，文读是外来近于通语的音，这在北京以外的方言都是一样的。

3　对文白异读的复杂性应作全方位考察

然而，认真推敲起来，"文白异读"的说法并不准确。第一，文白不同的读音并不都是书面语和口头语的不同读音，文读音可以用于口语，白读音也可以用于书面语，可见文白异读并非不同语体的不同读音。第二，文白读并不只是语音上的异读，而是用在不同的词里表示不同意义，而又不能随意改变"异读"的音，可见文白异读也不是单纯的语音现象。第三，文白异读是对"字"说的，放在词语之中大多数情况是不能自由变读的，而是文读或白读有定的，不能泛称为"异读"。第四，文读音和白读音并非都是一对一的，既有缺文或缺白的"缺对"，也有一文多白的，所以，以前有人称为"文白两读"就更加不准确了。

胡明扬先生的《海盐方言志》把他的母语的文白异读说得很透彻。他说："只有一读的字也还有文白之分"，举的例子是"谐"读 ɦiɛ²，"鞋"读

ɦia²，"蟹摄开口二等见晓组字的口语音是-a，读书音是-iɛ，所以'谐'读ɦiɛ²是读书音，只是因为'和谐'是书面语语汇，口语中没有'谐'字，因而只有读书音"（1992：24）。他还说："一个字有两种读音也不一定就是一文一白，有可能两种读音都是读书音，或者都是口语音。"他举的例子是"解"的四种读音：ka³（锯开）、ga⁴（解扣子）是口语音，读书音是 tɕia³或 tɕiɛ³。然后他说："如此看来，口语音和读书音问题相当复杂，决不是只涉及少数有文白异读的字而已，而是要全面细致地分析每个字的读音，然后根据整个语音系统和中古音的对应关系来逐个确定哪个是口语音，哪个是读书音，并且不论是口语音还是读书音内部都还可能有不同类别和不同层次。"（1992：25）

在厦门话，文读音和白读音也都可以用于方言词。例如，"先生"二字，文读音是 sian¹ siŋ¹，白读音"先"是 siŋ¹、"生"有 sĩ¹、tshĩ¹两音，读书时"东郭先生"只能读文读音，说话时，当"老师、大夫"说的"先生"要说sian¹ sĩ¹，"头先"（刚才）要说 thau² siŋ¹，"学生"要说 hak⁸ siŋ¹，"生理"（生意）要说 siŋ¹ li³，"后生"（年轻）要说 hau⁶ sĩ。"生字"要说 tshĩ¹ li⁶。不论是读字音或者是用在方言词里，该文则文、该白则白，语音是不能随意变动的。

厦门话有一些韵并没有文白的不同读音，例如臻摄合口谆韵的"轮尊笋春顺均｜律出术"，一字只有一音，韵母都是 un - ut；也有些字的文读音不用来构成方言词，只用于读字。例如"北京"的文读音是 pɔk⁷ kiŋ¹（北，博黑切，但文读音不读 pik⁷，可能是从白读音 pak 按照通摄的文白对应 aŋ - ak推出来的），但是"北京"说 pak⁷ kiã¹，"京城"说 kiã¹ siã²，"城北"说 siã²pak⁷，都不用文读音；还有一些本地自创的方言词只有白读音并没有文读音，例如 lamʔ⁵（陷入泥浆，可能是壮侗语的底层）、ũãĩ ʔ⁸（拟声词，开门声）、lam⁶ sam³（叠韵，意为胡乱、随便）。有些字则可以是一文多白。例如"平"文读 piŋ²，读文章之外，口语也用文读音，如说"平常时、公平、天平（额头）"；白读则有四读：pĩ²（平路、平分、分无平：分得不公平）、phĩ²（把地整平）、piã²（平仄）、phiã²（平本：捞回成本）。

关于文白异读的种种复杂情况，可以作三个方面说明。

（1）汉语方言的文白异读不是个别字音的变异，而是音类系统上的差别。如果一个音类没有分化为两种读音，也就没有文白的异读。粤语的音类就大多未经分化，因此没有文白异读。文白异读很多的闽语，有些音类没有分化出不同读音，这些音类也就没有文白异读，例如上文说的 un – ut 这两个韵。"音随义变"的异读是按照字义的区别逐个选定文白读中的一种来读的，而不是按照音类几个一起变读，例如北京话的"长_{长短}、长_{生长}"，"调_{调和}、调_{调动}"。可见，文白异读和别义异读还有性质上的不同，一是音类的部分变异，一是个别字字音为了别义而发生的异读。

（2）文白异读不仅是语音现象，而且是和语义相联系的词汇现象，作为音类中的单字的字音，文白的不同读音是"异读"，但是在词汇中的字，大多是不能随意变动的"定读"。有的字，方言不用，就没有白读音，或者方言词的字本地人读不出文读音，也就无所谓文白异读。例如北京话，"薄弱"和"很薄"，po^2 和 pau^2 就不能随意变读；"否"，只有一读，文白同音；"嘎"就只有白读音，没有文读音。厦门话的"芳香"，文读 $hoŋ^1 hioŋ^1$，口语是不说的，只用于文读，白读 $phaŋ^1 hiũ^1$ 就是用来拜菩萨、敬祖宗的很香的"线香"了；"开方"文读音 $kai^1 hoŋ^1$ 是数学名词，白读音 $khui^1 hŋ^1$ 是词组，表示"开药方"；"糊涂"文读 $ho^2 to^2$ 是形容词（"不明事理"），白读 $kɔ^2 thɔ^2$ 是动宾式词组（沾上泥土）；"不"只有文读 put^7，"唔"只有白读 m^6。就"糊涂"的声母的文白读说，白读是上古音的旧层（匣母读为 k-，定母读为送气音），文读则是中古音全浊清化后的读法。

（3）不论是文读、白读都有各自的来历。来自不同时期、不同地方的音变形成了不同的历史层次。北京以外的方言，文读有中古音和现代通语音之别，白读音有更多不同的来源，因而层次更复杂。例如温州话"下"文读 fio^4，白读 ho^3（下种）、fio^6（水位下落）、o^5（动量词）。文读音与古音"胡雅切"相符，白读声母留浊的是方言旧音，清化的是后来的层次。泉州话"下"有五个音：

文读　ha^4（《广韵》胡雅切）：上下、高下、下贱、下级

白读　ke^4：低。唔悬唔下：不高不低

　　　he^4：无下无项：办事无条理

khe⁴：放置。下㧟口：放到外面去

e⁶：（胡驾切）量词。拍三下：打三下

声母读为 k、kh 是匣母和群母尚未分化的上古音的旧层，读为 h 是中古浊音清化后的新层；韵母 a 是接近中古音的层次，读为 e 是元音高化后的新层。

以上三条特征可以归纳为一句话：文白异读是语音演变历史层次的叠置和词汇演变历史层次的并存（或可称"共现"）。

4 从文白异读的性质看汉语的特征

汉语的文白异读是字音音类演变的现象，如果汉语不用汉字来记录，而用汉语拼音来拼写也就无所谓异读；如果字音是不成系统的，也是无所谓异读的。

汉语的字音和汉语的音节是重合的，但是并不是一对一的重合，所以又具有不同的性质。音节是由声韵调组合而成的，每一个音节只有一种读音，音节内部可能有某个音位的变体。如 ian 和 ang 这两个音节之中 a 的发音有所不同，但是只是音位的变体，并不造成音位的对立，所以不造成异读；而字音就不一样，一个音节可以包含许多字，造成"同音字"，一个字也可以读成几个音，造成"多音字"，多音字也就是有异读的字，异读字中有别义异读、新老异读、正误异读，文白异读是其中一类。

汉语的语音系统中，在音节的层面上有两个系统：语音系统和字音系统。语音系统中的音节有声母系统、韵母系统和声调系统，这是对汉语语音系统的语音学分析，例如"高"属于 k 声母、ao 韵母、阴平 55 调；字音系统中的音节则有声类系统、韵类系统和调类系统，这是对汉语字音系统的音韵学分析，例如"高"属于见母、豪韵、平声。

不论是同音字或是多音字，每一个字音的声韵调都属于一定的声类、韵类和调类。用音韵学方法考察声韵调相同的同音字，其声类、韵类和调类就可能和语音学的分析完全不同，例如北京话"细—隙"同音，其声类、韵类和调类就各不相同："细"属于心母、霁韵、去声，"隙"属于溪母、陌韵、入声。这是研究汉语方言语音的人都知道的常识。

可见，字音系统是汉语特有的系统。学习和研究汉语的语音，不但要了解语音系统，更要了解字音的系统。语音系统是汉语语音的共时平面的结构系统；字音系统则是汉语语音的历时演变系统。

汉语的字音系统是怎么来的？字音的声类、韵类及调类是从哪里来的？是从广韵音系来的。广韵音系是定型于隋唐时期的汉语中古音的语音系统。从《切韵》《广韵》到《唐韵》《集韵》，反映的都是这个系统。借助《平水韵》，这个语音系统很早就成为唐宋以来科举取士时作诗用韵的标准，全国各地的方言大多用它作为"读书音"。可以想象，那以后的一千年间，这个系统在知识界、文化界有多么深远的影响。

正因为中古音系长期作为通语的标准音，所以尽管后来的各种汉语方言都发生了许多变异，但各地的声韵调音类都和广韵系统存在着不同程度（或简单或复杂）的对应，就各地方言的文白异读也可看到不同读音和广韵音系的对应。例如：

"去"的文白读（文白读用｜隔开，与前点同的用＝替代）：

北京 tɕhy⁵｜tɕhi⁵　太原 ＝｜khə⁷　温州 ＝｜khei⁵　长沙 ＝｜khə⁵

梅州 khi⁵｜hi⁵　福州 khøy⁵｜khɔ⁵　厦门 khu⁵｜khi⁵

"角"的文白读：

北京 tɕye²｜tɕiau³　太原 tɕyeʔ⁷｜tɕieʔ⁷　长沙 tɕio⁷｜ko⁷

"更"的文白读：

北京、西安、太原 kəŋ¹｜tɕiŋ¹　苏州 kən｜kaŋ¹　厦门 kiŋ¹｜kĩ¹

"薄"的文白读：

北京 po²｜pau²　太原 pəʔ⁸｜paʔ⁸　厦门 pɔk⁸｜poʔ⁸

"澄"的文白读：

北京 tʂhəŋ²｜təŋ⁵　太原 tshəŋ¹｜＝　苏州 zən²｜tin⁵　福州 tiŋ²｜teiŋ²

以上事实说明，文白异读有两重性质值得我们关注。第一，和属于共时结构的音节系统不同，字音系统的文白异读是属于历时演变的现象。不过，不论是音节系统或是字音系统，在通语和方言之间都存在一定的对应。第二，因为用汉字来记录语音，才有了字音的系统。汉字在"隶变"定型之后形体长期稳定，而字音不断发生变异，字义也不断扩展延伸，因而产生了"多音、多义"，从而又产生了种种"异读"的现象。从根本上说，文白异读正是汉字成为标注汉语的符号，并且是其成为汉语的语素之后所带来的。

5 余论

认识汉语语音的音节系统和字音系统有重要的理论意义。因为音节系统是抽象的，它必须体现在字音之上。表述汉语方言的语音特征时所说的"n – l不分、没有翘舌音、没有撮口呼、没有-n 韵尾、没有塞音韵尾、没有促声调"等，这是从它的共时的音节结构说的"语音特征"。这是和各种语言共有的语音学分析方法。说"没有轻唇音、精知庄章合流、四等字有读为洪音的、一等字有读为细音的、入声调合成一类，或分为阴阳两类或分为三类"，这是从它的字音结构说的"音韵特征"。这是因为汉语使用了汉字，而独有的"字音"系统，只能运用汉语特有的音韵学分析方法。要透彻地了解和说明汉语的通语和方言的语音，纵横两个方面的分析都是不能缺少的。

从应用方面说，不论是母语教育或对外汉语教育，都应该两个方面都关照才行。在母语教育，因为方言母语和普通话之间的字音对应已经在学生的语感中自发地存在，智商较高、语言能力较强的学生是可以自己折合来学习通语的标准音的；对于没有汉语语感的外国学习者，教学字音的音类就是不可缺少的了。历来的对外汉语语音训练很少进行字音的音类训练，所以西方人普遍掌握不了"四声"，不知道阴阳上去各爱用哪些字，要逐个去证就难了。母语是英语、俄语的不能辨别 i – y，日本人分不清前后鼻音和送气不送气，东南亚的学习者不知道三套塞擦音都管着哪些字。可见，让汉语作为第二语言的教育者学点音韵学知识、了解字音的音类，知道汉语语音上的这一重要特征还是很有必要的。

参考文献

[1] 丁邦新：《北京话文白异读和方言移借》，《中国语言学论文集》，北京：中华书局 2008 年版。

[2] 耿振生：《北京话文白异读的形成》，北京大学汉语语言学研究中心《语言学论丛》编委会编：《语言学论丛》（第二十七辑），北京：商务印书馆 2003 年版。

[3] 胡明扬：《海盐方言志》，杭州：浙江人民出版社 1992 年版。

[4] 李荣：《语言演变规律的例外》，《音韵存稿》，北京：商务印书馆 1982 年版。

[5] 李如龙：《汉语方言学》（第二版），北京：高等教育出版社 2007 年版。

[6] 林焘：《北京官话溯源》，《林焘语言学论文集》，北京：商务印书馆 2001 年版。

[7] 罗常培：《厦门音系》，北京：科学出版社 1956 年版。

[8] 钱曾怡主编：《汉语官话方言研究》，济南：齐鲁书社 2010 年版。

[9] 北京大学中国语言文学系语言学教研室编，王福堂修订：《汉语方音字汇》（第二版重排本），北京：语文出版社 2003 年版。

[10] 郑张尚芳：《温州方言志》，北京：中华书局 2008 年版。

[11] 周长楫、欧阳忆耘：《厦门方言研究》，福州：福建人民出版社 1998 年版。

《理论词典学》序①

正当我得知张志毅先生病重、打完慰问电话时，商务印书馆的李智初来电告诉我，两位张先生希望我为他们即将出版的书写篇序。这部他们耕耘多年的力作，一定是沉甸甸的代表作，现在要出版了，我一阵惊喜，却又焦急地想起王伟丽转述的他老师的伤心话："我不怕死，只是许多该做而且可做的事还没做，我不愿意走。"听到这话时，我一时忍不住哭了。这时，我只能默默地埋怨上苍，我们理解他，人民需要他，你怎么就不能体谅他、支持他，让他多干几年呢！

《理论词典学》是张志毅、张庆云两位教授贤伉俪留给我们的丰厚的精神财富，他们用毕生的心血浇灌出来的词汇学、语义学的另一株大树，是他们精心打磨、奉献给中国新型辞书学的奠基石，也是中国学者交给世界辞书学的一份骄人的答卷。

以前听外行的领导说过，不会做研究、写论文，就编词典去吧。行内的人则说，你想惩罚他，就叫他编词典。志毅先生却不是这样看，他把编词典当成"经国济世的千秋大业"，他说，辞书理论和40多个学科理论相关，只有在先进的语言学、词汇学基础上形成了辞书的新的理念，才能演绎辞书、

---

① 本文刊于《理论词典学》（张志毅、张庆云著，商务印书馆2015年版）。

领跑辞书、提升辞书；而经过长期培育的大型辞书系列，则又势必促进语言研究登上高峰。"牛津系列辞书"的250年积聚就是一例。他甚至还说，欧洲文艺复兴之后，"语文性和百科性两类辞书带着新思想走出两条新轨迹"，这就把编出好辞书的意义推向了思想史的高度。他多次表达过对我国辞书现状的焦虑。在本书的第一章末尾，他又说："我们离辞书强国还有50年左右的距离。好在，我们国运正浓，盛世鼎新。盛世修典史不绝，辞书强国梦定圆。"一打开此书，你就会感受到这股令人振奋不已的热气。这股热气是他从事辞书编纂数十年的辛劳中凝聚起来的。数十年间他主编、参编了十余部词典，不仅参编了《现代汉语大词典》（部分），而且主编了同义词、反义词系列辞典（如《简明同义词典》、《反义词词林》、《新华同义词词典》（中型本）、《新华反义词词典》（中型本）等），几年前还受聘为《现代汉语词典》的审定委员，并作为商务印书馆辞书研究中心的特约研究员主持《当代汉语词典》的编写工作。

本书用"理论"二字冠于书名是有道理的，编词典绝不是找找词条、分分义项、注注词义、搜搜例句的具体事务，而是每走出一步都可能遇到沟坎，必须找出可行的论证依据。词汇是语言的基础，不论是语言的语音结构及其音变规律、词汇的语义聚合和结构系统，还是语法的组合规则、语用的适应性变化，都集中体现在每一个词条之中。没有对语言的宏观结构和微观成分的有效研究，每编一个词条都会寸步难行。大大小小的辞书品种繁多、要求各异，都应该有符合理论和实用要求的总体设计和个体落实。作者的理论功力早为行内学者所敬佩，他的百余篇词汇学、语义学和词典学的论文可谓掷地有声，尤其是研究生教材《词汇语义学》已经再版了两次，成了经典之作。"理论"二字正指明了本书的深厚底蕴。

在本书第一章作为导论提出辞书人应有辞书强国的追求之后，志毅先生用了七章的过半篇幅，从历史到现状，从宏观到微观，对于推动辞书发展的种种思潮、辞书应有的理论资源（原型论、语文学、词汇学和语义学等）进行了全面的分析，从而为词典学定性和定位，而后又就词典学的中心内容——收词条、分义项、释词义的种种原则做了详尽的说明。为了论证这些理论原则的必要和正确，书中溯本清源，介绍了古今中外的学者都提出过什么不同的观点，有过什么争议，如何达成共识，让你知道这些原则的来龙去脉，也让你知道如何把这些原则运用到编词典的工作中去。这几章理论原则的分析就有许多富于启发意义的闪光点。例如：

本书第六章关于多义词的分析：多义词的基义和陪义、共性义素和个性义素有一定的结构性（放射的、连锁的和混合的），义位之间有主与次、中心与边沿的梯度层次，还有"语义桥"（本义和转移之间的过渡语义）。关于词类活用的分析："活用，是言语现象，兼类，是语言现象"，词类活用"是跟语言表达常式近似等价的言语中的修辞性的语义变体、语法变式……语言这个'能指'世界是有限的，而语言之外这个'所指'世界的广大、复杂是无限的，尤其是万事万物的千千万万的运动变化更是无限的，这就跟有限的动词产生了'所指'和'能指'的巨大矛盾。于是表示千差万别的动义，就成了古今词类活用的趋向中心"。据抽样统计，古今汉语的表动用法都占了此类活用的80％以上。本书第七章关于词典释义的理据原则，在比较了历来的"本质论"和"规定论"之后又介绍了古代的"实、意、名"（物、意、言）的三元论，分析了有理据和无理据的历变，肯定了词的理据也是词的内容之一，掌握了理据对理解词义、扩大词汇量的教与学以及二语习得都有促进作用。此外，还指出了探求词的理据的种种方法：结构分析法、同根比较法、造词法分析、词源考证法。

重视理论而不轻视应用，是《理论词典学》的最大特点。"描写性辞书教人理解语言，规范性辞书教人使用语言。"完整的辞书系列既是语言研究成果的最佳展示，也是语言应用的有效指导。本来，研究辞书理论就是为了指导编词典，编词典也是为了检验辞书理论是否正确，两方面的工作是可以形成良性循环的。

本书的第八章到第十二章讨论了常见的语文辞书的编纂方法，包括学习词典、同义词词典、反义词词典、新词语词典和义类词典。各章除了讨论收词、义项划分和注释方法之外，还讨论了各自的特殊问题。例如学习词典强调了元语言、语料库、语境和读者本位等理念；同义词词典着重于同义词辨析的项目和方法；反义词词典着重于反义词群的划分和排列；新词语词典则对我国近来已经编出的词典做了动态考察。难能可贵的是这几章并非只是方法的列举，而是常常有些十分精辟的论述。例如关于同义词，书中说："同义词存在的基础，不是指称同一对象……不是词义的全等。""同义词存在的基础，受陪义影响……到一定程度，陪义就由附带意义的地位向基义的地位逐渐转化，最后促使词义改变，这就是词义内部不同性质义素转化的一种规律。""在基义上有细微差别的同义词，正是同义词的主体，也是同义词的精华。"关于反义词，书中则有如下说法："共性义素，是反义词的语义基础。个性义素，是反义词的语义特征。""反义词的语用意义应该相对。""音节整齐相对，是汉语反义词的形式特点。"关于网络新词，他的看法是："既不能拒绝，又不能滥用，更不能乱用。有价值的，会被更多人使用，没有价值的，会逐渐被使用者遗忘，所谓'词竞众择，适者生存'。"

本书的最后三章是对我国现代的三部大型辞书的评论。关于《国语辞典》，志毅先生说它在收词、正音、定形、释义四个方面都能承前启后。运用注音符号，确认北京音；用白话文注释词义"简而不漏，浅而不陋"；按音节顺序排列是重大创新。总的看来，"虽然有些局限性，但是仍然是历史丰碑"。关于《现代汉语词典》，志毅先生指出它发扬了中国历代辞书的优良传统，学习外国词典的先进经验，"不仅耸立于中国辞书之林，而且闪耀于世界辞书银河。它是里程碑性的词典，主要的标志是：共时性、简明性、规范性、语文性"。其释义系统的"创新在于科学化、开放化、系统化"，对于所标注的词性和各种陪义也多加赞赏。关于《汉语大词典》，志毅先生肯定它作为大型辞书"是挺进辞书强国的第一个标志性的成果"，"是文化强国的顶梁柱，是集大成的精神产品，是软实力的硬指标"。这些评价都是准确的，既肯定成就，也指出不足；既尊重历史，也能鼓励后人。关于这几部辞书的不足，我非常欣赏本书的一段话："口语词，各词典收集得不够。口语，是语言的基础，口语词典现有 8 本。应该从中选收较多的口语词。《现汉》口语词占总词条的 1.5%。《汉大》不应该低于这个比例，那么至少应该收 6 000 多条。"应该说，现代语言学有别于古代语文学，最重要的方面就是从书面文献转向有声口语的研究。我想，词典不应该只教人读写，听说也得管。许多口语专用词很难写进文本，大中型的词典收口语词很少，接触社会口语不多的青年学生，尤其是南方人和外国人就难免欲学无门了。这都是值得肯定的。

除了"重理论而不轻应用"，本书还有如下的几个"重而不轻"：重外而不轻中，重今而不轻古，重共性而不轻个性。

中国的现代语言学得益于西方语言学的启发，"以英美为代表的西方辞书理论推动着中国辞书理论不断创新"也是事实。但对于中国辞书事业的两度崛起，志毅先生也加以热情的赞颂：民国期间出版的辞书，每年平均38部，"掩映着国学余晖和西学晨曦"；改革开放之后，我国迈入辞书大国阶段，平均每年出版600多部辞书，"其中不乏耀眼的传世之作"。研究中国语言，编纂汉语辞书，还是要立足于自己的土地，面向身旁的社会生活，这是大家都很清楚的。

同行们都知道，张志毅先生不仅是词汇学、语义学的顶级专家，对于传统的音韵、训诂、文字之学也有深厚的修养；对于外国的语言学和辞书，不论是欧美或是俄苏的古今名家，他都如数家珍。语言文字伴随着人类的文明史、语言学史和文化史，源远流长。见到现今的成就和不足，都应该追思传统，"不废江河万古流"，这就是我们应有的历史观。本书介绍了现代辞书日新月异的发展，也没有忘记回顾古典时期的中外名家的杰出贡献。不论是柏拉图、亚里士多德或是荀子、许慎，千百年来的灿烂群星让你看到了，语言的研究、辞书的编纂原来是一条波涛滚滚的不息长河。读过张志毅先生的论著都能开阔眼界，得到历史寻幽的享受。

语言是人类共有的本能，也有许多共同的结构规律和演变规律，研究语言、编纂辞书应该有必须遵从的共性要求。然而语言文字又是不同的民族创造出来、使用开来的，由于自然环境、历史文化、思维方式的不同，势必打上民族的烙印。研究语言、编纂辞书也就有体现个性的要求。就汉语汉字而言，其本身就有不少个性。《尔雅》首创的义类归并和词义说解，《方言》关于通语、方言的区分和词义比较的传统，《说文》所开辟的字形结构（部首）、字义归纳和字源考证方法，《切韵》所奠定的声韵调的结构分析和反切制度，都是针对汉语汉字的固有特点而形成的中文辞书的经典做法，至今还闪烁着它们的光辉。本书所提到的许多汉语的特征也是很精确的，例如：自源词多、外来词少，借词之中意译的多、音译的少；核心的单音词多，双音的合成词多，词类活用多；词汇中的因汉字不同写法造成了大量的异形词，文白读、别义异读则造成不少异读词；此外，缩略语所采取的双音模式、数字缩略的模型，基义、陪义、转义以及义位聚合、组合、命名理据等方面也都体现了中华文化的民族等。

《理论词典学》这部巨著的与众不同之处可以用两句话来表达——面向古今中外，纵横有致；登临理论高峰，一览无余。中国语言学的这种专论真是不可多得，有一批这样的专著，我们的语言学就可以与国际接轨，中国语言学家在世界上就能有自己的话语权。

本书是张志毅先生多年来组织设计的成果，也是他领着自己的伴侣和追随他的学生们辛勤劳作的成果。两位张先生都爱生如子，精心培育后学。没有课题投标，没有项目拨款，没有领衔主编，就靠着他的辞书学的责任感和使命感，靠着他们关爱青年的无私奉献精神，无心插柳柳成荫，让我们享受了这份柳荫下的清凉爽快。"志毅精神"是值得提倡的。他以中国语言学、词汇学、语义学、辞书学作为安身立命之所，如鲁东大海奔流不息，却没有惊涛拍岸、喧嚣一时。他不求功名利禄，埋头苦干，厚积而薄发，循循善诱，诚恳待人，在同行之中，论为人他是谦谦君子，论学问他是无冕之王。

我和志毅先生只有十几年的交往，彼此都相见恨晚，一年见几次面总有谈不完的话题，我总是觉得他那里有学不完的东西，如今却戛然而止，无语而别。我只能用此文作为永恒的怀念，并希望年青一代学者缘着这座悬梯，攀登张先生为我们指明的高峰。

2014 年小满之日于香江吐露港之滨

附记：张志毅先生 1958 年考入吉林大学，1963 年为著名词汇学家孙常叙教授研究生。后在烟台师院（即鲁东大学）任教，1989 年任教授，赴俄罗斯讲学访问，为享受国务院特殊津贴的专家。长期与张庆云教授合作研究，出版多部名著，如《新华同义词词典》《反义词大词典》等。先生病逝后，《理论词典学》及其他未竟事业均由庆云教授奋力完成，三年后随夫归去。谨以此文为两位教授伉俪寄以哀思。

高本汉论汉语汉字特征的启发①

一、引言

高本汉的《中国音韵学研究》发表 100 年了。这部巨著对建立中国现代语言学有不可磨灭的贡献。在研究汉语语音史的基础上，高本汉还有许多关于汉语汉字特征的精辟论述，几十年来的实践检验证明他的许多见解都是正确的、富于启发意义的。本文试就以往大家关注比较少的他的三本普及性小册子所涉猎的内容，谈谈学习这些有关论述的体会。这三本书是：

《中国语与中国文》，1923 年作，张世禄译，1931 年商务印书馆出版。

《中国语言学研究》，1926 年作，贺昌群译，1934 年商务印书馆出版。

《中国语之性质及其历史》，1945 年作，杜其容译，中华丛书委员会（台北）1963 年出版。

下文引用时分别按照他的写作时间简称"1923""1926"和"1945"。

---

① 本文刊于《语言研究集刊》（第十七辑）（复旦大学汉语言文字学科《语言研究集刊》编委会编，上海辞书出版社 2017 年版）。

二、关于汉语的"单音节孤立语"及其评价

用惯了多音节的、富于形态变化的语言的西方人一接触到汉语,很快就觉察到汉语的"单音节的孤立语"的特征。关于汉语的单音节孤立语特征,很早就有西方的学者提出来了,正如高本汉(1945:67)所说,直到19世纪,"许多人都相信,中国语缺少语词的形式变化,便表示中国语言是一种相当原始的语言,它还保持在一个幼稚的阶段,还没有产生出高雅的表达法……可是,这种说法不久就动摇了"。他提到了19世纪末叶的德国的汉学家 Wilhelm Grube 和 Leipzig 的论著已经对此提出质疑,而第一次以全面论证来纠正这个错误结论的正是高本汉。他说:"散布于全世界,如非洲、澳洲以及美洲各区域的原始野蛮部落民族,他们的语言里,大部分都拥有非常复杂的形式变化系统。没有形式变化与转成语并不是原始的表示,而且甚至于恰恰相反。……印欧语言的发展,也是向正好相反的方向走的,它们的形式变化,一个一个在逐渐消失。大家都逐渐在变向中国语的型式。"(1945:67)他强调:中国语的"复合语词(composita)是很丰富的","但是各个单纯语词"(simplicia)"总是包含着——有几个例外,可是不很重要——单个的音缀"(1923:22–23);"没有一种单纯语词是由转成上的附添语所构成的";"没有应用附添语来表示文法上的各种范畴。"……

然而,在分析了上古汉语也有双音节语根的遗迹与人称代词也有主格和宾格之别之后,高本汉又指出:"早先的学说把中国语分列为'初等'的语言,以为它还未进到变形的阶段,这种学说恰好和真理相反。事实上,中国语正和印度欧洲语言演化的轨迹相同,综合语上的语尾渐渐亡失了,而直诉于听受者(或诵读者)纯粹的论理分析力。现代的英语,在这方面,或者是印欧语系中最高等进化的语言;而中国语已经比他更为深进了"(1923:26–27)。可以说,高本汉是为汉语的"单音节孤立语"摘去"原始落后"帽子的第一人。

为了说明汉语的孤立语是从更早期的复杂的形态变化中走过来的,高本汉后来又就现代汉语和上古汉语进行了大量的对比研究。他说:"孤立性是

现在通行的中国语的最重要的特性；而它所指的是：语词没有形式变化，没有转成作用，不同的词类在文法形式上没有区别；可是凡是这些并不是中国语本来的和原始的特性……上古中国语在人称代名词上还有典型的格的变化。……上古中国语中有很多的词族；每一个词族里面的语词都是从一个共同的语干孳乳而来的，它们形式上的不同有时可以很清楚地表示出文法上的范畴，如名词与形容词的对立，名词与动词的对立……这些个有趣的迹象都显示出原始中国语的特性……具有相当丰富的形态变化。中国语言具有孤立性的特点是经过转变而来的。"（1945：100 – 101）

在做出这个结论之前，他已经论证过，"中国语在原始的时候是有一个主格与所有格的'吾'，同时也有一个间接受格与目的格的'我'；不过，在孔子时代，这个体系便已经开始演变"（1945：70），他还列举了许多"词干是如何由音的转变，孳乳出不同的词来"（1945：75）：官—宦，窟—掘，帚—扫，参—三，弗—勿，迎—逆，能—耐。后来他还编了《汉语词族》的专书，用更多的语料来论证上古汉语的这种构词法。

在1946年，中国学者周祖谟在《四声别义释例》（1946：112 – 113）一书中提出了："籍四声变换以区分字义者，亦即中国语词孳乳方式之一端矣。其中固以变字调为主，然亦有兼变其声韵者……汉语古代书音以四声区分词性及词义，颇似印欧语言中构词上之形态变化。"

后来周法高（1962）也用形态学眼光来解释上古汉语的变读现象。王力晚年研究古汉语这类变换字音以区分字义的"滋生词"时说："欧洲语言的滋生词，一般是原始词加后缀，往往是增加一个音节。汉字都是单音节的，因此，汉语滋生词不可能是原始词加后缀，只能在音本身发生变化，或者仅仅在声调上发生变化，甚至只有字形不同。这是汉语滋生词的特点。"（1982：46）他在《同源字典》中收了上古汉语音义相近、相关的同源字3 000多个，可见当时的这种滋生手段是很能产的。把上古汉语的滋生认为是具有汉语特色的构词形态，顺理成章。

此后，上古汉语的研究和汉藏语的比较又发掘了大量的事实，做出了有力的论证。尤其是近三十年来，在中外语言学家的共同努力下，得出了许多新结论，例如，上古汉语有不少复合辅音，有多种词头或词尾的辅音，后来这些辅音的脱落就成了区分声调的依据（带紧喉音的成了上声、带-s 尾的成了去声）。有的学者还提出，除了联绵词，上古汉语还有一些纯语音的词头，"谐声反映上古汉语的形态"，"有些异读反映古代的形态现象"（潘悟云，2000：122－124）。看来，从远古汉语到上古汉语经历过一番类型的演变，有越来越多的语料可做论证，因而也有越来越多的人相信这一类型的演变。可见，高本汉的这种说法是很有启发性的。

三、关于汉语的语法、修辞的特征

在本文介绍的三本书里，高本汉都用了整章的篇幅来讨论汉语的语法。他曾经用自己所理解的"广义语法"把汉语的语法特性概括为三句话："语词意义的繁复错综，语句组织的空漠无定，书写上种种辅助记号的缺乏。"（1923：134）这主要是针对早期的文言文说的。所谓"语词意义的繁复错综"，主要是指常用的单音词分裂出许多不同的意义，在复合词和句子之中有复杂的组合，例如"上"可说"上边、上马、上有天"，如今还有"基本上、组织上"；"生"可以组成"学生、生肉、生子"。这类情况包含着词义的展延、词性的变换和词句中语素的多种组合关系，既有词的语法意义问题，也有构词法的问题，对于外国人学习汉语来说，这是一种综合性的难点。"语句组织的空漠无定"则是对于汉语语法的全部特征的巧妙概括。高本汉在这三本书里经常提起"没有形式变化和附添语"（指形态变化和语缀），"没有各种相当的词品"（即词类，有时也称"没有正式的词品"），使用"独立的语词演化成的助语词"，"应用一种井然不紊的语词序次"，只有最后的这两条，才是他认定的汉语的"语法特征"。他说："中国文法，事实上最简单：主要的只有几条语词在句中的位置的若干法则，此外也就是若干文法上的助词的功用的主要规则。"（1945：66）所谓书写记号的缺乏，指的是没有标点符号、不分大小写，其实还应该包括没有按词分写。标点符号后来的白话文是有了，专有名词的大小写至今也没有被汉语接受，似乎并不是大问题，倒是词与词之间没有分写，使得汉语的词、语、句之间没有明确的界限，造成了外国人阅读中文的严重困难。这个问题不但至今没有解决，而且可以说人们根本就没有把它当成一个大问题来研究。湖南师大的彭泽润教授曾经作文出书、奔走呼号了几十年，也没有引起注意。这些广义的语法问题，正是外国人学习汉语的难点。现在研究汉语语法很少把它作为研究内容了，但事实上这是高本汉自己学习汉语的经验之谈，也确实是外国人学习汉语所存在的困难，尤其是对外汉语教学工作者应该从中得到一点启发，做好必要的研究。

有几分奇怪的是，不仅是高本汉，好多用惯了富于形态变化的印欧语的语言学家，都说汉语是没有形态的孤立语，并且还认为这并非"原始落后"的标志，可是有些中国的语言学家却总是不放心，老在发掘"广义的"或是"中国式"的"形态"，一旦有人说汉语没有词类，就会受到围攻。连只能用在几条语词前后的词汇意义十分显著的成分也要认定为"词尾"或"语缀"，好像把这些成分称为"形态"就可以戴上光彩的帽子。

在再三说明汉语语法的简单之后，高本汉更多地强调，外国人学习汉语最困难的是语用修辞，用他的话来说是"藻饰，文辞的修饰"。在这个方面，他罗列了这样几项。第一，自由。"大多数中国语的语词意义的应用极端自由。"这对于学习的人"实在是个最严重的困阻"（1923：119）。"中国语的语句里，语词彼此的关系，没有形式上的表明，只有其他一种主要的措辞方法，语词的序次，也不过在某种程度上略资补救。"（1923：120）后来又换一种说法："同一个不变的单音节的词可以分别当作名词、形容词或动词去用。"（1945：60）第二，简略。"中国语的语句比较欧洲语言实在是一种'简略的辩论法'（brachylogical）……主辞和述辞，假使其中的一个可以从上下文里看懂的，就无须把它们表示出来。"（1923：121）第三，隐喻。"中国人的修辞法，经常特别有趣……要了解它，需要费许多心思。"（1945：62）他举的例子是"蒙泽"——受恩惠，"雪耻"——洗刷耻辱。第四，引证（quotation）。他举的例子是："以德报怨、坐井观天、唇亡而齿寒、塞翁失马、伐柯、当媒人、东床、而立之年、贵姓、令爱"等。这就包括了成语、典故和谦称。他说："能用一个有历史依据的隐喻语，中国人最所欢迎。……依这种方法，渐渐集合成为专门名词的宝藏。"（1923：137－141）可见，他对于汉语的语法修辞的理解是很到位的。中国关于语言表达的古典传统不就是集中于研究修辞吗？"语法"只是早近一百年间的"舶来品"罢了。看来，汉语的语法是受到修辞的严重制约的，这是一个值得深入研究的课题。

四、关于汉字的性质、流变及学习汉字的难与易

在向西方人介绍汉字的时候，高本汉一开始就强调了两点："从它的字形上只能够看出它的字义，而不能看出它的字音"（1945：12），"中国文字的构造原则是永远不变的，发音的变化，完全不能从字形上反映出来"（1945：17）。前者说的是汉字的共时的表意而不表音的性质；后者则是说明汉字字形的历时不变的特征，可谓简明扼要。

关于汉字发展过程中经历的演变，高本汉并没有拘泥于历来的"六书"的说法，而是重新把它归纳为"四个发展的阶段"："最初有单体象形字，其次有复体会意字，再次有借音字，最后有改进了的借音字，也就是半表声、半表意的复体字。"（1945：16）这样对汉字造字法的重新归纳是很科学的。象形、指事、会意是完全不表音的，"借音字"就是"假借字"，表述更明确；"半表声、半表意"也比"形声字"的说法更准确。从字形上说，会意和形声都是两个部件合成的"合体字"。拿原来的"六书"来说，"指事、会意"其实并无大的区别，"转注"历来就说不清楚。将汉字发展过程概括为四个阶段，既准确明白，又符合一切文字演进的由形到意、由意到音、由单体到合体的一般规律。

关于汉字的"六书"，中国学者到了 20 世纪的 30 年代才提出要修正。唐兰提出了"象形、象意、形声"的"三书"说，陈梦家也归为"三书"，改为"象形、假借、形声"，前者缺了借字表音的假借，后者所缺的"表意"也并不是其他造字法可以代替的，都没有高本汉的"四书"的说法准确。

更难得的是高本汉还分析了汉字的自源性和它的文化个性。他说："中国文字是真正的一种中国精神创造力的产品，并不像西洋文字是由古代远方的异族借得来的……中国文字有了丰富悦目的形式，使人能发生无穷的想

象，不比西洋文字那样质实无趣，所以对于中国文字的敬爱，更是增进。中国文字好像一个美丽可爱的贵妇，西洋文字好像一个有用而不美的贱婢。中国文字常常因为艺术上的目的而写作。书法学是绘画术之母……因为书和画有密切的关系，所以中国的艺术家常为书法家而兼绘画家……文学和书法又发生了密切的关系。"（1923：84－85）一个外国人能够理解汉字背后的社会历史文化的深刻意味，实在是很难得的。

一般的西洋人对方块汉字总是一味惧怕三分，却不知道学习的难处究竟在哪里。高本汉由于摸透了汉字，很善于开导汉字学习的难与易。他早就明确指出，汉字的两难一易。难的是：①字数太多，②字形不能表音；易的是从单体到合体有章可循。这真是旁观者清啊！他说："如果只求能读一点现代的教科书和报章杂志的话，则记熟两三千字也就足够应付了……只要能明了造字的方法，学习起来并不会感到太大的困难。因为你一旦认识了几百个简单的象形字之后，剩下主要的问题就只在辨认它的合体字。……依照这种简单的、合理的方法去学，一年内记熟两千个字，也没有什么问题。"（1945：16）真正的困难是字音跟着时代逐渐改变，"中国文字的构造原则是永远不变的；发音的变化完全不能从字形上反映出来"（1945：17）。如"侈"从多得声，"的"从勺得声，后来语音变了，声旁就不能表音了。"只有完全机械地去记住某字即是口语里的某词，字体是由某两个成分构成。"（1945：20）

在《中国语之性质及其历史》的末尾，高本汉语重心长地提醒人们要充分"估计学习中国语的困难"，他接着说："困难完全看我们对于'学习中国语'如何解释而定。如果一个人的目的只在能以官话或其他的现代方言会话，那么学起来自然非常简单容易；如果有更大的野心，希望能把文字也学好，那必须做到的工作当然就有很多，不过，也仍然没有什么出奇的难处；如果再进一步，有更高的抱负，希望能精通文言，同时能了解三千年来中国文学的各方面，那么，工作可就惊人了。我们已知的那些可能，大部分都只有靠长久的经验与广泛的阅读才能解决。"（1945：127）

汉字的总量多达数万，常用的不过两三千，在汉字汉语的教学中应该注重频度，常用先学、多学，这在汉语教学界早已引起关注，但是许多教材

（尤其是对外汉语教材）还是经不起检验。至于如何在教学中为学习者尽量提供各种认知汉字的造字理据、掌握便捷地认记汉字的方法，至今也还没有引起充分的注意，我们至少应该把声旁还可以类推的字、会意还可以分析的字罗列出来，编进初级课本和读物。高本汉所说的学习汉语的三种不同困难的境界，对于我们当今的对外汉语教学依然还有重大的指导意义。我们应该按照不同的需求去编写不同的教材，采取不同的教法。如果不加区别地"一锅煮"，初学者不是一下子被汉字的拦路虎吓回去，就是陷入说不清楚的"语法点"不能自拔，到了接触许多带着古汉语的成语典故，就彻底丧失信心了。

五、关于汉语和汉字的关系及其互动的效果

为什么汉语会采用表意的方块汉字，而这种不便表音的文字又能存活数千年？高本汉用他的睿智做出了很有说服力的解释。他说："中国文字的刚瘅性、保守性，不容有形式上的变化，遂直接使古代造字者因势利导，只用一个简单形体，以代替一个完全的意义。"（1926：15）接着又说："在纪元前的年代，中国语的形式与声音，已经达到极单纯的局势，遂使其文字的结构，具有一种特别的性质，辗转循环，又影响于后来语言的发展，至深且钜。"（1926：17）

关于"极单纯的局势"，他指的是"单音制，无形式变化，缺少仆音群（按即'复合辅音'），语尾运用仆音很有限制：这些现象都是使中国文字成为方块头，发生许多形体类似，笔画紧密的原因，所以这种方法应用于中国文字，不特能够通行，而且极其自然，没有什么阻碍"（1926：32）。

至于汉语和汉字怎样"辗转循环"，高本汉后来还有许多论述，例如单音词不够用，便造出"复合字"（compound words，即多音词），为区别同音字，就加上表意的偏旁，没有语缀，便造出语助词，等等。

关于汉字的长盛不衰，后来有中国学者周有光很精练、又很准确的说法："汉字适合汉语，所以 3 000 年只有书体的外形变化，没有结构的性质变化。"（1992：120）

　　至于汉字的"影响后来语言的发展"，高本汉着重分析了汉语的文言和口语的关系："因为中国的文字是一种习惯上的表意字，只能适用于眼看，一究其古代的音读，则人皆茫然不知，泰然不问，不管是非，大家都只用着自己的方言去读就是了……许多世纪以来，文言和口语各自独立，分道扬镳。"（1926：44－45）但是文言和口语又会相互影响，正如他所描写的："新增的语词，是不绝的凭空发生而融入于语言之中，旧有的语词多被废弃而摒逐于语言之外。"（1926：46）"在中国学问的旧领域中，文言还可以施展很大的势力于一般受有教育者的口语中，成千累万的单字和成语，从文言直接应用于口语，在高等社会或教育界极其流行，应用愈多，则愈有文质彬彬的风度。"（1926：58）

　　关于汉语的文言与白话的对立和融合，在中国早就成了热门的话题，20世纪初叶甚至还掀起了一场大风浪，白话取代了文言的统治地位，但文言和白话的相互作用并没有停止，而是用新的方式在继续较量、调和和融合。

　　对于文言和俗语的分离，高本汉还分析了它的另一个效用。他说："中国地方有许多种各异的方言俗语，可是全部人民有了一种书本上的语言，以旧式的文体当作书写上的世界语。熟悉了这种文体，就于实用方面有很大的价值。中国人要感谢这种很精巧的交通工具，不但可以不顾方言上一切的分歧，彼此仍能互相交接，——所以北京地方所刊布的报纸，在广东地方也一样的通达无碍——而且可以和以往的古人亲密的交接，这种情形在西洋人士是很难办到的……中国人对于本国古代的文化，具有极端的敬爱和认识，大都就是由于中国文言的特异性质所致。"（1923：45－46）

　　这就是人们后来常说的，汉字使汉语的书面语具备了超越时空的功能，让不同方言区的人能得到沟通，现代人能读懂古人的作品。事实证明，只要是个智者，就必能"旁观者清"。高本汉的这些说法，直至今天还留给我们宝贵的启发。

六、关于汉字的拼音化改革

　　在1923年写的《中国语与中国文》中，高本汉提出了这样一个尖锐的问题："中国人为何不废除中国奇形老朽的文字，而采用西洋简单实用的字母呢？"他肯定，采用拼音文字，"中国的学童将因此减省了一二年的苦工"，但是要付出两个代价：第一，"中国人因为要采用字母的文字，就不得不废弃了中国四千年来的文学，又因此而废弃了中国全部文化的骨干……中国的文书一经译成了音标文字，就变为绝对的不可了解了……中国的文书，卷帙繁多，为世界最，谁想这样严重的建议，说中国人须把这些文书翻成为俗语（又是哪一种俗语呢？）……这种翻译工作是完全不能实现的"（1923：49）。第二，"这个大国里，各处地方都能彼此结合，是由于中国的文言，一种书写上的世界语，做了维系的工具，假使采取音标文字，那这种维系的努力就要摧破了……历代以来，中国所以能保存政治上的统一，大部分也不得不归功于这种文言的统一势力。""中国人果真不愿废弃这种特别的文字，以采用需要的字母，那决不是由于笨拙顽固的保守主义所致。中国的文字和中国的语言情形非常适合，所以他是必不可少的；中国人一旦把这种文字废弃了，就是把中国文化实在的基础降服于他人了。"（1923：49－50）后来，在《中国语言学研究》一书中，他又说："文字的改革，是一种打破传统势力的勾当……在中国改革上两条途径是很需要的，……其一，便是废除旧式刻意雕琢的文言文，而采用直接根据口语的白话文，其二，便是根本推翻旧式的表意字，而采取音标文字。……文言文如果用音标文字转录出来，势必不易领会，有了一大批同音异义的字，只有用中国字写出了才能区别得出。但是，前者的改革不必定要包括后者，因为现时口语上流行的中国语，仍是用中国文字可以写出来的……所以中国人如要废止表意字而用罗马字母，必须弃绝文言文才行，虽然即使把文言文废弃了，仍不足以阻止中国文字的保存。"（1926：171－172）

20世纪上半叶，不但中国掀起了文字改革运动，在日本也有人提出废除汉字的主张。对此，高本汉说："日本语与没有形式变化的中国语，是绝然不同的两种，日语动词的形式变化有很丰富繁复的系统，因此中国文字不能适用于日本语，故当第九世纪时，日本已创制了一种拼音文字，即所谓假名……把日本文统改为拼音文字，势必过激，引起反感，终或无从实现，何况又非必要的呢？"（1926：161－163）他还说："日本人在最近五十年中，已经茫然走入歧途，到了'此路不通'的境地。他们想把那种不易听懂的日译汉字的羁绊摆脱，自 1868 年以来，尽是努力挣扎着。而最近几十年来，一般文化上、学术上，许多新名词仍用日译的汉字构成，输入于日本书中，却把这种羁绊反而增剧。"（1926：169）他曾经用一段优美的散文描写着他对汉字的崇敬："好像苍凉荒旷的古境中，巍然耸峙着一座庄严的华表，那倒影普映着东亚全部的文化，虽然是一片残败的墟址，而那华表却依旧完全保持着它的尊严，这便是中国文字与书籍上所表现着的中国的精神。中国的文化与书籍为亿万生灵深深地敬爱着，占得这么一个强固的地位，除非是绝大的能力，休想把它动摇。"（1926：157）

虽然，高本汉只是辛亥革命前后在中国住了两年，但作为一个汉学家，他是一直关注着中国的发展的。他也看到了五四新文化运动为了清除旧礼教、建设平民文学，"反对文言文、提倡白话文的声浪，高响入云。他们高呼着：用简单明白、不加藻饰的口语文来代替那刻意雕琢的古文，一切文学的、科学的论文杂志以至于诗歌，都需应用通俗的文体"（1926：178）。对于思想文化的改革，他是赞成的，看了一些白话文，他也觉得"确是很有生气"，"有些读来是很可以听懂的，但一涉及抽象的或科学的术语，或普通文化的名词，便完全失败了。因为这些术语和名词的构成，都极其简赅，听起来自然不会明了……关于高深的学理及科学上的事情，我们也必须拒绝这种表意字所铸成的术语，因为它们是在说话的时候不能听懂的"（1926：180－181）。他还说："至于现时以中国字译外国的人名地名，便实在无法翻译了！……这种笨拙的联合中国字以代外国的专名，如 Verdun 之译为'凡尔登'……谁也没有把握猜着所指是什么，至于报章杂志，一涉及外国字的音译，便疑难丛生，使人如堕云里雾中。如果采用音标文字，这种困难，便立刻可以消灭，所有外来的专名，都可以译得很周全了。"（1926：183）在当年的新文化运动的影响下，他还很热情地思考共同语的建设，提倡"创造一种完美的标准口语，不应带了地方色彩过于浓厚，这是一桩文明国家重要的工作，一方面它须得与口语十分密切……他方面，它又须沟通各种密近的方言……能尽量的采用最通行最普遍的语词"（1926：185－186）。在展望"中国文学的将来"时，就在日本人气势汹汹地侵占东北的时候，他就表示深信："中国无论何处何时何事是常有伟大的艺术家的；当此风潮激荡，国难在前的时代，中国文学将如在荒漠中竖立起一座金字塔，放射出灿烂的光芒，含着新生的力与美。如果已经理解及赞许过去与现在的中国的人，这是谁也不能怀疑的。"（1926：190）

可见，这位难得的欧洲汉学家对于中国的文学革命、汉字的改革不但是满腔热情地支持，而且做过深入的思考。高本汉提到的问题，正是20世纪上半叶中国的语文运动中提出的关于推行国语、改革汉字、实行拼音化所讨论的课题。现在看来，他的许多观点都是正确的，有重要参考价值的。

单就汉字拼音化改革这一项来说，从清末的"切音字"运动开始，一百年间，百花齐放、百家争鸣，风起云涌、高潮迭起；从国民党到共产党，从政府到民间，不论是在烽火连天的抗日战场上，或是在和平年代文化建设的原野中，从学术界、教育界到文化界，不论是主张"北方话拉丁化"或"国语罗马字"，抑或是反对拼音化的，都曾经做过认真的研究，贡献过自己的意见。到如今，"汉语拼音方案"已经在10多亿人民中普及，并成为国际公认的拼写汉语的法定标准。今天，我们必须为一百年的汉语拼音运动做一个历史的总结，哪些是有益的经验，哪些是失误和教训？对于传承数千年的汉字，我们是否应该对它做一番历史的定性和定位？未来的时代，汉字要不要继续走拼音化的道路，究竟汉字能不能拼音化，要不要拼音化？如果不实行拼音化，还需要做哪些必要的改革，如何进一步发挥汉语拼音的作用？所有的这些问题都是眼前的现实无法回避的，也是中华儿女必须回答的。

在讨论这些问题的时候，高本汉以及许多探讨过有关问题的先人发表过的意见都值得我们参考。例如上文提到，高本汉认为，汉字改为拼音，文言就废弃了，所有的古籍是无法翻译成现代口语保存下来的。这就是值得研究的问题。许多文言文只能留给专门研究的少数人去读了，许多古文献也未必都需要翻译成白话保存；然而还有大量的已经进入现代汉语的文言词、书面语词，在改用拼音后能否保存下来？这也值得研究。试以带"然"字的词为例，"必然、不然、固然、果然、忽然、虽然、偶然、自然"，这些已经是现代口语的常用词，改用拼音照样能听懂；"既然、寂然、豁然、霍然、或然、默然、漠然，未然、蔚然"这些完全同音的词和同声韵、不同调的"安然、黯然、岸然，盎然、昂然，当然、荡然，恍然、惶然，释然、使然、实然、依然、已然、怡然、毅然、易燃"，等等，就很麻烦了，即使加上声调符号也不那么容易辨别；还有那些口语很少用的，就基本上都要淘汰了，如"铿然、栗然、歉然、卓然、酣然、迥然、诧然、蔼然、森然、恬然"等。如果改用拼音之后，把数以万计的书面语词（包括口语里少用的成语）都抛弃了，是不是成本太高的"以文害语"了？

七、余论

世界上有形形色色的语言和文字，其中必定有共同的规律，也必定有不同的类型，还一定有各自的特征。共同的规律和不同类型的特征都是值得研究的，然而不论是理论方面或是应用方面，语言文字的特征研究都应该是最重要的。汉语和汉字在世界上显然是"特立独行"的，研究它与众不同的特征显得尤其重要。

为了了解汉语的特征，就要和不同的语言作比较，这是常理。如果有熟悉别种语言的大学者来研究我们的汉语，分析其特征，应该特别引起我们的关注。因为"旁观者清"是很难得的。自从西方人来到东方，中国成为奇异的"他者"，几百年来他们不断考察着这奇异"他者"的方方面面，在语言文字方面也曾经有过各种各样的分析和讨论。应该说，高本汉就是其中最杰出的一位。

高本汉之所以能够在汉语的特征问题上贡献出好意见，是因为他具备两个条件——一是对印欧语和汉语都做过深入研究，有真切的理解，而不是一般的感想或印象；二是不存在政治上的偏见或文化上的成见，真正能凭语言文字的事实说话，按语言学的一般原理分析问题。也正因为如此，他的有关汉语汉字特征的种种论述，都很值得我们去研究。当然，这些著作已经发表七八十年了，在研究这些问题的时候，不但要考虑当年的历史背景，还应该参考半个多世纪以来的后续研究，并用相关的社会实践来检验。

参考文献

［1］［瑞典］高本汉著，张世禄译：《中国语与中国文》，上海：商务印书馆1931年版。

［2］［瑞典］高本汉著，贺昌群译：《中国语言学研究》，上海：商务印书馆1934年版。

［3］［瑞典］高本汉著，杜其容译：《中国语之性质及其历史》，台北：中华丛书委员会1963年版。

［4］李如龙：《汉语特征研究论纲》，《语言科学》2013年第5期。

［5］李如龙：《汉字的发展脉络和现实走向》，《新疆师范大学学报》（哲学社会科学版）2015年第6期。

［6］潘悟云：《汉语历史音韵学》，上海：上海教育出版社2000年版。

［7］王力：《同源字典》，北京：商务印书馆1982年版。

［8］周法高：《中国古代语法·构词篇》，台北：台联国风出版社1962年版。

［9］周有光：《新语文的建设》，北京：语文出版社1992年版。

［10］周祖谟：《问学集》（上册），北京：中华书局1966年版。

（本文的全部高氏原著的引文都已核定过）

罗杰瑞先生对汉语方言分区的贡献①

罗杰瑞先生关于汉语，尤其是汉语方言的研究有多方面的成就。本文只谈他在汉语方言分区上的贡献。

汉语方言的分区之所以会引起学者们的关注，一方面是因为汉语方言品种多、差异大，真正地了解它们的异同不容易；另一方面也因为它成了汉语方言研究水准高低的试金石。一种话属于什么方言，民间总有个通俗说法，外行人也不必为此困扰，而行内的人要做出判断，就费点思量了。从章太炎算起，现代学者为汉语方言分区已有一百年历史。语言学家黎锦熙、赵元任、李方桂、王力、丁声树、李荣都发表过意见。但是至今还没有大家都满意的结论。究其原因，一是对丰富多彩的汉语方言的调查研究还不够深入；一是对怎样才能为汉语方言进行科学的分区，还没有达成一致的意见。

汉语方言的调查怎样才算深入呢？大区调查完了有小区的，点上调查了有面上的，中心区以外有边缘部分，口语调查了还有书面语料，现代口语调查了还有古代保存的文献，境内调查了还有境外的，语音调查完了，还有词汇语法的。自然，调查越深入，对方言分区的认识也会越清楚。有了前人做

---

① 本文刊于《罗杰瑞先生七秩晋三寿庆论文集》（余蔼芹、柯蔚南主编，香港中文大学中国文化研究所吴多泰中国语文研究中心出版 2010 年版）。

过的分区意见作参考，再做调查时就会少走些弯路。可见，分区是对已有调查的归纳和分析，调查是对分区的试行和检验，二者可以互相促进。

关于分区原则和标准的讨论有没有尽头？有人说，分区原则随目的不同而定，可粗可细，可求同可取异，可从宽也可从严，本来就没有定则。然而科学的分类还应该有客观的标准。方言分区原则的讨论并非节外生枝，而是对已有的方言调查成果的鉴定。例如方言调查局限于字音调查时，所提出的标准总是在字音的音类范围内打转，有了特征词的研究，就会提出常用方言特征词的标准，对已有的分区效果作检验：是否符合方言实际？能否提供对方言进行合理分类的依据？可见，关于方言分区原则的讨论是对方言事实和已有的分类的一种审核和提炼，是有重要意义的。方言调查的不断实践和分区原则的反复推敲，是推动方言分区走向科学化和汉语方言研究深入发展的双轮。

罗杰瑞（1995：163）对汉语方言分区的第一个贡献就是通过对方言的比较，就各方言的差异进行了有效的提炼，首次提出了汉语方言的"三区说"。三个区是"北方话区、南方方言和中部方言"。"北方话区域最大，人数最多，而方言内部一致性最大。"南方方言、中部方言则是"内部方言差别很大，在语音和词汇上显得最为明显"；其中的中部方言"是过渡地带，既有北方话的特点，又有南方话的特点"。（罗杰瑞，1995：163）这种分区的优点在于：①从全国方言整体出发，宏观地考察三大类方言的相互关系；②以方言差异为依据，全面地分析语音、词汇（实际上也含语法）的特点。

在罗杰瑞这种分区说提出之前，学者们为汉语方言分区都是把官话和各种中部、南部方言并列起来，例如，丁声树、李荣在（1956）年分为"官话、吴、湘、赣、客、闽北、闽南、粤"八区（丁声树、李荣，1956），后来的《中国语言地图集》（1987）分为"官话、晋、吴、徽、湘、赣、客、粤、闽、平"十区（李荣，1989），"三区说"在诸方言之上归纳出更大的三片分区，是一种独创。

关于这三类方言的形成和发展，罗杰瑞用精练的语言作了相当准确的描述："从汉末到隋初，除西晋这一段时期（265—317）以外，中国政治上都处于分裂局面，……将近四个世纪的政治、文化的分裂，对汉语的历史有着深刻的影响。……必须看作不同方言区形成的开始。""西晋的移民带去了具有优越地位的北方方言，成了南部书面共同语的基础，……江南地区上年纪的人使用的是汉朝时定居下来的人的那种语言，甚至可追溯到战国时期的语言。说北方移民的语言深刻地影响了当地方言，甚至在某种情况下取代了当地方言不是没有道理的。北方方言对扬子江流域，特别是南朝首都金陵的影响是特别显著的。"他又说，"唐朝时又发展了一种新的共通口语和书面语"，并对方言发生了极大的影响，"这些不同时代的共同语造成了方言影响上的不同层次，这种复杂的不同层次正好可用来理解汉语的历史"。（1995：164－165）他所描述的北方话对南方方言的影响的三个层次可用下表来理解：

朝代	北方	中部	南部
汉代	通行北方话	保存成分多	保存成分少
东晋—隋	通行北方话	影响大，有的是取代了早期的方言	影响主要在书面语
盛唐	形成新的共同口语和书面语	影响极大	书面语和口语分道扬镳

由于中央集权和汉字所记录的大量文献（文言）对社会生活的强大影响，汉语数千年来一直有统一的书面语并对方言口语发挥着强有力的制约作用，强调通语对方言的影响是符合汉语的历史特点的。正是这种多层次和不同力度的影响，使不同时代、不同地域的方言形成了种种差异。这是汉语方言历史发展的基本事实。罗杰瑞的"三区说"正是建立在这个认识的基础上，所以有坚强的说服力。

事实上，通语对汉语方言的影响在唐以后不是减弱了，而是更加强烈了。因为唐以后的中央集权一直是强有力的，而且社会生活中商品经济的发展和城市的兴起、交通和文化的发达对于通语的逐渐普及也有重要的推动力。因此，研究方言的发展，为汉语方言分区或分类，不能就方言研究方言，而必须充分关注通语的影响才能看清问题的实质。

我主张把罗先生的这种观点再作一点微调，先把汉语方言分为两大类：官话方言（含与官话比较接近的晋方言）和非官话方言，然后把后者再分为"近江方言"（也可保留中部方言的名称），包括长江中下游的湘、赣、吴（北片吴语）和"远江方言"（也可称为东南方言），包括南片吴语和闽、客、粤诸方言。官话方言是近代以来汉民族共通语的基础方言，和书面语也比较一致，不论是语音还是词汇语法，内部差异都比较小，使用人口多、分布地域广，把它作为一个大类处理是合理的，如果把它分为几个官话方言区和几种中、南部方言并列就不大合适。"近江方言"是受通语和官话方言影响大的方言，"远江方言"则是受通语和官话方言影响小的方言，这就顺理成章了。至于吴语，从历史源流说，可以归纳为一个大区，称为吴方言；从内部差异大小和与官话的远近说，划为两片（北部吴语和南部吴语）也比较符合事实。徽语可以归在"近江方言"，湘粤桂土话与平话可归在"远江方言"。除了吴语可明显分为南北两片之外，在官话和赣湘闽客粤等大区之下还可分出 1～2 层的方言片和社区。官话可有北方官话、晋语和南方官话（江淮官话和西南官话），闽粤语都可以分出东西片，湘语和客话则可分为南北片。从这一点看，"三区说"还可以延伸为"三层说"或"多层说"。

罗杰瑞（1995：162）对汉语方言分区的第二个贡献就是首次提出了汉语方言分区标准的语音、词汇、语法"综合论"。他把三个大的方言片区分开来，用了 10 条方言特征作为标准：

（1）只有平声分阴阳

（2）古舌根音在 i 前颚化

（3）第三人称"他"

（4）、（5）动词站、走

（6）、（7）名词儿子、房子

（8）动物性别"母鸡"

（9）领属助词"的"

（10）常用否定词"不"

（1）～（2）是"音韵"标准，（3）～（7）是"词汇"标准，（8）～（10）是"语法"标准。拿这 10 条标准为 13 种方言（北方 4 种、中部 5 种、南部4种）作比较，确实十分清楚地显示了：北方方言和南部方言都是完全一致的，而中部方言有的都同于北方方言［（2）、（9）］，有的都同于南部方言［（1）、（9）］，更多的则杂有南北的不同说法［（3）～（8）］。

这10条分区标准的优点是：①覆盖了语音、词汇、语法，突出了以最重要的词汇为重点；②都是口语里常用的音类和词语；③简明地反映现代方言之间的关系，也"照顾到历史的尝试"（李荣，1989：164－165）。

早期的汉语方言研究往往以语音为主。这是因为汉语方言之间的语音差异悬殊，而且方言研究一开始就以论证汉语音韵演变为主要目的。方言研究从语音入手并没有错，但止于语音或以语音研究为主要任务，连了解方言特点、为方言分区也限于语音上的异同，这就失之偏颇了。语音方面的许多特色和有特征意义的字音往往和特有的方言词汇结合在一起。应该说，方言的基本词汇和语法特征才是体现方言特征的主要方面。罗杰瑞调查闽方言时主要是用自己编制的单音节常用词表去调查的，这不但可以节省时间，不必从大量的单字音中去归纳音系再调查词汇，而且一箭双雕，很快就可以直达掌握方言语音、词汇特征的目标，这是汉语方言调查的正道，也是一条直径。再说，方言之间的语音差异和词汇差异未必是同步重合的。客赣方言之间语音上共同点很多，而常用词则多有区别；晋语和北方官话语音差异不少，词汇上能找到的独有的特征词却很少（晋语专家只找出了十来个）。可见，为汉语方言分区的标准兼顾了语音、词汇、语法三个方面，这不但符合语言的一般结构规律的要求，也是切合汉语实际的。至于词汇和语法之间的关系，众所周知，汉语主要的语法手段在于虚词和语序，包括方言在内，现代汉语语法并无多少典型的形态标志，许多词汇意义还制约着它在语句中的组合。因此，在语音、词汇和语法之中，汉语方言分区的标准应该以词汇为主。罗杰瑞的十条分区标准中，语音只有两条，另外两条是虚词，一条反映构词法的差异，其余都属于常用词。和综合标准相反，有的学者就主张为方言分区应该使用单一标准。单一标准只是划界时方便，一刀两断，没有拖泥带水的剩余项也不必多加许多补充说明。但是这并不符合语言的历时演变、共时结构和现实分布的客观情况。语言的结构中，大系统套着小系统，每一个层次都有中心要素，都有主要成分和次要成分和边缘成分。在发展过程中，各个小系统也是不平衡的。音类的变化有基本对应、条件对应和例外现象，词汇演变则有词形的变化（单音变双音或添加语缀）、词义的变化（扩大、缩小或转移）。只用一条标准区别各种纷繁复杂的状况简直是不可能的。再说，现实的方言的分布是历代共通语和方言相互作用的结果。同一种方言中，中心区和外围地区、边缘地区有异，城镇和乡村情况不同，与别方言的接触状况（同源异流、异源同流、并行共用、强弱竞争、相互包围等）也有差异。因此，不论是哪个层次，方言之间的界线都是模糊的。不同的语言特征的地理分布极少是完全重合的。西方的语言地理学之所以要用"同语线丛"，而不是用一条同言线来区分方言，就说明了这一点。然而，李荣先生不就是用"有无入声"来为晋语划界，以入声字调类分化来区分各个官话方言的吗？我曾经就此请教过李先生，他说，这并不说明晋语和官话之间、各种官话之间只有一条不同，而是拿一条最重要的特征来代表好多不同的特征，为了便于操作而已。可见，说李荣主张用单一标准为方言分区，是对他的误解。

那么，作为划分汉语方言的语言特征标准究竟多少条为好？这是很值得讨论的问题。我的想法是，如前文提过的，汉语方言应该作多层的分区，为了划分不同层次的方言，可以采取不同数量的标准。只为大方言分区用的条目可以少些，如果要为方言作多层次的分区，则所用的条目应该多些。多与少的掌握，李荣先生有个简明扼要的说法：多到你的工作条件和时间许可，少到能够说明问题。为了工作便捷，以少为佳；为了详尽说明问题，则多多益善。这是我有一次请教他，方言调查词表多少为好时他所说的。罗杰瑞的十条标准，确实大体可以说明七大方言区之间的异同，作为漫画式的勾勒也够了；如果要有充分的说服力，则可能显得不足。

丁邦新先生回顾了 1937 年之后四位大家所提的为汉语方言分区的语音条件，共有 16 条。其中李方桂用了 7 条，Forrest 用了 5 条，董同龢用了 7 条，袁家骅用了 9 条，詹伯慧用了 12 条。丁邦新（1998：167）自己提出了为两层分区用的语音标准包括两类 10 条：

以早期历史性条件分大方言，含普遍条件 4，补充条件 2，共 6 条；

以晚期历史性条件分次方言，含普遍条件 2，补充条件 2，共 4 条。（丁邦新，1988：171 – 178）

李如龙（2007：54－59）提出的语音标准20条，词汇96条，语法46条，是为全面的多层分区用的。

新近出版的曹志耘主编的《汉语方言地图集》（2008）所绘制的条目图包括语音卷205图（音类160、特字32、音值13）、词汇卷202图（概念188、词形6、分合4、综合4）、语法卷82图（结构31、语法词39、综合12）。这是一个比较详尽、作为基础调查用的条目表，用来比较各层方言的异同都够了，作为分区标准则工作量太大。

看来，为区分汉语方言可用三种语音、词汇、语法综合的标准：简明的、为划分大区用的10～20条应该够了，基本的、为分两层用的可有20～30条，详细分多层的可用80～120条。

对于罗杰瑞的10条标准，这里也提几条看法：①语音条目只有分阴阳平和舌根音颚化两条，显然偏少，不足以说明重要语音差异。平声在官话和晋语区也有不分阴阳而合为一类的，据《汉语方言地图集》就有山西、内蒙古、河北、陕北、陇东和青海东北角共21个点（包括太原、石家庄、呼和浩特、武威），在赣语，瑞昌话也是；而在闽语，闽北各点浊平字二分，（陈章太、李如龙，1991：150）见系的颚化是近数百年间的变化，官话里胶东半岛还有c、cʰ、ɕ的读法，有些常用字也有参差，例如"街"字的颚化就只在晋冀鲁豫地区，"戏"读为ɕ的则包括官话和吴徽湘赣客的大部。

有些音类管字多，又能体现古今音演变的重要事实的，可以考虑增加条目，例如全浊塞音塞擦音（并定澄从群）的清化，古入声韵尾的今读，古阳声韵尾的分合，古入声调的分化等。此外，还应该强调提出，多音词有无连读音变（变调、轻声、儿化、变韵、变声、小称等），因为涉及了词汇、语法特征的异同，也应该是重要标准。（李如龙，1996）对此，罗先生也曾注意过，他说："整个中国的东南部，北起扬子江，南到广东潮州都属于变调地带。这些变调规则非常复杂，而各个方言又都有不同的变调规则。"（1995：177）

②关于词汇、语法条目，罗先生所列的"他、母鸡、站、走、儿子、房子、的、不"等条目都十分得当，是重要的分区词目，可以作为补充的条目至少还有以下25条：（各条冒号之后是方言说法举例）

重要名词：桌子：柎、台子、盘、桌、床

　　　　　铁锅：锅、锅头、镬、镬子、镬头、鼎

　　　　　嘴：嘴巴、嘴佬、口、喙

　　　　　窝：巢、窝儿、岫

　　　　　东西：物、物事、物件、毛、嚉

　　　　　下饭菜：菜、配、物配、馇

基本动词：吃：喫、食、馎

　　　　　穿：着、颂

　　　　　喝：啜、饮、啉

　　　　　看：觑、望、睇

　　　　　找：寻、揾、揂

　　　　　怕：惊、吓

基本形容词：（个儿）高：长、𦟛

　　　　　　（人）漂亮：俊、靓、水、俏

　　　　　　（物）小：细、嫩

语法条目：（坐）着/（动态助词）：倒、勒浪、唎

　　　　　（破）掉/（结果补语）：脱、去、唒、咗

　　　　　（我）们（人称代词复数后缀）：伲、啦、各侬、大家人

　　　　　给他一支笔（双宾句）：畀一支笔佢、把支笔他、拨伊一
　　　　　支笔

　　　　　被（他骗了）（介词，被动句）：叫、让、拨、畀、乞

　　　　　把他请来（介词，把字句）：将、拿

　　　　　你先走（副词后置）：你走先、你走前

　　　　　我买菜去（趋向补语）：我去买菜去、我去买菜

　　　　　打不过他（否定式可能补语）：打他不过、打不他过

　　　　　我没他大（差比句）：我不如他大、我还是他大、我没他那
　　　　　么大

　　　　罗杰瑞为汉语方言分区还有第三个贡献：他抓住了汉语的类型特征并注意考察语言与方言之间的相互接触和影响。

　　为什么罗先生为汉语方言分区的标准集中于词汇（尤其是单音词）？这显然出自他对类型特征的认识。他说："从类型上看，……汉语一直被认为是孤立型或分析型的突出代表。……词多数由表意的成分连接而成，语法关系则由词序或独立的语助词来表达，而不是通过词干本身的变化或各种词缀来表达。"（1995：8–11）他之所以把南方方言划为一片，也是从"单音节""有声调"等特征出发来考虑的。他说："地理上的邻近，常常导致某种类型特点的产生或消失。过去，汉语总是被孤立起来进行研究，好像它从来不曾受邻近语言的影响。我想这样的研究方法是不对头的。"（1995：8–11）他认为闽、粤、客方言很相近，是来自同一祖先，把它称为"古代南方汉语"。闽语中的"犬"和"团"这样一些核心词汇，他就认为从苗瑶语和南亚语那里来的。还说闽粤语关于"巫师"有"童"的说法，与南亚语有关，从而推测"南亚语言是古代南方方言的一个分支"。

　　罗先生关于"古代南方汉语"的提法，近些年来引起了一些学者的关注，有的还进一步作了发挥，说在北方汉人大量南下之前，古代南方方言并非汉语而是百越语，或是南方土著没学好的汉语。其实，罗先生说的"古代南方方言"，还是属于汉语性质的。南方其他民族语言的成分只是一些残存的形式。他说："现在扬子江南岸的方言，是在古代南方方言的基础上结合北方方言的结果。这种混合物已淹没了原来北方方言的成分。在更远的南方山区，闽语保留有古代南方方言的成分最多；客家次之，粤语则只是一些遗迹了。"（1995：189）他提出这些与南亚语言有关的词汇时，同时指出了这些关联是在"史前时期"留存下来的，有了文字记载和古代汉语通语之后，不论是北方或南方的方言都是深受这种通语的书面语和口语形式全面影响的结果。罗杰瑞关于历史上的汉语方言与外族语言及本族语言的接触以及它们都属于汉语的性质的认定，是十分严谨而科学的。

　　罗杰瑞在他的名著《汉语概说》中，把汉语作为一个整体，从它的类型特征谈到古往今来与周边语言的关系，并就古代的语言、文字，书面语和口头语，通语和方言作了全面的分析。其中关于汉语方言的研究有特别精彩的论述。他不但提出了为汉语方言分区的原则和标准，而且对于各主要方言区的特点作了精要的描述。本书是三十年前出版的，三十年来国内外研究汉藏语和汉语方言的学者已经把汉藏语、汉语方言的研究向前大大推进了，但是他关于汉语方言分区的原则和标准的提法，至今不但没有减弱它的学术价值，还依然表现着睿智的眼光，给我们许多重要启发。三十年来，汉语方言的单点词典和综合比较的论著大量涌现，最近又出版了《汉语方言地图集》，关于方言语法的比较研究十多年来也有了长足的进步，汉藏语的比较研究更有多套大规模的丛书问世。应该说现在要为汉语方言作内外比较研究，已经具备了更好的条件。进一步讨论汉语方言分区的原则和标准，进行汉语方言的深入比较研究，我们对汉语方言的分区一定可以得到更加科学的认识。

参考文献

[1] 丁邦新：《丁邦新语言学论文集》，北京：商务印书馆 1998 年版。

[2] 丁声树、李荣：《汉语方言调查》，现代汉语规范问题学术会议秘书处：《现代汉语规范问题学术会议文件汇编》，北京：科学出版社 1956 年版。

[3] 李如龙：《方言与音韵论集》，香港：香港中文大学中国文化研究所吴多泰中国语文研究中心 1996 年版。

[4] 李如龙：《汉语方言学》（第二版），北京：高等教育出版社 2007 年版。

[5] 李荣：《汉语方言的分区》，《方言》1989 年第 4 期。

[6] 曹志耘主编：《汉语方言地图集》，北京：商务印书馆 2008 年版。

[7] 陈章太、李如龙：《闽语研究》，北京：语文出版社 1991 年版。

[8] ［美］罗杰瑞著，张惠英译：《汉语概说》，北京：语文出版社 1995 年版。

附记：罗杰瑞（Jerry Norman，1936—2012）是我同庚好友，也是我所敬仰的当代外国语言学家。此文集稿为他祝贺七十三寿庆，时已患上少见恶疾，两年后不治仙逝。同行好友无不因巨星坠落而悲痛惋惜。谨以此文缅怀故友。

鳞爪集

四野漫步

略论东南亚华人语言的研究[①]

　　东南亚的华人，大都是从闽粤琼三省移居的。虽然移民的历史久远，与本土的交往在中断近半个世纪之后已经日趋疏淡，在东南亚各国，除新加坡之外，都只是少数民族，但是几乎故土的方言品种至今仍一应俱全。按大类说，有闽方言、粤方言、客方言；按小类说，闽方言中有闽南方言、闽东方言，海南闽语，连在本土只有 300 万人口的莆仙方言也有一席之地。闽南方言中还有泉州话、漳州话、潮州话之别，甚至同属泉州音还有晋江音、安溪音、永春音之分。粤方言中有广府话、四邑话之别，四邑话里还有台山音、新会音之分。客方言中则有梅县口音、永定口音和河婆（揭西）口音、惠州口音之别。为什么东南亚的闽粤人的后裔能够如此顽强地保存自己的母语？就深层的原因看，华夏文化的传统精神及其派生的地域文化所蕴藏的生命力为此提供了坚实的根基；就表层的原因说，他们在移居地的社会生活，包括血缘、地缘、业缘的各种联系，民间信仰和习俗的传承，则是保存母语方言的直接土壤。研究这些汉语方言是怎样存活下来的，可以加深我们对东南亚华人的历史文化的认识。

---

　　① 本文刊于《学术研究》1997 年第 9 期。

一

从发展的观点看，东南亚华人的语言生活经历过深刻的变化。对此进行深入的调查研究显然有助于东南亚人文化史的研究。王赓武教授曾把东南亚华人史分为流寓时代（19世纪以前）、华工华商时代（19世纪）、华侨时代（1955年以前）。这种分期是符合历史事实的，已为多数学者接受。就其语言生活状况看，这几个不同的时代也确实表现出明显不同的特征。在流寓时代，闽粤流民或是逃荒的灾民，或是逃亡的败兵，或是跟随商船外出的生意人，大抵都是暂时的集结居留，并未融入当地社会。他们说的话和故土的方言应该是少有差异的。在华工华商时代，大多是从投亲靠友的"浪邦"开始，自己组织宗亲会和同乡会，互相帮助、互相保护，开矿、种胶、做小生意。这时的语言依然是未改的乡音。当时出洋较多的是闽南和粤东沿海，因而那一带通行的闽南话成为他们的共通语。在新马、印尼一带，由于和马来人有不少的交往，那里的华人都努力学习马来语，所以那里的闽南话和马来语、印尼语之间有了一批相互的借词。20世纪末、21世纪初，当地编印的一些供华人学习的巫语词典记录了不少这方面的情形。在华侨时代，由于人们还是把自己作为旅居客地的侨民，虽然也和当地原住民通婚，和当地民族一起与殖民主义者抗争，但政治文化都还是认同中国，并且介入中国的阶级斗争。在日本侵略者侵华期间，他们又团结一起抗日图存。虽然血缘、地缘、业缘组织还十分活跃，彼此之间的抗争、联合交往也密切起来了，加以辛亥革命之后华文学校的教学普遍推行国语，因而在各方言继续活跃的同时，又通行了相互间可资沟通的华语。由于和当地民族的交往已久，婚娶往来也增多了，华人学会当地民族语言的也日渐增多，华人社会的语言生活大体上是以方言为基础，中国国语和当地民族语备用，这就逐步形成了多语并用的局面。到了20世纪后半叶的华人时代，社会风尚从"落叶归根"转变为"落地生根"，多数人完成了当地国家的认同，在新的民族主义国家的语文政策之下，通用的语言只能转向所在国的国语（在新加坡则以英语作为主要的官方语言），汉语和中文（包括共同语文及方言）从受冷落到受排挤甚至遭到禁止。在这样的情况下，汉语方言只是在老一代华人之中使用着，青年人还懂点普通话，不少地区的少年儿童已经难以使用汉语交际了。这一时代，东南亚华人的语言生活，因地而异，类型繁多，总的趋势是多语并用，以外族语言为主。这是从宏观的历史时代所作的考察，人们从中可以看到汉语方言和民族共同语的两条起落的曲线。

对于东南亚华人的语言生活，我们还可以微观地考察家庭和个人用语。一般说来，第一代出洋的华人往往都是母方言的传承者，第二代之后或兼用汉语共同语，或兼用当地民族语和宗主国语言，第三代之后就出现了纷繁复杂的局面了。诚然，由于移民的年代不同，这种微观的世代交替可能有不同的情况，但其总体的演变模式大体上是有共同性的。

二

对于东南亚华人当前的多语并用、方言萎缩的语言生活现实，很有必要进行深入的社会语言学的调查研究。

东南亚各国独立之后，占人口大多数的民族的语言上升为国语（如印尼语、马来语、泰语、他加禄语、缅语等），取代殖民主义的官方语言。作为新兴的民族独立国家，为了发展民族经济和文化教育，促使民族语言的统一、普及和规范，这是顺理成章的事。那里的华人既然认同了所在地的国家，也就理所当然要尊重国语、学习国语。

经过数百年的殖民地、半殖民地的黑暗统治之后，独立后的东南亚各国，都是经济文化不甚发达的国家，属于第三世界。"二战"之后，有些国家又经历过多年内战，或卷入冷战的对抗。20世纪60年代以来，好不容易赢得了相对稳定的和平发展时期，东方民族国家为了急起直追，改变贫穷落后的面貌，引进西方先进技术和管理经验，为了与国际社会接轨，大都十分注重英语教育。华人占大多数的新加坡则以英语作为官方语言，这种选择也是可以理解的。

至于华语（普通话）的逐渐普及，也有深刻的社会原因。在现代的工商业社会，旧时的宗亲会、同乡会已经起不了太大作用了。如今，那些机构和场所只是老人们休闲文化活动的去处而已。不同方言区的华人之间、不同国家之间的交往增多了。在其他华人地区，包括中国大陆、中国台湾及美洲各地也大体普及了普通话，因而在东南亚华人之中普通话也成了一种社会交际的有效工具。新加坡自 20 世纪 70 年代以来大力倡导华语运动（甚至限制和约束方言的使用），对周边国家影响也很大。语言的统一是现代化社会的要求，海外华人中逐渐普及普通话也是现代社会发展的正常现象。

所在国国语的发展、英语的应用和华语的普及，这都是东南亚各国现代语言生活中最重要的基本事实。原有在各地通行的汉语方言的境遇，首先要服从于这个多语并用的大势。至于汉语方言能否得到传承，则取决于其他一些因素，例如人口的多少、是否聚居、官方语文政策是鼓励或压制，以及是否有普遍的族外通婚等。在泰国和菲律宾，同一方言母语的人聚居的仍多，华文学校还允许存在，族外通婚也较少，所以，泰国的潮州话和菲律宾的泉州话还保存得相当完整。在马来西亚，刚独立时华裔人口大约占总人口的三分之一，按方言区聚居的情况变动不大，族外通婚的也不太多，官方语文政策虽有种种限制，但是华文中小学仍然允许存在，那里的多种方言在年青一代仍能得到传承。而在新加坡，虽然华裔人口相当多，且与外族通婚甚少，那里本来就是一个城市国家，也无所谓分散而居，但因为政府推行的组屋计划就是有意使操不同语言和方言的人杂居共处，以英语为官方语言和教育语言，提倡华语、压制方言，如今青少年一代已经有不少人不能用方言母语和上辈人沟通了。情况最严峻的是印尼，那里华裔绝对人数不少，但在总人口中的比例不及百分之五，虽亦聚居，但族外通婚或雇用外族乳娘和佣工的情况相当普遍，加上华文学校被取缔，华文报纸也几乎禁绝，大量的青少年不但不会说方言母语，连华语也没机会学习了。

我们曾经对马来西亚的青年进行过 100 多例的调查（含了解其家人）。统计结果证明：能否使用方言母语，一来与年龄有关：老年人使用较多，依年龄递减。二来与文化程度及职业有关：文化程度低、从事零售商的人掌握方言较好。从不同方言区说，客家人保存母语似乎多些。关于除母语之外兼通华语及其他方言的情况，调查结果表明，兼通华语是普遍现象。至于方言间的兼用，福建话与潮州话兼通的多，客家话则与广府话兼通的多。关于几代人之间的沟通用语，青少年之间使用华语多于方言。因不同话题而使用不同的语言，则是谈论日常事务使用方言多，谈论社会问题使用华语多，谈论商务时则介于二者之间。

总之，在多语兼用、多方言并存的东南亚各国，并存并用的多种语言之间显然有竞争。决定竞争胜负的，一方面是不同语言在社会生活中的使用价值，另一方面则有政治（政策）的因素、经济（谋生需要）的因素、文化（习俗）的因素。各种语言拥有的使用者与年龄、文化、职业有关，与通行的交际场合及不同话题有关，其中所呈现的纷繁复杂的情形以及明显的倾向性是十分引人注目的。

三

在东南亚各国，不但华人社区或华人群体里兼通华语、多种方言和其他民族语言，其他民族的不少人也兼通华语或汉语方言，华语及其方言、不同民族语言，在并存并用之中，势必就会互相影响。

闽粤人到东南亚去，唐宋以来就陆续有些记载。入明之后，所见史料中，福建漳泉人到印度尼西亚、菲律宾定居的不少。南宋以来，泉州港的兴起和市舶司的成立，使造船业和航海业都得到相当的发展，郑和下西洋就有多次是从闽江口启程的。闽人早期移民南洋显然同这些史实有关。随郑和出使的马欢在《瀛涯胜览》中写道："旧港，即古名三佛齐国是也……属爪哇国所辖……国人多广东、漳、泉州人逃居此地。"正是这样的事实决定了：印尼语、马来语中为数相当多的汉语借词都是从闽南话借用的。

闽南话和印尼－马来语的借词是相互的。本人曾据几本词典作过统计，印尼语词典中有闽南话借词 200 多条，有些借词由于年代久远，本地人已经误认为是"雅加达方言"了（例如 gua：我，encek：叔父，loa：箩，kacoa：蟑螂，topu：桌布，jok：褥，kongko：讲故事）。闽南话向印尼语、马来语借用，经过华侨回乡带进闽南话的比较通行的借词也有百来个。如果就住在印度尼西亚、马来西亚的闽南人说的闽南话作统计，马来语的借词自然还要多得多。这些借词不但有热带名物，例如：kari：咖喱, sate：沙茶, buaya：

鳄鱼，kapas：加贝（棉花）；也有许多常用的基本词和虚词，例如：sabun：肥皂，kawin：交寅（结婚），mati：马滴（死），arah：估计，ciampok：煎薄（友好往来），jiamben：担保，等等。更有趣的是两种语言的双向互借。例如吃，闽南话说食 tsiah，印尼语借为 ciak；印尼语说 makan，闽南话也借用说"马干"。闽南话"情理"被印尼语借用后音 cengli，印尼语 patut 则为闽南话借用为"巴突"。这些情形都说明了闽南话和印尼 - 马来语是在长期的平等而密切交往中产生的语词借贷。有许多是一般语言的借词所少见的，非常值得深入研究。

关于印尼 - 马来语与闽语的借词，研究的人较多，在其他国家里的相互借词就很少人研究了。在菲律宾，据 Vito. C. Santos 的"Vicassan's Pilipino English Dictionary"，他加禄语中也有一些闽南话借词，例如 a'am（饮）：米汤，tokwa：豆干，totso：豆浆，tawge：豆芽，tawsi：豆豉。相信在泰语、缅甸语、越南语中也应该会有一些汉语方言的借词。

除了借词之外，东南亚华人的语言还受当地语言的其他方面的影响，例如马来语和印尼语都没有声调，没有送气不送气音的区别，语法上也会受当地语言的影响。不但汉语和当地语言会相互渗透，普通话（华语）和诸方言也会相互影响。例如南洋的华语中总把"一百五"说成"百五"，"一万二"说成"万二"，这是受闽粤方言影响的结果。在语音方面，多数东南亚华裔所说的华语也带有明显的闽粤腔调。

四

最后，关于东南亚华人的语言生活，还有一个很值得研究的课题，就是不同国家的语言政策的比较研究以及未来语言生活的预测。

一个多民族的国家，应该容许各民族发展自己的语言和文化，多种语言文化融合成崭新的民族的文化，自会更加丰富多彩，这是不待言的。即使从现实的经济利益来说，在中国改革开放之后，中国大陆和台湾以及香港的市场连成一片，与东南亚华人社区之间的商务往来也越来越密切了，这种密切的交往事实上已经大大促进了整个东南亚经济的发展。鉴于目前的情况和发展的苗头，不少经济学家都预言，未来的 21 世纪将是东亚经济大发展的世纪，东亚的经济区将成为世界经济的另一个中心。从这一点来说，在东南亚各国保留华人的语言不是十分有利的吗？

至于华语及其方言的前景，东南亚华人将会越来越多地掌握当地民族语和英语，对自己的语言来说，统一的华语是受欢迎的，还会不断普及，方言的萎缩则是不可避免的，但是不可能在短期内消亡。《东南亚研究》1994 年第 1 期黄滋生所译的洪玉华《菲律宾华人的形象》一文有两个数据十分有意思：

1969 年对 2 490 名学生的调查：

华语流畅者——32.4%

英语流畅者——37.7%

菲语流畅者——59.6%

家庭使用华菲混合语者——36.9%

家庭使用华语的——44%

1989 年对 381 名学生的调查：

华语流畅者——24.4%

英语流畅者——68.24%

菲语流畅者——85.3%

福建话流畅者——47.5%

家庭使用华菲混合语者——77.94%

家庭使用华语的——10.5%

在语言政策比较宽松的菲律宾，情况尚且如此，在其他国家，华语及其方言的萎缩就更是可想而知了。今后是沿着这种趋势迅速滑坡呢，还是会出现其他转机？这当然还取决于东南亚地区的政治、经济、文化发展的状况，很值得跟踪调查。

参考文献

［1］［英］D. G. E. 霍尔著，中山大学东南亚历史研究所译：《东南亚史》，北京：商务印书馆 1982 年版。

［2］郭振羽：《新加坡的语言与社会》，台北：正中书局 1985 年版。

［3］麦留芳：《方言群认同——早期星马华人的分类法则》，台北："中央研究院"民族学研究所 1985 年版。

［4］［印尼］哈玛宛：《印度尼西亚西爪哇客家话》，北京：中国社会科学出版社 1994 年版。

［5］杨建成：《马来西亚华人的困境》，台北：文史哲出版社 1982 年版。

［6］杨力、叶小敦：《东南亚的福建人》，福州：福建人民出版社 1993 年版。

［7］杨启光：《雅加达华人大众文化窥探：兼论印尼华人性征的形成与延续之可能性》，《华侨华人历史研究》1995 年第 3 期。

［8］饶尚东：《新加坡的人口与人口问题》，新加坡：教育出版社 1979 年版。

［9］杨贵谊：《闽南方言在新马区域语言中所扮演的角色》，詹伯慧等编：《第四届国际闽方言研讨会论文集》，汕头：汕头大学出版社 1996 年版。

［10］李如龙：《闽南方言和印尼语的相互借词》，《中国语文研究》1992 年第 5 期。

二十世纪汉语方言学的经验值得总结①

二十世纪是中国语言学从古代时期步入现代时期的世纪。一百年来逐步建立起来的中国现代语言学在哪个领域最为成熟呢？我认为是汉语方言学。说它最为成熟，有四个方面的理由：第一，积累了相当丰富，也比较系统的语言资料。我们调查了 1 000 种以上的方言音系，出版过数百种方言志、百余部方言词典、数十种研究单刊（包括比较系统的描写语法），各个大区都有了系统的比较研究的著作。有了这样的调查研究基础，我们对于汉语方言的现状和历史渊源就有了比较明朗的认识。第二，形成了一套完整的、相当科学的调查研究的方法，包括单字记音、音系整理、音变规律的调查、词汇语法调查、方言间的比较、方言与共同语的比较、考求本字（与古汉语比较）以及同汉藏系语言作比较等。第三，有关的理论和方法在国内学者中大体上都取得了共识，不像其他学科那样存在诸多争议，甚至各有不同体系。第四，从材料到方法、理论，大多已为国外学者所接受，并引起他们的普遍重视，应该说，汉语方言学已经做到了国际接轨。

正因为如此，汉语方言学的百年经验很值得重视，必须认真地加以总

---

① 本文刊于《语言研究》2001 年第 1 期（总第 42 期）。

结。认真地总结这些经验不但可以进一步推动汉语方言的研究，也可为其他学科提供有益的借鉴。这里试谈谈几条个人的感受，供大家总结时参考。

1 继承传统小学的宝贵遗产和吸收西方现代语言学的科学经验

中国传统语文学有音韵、文字、训诂之学，现代的汉语方言学可以说是全面地吸收了传统小学的科学成果。20世纪末以来，西方兴起了语音学、音位学、音系学以及历史语言学，现代汉语方言学在借鉴域外新学上也是十分及时、十分准确的，并且两方面做到了巧妙的结合。以下分两项来叙述。

1.1 把传统音韵学和现代语音学、音位学、音系学相结合

传统音韵学对汉语语音的分析是切合汉语的实际的，有许多独到之处。与现代语音学相结合之后，引进了国际音标和音位分析法，使汉语语音学形成了系统的理论和方法，成为可理解、可模仿、可传播的国际接轨的科学系统。

1.1.1 关于音节的分析

音节是汉语语音的基本单位。传统的音韵学把音节分解为声韵调是十分科学的。反切的制度正是体现了声韵调分析的原理，双声叠韵则是根据双音词的声韵母的雷同关系所作的语音分析。关于声母系统，就发音部位分为唇、舌、齿、牙、喉，就发音方法分为全清、次清、次浊、全浊也是完全合理的。关于韵母系统，把单个韵母分解为韵头、韵腹、韵尾，按韵尾归类分为阴声韵、阳声韵、入声韵，按韵头归类再分"等"（与韵腹也有关系）、呼，按韵腹和韵尾则归成不同的"摄"。这种分析方法完全切合汉语的语音结构特点：音节之中元音可以复合（二合或三合），未有复合辅音；不送气音和送气音（全清或次清）区别音位；次浊与无塞通音，可自成音节，确与全浊音有别。因此，用国际音标注明之后，这套语音分析的系统方法成了不争的方案，国外学者也普遍接受了这套方法和术语。

汉语是有声调的语言，传统音韵学关于声调类别系统的分析（平上去入）也是切合实际的，有了赵元任创造的五度标调法，关于调值的分析也有了科学的方法。这是中国语言学家对世界语言学的一个贡献。

1.1.2　关于《方言调查字表》

传统音韵学从《广韵》（中古音）入手，上推上古音，下连近现代音，这是很有道理的。广韵系统作为官方颁布的统一的书面语的读音，统治文坛上千年，这是上古音演变的结果，又是近代音的前身。作为官音又势必对各方言发生影响。因此，广韵系统与现代共同语和方言势必都存在着一定的对应关系，调查现代汉语方言以按广韵音系编的字表作为凭借，以广韵系统作为方音和国音以及方音之间比较的参照系和换算标准，就便于快速地调查出方音的系统，也便于古今音、南北音的比较研究，这是汉语方言学的一大发明。试想如果没有《方言调查字表》，要记多少字音才能整出方言的音系，又要怎样进行音类的比较？当然，对于广韵系统我们也应该有正确的理解，既不要理解为现代各方言的共同母语，也不要视为古今南北的"大杂烩"，应该把它作为各种语音折合比较的中介。同时，还不要忘记，除了字音，方言还常有自己的无字的音，只依靠《字表》记的音，总是不可能把方音的系统记全的，整理同音字表时，一定要把词汇中的有音无字的音节也整合进去。

1.1.3　关于汉字读音的分析

传统音韵学只研究字的"读书音"，不注重口语里的"说话音"。汉字又是以表意为主的，既可以构成书面语，读"文读音"；也可以构成口头语，读"白读音"。方言里单字和词汇的文读音往往是共同语语音的折合；白读音则是方言口语词的固有的方音。在普通话里有时也有方言语音的影响（即某些白读音）。在汉语的历史上，还有"四声别义""音随义转"等现象，这是近音派生近义词（音义相生）的造词方法，因而字音不但有"文白异读"，而且有"别义异读"。语言的演变是纵向变异和横向渗透交互作用所推动的。方言的文白异读、别义异读是这两种作用的结果。多文多白则是方言里的不同历史层次的语音成分叠置的结果。汉语方言学对于字音的各种异读的分析是十分精彩的，既切合汉字超语音的表意特点，也符合现代语言学注重实际口语、以词语为语言的基本单位的观念。

1.2 把传统文字学、训诂学和历史语言学相结合

传统文字学对字的"形音义"的分析是科学的,因为它切合汉语用汉字来记录以及汉语是音节语言、大多数音节有意义这样一些特点。对于汉语来说,音节、字形和字义是三位一体的东西。明代的音韵学家陈第提出:"时有古今,地有南北,音有转移,字有更革",这是难能可贵的汉语和汉字互动演变的理论。传统的小学研究证明,字音的变异、字义的迁移、字形的演进都有一定路径可寻。

为方言词考求本字是沿着传统小学这些理论的思路综合运用的结果,也是十九世纪以来对国外历史语言学(包括历史语音学、历史方言学和历史词汇学)的借鉴。考本字不是为方言词寻求古老的书写形式,而是方言语音和语汇、语法的纵横两向的综合比较研究,是对方言词的历史透视,是方言研究的基本建设。为方言考本字,首先要进行音韵论证,拿方音和本字的反切作比较,找出二者的对应条件,如果不合对应,还得说明造成特变的缘由,若有姊妹方言读音作旁证更好。其次要比较字义,看方言词的意义和本字的字义是否相符或相通,如果是实词虚化,也要追寻其语法意义引申的过程和途径,意义的比较往往也要有其他方言作旁证。最后,还应该为本字的用法寻找书证,看该字的音义是否在古代的语言中有记载,如果有,又要分清是什么时代的语言,是古通语还是古方言,是直接的传承还是有所变异。

由此可见,考求方言词的本字是一种重要的研究方法,是语音、词汇、语法的综合研究,是古今南北的比较研究。做好这项研究不但可以说明方言语音、词义的流变,为方言的历史定位积累例证;还可以为汉语的语音史、词汇史乃至语法史提供大量有价值的参证材料。

历史证明,哪一个学科中学西学结合得好,能够做到相互论证、相互补充,哪个学科就会形成系统的、科学的方法,从而使该学科得到长足的进步。如果中学积累不足,或西学不切中用,不论是关起门来发扬国粹,或是生搬硬套全盘西化,都不能使学科的发展达到理想的境界。

2　以实际口语为研究对象，注重田野调查，积累大量语料

中国传统语文学历来只重视典籍文献中的书面语言研究，轻视口头语言的研究，一方面，这是因为汉语的书面语和口头语差别很大，而方言总是以口语的形式存在的；另一方面也因为长期以来书面语作为立国经典和官方文书具有高度权威，怀着正统观念的学者们就把方言口语视为不登大雅之堂的俗言俚语，作为匡谬正俗的对象。二十世纪发展起来的结构主义语言学也只注重研究规范的、理想化的体系，把方言的变异排除在研究对象之外。然而语言现象最丰富、最实在的还是不息的口头语，书面语总是不断地来自口语，也陆续地回归口语的。西方兴起的现代语言学就是从古典文献为依归的古代语文学中解放出来，拿当代社会生活中的口头语言作为研究对象发展起来的。近半个世纪以来，现代语言学越来越重视口语的应用和变异的研究，创立了社会语言学、话语语言学、应用语言学，这是现代语言学的一大进步。

汉语方言学注重口语调查，开始时应该是出于无奈，因为历来的典籍没有积存多少方言材料，即使有前代编成的一些韵书和字典，和现实生活中的语言也已经有了不少差异。方言调查从记音始，只能以口语为对象进行田野调查。和其他汉语研究的学科相比，方言学重视口语材料的优点是十分突出的。近些年来语法学界提出语法、语义、语用三个平面的学说也体现了对口语各种应用和变异的重视，语法学理论的这一重大进步是受到西方语言学的启发，事实上也是汉语方言学的研究实践证明了的历史经验。

然而，在汉语方言学者之中也并非所有的人对此都能有深切的领会。有人在整理方言音系时满足于《方言调查字表》所记录的字音，甚至记音的时候就只记文读音而不注意追问白读音，记录词汇和语法例句时也只是从普通话词目出发一一对译，而不注意发掘方言口语中的特有读音、特有词语和特有用法，例如区别方言固有词和借用词，补充同义词和不同的义项，注明特有的词义色彩。这种做法无异于又回到书面语研究的老路上去了，这是应该注意避免的。

进一步贯彻注重口语的方向应该提倡从方言口语实际出发调查语料，而不是从普通话词目出发去记录方言词汇：一天到晚的起居生活的内容、方式以及所用器具；一年到头的农事、农具、作物及各种年时、婚丧等习俗活动；从头到脚的人体各部位名称及其动作、姿态、性状，各种服饰、房舍、舟车的名称和使用方式；工农商学兵各式人等的称谓、人品、状貌和不同的行为动作；农林牧副渔各行各业的有关活动的名目和过程，等等。为了避免套用普通话，掩盖方言特征，应该提倡按方言区制定调查字表、词表和语法例句，在普通话不断普及、方言急剧变化的当前，尤其应该注意这一点。

3　如实地把方言视为一个完整的系统，把语音、词汇、语法的研究结合起来

20 世纪 30 年代以来，汉语方言的研究就突破了语音研究的局限，在研究方音的同时注意调查研究方言词汇和语法，不像古今共同语的研究那样，一直到五六十年代，大多数研究者还是语音、词汇、语法各归各地研究。

最近的二十年间，关于方言词语的连读音变发掘了大量的材料。事实告诉我们，有些音变是音素组成音节或音节组成多音词语时的单纯的联合音变，有些音变则是词汇语法现象所决定的。有的方言成词不成词变调不同，有的方言不同的结构方式变调不同，几个词组成短语或句子，也有的变调有的不变调。除了变调，还有变声、变韵、轻声、儿化、小称音变等等，也莫不受到词汇意义或语法关系的制约。

联系词汇、语法现象，从整个语言表达来看，汉语方言的语音系统应该包括四个层级：属于声韵调的层面是音素－音位系统，属于音节－字音的层面是音节结构系统及字音的分配（音类及异读）系统，属于词语的层面是连音组的音变系统，属于句子的层面是语调系统。每个层级的语音结构规律都构成了一定的系统。每一个方言都有自己的系统。跳出了汉字的"魔方"便可以看到一个个语音系统的繁复的世界。在这多层面的语音系统中，异读系统、连音变化系统、语调系统，都是与词汇、语法现象相关的语音现象。

联系语音现象来考察词汇、语法现象，也可以增加我们的许多新思路。

不少词汇、语法现象，正是拿一定的语音手段作为表现形式的。例如：利用字音的变读来造成新词（异读造词）就是汉语特有的一种构词法（上古时代就有的"变调构词"就是这种现象）。因为汉字及其异读正是汉语独有的。在方言中，不但有古来就有的"四声别义"，也有用声母"旁转"或韵母"阴阳对转"来区别词义或另造新词的。又如，许多实词虚化后往往伴随着语音的弱化，或声母浊化，或韵母的元音混化，或声调变为轻声。理清虚词和语缀的音变过程，不但可以弄清楚不同方言之间的异同关系，还可以弄清楚古今汉语之间实词虚化的过程和规律。多年来，语法史和词汇史的研究运用音韵学的原理和音变规律，获得了很多新成果，汉藏系语言的同源词研究也利用了古音和方音的对应规律，取得了一些重要的突破。

汉语方言学应该珍惜自己的已有经验，继续努力，探讨汉语的语音、词汇、语法相互依存、相互制约的关系，为研究汉语的结构规律，建立汉语语言学理论做出更多贡献。

4 注重古汉语、普通话和方言的比较研究

20 世纪初，高本汉的《中国音韵学研究》用北京音和 21 种方音、4 种域外译音作比较，说明汉语语音的古今演变，可以说是开了古音、国音和方音的对比研究的先河。但是，其比较方向是以今证古，内容则只限于字音。后来的许多中国学者通过古音、国音和方音的比较来研究方言，方向是倒过来了，但是依然局限于语音。就语音方面的比较研究来说，我们已经积累了系统而丰富的经验。

现代汉语是从古代汉语演变而来的，古汉语与现代汉语的共同语及各方言之间都存在一定的对应关系，只有把三者联系起来，经过比较研究，才能对各个分体有真切的了解。事实是，今中有古，古中有今，南中有北，北中有南。把古代汉语、现代汉语和方言割裂开来研究，各部分都只能得到片面的认识，只有把三者联系起来才能真正做到融会贯通。近二三十年来各方面的汉语研究专家陆续地理解了这一点，自觉地运用"三角"比较方法来研究问题，例如研究近代汉语词汇和语法的学者越来越多地用方言词汇作论证，

现代汉语语法学家则提出了"古—方—普"大三角的比较研究方法，这都是汉语研究纵深发展的可喜进步。

开展纵横两向的比较研究不仅可以使汉语的各个分体的研究提高到新的水平，而且是研究汉语语音史、词汇史、语法史，探寻其中的规律，建设汉语语言学的根本出路。汉语的历史长，分布广，典籍丰富，使用人口众多，方言复杂，研究时必须分科进行，有所分工，但绝不能把各个部门割裂开来，分而治之。汉语语言学理论之所以至今还建立不起来，就是因为这个割裂和分治。王士元先生在十几年前提出，汉语研究的资料丰富和理论贫乏实在是一种严重的不平衡现象，这是很值得我们深思的。方言工作者必须增强信心，更加自觉地坚持这个研究方向，并进一步把它提到方法论的高度去理解和贯彻。

5 从语言本体的研究扩展到语言外部研究

半个世纪以来，在世界范围内，外部语言学的禁区被冲破了，社会语言学、人类语言学、文化语言学取得很大进展。其实，早在数十年前，汉语方言学工作者在研究方言分区的时候，就很重视联系历史文化和地域文化的材料，尤其是利用移民史的材料来考察方言的形成和变化。近些年来，许多学者在深入发掘方言语料时，积累了许多反映民族文化、地域文化和各种风俗习惯的材料，写成论文或专著，在中国的文化语言学的建设中，可谓一马当先，功不可没。

联系社会历史文化来理解方言现象，除了通过移民史弄清方言形成和分区以及分布的历史根据之外，还应该联系历史背景来考察方言与共同语的关系，说明为什么有的方言迅速地接受普通话的成分，放弃方言固有成分；有的方言区则采取双语制，方言与普通话并行不悖；有的方言就比较稳定地保守固有的风格和成分。与此同理，不同的方言和周边方言的关系也是多种多样的，相互间也有强弱势关系，也会相互渗透。此外，还可以联系社会原因来考察方言的文化类型：区内有无权威方言，各小方言之间是向心的还是离心的；方言的结构系统是单纯的还是驳杂的；在可供比较的时代里，方言的演变是快是慢，方言通行的地域是在扩展还是在收缩。

关于方言与历史文化的关系的研究还有另一种方向，就是运用方言事实来说明社会历史文化现象。例如，研究方言中的"底层"现象及方言地名的分布来说明早期的民族关系，研究方言中的外语借词来说明方言地区同异国异族的交往，研究方言中的文化词语（风物词、习俗词、观念词、谚语等）以考察地域文化特征。在国外，这些内容是语言人类学的研究课题，语言人类学是人类学的四大分支之一，它对于了解国情、民情、社情以及存史资治都有重要的意义。在我国，许多学者把它归入文化语言学，这个学科目前还处于探索阶段，值得大力提倡，若做得好，一定能得到社会的欢迎。

6 重视社会应用也是汉语方言研究的显著优点

古时候，有些学者搜集方音材料是为了说明什么地方语音不正（如陆游早已指出的闽人歌豪不分），以便"匡谬正俗"。明清以来，官方逐渐重视推广正音。鉴于晋京的闽粤两省官员不通国语，无法交际，清初雍正年间曾明令闽粤两省设立正音书院教习正音，后来也出版了一些指导方言区的人学习正音的书。清末的切音字运动的先驱者们还调查方言，指导学习官音。民国时期的国语运动（不论是"北拉"还是"国罗"）开始自觉地联系方言来指导学习国语。到了20世纪50年代，调查方言，指导推广普通话更是明确的政府行为。方言工作者调查了大量的方言，为了推广普通话，编过不少"学话手册"，因为没有经过教学法的加工，只是生吞活剥地拿方言材料和普通话作对应，后来实际效果并不大。但是，既然有了正确的方向，只要认真改进，这项工作一定能为共同语的普及和规范做出贡献。

母语教育（共同语教育）是义务教育中的要项。汉语方言差异不但现在广泛存在着，而且还将长期地存在，例如语音方面的 n、l 不分，平翘舌混同，前后鼻音无别，或是用词造句上的不合规范，这就必定给学校的母语教育造成很大的障碍。为了提高母语教育的效率，加强口语训练，必须针对不同方言的实际情况，编写合用的教材，采取恰当的教学方法。在民族地区、双语地区、方言地区开展母语教育改革的研究和试验中，方言学家应该和语文教师密切配合，协同工作，为普及教育、提高民族文化素质做出自己的贡献。

五十年代以来，方言学工作者也十分关心语言规划的制订和语言政策的推行，这也是现代汉语方言学的优良传统。为了加速语文现代化的进程，制订合理的政策和可行的计划，还应该做许多方言地区语言生活的调查，研究普通话普及区、双语区、方言活跃区的各种不同类型的情况。在这方面，方言学者还可以大显身手。

一百年来的中国语言学有很大的成绩，但是也应该看到，我们的理论语言学和应用语言学都还没有得到应有的发展，不少学者还埋头于基础研究，只想搜集和整理材料，既不重视理论探讨，也不关心现实应用，真的是路子越走越窄了。语言学"上不着天、下不着地"的状况应该改变。我们应该认真总结一百年来方言学的经验，发扬优点，克服弱点，把汉语方言学乃至整个汉语语言学向前推进。

汉语方言的资源及其开发利用①

一、汉语方言是国家语言资源之一，还将长期存在

我国的语言资源中，就书面语来说，最大规模的是古代和现代的汉语通语；就口头语来说，各少数民族的语言和汉语方言怕是要和普通话平分秋色。据 2004 年 12 月 26 日公布的"中国语言文字使用情况调查"的数据，全国范围内，能用普通话进行交际的人口比例是 53%。这些人当中，大多数应该是至少兼通一种方言母语的。加上尚未掌握普通话的人口，还是占总人口的大多数。（能用汉语方言进行交际的人口比例为 86.38%。）② 不要忘记，广泛流通的占全国人口 70% 以上的官话，包括北京话，也都是方言的一种。虽然在一些大都市和小城镇中，确有一些青年和少年儿童已经只会说普通话，有的连本地方言也听不全了，但这样的人口在总人口中显然还只是少数。在广大城乡，凡是本地人成堆的地方，彼此之间还是用方言沟通才觉得自然；各种地方曲艺、戏曲还活跃在各方言地区的社会生活之中；2004 年以

---

① 本文刊于《郑州大学学报》（哲学社会科学版）2008 年第 1 期。
② "中国语言生活状况报告"课题组编:《中国语言生活状况报告（2005）》，北京：商务印书馆 2006 年版，第 269 页。

来，继广州、厦门之后，杭州、福州、重庆、南京的电视台都增开了方言节目[1]，2005 年以来，湖北多家报纸也增设了方言栏目。这些事实都说明了，方言进入媒体在人民群众之中是受到欢迎的，汉语方言在今日中国依然是不可忽视的普遍存在。

本来，中国就是一个汉语方言的大国。由于幅员广阔、人口众多、历史悠久，旧时代战乱频仍、灾荒不断，由此造成的社会分裂、移民播迁，加以地理阻隔、民族融合、不同语言的接触和融合，汉语方言不但有史以来就有过多次分化，而且形成了品种繁多、差异巨大的局面。赵元任（1997）曾经说过，从罗马帝国的拉丁语分化出来的意、法、西、葡等语言"有些地方也类似中国的几种方言，有如北京话跟上海话跟广东话跟福建话差别这么多"[2]。然而，在经常状况下，中国还是统一的国家，三千年来还一直使用汉字维系的书面通语作为全社会沟通的工具。正是这种表意的汉字可以超乎时空，官方维护的书面通语的高度统一和平民百姓中通行的方言口语的纷繁复杂局面，形成了一种少有的巧妙的组合。就这样，统一的文言书面语和歧异的方言口语长期和谐共处，各自发展。

当明清官话成了近代共通语，现代白话文逐渐成形，这对孪生兄弟于 20世纪初携手登上了现代社会生活的舞台。它标志着古代汉语向现代汉语的演进，也标志着古代社会向现代社会的革命性发展。然而在旧中国，落后的农村和贫困的文盲，还是与普通话、白话文少有关系，普遍还用方音识字读书，对现代书面语只是略知一二，方言口语则一直十分活跃，这是新中国成立之前农村里的普遍情形。

新中国成立以来，随着政治的统一、经济的发展，文化建设提高了人民的素质，也促进了共通语的规范和普及。尤其是近二三十年间，改革开放之后，持续的经济增长加快了都市化、城镇化的速度，商品化、现代化、信息化的浪潮不断推动着教育的发展，全民文化素质得到大幅度提高。这不但使现代通语迅速普及，外语学习也逐渐升温，新时代的潮流还使书面语和口语

---

[1]　"中国语言生活状况报告"课题组编：《中国语言生活状况报告（2005）》，北京：商务印书馆 2006 年版，第 258 页。

[2]　赵元任：《语言问题》，北京：商务印书馆 1980 年版，第 100 页。

渐趋接近了，汉语方言受到了越来越严重的冲击，在有些地方出现了明显萎缩的势头，这的确是前所未有的巨大变化。然而语言的交往毕竟是世代交替的老小之间、社会各阶层的雅俗之间不可或缺的需要，它的演变远比"牛仔裤、卡拉 OK、电话、电视、手机"的普及要缓慢得多。

汪平在 2003 年曾对 110 位 8～18 岁的父母都是苏州人的学生做过调查，这些学生与父母主要说方言的占 56%，与祖父母主要说方言的占 67%，与本地人主要说方言的占 73%。可见这些青少年儿童在本地和家庭主要还是使用方言；但是能熟练使用方言的平均只有15%（不过17、18 岁的学生"说方言熟练"与"二者差不多"的占55%～69%）；他们当中喜欢本地方言的平均只有25%（但16 岁及以上的喜欢方言和"与普通话差不多"的占55%、77%、66%）。汪平由此得出了这样的结论："随着年龄的不断增长，只要他们仍住在苏州，对苏州社会的接触一定会继续增加，苏州话使用的机会也会增多，普通话和苏州话使用的比例可能会有所逆转。因此，苏州话可能还不至于在可预见的将来就退出交际领域。"①

汪平的这一分析是符合实际情况的。苏州是一个历史悠久的文化名城，老传统保存得不错，苏州评弹成为联合国批准的首批非物质文化遗产以及旧街区的保存便是明证。但是，近些年来苏州工业园区的发展、外来人口的大量增加带来的现代化建设也颇有名气。在方言的保存方面，苏州的情况应属于中间状态，比它强势的有上海话、广州话。上海话因为人多势大，数十年来在吴语区的影响早已超过苏州话，不少苏州人尽管还总以为自己是吴语的代表，实际上大势已去了。广州话则是东南方言中头号强势方言，说得出就写得来，至今还常给通语输送新词语呢！然而比起一些方言区边界上的小方言点或是分布地域不广、使用人口不多的方言小片，乃至于处在其他方言包围之中的方言岛来，它又明显地属于强势方言，至今还是说得开、唱得来。拿苏州话这种中间状态作为代表说明汉语方言不可能在短时间里消亡，应该是有说服力的。

---

① 汪平：《普通话和苏州话在苏州的消长研究》，《语言教学与研究》2003 年第 1 期。

二、汉语方言普遍处于剧变之中，急需监测

然而在今日中国，普通话不断普及，方言在社会生活中正在发生剧烈的变化，这是不争的事实，也是当代中国语言生活发展中的主要趋势。

方言的急剧变化有两种基本形态，一是萎缩，一是蜕变。

所谓萎缩，是方言的使用范围在不断缩小。据徐睿渊、侯小英 2003 年在厦门对 224 个从幼儿园到高中的学生所做的调查，他们的父母都会厦门话，但学生中只有 172 人会听会说厦门话，在幼儿园，只会听不会说的达 80.56%。她们得出的结论是：那些懂本地话的厦门人，他们使用方言"更多是在家庭中，在亲人、朋友或同学之间，在涉及日常生活的交谈中使用"。"闽南话在厦门青少年当中已不是必不可少的交际工具。"[①] 2004 年，林天送、郑娜在泉州市调查了 179 个小学生。他们用方言与祖辈交谈的占 85%，与父母交谈的占 54.82%，与平辈交谈的占 54.55%，与邻居交谈的只占 43.18%。75% 的学生自认为"说普通话更熟练"，62% 学生表示"更喜欢普通话"，只有 22% 学生"更喜欢方言"。[②]

厦门话和泉州话是闽南话中势力较大的方言点，这两个市的人口都在百万以上。厦门作为经济特区之一，20 多年来经济文化发展势头良好，而历史文化名城泉州市的人均产值已经超过厦门。闽南话在东南方言中也算是强势方言了，作为强势方言区里的本地人集中聚居的中等城市，方言在少年儿童中竟然也出现了流失的现象，有些小学、幼儿园的小朋友已经说不来，甚至不会听本地话。汉语方言的萎缩之势从此可见其一斑。至于那些穷乡僻壤的小方言，年轻人出外打工定居，留下的老弱为了孩子的前途甚至主动放弃了方言，跟着孙子们一起说"学校老师教的"和"书本上说的"普通话。那些小方言有的已经只留在少数老人相聚时的不完整的交际之中，有的甚至只

---

① 徐睿渊、侯小英：《关于厦门市学生、幼儿说闽南话情况的调查》，《台湾及东南亚华文话语研究》，香港：霭明出版社 2004 年版。

② 林天送、郑娜：《泉州市中小学生说闽南话情况调查报告》，《台湾及东南亚华文话语研究》，香港：霭明出版社 2004 年版。

是一种淡漠依稀的记忆罢了。十几年前我的学生到闽东长乐县去调查"洋屿"（今称琴江村）的"京都旗下话"（官话方言岛）就曾经因找不到发音人，无功而返。

如果说"萎缩"是方言"外部"的变迁的话，方言的"蜕变"便是语言"内部"的演化，即方言结构系统的变动，包括语音系统、语法系统的调整，词汇的更替。总的说来，现代社会里方言蜕变的基本特征是：原来固有的方言特征逐渐淡化、减少乃至消失，越来越多地接受通语或周边强势方言的影响。

关于方言的蜕变，钱乃荣的《上海语言发展史》（2003）为我们提供了一个急剧变化的典型。[①] 该书拿 1853 年英国传教士 James Summers 所编的《上海方言词典》和现代新派上海口音作比较，理出了 160 年来上海方音所发生的变化。就音系说，新上海话是大大简化了，声母从 30 个减为 28 个（音类减少不多，但尖团音由分到合，变化不小），韵母从 63 个合并为 32 个，声调则由 8 个合为 5 个；所合并的音类多是些少见的怪音（如"浊紧喉音"）或相差甚微的音值（如 eʔ、Λk、œʔ 并为 əʔ，Aʔ、əʔ 并为 eʔ，ãõ 并为 A，uø 并入 ø，yø 并入 y）。就字音说，文白异读大为压缩，多数是保留白读音，放弃文读音。词汇方面则许多单音词演化为双音词（包括带词缀的），许多基本词汇（包括大量常用的封闭性词类）、特征词也发生了变化，还有新词语大量涌现。语法方面主要是动词的体貌有较多变化，其他原有的许多助词则略去不用（如表关联的"咾、末"）；有些则是受通语的影响（如吃仔饭→吃了饭，看我勿起→看勿起我）。应该说，上海话一百多年来的变化是比较大的，这主要是因为人口的急速膨胀和密集地聚居，使多方杂处的方言在竞争中碰撞，争斗的结果往往是"略异趋同"。都市化进程中生活节奏加快，商业运作求新求异，也带动了社会生活内容和语言手段的频繁更新。

和上海话相比，苏州话 100 年间的变化则要小得多。据丁邦新《一百年前的苏州话》（2003）[②] 就陆基的《苏州同音常用字汇》与 1988 年出版的

---

① 钱乃荣：《上海语言发展史》，上海：上海人民出版社 2003 年版。
② 丁邦新：《一百年前的苏州话》，上海：上海教育出版社 2003 年版。

《苏州方言志》所作比较，一百年间苏州话的音类系统的差异只有以下三点：

(1) ɛ、uɛ →E、uE

(2) u →ʔ

(3) uo、uoʔ、uaʔ →o、oʔ、uaʔ

音值的差异也只有以下四点：

(1) iE →iI

(2) üo、üoŋ、üoʔ、uã →io、ioŋ、ioʔ、iã

(3) un、ün →uən、yən（可能同音）

(4) u →u 和 əu

苏州历史悠久、人口变动相对较小，又有许多"苏白"的唱词和文本有过记录和流传，方言上变动较小是在情理之中。

和苏州话相类似的有福州话、厦门话和广州话。福州话的音类在 300 年间的明显变化只是两个韵母发生合并：uoi、ui →ui（杯、辉合并），ieu、iu →iu（秋、烧合并），声母、声调一如既往①；厦门话的语音系统在百余年间只发生了两个明显变化：入母混入柳母（dz 并入 l）、参韵混入公韵（om 并入 ong），而且这两点变化牵涉的字都很少。另外是音值上的变化，o 韵在年轻人中变为 ə；广州话百余年来的变化也少，只是两套塞擦音声母合并为一套：tʃ、tʃʰ、ʃ 并入 ts、tsʰ、s。

另一种变化快的方言是受其他方言挤压的边界方言和被其他方言包围的方言岛。20 世纪 80 年代，我们曾调查过闽东宁德市碗窑村的闽南方言岛，根据三位发音人（分别为 75、44、19 岁）的发音，声母和声调并无区别，但韵母中新派把老派的 29 个韵母合并为 11 个韵②：

ɣe、ue →ue	ɣeʔ、ueʔ →ueʔ
am、an、aŋ →aŋ	ap、at、ak、aʔ →aʔ
im、in、iŋ →ieŋ	ip、it、ik、ɣt →ieʔ ~ iek

---

① 李如龙、梁玉璋、陈天泉：《福州话语音演变概说》，《中国语文》1979 年第 1–6 期。

② 李如龙、陈章太、游文良：《宁德碗窑闽南方言岛二百多年间的变化》，《中国语文》1982 年第 1–6 期。

iam、ian →iaŋ   iap、iat、iak →iaʔ ~ iak

uan、uaŋ →uaŋ   uat、uak →uaʔ ~ uak

m、ŋ →ŋ

可见，不同的方言，由于历史和现实的条件不同，不论是萎缩的速度或蜕变的进度都有很大的差异，萎缩的起点何在，蜕变的重点是什么，都需要进行全面深入的调查和比较分析。为了使这一考察和监测更具成效，必须按照方言的分区和分布特点以及社会文化的特征区分不同的类型，设计调查点：文化古城、新兴工业城、方言区中心区代表点和新老方言岛（旧的如三百年前的"卫、所"所在的小镇，新的如三峡移民村）。此外，多民族杂居的乡镇等，都应有必要的布点。按不同类型制定合理的调查表格（包括反映语言使用状况和方言本体特征的内容），按照大体一致的方法和要求开展调查，变少数点的抽样调查为大面积的普查，变随机调查为有计划的考察。这样做，方言的监测就一定能做出成果来。

三、汉语方言资源的理论开发有重要意义，应以此为动力，改造汉语方言的研究

汉语方言有如此丰富的资源，它的开发，首先具有重要的理论意义。中国现代语言学的兴起是从 20 世纪 30 年代开始的。当时的第一代语言学家把音韵学研究和方言调查结合起来，用方言事实证明古音流变，纠正了传统的汉语音韵学"考古功多，审音功浅"的偏向，这才使中国语言学走上了科学的坦途。罗常培曾就此做过总结："治韵学者，务须本乎时序，参校方言，各还本真，弗加轩轾，而后流变昭然，是非不掩。""民间俗语，每存古音，异族方言，可证旧读。苟欲旁征博校，窥见音韵精微，则外宜博学殊域言文，内须多明方音系统。"[①] 沿着这条路子，数十年来汉语方言的调查研究已

---

① 罗常培：《汉语音韵学导论》，北京：中华书局 1956 年版，第 23 - 24 页。

为汉语语音史、词汇史乃至语法史的研究提供了大量可贵的证据①。近 20 年间，上古音的研究更与汉藏系诸语言的研究联手，相互论证，取得了重大的进展。关于藏缅语与汉语的亲缘关系，汉藏语从无声调语言演变为声调语言等，都已经得到了广泛认同的结论。

在已有的基础上，汉语方言资源的开发还可以在汉语语言学的理论建设上做出更多的贡献。这里试谈谈若干较为迫切的、值得引起重视的工作。

第一，为濒危方言进行抢救性的调查。

毋庸讳言，尽管还不是普遍现象，汉语方言中还是存在着一些处于快速萎缩、蜕变中的方言点。例如《中国语言生活绿皮书：中国语言生活状况报告》（2006）提到的：闽浙边界一带的畲话，两广、湘、琼的水上人家所说的疍家话，两广、闽、琼不少地方所分布的"军话、正话、儋州话、迈话、伶话"等方言岛。此外，闽北山区及湘桂边界的一些通行面很窄的小方言，能使用的人口已经很少，受全国和地区性通语影响也很深，如不及时记录，也可能在不久的将来失传。这些方言既然还存活着，就是一方地域文化的古老遗产。抢救、发掘这些方言，对于了解这些地区的历史文化，保存其独特的民俗都有重大的意义。应该把这项工作提高到保护非物质文化遗产的高度来认识和运作。

应该说，在抢救濒危方言方面，多年来我们的认识和工作上都有明显的进展。在各种会议上，政府的有关领导人如许嘉璐、李宇明、杨光等都再三强调过。为了维护语言的多样性，保持语言生活的和谐发展，应该做好抢救、保存濒危语言的工作。社会科学院、文化部和教育部、国家社科基金为此建立了专门的研究项目，为调查和出版有关专著提供资金、组织力量，并且已经初步收到了可喜的成果。曹志耘（2001）在跨入新世纪后就及时地提出了如何抢救濒危汉语方言的方法。他谈到的一系列对策和措施是很有意义的。②

第二，整理和研究近代方言的民间文献和传教士所编的方言读物。

---

① 李如龙、刘镇发：《中西学术的融合与创新——论 20 世纪的汉语音韵学与汉语方言学》，《语言科学》2003 年第 5 期。

② 曹志耘：《关于濒危汉语方言问题》，《语言教学与研究》2001 年第 1 期。

明清以来，由于方言口语和书面通语日益悬殊，全国各地方言都有民间学者编写过本地韵书和其他杂字、小词典，记录过本地山歌、童谣、唱本，撰写过反映本地风物、风情的小说、笔记。其中有的已经有学者做过整理和探讨，但多半未引起充分重视和深入研究；有的还只是以手抄本形式流传过。这些民间文献直接保存着方言的语音、词汇语料和俗字资料，是我们研究方言史及近代汉语的宝贵资源。

与此同时，还有外国传教士来华之后，出于布道需要而编纂的东南沿海各种方言的词典、课本、描写语法以及用方言说解的圣经和其他读物。据游汝杰调查、搜集，仅就东南方言材料统计，自 1828 年起，语音、词典、课本、语法类专著就有 251 部，其中粤语最多，达 90 部；方言翻译的圣经（含汉字本、罗马字本）则达 1 200 种，其中以闽语最多，有 474 种。① 按照他的评价："这些文献记录描写并研究了当时各地汉语方言，在广度、深度和科学性方面远远超过清儒的方言学著作，也是同时代的其他文献，比如地方志和方言文学作品所望尘莫及的。它们对于研究近代中西学术交流、中国基督教史、汉语方言学和方言学史都有相当高的价值。"利用这些文献，至少可以十分完整地归纳出十几种方言的 19 世纪的语音系统，整理和研究其词汇和语法，考察这些方言一百多年来的历史演变。近十年来，这方面工作已经逐渐引起学者们的注意，从初步发表出来的研究报告看，游汝杰的这些说法是有根据的、正确的。

第三，加强方言词汇和语法的研究，并关注语音的结构与词汇、语法的关系。

方言本来就是语音、词汇和语法几个子系统互相结合的大系统，许多词汇、语法现象是透过语音的结构和变化表现出来的。例如变调构词、反映词汇语法意义的轻声和变调，以及种种小称及变声、变韵等音变现象。以往的方言研究多侧重于语音，从语音结构系统扩大为音韵比较，并且以为方言词汇缺乏系统性，方言语法则大同小异，因此未能重视词汇、语法的研究，对于词汇、语法和语音之间的相关联也未加深究。20 世纪 80 年代以来，方言

---

① 游汝杰：《西洋传教士汉语方言著作书目考述》，哈尔滨：黑龙江教育出版社 2002 年版。

词汇研究受到重视，研究者编了不少方言词典，但是大规模的穷尽式的调查还做得很少，一般只是数千条的规模。2000 年出版的张光明、温端政所编《忻州方言俗语大词典》（上海辞书出版社）历时十几年，收入方言词语22 000多条，这是值得肯定的。此外，关于词汇的结构系统、语义系统、语用系统的研究，词汇中基本词与一般词的替换迁移，通语词（尤其是书面语词汇）对方言词汇的影响，不同方言在造词方法上的异同，方言中固有词汇与借用词汇之间的竞争和更替，都还缺乏认真的调查研究。至于方言有没有自己的语法结构系统（例如虚词的系统）、有没有自己的语法化演变过程和规律，在学者之中可能至今还持有不同的看法。为了提高汉语方言的整体研究水平，这方面的不足应该及时补上。

第四，应该大力提倡并切实加强方言语音、词汇和语法等各个方面的比较研究。

汉语方言的研究，只有广泛、深入地进行纵横两面的比较，拿单区内部各点或多区之间的方言事实作比较，拿现实的方言与古今汉语的通语作比较，乃至和汉藏语系诸语言作比较，才能弄清楚现代汉语方言的分区以及方言区之间的异同，才能了解方言与通语之间的亲疏远近关系，才能理清方言与古代通语或古方言之间的演变关系和层次关系，才能探知远古汉语与汉藏系诸语言的渊源关系和接触关系。总之，只有经过比较，才能真正地建立科学的汉语方言学，并使方言研究更好地为汉语史的研究、为汉藏语言学的研究做出更大的贡献。比较对方言研究来说不仅是方法问题，而且是方向问题，是汉语方言研究寻求理论提升的根本出路[1]。

四、汉语方言资源的应用开发大有可为，更需大力推进

开发汉语方言的资源在理论上有重要意义，这方面在学术界应该是没有争议的，数十年来汉语方言学确实也做出了理论上的贡献，并且近些年来正在进一步发展之中，可是在应用开发方面，还远没有引起关注。事实上，开

---

[1] 请参阅李如龙：《汉语方言的比较研究》，北京：商务印书馆2001 年版。

发汉语方言的资源以利于社会应用是大有可为的，亟待大力推动。这里谈谈我们所应该做的三件事。

第一，开发汉语方言资源首先要应用于语言教育。

我所理解的语言教育是一个庞大的系统工程，包括五个方面：母语教育、外语教育、对外汉语教育、民族地区的双语教育以及社会语文教育。利用汉语方言资源和这些方面都有或大或小的关系。

关系最大的自然是母语教育。所谓母语教育指的是面对青少年的现代通语教育——语文教育。直到目前为止，举国上下的学龄儿童绝大部分都是在方言母语的环境中浸泡过多年的。即使未掌握方言母语，儿童在学前所接触的普通话也是带着方言色彩的地方普通话。学前的语言习得先入为主，对于入学后接受的语文教育不可能没有影响。面对这样的学生，母语教育是视而不见，另起炉灶，一心只管教学普通话，还是正视方言母语的老底，针对不同的方言特征开展通语教育呢？显然只有后一种选择才是正确的。无视既成事实的方言母语的基础，绕开它走，语文教学势必受到方言的干扰；只有正视它、研究它，找出本地人学好普通话（包括标准音、规范词和正确句型）的易点和难点，有针对性地进行有效的训练才是正路。20 世纪 50 年代的全国方言普查提出的两大任务之一就是为"推广普通话服务"。当时各地都根据方言调查的成果编了"××人学习普通话手册"，在现代汉语教科书中也增加了"方音辨正"。但是因为没有针对应用方面、从教学上的需要开展研究，那些教材大多没编好。要么太深，用许多语言学术语来分析方言，讲解方言与《广韵》音系的对应；要么抓不到要害，只是对照一些人所共知的词汇（日头—太阳，月光—月亮）。教书的老师也接受不了，应用不好。后来，此类教材也就销声匿迹了。事实上，方言普查的成果是不能直接搬到课堂上的，应用于语言教学的方言和通语的比较研究需要另辟蹊径。关于这一点，李如龙在《汉语方言学》（2007）中有专节的论述①，这里不再细说。

民族地区的学生往往也有某种汉语方言的母语基础，例如云贵川的学生先学到的汉语是西南官话，他们在学习全国通用的标准语时也会和方言区学

---

① 李如龙：《汉语方言学》，北京：高等教育出版社 2007 年版，第 202 页。

生遇到同样的问题。实行双语教育需要对比的包括民族母语、国家通用语和背景方言，情况更加复杂，需要更多方面的对比研究和教学研究。

方言区的学生学习外语往往有不同的难点。为了提高外语教学的水平，也必须进行汉语方言和外国语的对比研究。例如，英语里面的［si］，普通话里没有这样的组合，连中央电视台的播音员都读为［sei］，又，因为汉语里少有［iə、uə、ɛə］的元音组合，许多人也发不好这些音。这些音只要老师稍有提示是不难掌握的。

至于对外汉语教学也并非与汉语方言无关。近些年来有些外国学生提出了学习某种汉语方言的要求。广州话、上海话和厦门话的教学班已经陆续有人开设，但是如何编写适用于外国学生的教材，采取合适的教学方法，还很少见到有专门的研究。

在社会语文教育方面，为了形成说普通话的氛围，提高普通话测试的质量，培训第三行业从业人员的普通话水平，也有针对本地方言特点加强有效普通话训练的需要。

可见，如何把汉语方言的资源应用于多种语言教育，还有待方言学者和语言教育工作者联手进行研究，编写适用的教材，做好教学设计，进行试验和总结。

第二，汉语方言资源，还应该应用于语言规划的制订和贯彻方面。

改革开放以来，尤其是跨入 21 世纪以来，我国的语言生活发生了许多新的变化，正如《中国语言生活绿皮书：中国语言生活状况报告》（2006：2－3）所指出，"语言生活朝着主体化和多样性发展"，"新的语言现象大量涌现"，"普通话和方言互动加快，强势方言对弱势方言形成了一定的冲击"。在新的形势下，对于"方言进入媒体、方言教学进入课堂"的问题，对于要不要坚持"语言规范化"的问题，学术界还有些不同看法。在对待方言的政策上，也还有"保护方言""保卫方言"的种种不同的提法。要制订好语言规划和语言政策，首先应该在理论上统一认识。

如前所述，至今为止，绝大多数中国人最先学会的母语还是方言。联合国教科文组织 2001 年 11 月 2 日通过的《世界文化多样性宣言》指出："捍卫文化的多样性与尊重人的尊严是密切不可分的。每个人都有权利用自己选择的语言，特别是用自己的母语表达思想。"我国制定的语言政策历来强调："普及普通话不是要消灭方言，而是要使公民在说方言的同时，学会使用国家通用语言。"应该说，我们的基本精神与此是相符合的。语言是一种习惯，也是一种生活能力的需求。习惯是根据需求而不断变化着的。我们还应该看到，在语言生活中还有不可否认的另一个更重要的方面：全社会需要一种通用的语言。这不但是国家建设、社会进步的需要，也是个人在社会生活中得以生存和发展的实际需要。应该说，体现社会语言的主体性的通语和体现语言的多样性的方言本来就是相互依存的。尽管二者之间有着不同的消长过程，它们之间也是可以和谐统一的。

在当前情况下，方言播音要不要进入广播电视？已经进入的，要不要限制其播送时间？报刊和文艺作品中允不允许使用方言词句？小学课堂上要不要教学本地的方言儿歌和童谣？所有这些问题，似乎都可以按照"习惯"和"需要"的原则，根据不同方言地区的实际情况，先放放手，逐步进行一番调查研究，看看实际效果如何，各方面群众反应如何，再做权衡也不迟。既不要因"先前不是这样的"，就认定这是"方言回潮"，忙着去"烘干"它，也不必为之鸣锣开道，非得使"星火燎原"起来不可。习惯可以改变，需要可以调整，左右语言生活取向的不是靠上方的政令，而是社会生活中的实际需求。应该在千百万群众的实践过程中，经过长时间的选择、试验、磨合、总结然后确定正确的方向和策略付诸实践。

至于语言规范问题，近些年来学界的认识大体是一致的。20世纪50年代提出"规范化"的要求并不是完全没有客观依据的。在书面语与口头语差别巨大、文言和白话并行并用、通语和方言尚难划界的年代，提倡和强调规范是必要的。后来在工作中理解有些片面，划界显得生硬些，并且对于不同文体（例如公文、词典语言与文学创作、口头表达等）没有加以区别，因而产生了一些误解和消极的效果。然而也不能抱着"今是而昨非"的看法，认为提倡语言的规范全错了。规范是一种社会的需要，也是在社会实践中约定俗成的。尤其是人多语杂的时代和地区，完全没有规范是行不通的。在维护规范时，如果增加些弹性和宽容，对于汉字的字形和读音的规范与词汇语法的应用分别采取不同的尺度，就会得到更多的人的拥护和支持。语言工作者如能置身于社会语言实践之中体察其效果，总结其经验，而不是站在大众的前面规定这个、限制那个，这样来促进和维护规范应该是会受到大家的欢迎的。

第三，汉语方言资源在文化艺术的传承上也能发挥巨大作用。

中国学者调查方言是从 1918 年北京大学的歌谣研究会研究民间歌谣开始的。1923 年沈兼士在《歌谣》增刊中写道："歌谣是一种方言文学，歌谣里的词语多少都是带着地域性的。倘使研究歌谣而忽略了方言，歌谣中的意思、情趣、音调至少会有一部分损失。所以研究方言可以说是研究歌谣的第一步基础功夫。"① 歌谣包括儿歌、情歌、童谣等都是能念能唱的，此外还有能说的（民间传说、故事、谚语），配合着唱腔、舞蹈和器乐演奏的，还有各方言区都很常见的戏曲和曲艺。这些千百年来用方言记录下来的民间文学，既是民族文化、地域文化的创造和传承，也蕴含着世代交替中规范着社会生活准则的道德信条，还是培育下一代的学养和语言能力的口头教科书。这是历史积累的生活经验和艺术创造的宝库，是极其丰富而珍贵的中华民族的非物质文化遗产。有了现代学堂和新型语文教育之后，也由于共同语的不断普及，这些良莠不齐的零碎的方言作品和慢节奏的艺术演唱，逐渐不适应紧张繁忙的现代生活了，许多现代化文艺活动则以多样的、崭新的形式（电影、电视、VCD、卡拉 OK 等）掀起了一阵阵时尚的新潮。方言文艺不可避免地式微了。近些年来，保护和发掘非物质的传统文化遗产，引起了广泛的关注，成为各级政府的运作行为，取得不少成果。相声、小品和某些方言电视连续剧的制作和表演也颇受群众欢迎，可以认为是方言艺术的新葩。但是许多方言文艺、地方戏曲的研究，语言学家介入的还不太多。关于地方戏曲、曲艺与方言音韵、用词和句式的关系，普遍缺乏深入的探讨。20 世纪八九十年代由文化部主持，举国上下调查整理出版了地方谚语、歌谣、故事的"三集成"，本来是有重要意义的，但始终没有方言学家参加，把许多生动活泼的方言词语都转写为普通话，失去了原汁原味，大大降低了出版这批《集成》应有的意义。"不能不令人遗憾的是，将近 100 年过去了，民俗、歌谣的研究虽是汉语方言研究的发端，而在汉语方言学有了长足进步之后，却未

---

① 王福堂：《二十世纪的中国语言学》，北京：北京大学出版社 1998 年版。

能回过头来为民俗、歌谣等的研究做出应有的贡献。"① 这其中原因想来有两条，一是人文学科分工太细，相关学科之间沟通不够，互动的研究、综合的研究太少；一是语言学者的应用意识、服务意识也不够。这是值得引起注意并加以改进的。事实证明，只要思想上重视，事情并不难办。福建省人大常委会于 2004 年组织全省有关专家研究制定了民族民间文化保护条例，并就需要加以保护的文化遗产进行摸底排队，于 2004 年 9 月通过了该条例，又于 2005 年公布了省首批非物质文化遗产 1 012 项，其中与方言有关的就有 36 项。经过上报国务院，于 2006 年 5 月公布了首批国家级非物质文化遗产名录，其中福建省与方言有关的就有 23 项。②

关于方言与文学艺术的关系，在政策处理上目前也存在一些争议。例如方言小品和连续剧要不要放手发展？电视剧的某些角色要不要容许方言对白？地方戏曲要不要维护传统正音？看来在这些方面还是宜宽不宜严。先放开一点，再好好总结经验，应该是可取的办法。这与福建的方言复杂、艺术加工的水平高、在群众中影响也大有关，与领导部门的重视也是分不开的。

为了做好汉语方言资源的应用开发，特提出以下建议：

（1）建立汉语方言资源监测研究中心（可隶属于"国家语言资源监测与研究中心"），以立项招标方式组织联络全国各地有关专家开展汉语方言的监测研究。

（2）除了全国汉语方言学会之外，有些省也有各自的方言学会，许多高校还有汉语方言研究中心，建议由教育部有关部门领头联络这些学会和研究中心，建立经常性联系，共同设计有关方言资源监测研究的课题，条件成熟时成立全国汉语方言动态调查工作站，分期分批对各种类型的方言演变状况进行调查和考察。

（3）进一步摸清濒危方言的分布，按照其萎缩蜕变的程度，逐步落实这些方言的抢救性调查计划，及时将调查材料整理成音档、光碟和文本加以保存。

---

① 李如龙：《汉语方言学》，北京：高等教育出版社 2007 年版，第 392 页。
② 福建省人大常委会科教文卫委员会编著：《福建民族民间传统文化：历史·现状与思考》，福州：福建人民出版社 2006 年版。

（4）由教育部有关部门组织多方面的专家研究中小学语文教育中如何针对方言区的实际进行教学改革，编写有关教材或教参，进行教学试验，获取经验后进行推广。

（5）经过调查举行专题研讨会，讨论有关汉语方言的各种语言规划和语言政策问题，向国家语委提供制定政策的参考。

语汇学三论^①

　　自从白话和白话文学登上历史舞台，现代口语和书面语中大量的成语、俗语、歇后语就逐渐引起研究汉语学者们的关注。从 20 世纪 20 年代开始，经过几代人的研究，不但搜集整理了大量生动活泼的材料，而且对于这些语汇的构成和特点也逐渐形成了比较明确而且十分一致的认识。然而一直到了 21 世纪，经过长期语汇研究的温端政教授，才明确提出"语词分立"的倡议（2002），不久并推出了《汉语语汇学》（2005）和《汉语语汇学教程》（2006）两部专著。在这两本论著中，他强调了汉语语汇是一个庞大的系统，并追溯了汉语语汇研究的历史过程，在总结现代语汇学研究经验的基础上，初步建立了汉语语汇学的理论架构。正因为有了近百年实际研究的雄厚基础，关于汉语语汇学的这些论述得到了学界的普遍认同和积极响应。现在来讨论建立汉语语汇学问题，是十分必要，也是十分及时的。本文试谈三点想法，以求教于各位先进同行。

---

　　① 本文刊于《汉语语汇学研究》（温端政、吴建生主编，商务印书馆 2009 年版）。

一、语汇学为什么迟到

不论是从传统的小学（音韵、文字、训诂）来说，还是从现代语言学对汉语的研究来说，汉语语汇学都是一门迟到的学科。探讨一下这门学科为什么会迟到，对今后的研究应该是有益处的。

中国传统的语文学，称为"小学"。因为这是为了研究和传扬经学而设的基础性的入门学科。文字、音韵、训诂是从形音义三个方面研究汉字的学问，而汉字不仅是汉语的书面符号，也是汉语的最小的表义单位。在漫长的封建社会里，用汉字书写的书面语，从官方文书到历代积累下来的"经、史、子、集"一直是统治着社会生活的基本工具。经过几千年锤炼的文言文，更是神圣的正宗。民间的俗语，始终是不登大雅之堂的。只有到了白话文抬头，近代官话口语在社会上成为通语，俗语逐渐写入小说、笔记，才可能成为研究的对象。

现代中国语言学是在借鉴西方现代语言学的思想和方法后逐渐建立起来的。早期的西方语文学也强调研究有书面规范形式的语言系统，而排斥口语中的言语变异的研究。注重研究语音和语法的系统，把词汇的研究纳入语法之中，并且只注重形式上的结构，而忽视意义上的大小单位和层次的分析。在这种研究方向的影响下，抛开了历来关于俗语、谚语、成语等现成的词汇学的概念，硬是把它替换成语法学的概念，纳入关于语素、词、词组、结构、短语、分句、小句等语法分析的框架，削足以适履，以至把这些语汇成分弄得面目不清。这种情况说明了汉语的研究未能切应汉语的特点。语言是一个结构系统，各种语言系统既有共同之处，也必有自己独有的特点。汉语的结构系统显然是重词汇、轻语法。许多语法关系都是靠虚词来体现的。词语的组合关系往往比起语法形式的标志更加直接地表现语义的组织和表达。

直到不久之前，十分关注汉语的特征去研究汉语语法的徐通锵教授才深入分析了汉语的"语义语法"特征。他指出："汉语的语法结构以语义为基础，形成了有自己独特的语义语法或语义句法，而印欧语的语法结构与词的形态变化紧密地联系在一起，因而我们把它叫做语形语法或形态语法……汉语有悠久的语义研究的传统，但没有类似印欧语那样的语法研究。一个句子只要弄清楚其中每一个字的意思，也就弄清楚了这个句子的意思。汉语传统的经典著作，如《尔雅》《说文解字》《方言》《释名》等都是从不同的侧面研究字义。"（徐通锵，2001：137）

成语、谚语、惯用语、歇后语大量都是从民间口语产生的，是无数的人民大众在言语应用中继承、变革和创新的结果。汉语中这些各式各样的"语"，从数量上说，比一般的"词"要多得多。20世纪90年代以来先后编成的《语海》和《歇后语大全》等所收的各类的"语"就在16万条以上。张光明、温端政就一个地点所编的《忻州方言俗语大词典》就收了各种"语"12 000多条。"汉语语汇不仅是一个系统，而且是一个极其庞大的系统。"（温端政，2005）在最近的几十年间，研究民间口语、研究言语逐渐受到重视。探索汉语自身的特点，继承和发扬词汇语义研究的传统，也使人们获得了许多新的思路。正是这样的新形势，催生了汉语语汇学。

二、语汇的基本特征

如果说介于字与句之间的无非是词和语的话，那么要考察"语"的特征，就要和字、句相比较，更重要的是，要与"词"作比较。

除了少数联绵词、译音词中的单字之外，字是形音义的统一体。除开同音字、异体字和多义字来说，每一个字都是用一个音节、一个字形来表示一个意义。词和语则是由"字"组成的。"字"是汉语的最小的音义单位，"句"是言语表达和交际的、有一定语调和明确语用意义的单位。"句"通常是单个词和语或由几个词或语组成的。词、语和"字"及"句"是三个明显有别的层级。

至于词和语的区别，大概可以从下面四个方面来考察。

第一，在语音方面，词和语都有由音步组成的韵律。两个音节组成一个音步，都是"韵律词"（prosodic word）。自从双音词大量产生并在使用中占了优势之后，汉语的标准音步（韵律词）就是两个音节构成的，单音节语素是"退化音步"（degenerate foot），三音节音步是"超音步"（super foot）

（冯胜利，2000：78）。汉语的音步组成的基本规则是：其一，两个音节、三个音节都组成一个独立的音步；其二，四音节以上的组合都按2+2、2+3、2+2+3等方式划分音步（冯胜利，2000：95）。语是两个词以上单位组成的，只有三音节的惯用语和三音词都是一个超音步的单位。但是，在三音词的超音步之中，音节之间是不能有语音间断的。例如：加拿大、墨西哥、数理化、工农兵、落花生、潜水艇、机关枪、红小鬼、总经理。而三音节的惯用语的两个词之间，则没有三音词结合得那么紧，常常可以"离合"，插入其他成分（有人称为离合词）。例如：泡蘑菇——泡什么蘑菇、开后门——开给谁后门、半瓶醋——半瓶子醋、直肠子——直直的肠子。四音节以上的成语、谚语、歇后语则是由两个以上的音步组成的，和一个音步的韵律词有鲜明的差异。

第二，在语法方面，词和语也是明显不同的。"语"由"词"构成，"语"比"词"长，此其一。"词"的层次简单，从结构说，只有单音词、双音词、多音词。有一些专名和专业术语把几个词固定联系起来，在语流中常常当一个词用，如地名（朝阳门北小街六条）、机关名（中国社会科学院语言研究所方言研究室）、科技术语（口蹄疫病毒疫苗），这类固定词组通常只限于专有名词类。但是，从语法类别说，"词"却是十分复杂的，有虚、实的各种词类，每一个词类还可以分出几层小类。而对于"语"来说，情况正好相反，结构层次多而词性简单。"语"的结构层次，有类似词的惯用语，有两音步的四字格的成语，有必定要成句（包括单句和复句）的谚语，有一句分成两段的歇后语。但是，从词性说，"语"只有实的没有虚的，各类的"语"大多属于谓词性短语（VP），只有少数是体词性的（NP）。至于"语"之内各词之间的结构关系，则和词内语素的结构及句中各种成分的结构（并列、偏正、主谓、动宾、动补等）都是一脉相承的，这一点是从词到语、到句的共性，也是汉语语法的重要特点。

第三，在语义方面，词和语有着更加明显的差异。词义是人们约定的对客观事物的指称。诚然，这种指称是经过人们认知、理解，在言语交际中已经获得共识的、经过抽象化了的。就其内容说是比较单纯的，主要是对客观现象的反映，虽然词义也可能有表示一定形象、感情或语体的"附属义"，但作为核心的主体则是它的客观的"概念义"。"语"的意义则主要表现了使用该语言的人群对客观事物的种种描写和表述，在描写和表述中掺入了更多对事物的主观认识甚至加上不同程度的渲染或褒贬。此外，还有对各种观念的分析和论断。如果说"词"义的主要特征是单纯性和指称性，那么"语"义的主要特征则是它的综合性和表述性。例如：惯用语主要是说明某种现象和状态；成语主要是对客观现象、状态和事理的概括、描状和说明；谚语主要是对自然与社会现象的总结、叙述和论断；歇后语主要也是对日常生活中常见的现象的生动描述。

词由字（语素）组成，大量的词义是词内所含的语素的意义的相加（白马：白色的马，水桶：能装水的桶，三脚架：三个脚的架子），而"语"的字面意义和所表达的意义常常是不一致的，总要经过引申、比喻或者有所转移（走后门、过河拆桥、画蛇添足、水至清则无鱼、擀面杖吹火——一窍不通）。然而，一个"词"往往有多个义项、多种表达方式，"语"则义项少、表达方式也不太多样，这也是词和语在语义上的重要区别。

第四，在语源方面，词和语的差异也值得做一番考察。由于汉字不表音，隶变之后又形体凝固，作为汉语的语素，不断地衍生、合成新的词汇，而在民间口语中，词汇的衍生走的是另一条因音派生和因义延伸的路，汉语词汇的生成明显分成了口语造词和书面语造词两个轨道。这就促使了书面语和口语的分道扬镳（李如龙，2007）。也由于汉字的关系，借助着书面语的强大影响，古代汉语词汇大量传承到现代汉语，通语词汇和方言词汇的相互转换也十分方便、经常发生。现代汉语词汇中，经过书面语造出来的和口语中生成的各占多少比例，还没有人做过统计。自汉代以来，语素合成的双音词的不断大幅度的增加一直没有衰退过。在现代汉语词汇中，这类由字合成的双音词应该占有很大的比例。如果说这股巨流是书面语造出来的，应该是符合人们的语感的。例如：深：深奥、深广、深厚、深刻、深切、深邃、深透、深望、深省、深远、深湛、深挚、深沉、深长、深究、深交、深闺、深山、深思、深谈、深意、深夜、深渊、深潭，高深、艰深、幽深、渊深、纵深、资深、景深、加深、进深、精深；浅：浅白、浅薄、浅陋、浅明、浅显、浅鲜、浅易、浅近、浅见、浅海、浅滩、浅说、浅露、浅学、浅笑、浅色、粗浅，短浅、肤浅、浮浅、疏浅、微浅、眼浅……与此相关的是，现代汉语中积存的文言词、古代书面语词也是相当可观的。由于汉语书面语长期与通语相互依存，书面语词汇中的方言词甚少；相比而言，除了古代传下来的成语之外，惯用语、谚语、歇后语等大多是产生于口语的创造，其中不少还是来自各地的方言。可见，"词"和"语"的渊源也是有所不同的。

如果说，语词的生成的先后层次也是不同语源的差异的话，词和语在这方面有更大的区别。在生成的顺序上，很明显，"词"的生成是原生的，"语"则是利用词的组合再次合成的，也可以说是再生的。例如，深入浅出、没深没浅、才疏学浅、深谋远虑、深情厚谊、深恶痛绝、年深月久、根深叶茂、根深蒂固、水深火热、血海深仇、目光短浅、浅尝辄止等，应是在上文所列举的"深""浅"，以及许多与之相关的双音词产生之后才组装起来的。如果说，词汇是分了类的原材料和粗坯的零件的话，语汇则是预制品的打磨或是零件的组装。

三、关于语汇的定性和分类

从词汇学的角度，回到现实生活的语感中来，把成语、谚语、惯用语、歇后语归为语汇，和原来的词汇区别开来，十分快便，似乎是没有问题了。其实，汉语的词—语之间还是有许多复杂的关系的，从字到语素、词，从短语到句子，每一个单位之间的界限常常似有似无，用起来十分灵活。例如骆驼的"驼"，只是一个表音字，出于表示新概念的需要，可以造出"驼绒""驼峰""驼铃"等词，"驼"便成了语素；"春、男"一般不单说，只是个语素，但在书面语中，也可以当作词用（1960年春出生；男，49岁）；"大雪、跑街、过关、看好"有时是词，有时是短语。在汉语的结构系统中，本来只有字和句（文心雕龙："因字而生句"，常言：字句通顺）。赵元任说："汉语中没有词，但有不同类型的词的概念"，"为什么非要在汉语里找出其他语言中存在的实体呢？更有成效地进一步研究，应该是确定介乎音节词和句子之间的那级单位是什么类型的。至于把这些类型的单位叫作什么，应该是其次考虑的问题。"（1975）就在语汇已有的研究中，也有一些词和语难以划界的情况，这主要存在于惯用语之中。有一本《新惯用语词典》（上海辞书出版社，1996）就收了50多条双音词，除了亚当、武松、宋玉、鲁班等人名《现代汉语词典》按例不收之外，绝大多数都作为词目收在1996版的《现代汉语词典》之中：插曲、滑坡、曝光、跳槽、鸿沟、开刀、内伤、花瓶、吹风、找死、顶牛、变卦、点火、歪风、起飞、借光、草包、降温、泡汤、脓包、丘八、油条、园丁、疮疤，其中有不少是本义、引申义兼有的，有的本来就是用比喻手法造出来的词，都应该是双音词。即使是由三音节惯用语或四音节成语紧缩的（吹牛、拍马、杞忧、代庖之类），也应该认定为双音词。"语"比"词"大，"语"是由"词"组成的，区分词汇和语汇应该坚持这一条最基本的界限。

还有的惯用语词典，把一些三音节词也收进去了。如《实用惯用语词典》（吉林大学出版社，1989）：发动机、博物馆、向日葵、交际花、望远镜、书呆子、穷光蛋、火车头、暴发户、守财奴、二流子、分水岭、独木桥、飞毛腿、白刃战、财神爷，把这些明显是指称单一事物的三音节词列为惯用语，也是混淆了词和语的界限，显然不合适。对于这类多音词，温端政（2005）认为，必须有谓词性搭配成分"构成叙述性语言单位之后才成为惯用语"。至于阿斗、阿Q、孙悟空之类人名，尽管在言语中用了比拟、比喻义，他也认为"它们是词（专有名词），而不是语"，这都是很有道理的。惯用语是"语"不是"词"，应具有叙述性，这也是为惯用语划界应该坚持的。

把属于"词"的部分从"语"里划出去之后，本来应该属于"语"的，也应该把它认回来。这里主要是针对温端政把名句、格言排除在"语"之外提出商榷。

中国历史悠久，文化名人层出不穷，古往今来，名篇浩瀚。这些典籍世代相传，许多精辟名句早已为人所熟知。有的早已提炼为格言，编入教材；有的作为典故；有的还是直接的引文，经常出现在现代的口语和书面语之中。单是《论语》中的名句，今天还很常说的就有："有朋自远方来，不亦乐乎？""温故而知新""知之为知之，不知为不知，是知也""三人行，必有我师焉""有教无类""吾日三省吾身""不患人之不己知，患不知人也"

"见贤思齐""君子喻于义，小人喻于利""君子坦荡荡，小人长戚戚""岁寒然后知松柏之后凋""四海之内皆兄弟也""工欲善其事，必先利其器""己所不欲，勿施于人""名不正，则言不顺""当仁不让""人无远虑，必有近忧""过犹不及"。至于历来诗文中的名句，就更多了："山重水复疑无路，柳暗花明又一村"（陆游）、"春蚕到死丝方尽，蜡炬成灰泪始干"（李商隐）、"欲穷千里目，更上一层楼"（王之涣）、"朱门酒肉臭，路有冻死骨"（杜甫）。这些名句虽说是"作家个人言语作品"的性质，但是有许多已经常被引用而家喻户晓了，应该是进入了社会上广泛认同的语汇的。如果语汇的大家庭可以接受这个成员，也许可称之为"引用语"或"典雅语"。

关于语汇的分类，温端政提出的"采用形式和意义相结合的原则进行分类"，这是很有概括性的。我的具体理解和他也很相近。所谓形式，最重要的是"语"的长度和几个词之间的组织方式；所谓意义，主要是它在言语中的表述功能。成语多半是旧时书面语传承下来的"二二相承的四字语为主"的（吕叔湘，1989），用来记述事物的情状（博闻强记、头破血流、奔走相告、气吞山河、谈笑风生、废寝忘食），有时也展示事态的情理（孝感动天、唇亡齿寒、苦尽甘来、沧海桑田、哀兵必胜、开卷有益）。谚语是各地口语中创造出来的，通常是用简练、生动而完整的句子来记录生活经验，论述人们对世情物理的认识（万事起头难；无风不起浪；清明前后，种瓜种豆；单丝不成线，独木不成林；靠山吃山，靠水吃水；海水不可斗量；上山容易下山难；早早儿睡，晚晚儿起，又省灯油又省米）。歇后语利用语音或语义的相关联分说成前后两段（比喻语和解释语）组成完整的句子，互相注释，诙谐地说明某种自然或社会现象的情状和事理（破表——没准儿，骑马逛草原——没完，水中捞月——一场空，房檐上的大葱——叶黄根枯心不死，外甥打灯笼——照旧，哑巴吃黄连——有苦说不出）。惯用语形式上最为多样，不少是三音节词组，有时更长，甚至可以用句子形式来描述事物、人品的各种现象和情状（走后门、放包袱、半瓶醋、打埋伏、靠边站、下马威、吃不了兜着走、有眼不识泰山、瞎猫碰上死耗子）。典雅语形式上都是句子，内容上都是典雅的至理名言，是从前人作品中引述的。后来引用多了，可以略去句中部分内容，有时说的人也未必知道出处，这就近乎成语（过犹不及、和而不同、欲速不达），或惯用语（任重而道远；欲速则不达；饱食终日，无所用心），这些用例也都是出自《论语》的。

如果把各类的"语"就其形式和意义的几个方面的特征列成表格作一比较，它们之间的差异就一目了然了。

	成语	谚语	歇后语	惯用语	典雅语
结构	二二相承四字格（固定词组）	单句、复句	分成两段的句子	词组（以三字格为常见）	成句或多句
语源	多由古代汉语传承而来	多为民间创造	民间创造，方言居多	民间创造，现代社会大发展	前人所说，见于书面典籍
风格	多为书面语	口头语	口头语	口头语	书面语
功能	记述客观的情状事理	记录经验，论述道理	记述事态或情理	描述现象或情状	引述古语以论理或描状

参考文献

[1] 温端政：《论语词分立》，苏新春、苏宝荣编：《词汇学理论与应用（二）》，北京：商务印书馆 2004 年版。

[2] 温端政：《汉语语汇学》，北京：商务印书馆 2005 年版。

[3] 温端政等编：《汉语语汇学教程》，北京：商务印书馆 2006 年版。

[4] 徐通锵：《基础语言学教程》，北京：北京大学出版社 2001 年版。

[5] 冯胜利：《汉语韵律句法学》，上海：上海教育出版社 2000 年版。

[6] 李如龙：《关注汉语口语词汇与书面语词汇的研究》，《陕西师范大学学报》（哲学社会科学版）2007 年第 2 期。

[7] 赵元任：《汉语词的概念及其结构和节奏》，袁毓林主编：《中国现代语言学的开拓和发展——赵元任语言学论文选》，北京：清华大学出版社 1992 年版。

[8] 吕叔湘：《中国俗语大辞典·序》，温端政主编，王树山、沈慧云副主编：《中国俗语大辞典》，上海：上海辞书出版社1989年版。

　　附记：怀念好友端正兄！他提出"语词分立"已经二十多年了，这个很能反映汉语特征的观点好像被人忘却了。我很孤陋，也不知有没有后人加以发挥。只从我所熟悉的学者来说，从徐通锵到温端政，凡是致力于发掘汉语特征的论述，因为没有千方百计地套用洋人的说法，似乎在中国语言学界都命运不佳。真有几分奇怪！中国的汉语语言学理论何时能有点"独立自主"啊！

濒危方言漫议[①]

本文探讨三个问题：其一，"方言的濒危"指的是什么？有些现象与方言的濒危相关或相似，却并非"濒危"。其二，濒危方言的主要特征是什么？造成方言濒危的原因有哪些？其三，面对濒危的方言，哪些工作应该做，哪些工作不宜提倡？以下分成五个题目来讨论。

一、方言的变异

方言和任何语言一样，始终贯穿着变异。蒙昧时代的语言变异，我们很难了解了，进入文明时代后，有了文字记载之后，方言的产生就是始于变异。《荀子》曾言："居楚而楚，居越而越，居夏而夏，是非天性也，积靡使然也。"（《儒效篇》）"越人安越，楚人安楚，君子安雅。"（《荣辱篇》）这就说明方言是因地域不同、积习互异而形成的；有的方言因势力大并且借助书面语的作用成为通语（雅言）。有了通语之后，由于人口的增殖和迁徙，接受通语的影响程度不同，也会有方言的分化，早期的方言变异以分化趋势

① 本文在中山大学主办的首次濒危方言研讨会上宣读，曾刊载于《南方语言学》（第 1 辑）（甘于恩主编，暨南大学出版社 2009 年版），后收入《濒危汉语方言研究》（庄初升、邹晓玲主编，中山大学出版社 2016 年版）。

为主。后来，一种方言上升为通语，通语普及和社会政治、经济、文化发展整合之后，不同地域的方言逐渐走向整化，接受通语的影响，不断增加共同性，放弃独特性。除了"自变"之外，方言在历史上还有各种语言接触，和外族语言、周边方言相互影响（同化），造成了"他变"。"他变"有时是强化的变异，甚至引起了方言的"质变"，比如，从甲方言变为乙方言，或因融合而形成混合语。这是方言发展过程中的几种不同类型的变异。

各种变异都会造成语言系统的变化和发展，其中有语音系统（包括音值、音类、联合音变等）的调整，也有词汇系统的变动（核心词的替换，造词法的增删、变换等）、语法系统（词缀、虚词、句型等）的变化。当然，在不同的时期，分化和整化的作用力不同，不同的方言之间变化的幅度就有大有小；在语音、词汇、语法各方面演变的规模和速度也是不平衡的。变化的大小和深浅往往和社会生活的状况紧密相关。一般说来，和平稳定时期方言的变异小，动乱分裂时期方言的变异大，社会转型时期方言的变异和更替也会更为频繁和深刻。

从类型上说，方言的变异有自变和他变两大类。自变是自身的变化，为整合不同的源流会造成变异，为适应自然环境也会发生变异，形成了系统之后还会有调整，特点和成分有扬弃，有更替，有生成，有创新。他变是在语言接触中受到通语或其他方言或语言的影响而产生的，这种影响往往从量变开始，量变积累多了有时也发生质变：从甲方言变成乙方言，或者成了混合语。

从性质上说，不论是自变或他变，变化大小、深浅，融合成混合语或转化为另一类方言，其系统依然存在，社会交际和思维活动的功能也并未消亡。有的学者说，赣语和"新湘语"因为受到现代通语的强大影响，已经丢失了许多方言特点，和普通话相差无几了，其实，它们的湘、赣方言的性质依然存在。许多南方方言在北方的方言岛（如陕西东南部的客家方言岛）和官话在南方的方言岛（如各省的"军话"），虽然也发生了重大的变化，也总是还没有完全被同化，当地人依然称之为"客家话""军话"便是明证。

可见，变异是方言自身的性能，是方言系统的新陈代谢。正是这种恒常存在的新陈代谢体现了方言的生命力，维持了方言在各个时期的社会作用。

总之，方言的变异是方言存活的常态。

方言的变异既然是新陈代谢，必然有些方言特征会发生萎缩甚至消亡，被新的特征所替代，这种变异中局部特征的萎缩和消亡不能视为方言的"濒危"。说"方言特征的濒危"也是不合适的，这是用局部代替整体的偷换概念。

二、方言的萎缩

考察任何语言现象都可以从系统和功能两个方面入手。系统是语言本体的结构，功能是语言的社会效用。语言的功能主要是两个方面：在社会生活中的交际功能和个人精神活动中的思维功能；从纵向看，还有历史文化的传承功能。

方言的变异也有系统的变异和功能的变异。如果说语言的变异指的是系统的变化和发展的话，语言的萎缩则有两种：系统的萎缩和功能的萎缩。

方言的系统总是由民族语言的共性和特定方言的个性这两方面的特质组成的。方言系统的萎缩通常表现为方言独特成分的逐渐放弃，并往往为通语的成分所代替。

进入近代社会以来，城市的形成和发展，商品的流通和交通的进步，增进了不同方言人群的沟通和交往。古代社会的通语主要是文士们所写的书面语，运用于政府文告、社会文书、教材辞书、史料记载和文学作品等方面。近代以来的通语则是在平民大众的交往中形成的，首先在市井妇孺中广为通行。进入近代社会以来，通语的定型、发展和普及与方言系统的萎缩是世界各国普遍发生的现象，只是进度不同而已。在现代社会中这种发展的趋势只会加速而不可能减退。

系统的萎缩会造成方言的量变，量变不断积累还可能造成方言的质变，从甲方言变为掺杂许多通语成分的方言或变为另一种方言。例如赣方言向西扩展到湘东长廊后，和本土的赣语有了不少差异，闽南话传入雷州、琼州也别具一格，成为另一种闽语，这是不同程度的量变；闽西北的方言数百年间，邵武话由闽语蜕变为赣语，浦城县北则由闽北方言蜕变为吴语，这是方言的质变。不论是量变还是质变，方言的萎缩并不会造成方言的濒危和消亡，因为这样的方言，其结构系统并没有崩溃，其社会功能也尚未消减。

方言的功能在语言整化的进程中也会发生萎缩。这种萎缩表现为方言使用领域的缩减。从交际领域来说，在方言和通语并行并用的情况下，方言从社会交际退缩到族群或家庭交际的领域，通语则普及于社会交际并逐渐进入家族内部的交际。从语用领域来说，由于书面通语的普及，方言先是退出书面的阅读，在通语向口语交际普及之后又逐渐退出口语的使用。现今一些东南方言区的不少青少年已经不大会用方言语音朗读古今书面语了，在口头使用方言交际时也不时插入通语的说法（包括语音、词汇和句型）。从语言使用者的领域来说，方言的交际总是从全社会的交际逐渐退出少年儿童的交际生活，而后退出中青年的日常言谈。接触面不广、生活内容单调的老年人的交际生活逐渐成了方言存活的最后空间。

语言的功能是语言的生命力之所在。许多古代语言不再使用了，系统依然存在，便成了历史语言现象。现代方言的交际功能的不断萎缩则会造成方言的濒危。汉语方言中一些边远山区的小方言，只有少数老年人能说，大多数人只留下依稀的、不完整的记忆，不论是交际语言还是思维语言，都被通语或强势方言替换。这种方言便是濒危方言。

可见，系统的萎缩也就是系统的变异，这和方言功能的萎缩也不应该混为一谈，只有功能的严重萎缩才会造成方言的濒危。

三、方言的濒危

如上所述，方言系统的萎缩，就是方言特征的磨损、方言纯正度的衰减。磨损和衰减有轻有重，其终极结果是方言的质变或融合。方言使用度的萎缩，其表现是使用的人口减少、使用的场合缩小和使用的频度降低。后一种情况发展到严重程度便会造成方言的濒危，濒危方言再向前走就可能会衰亡。

近代社会以来，方言的萎缩是大势，是不可避免的、普遍存在的。系统的萎缩和功能的萎缩是一个量变的过程，也许可以把萎缩的过程分为三等：

轻度的、中度的和深度的。不应该把一切功能的萎缩都视为濒危，只有深度的、严重的萎缩才称为濒危比较合适。严重的萎缩常常表现为：只有少数老年人在不大范围里使用。

使用人口减少，有时是因为方言区人口的外流，到区外谋生、定居，方言区本土人口大幅度减少，这是一些分布地域不广的方言岛经常出现的现象。更常见的则是青少年中的方言流失。由于通语的普及和文化教育的发展，也由于社会生活的现代化，读书识字的少年儿童一代比一代更熟悉通语，于是把方言淡忘了。

不少方言即使在原乡本土的使用也逐渐退缩到老年人之中。当大多数青壮年都惯用通语来交际和思考问题时，他们和少年儿童一样也不愿多说方言，这些青壮年由于生活内容和语言生活的更新，和祖辈老年人的方言交际也越来越少。到了中青年不说，少年儿童不懂，方言只在老年人之间通行，也就是濒危的开始了。

方言适用场合的缩小常见的过程是：由于多数方言缺乏书面语形式，方言首先退出的是书面语的阅读。现代的书面语都是使用通语，启蒙教育只能使用通语，在东南方言区尤其是文白异读多的方言区，许多中小学生因为都是从普通话的正音认字的，都不能用方言读书了。和现代书面语相联系的政治、经济、文化、科技领域的语言交际，由于行业繁多、变化迅速，新词新语层出不穷，所用的通语在方言中有不少是难以称说的。如果说，20世纪五六十年代的"土改、抗美援朝、扫盲、夜校"以及"三反、五反、大跃进、公社化、八字宪法、文攻武斗"等说法"一声雷天下响"，在各方言中都能普遍通行；现代的"套汇、控股、物流、法盲、按揭、炒楼花、太空人、洗钱、给力"，乃至"草根、山寨、WTO、GDP"等就令人目不暇接，即便是在官话区也很难迅速普及，用东南方言去"对译"就更难了。人们即使在使用方言交际时常常也有普通话词语夹用其中。于是方言即使还没有停用，也只能退缩到日常生活的交际、地方习俗活动、乡土旧事的叙述和指称之中了。如果连方言谚语、数数、背乘法表、传统医药术语和种种方言称谓也逐渐被淡忘或被更替了，那么方言使用领域就只有残存的一角了。

方言使用频度的降低也有两个基本原因。一是书面语对口语的挤压，二是通语对方言的排斥。方言是与口语共生共存的，书面语挤压了口语的空间，必然会加速方言的萎缩。语言的使用也是用进废退的。对每个人来说，习惯于通语，淡忘了方言，从能说会听到能听不会说，进一步便是偶尔还能按旧时的记忆说说。从少数人淡忘、不说到多数人都不使用了，方言也就走向了濒危。

根据世纪交替时的语言国情调查，全国普通话普及率当时还只有53%，即使是说普通话的人当中，必定也有不少是兼通汉语方言的。可见方言还存活在半数以上的人口之中。

我们一定要分清方言的萎缩和濒危，从萎缩到濒危是个漫长的过程，应该进行普遍、深入的社会调查。方言使用度怕是很难用具体数量比例来划定，多少人还会说、还在说、还能听、说几成，也难以统计。重要的是了解从萎缩到濒危究竟有哪些具体表现。盲目乐观，认为方言都还活跃在社会生活之中，或者惊慌失措，以为许多方言行将消亡，都是不符合事实的。

方言的濒危，在目前和相当长的时期内，只是发生在个别的地点方言，至于各大方言区，由于都有长久的历史传统和广泛的分布地域，虽然都在发生变异和萎缩，并不容易发生普遍的濒危。许多方言岛和边界方言可能已经处于濒危状况，但在方言的中心区，还保存得比较完好。"长三角"的吴语、"珠三角"的粤语目前还是坚挺的。闽语在江浙、粤桂的方言岛已经出现了濒危状态，但在闽语本土，尤其是乡间依然有几分坚挺。因此，考察濒危方言，必须把小方言点和大方言区区别开来。

四、方言的前景

我国的改革开放已经经历了30个年头。汇入世界潮流之后，社会生活各方面都发生了急剧的变化。农村人口陆续流入城市，交通事业高速发展，商品流通不可遏制；教育大普及，文化时尚化。随着普通话的普及和外语教育的发展，多语现象越来越普遍。在社会发展节奏加快、社会转型加剧的过程中，通语、强势方言和外语形成对中小方言的挤压已成定局，将来只会不断加强。语言是社会最重要的交际工具，也是社会文化动态发展的载体，社会生活一体化的潮流进一步加强了语言的集中，这种新时代主流，是社会进步的标志，也是推进国家健康发展的动力。旧时代形成的方言对于这种现状显然是难以适应的。除了社会生活需要共同语之外，方言缺乏书面形式，无法与通语的书面语抗衡，也难以接纳与时俱增的各行各业的新词语；由于汉语方言与通语不但语音差别大，基本词汇和一些句型也有许多不同，方言（特别是非官话的南方方言）和通语远非一音之转可以并行并用的。如今连古今汉语所锻造出来的高雅文学艺术都在受到时尚文化的严重挑战，各地方言所表现的戏曲、曲艺、山歌等文艺形式就更难逃脱式微的颓势了。

然而，事物的发展总是螺旋式的，时代的变迁有主流有支流，有时也有回流。世界一体化的主流之外，正在兴起多样化的呼声。在方言普遍发生萎缩的同时，曾经活跃一时，而且展示过无限风采的方言至今还在一些人当中留下美妙的回忆，于是保护方言、振兴方言乃至保卫方言的种种舆论也应运而生。正像吃腻了大鱼大肉后又想回头尝尝野菜和咸菜，饱受了摇滚乐和摇摆舞的轰击之后，又想从古典的幽雅和山野的原生态艺术中寻求休憩。丰富多彩的方音和方言词语不时唤醒了人们曾有的乐趣。近些年来，在世界一体化、现代化的热潮之外，关于多元文化的呼唤可谓此起彼伏，联合国的有关组织也已经颁发了有关文件，为之推波助澜。应该说，凡是人类文明史上创造出来的精神文明，哪怕有的因为时过境迁已经显得不合时宜了，也都还具备各自的历史和现实的价值，有的还存在特殊的魅力。语言不但是社会的交际工具、市场交易的凭借，也是认知新旧世界的向导，还有艺术欣赏乃至休闲消遣的价值。方言不但可以在家人和同乡之间沟通乡情亲情，可以传授农时节气的知识，还保存着许多有益的历史记忆和道德训诫，可以提供特殊的艺术享受。

如果说，方言的萎缩是"无可奈何花落去"，要是也有"似曾相识燕归来"的补充，这样的语言世界岂不是更加完美吗？

五、合理的对策

面对着方言的萎缩和濒危的现状及其演变的前景，我认为，我们应该采取以下几个方面的对策。

首先，要认真及时地进行现实方言流变的深入调查，尤其要对各种方言萎缩、衰减和流失的现象进行社会考察、看看不同方言在应用中的不同情况：社会、家庭中的交际，个人思维、书面阅读，能说多少、能听多少等。从不同差等的统计中划分界限，看哪些方言已经进入濒危状态，并分析萎缩的种种表现和濒危的不同类型。那些使用人口少的小方言和方言岛及边界方言，可以作为调查研究的重点。没有具体的数据，只是凭想象强调"濒危"，难免缺乏说服力。有了若干典型的调查才能对方言萎缩的类型、进程以及濒危的界限和标志进行科学的分析和判断。

关于方言使用的现状以及对这种现状的态度和评价，应该进行另一种社会调查——语言（包括通语、外语、方言）使用的社会效果和社会心理的调查。不同年龄层、不同职业、不同文化程度的人对普通话的普及和方言的萎缩必定有不同的看法。对于不同的意见都要进行定性、定量的分析。这方面的社会调查对于制定语言政策是十分重要的。

其次，对于能熟练地听说的人口已经很少的方言，应该组织人力、投放经费，及时进行实地调查，记音，整理音系，建立音档，制作成书面文本和数据库，尽量完整地把能记录到的词汇和语料留存下来。这种调查的重点在于词汇和各种长短语料。对于重要的方言点只用已有的常用词表和语法例句去调查是远远不够的。词汇的调查可以按义类逐类地问。语料的调查除了成句的谚语、俗语之外，可以按话题、语境记录各种歌谣、传说、故事、情景对话等，对各种民俗活动，最好有专项的记录。调查方法可以学习人类学的调查访问，先录下音档，再转换成文本。只有少数老年人知道的方言词，有时是可遇而不可求的。例如，用过旧式织布机的老妇才知道其中各种零件的名称和操作过程的术语；还在组织婚丧、祭祀、佛事活动的老者就能说出各种用具和仪式的名称。这些都需要专题采访。不善于寻找合适的调查对象（有时必须是三教九流），没有谦和的态度、足够的耐心和充裕的时间，调查都可能劳而无功，所得甚少，不能达到抢救、存史的目的。这样的调查对人员的要求高、时间要长，只能就若干重要方言做，不可能在面上铺开。与其普遍蜻蜓点水，不如少量深层发掘。

方言是语言历史演变的产物，是地域文化的载体，无论萎缩程度如何，把它现存的材料记录下来，都会有重要的价值。应该通过这种抢救性调查，改变以往方言调查的定式和粗疏，发掘更多的材料，为语言史和文化史研究做出新贡献。

最后，探索和制定合理的保护方言的措施和政策。这些年来，关于保持语言多样性、给出方言存活的空间的思想，已被多数群众和学者认同，但是究竟应该采取哪些措施，如何掌握适当的度，不同的论者还存在一些分歧。理论方向上如何理解，有必要开展讨论，政策措施如何掌握，也需要一番调查、试验和总结。应该着重研究的问题至少有如下几项。

关于普通话和方言的关系，要有切实而全面的理解，对 20 世纪五六十年代强调推广和普及普通话要有正确的评价。在当时方言分歧严重、语言规范程度较差的情况下，强调推普是适应社会需求的。虽然没有提出"消灭方言"的口号，但是视方言为异类，认为方言的存在必定妨碍推普，方言只能是规范对象。这种观点确实是存在过的，有些做法也显得过激和偏颇，以致客观上加速了方言的萎缩。例如广播电视都由普通话一统天下；在幼儿园和小学，方言不准进校园；在普通话教学、测试上，掌握的标准失之过严，等等。改革开放以来，有些做法已经有所改进，例如地方广播电视已经容纳了方言，不过关于尊重历史、保留方言的具体措施在各种传媒的活动空间，还需要用政策加以认定。例如公务语言、校园语言、服务语言除了普诵话之外还应该允许，甚至适当鼓励使用当地方言，例如医生看病听不懂方言，能了解老人的病情陈述？书面语言中夹用某些方言词语也无须大惊小怪、横加指责；电影中老一辈革命家的对话带有方音，不但能体现人物个性，也已经是多数观众熟悉和认可的，无须强令禁止。当然，语言的整化、通语的普及是历史的潮流，是社会的需要，是当代语言生活的主流，这也是毋庸置疑的。我们不能在强调语言的多样性的同时，又去抹杀推广和规范通语的努力。不用说平头百姓，即使是干部、教师说说"地方普通话"也是无可厚非的，但是作为社会的通语，从语音到语法，不能没有明确的规范。

其实，我们曾经有过那样的语言生活：普通话与方言并存共用，互相补充。家人乡亲之间使用方言更加亲切随意，与外人交流或面向公众使用普通话才能便于沟通并体现互相尊重；日常问候、生活用语使用方言显得自然，谈论政治经济文化科技则普通话更加准确达意。这不就是一种既实用又雅致的健康的语言生活吗？

在文化艺术领域，我们已有的"百花齐放，推陈出新"的方针已经得到广大群众的欢迎，应该继续贯彻。各地方言艺术大多经过千百年的冶炼，体现了多样的艺术魅力，但是由于内容和形式不太适应现代生活的节奏，普遍都有式微、退化的趋向。如能加入反映现代生活的内容，在语言和表演方面进行必要的加工提炼，保持其艺术素质，大多是可以存活延续下去的。各地文化部门在培训新一代地方文艺接班人方面的努力已经见到成效。近些年来，作为历史文化遗产保护的重要内容，各地戏曲、说唱等方言艺术的整理、研究和传承，受到了地方政府的高度重视。中国的诗词歌舞数千年传统已经根植于民间，只要有关部门有意识地加以培育，一定可以同那些肤浅浮躁的时尚文化做一番较量，获得生存的空间。地方戏曲、山歌、说唱、曲艺的存活对于方言的生存有直接而巨大的作用，只要这些艺术宝库没有泯灭，支撑它们的方言也就必然没有消亡之虞了。

关于保护方言的措施，有一点是值得深究、谨慎处理的，这就是方言要不要进入小学课堂。

时下有一种提法：方言作为历史文化遗产，为了使它得到传承，必须把它列为小学必修课，给出课时开展正规化的方言教学。经过认真考虑，我认为这是一种似是而非的意见。

回顾启蒙教育的百年历史，辛亥革命后，学校启蒙教育就采用现代通语，从国文课到国语课、语文课莫不如此。正是这一点，新式学堂的教育才和旧式私塾里用方言诵读《三字经》《千字文》和四书五经的旧式教育区别开来。百年经验证明，这种语文教育对于确立现代民族共同语的主导地位和规范体系，对于吸收和传授现代化文化科学知识，对于建设现代书面语和文学宝库，都是立下了汗马功劳的。就现实生活的需要说，青少年离开普通话和白话文将如何在社会上谋生和立足？可见，通语教学作为语文启蒙教育的方向是不可动摇的。百余年来，代代新人掌握方言都是从牙牙学语开始，在少年儿童阶段从家庭和故乡亲人那里学会的，何以如今就非在正规的小学课堂里完成不可？如果把方言列为普及教育的必修课，立刻就会引出一系列无法解决的新问题：外来移民的孩子要不要上方言课？教的是本省或本市、本县、本乡的何种方言？以何者为标准音？历来没有统一书写法的方言词用什么字来记录？没有标准音、通用字，没有定型的词典和课本，方言课如何教？作为正规课程，还要调整课时计划，确定教学要求，制定测试标准，这将带来巨大的工作量，能够胜任有关工作的人员也并不太多，培训这支庞大的师资队伍几乎是不可能的。台湾的"乡土语言教学"已经强行推行二三十年，许多问题至今并未解决，实际效果却是"会的照样会、不会的照样不会"。其得失功过，历史将会做出公平的评判。

看来，在幼儿园和小学教学中，可以而且应该编印一些乡土教材作为补充教本，在课余活动中唱唱儿歌、读读谚语、听听故事、看看地方戏或曲艺节目，周末组织一些相关的晚会，这些做法是比较适宜的。方言的歌谣、谚语、故事、戏文历来是不成文的口传教科书，有些地方也有过比较成功的操作，应该及时总结成功经验，加以推广。在义务教育阶段的识字正音教学中，还可以同时教常用字的方言读音，在词语教学中，既教通语词义，也用方言解释相对应的词义。这种做法在一些闽粤方言地区早已存在，直到20世纪50年代还在实行。例如闽南话地区，教到生字"高"，除了让学生学会 gāo 的正音，同时教方言音 ［ko］（姓高、高级），并解释字义相当于方言的"悬"［kuāi²］。"大小"dàixiǎo 就是方言说的"大细"［tua⁶sue⁵］。这样教识字，可以用已知的方言词来理解字义，同时教会生字的方言读音。把通语教育和方言传承结合起来还可以通过普通话和方言的比较，利用对应规律把普通话学得更好。到了小学毕业，字的国音和方音、规范义和方言义都掌握了，对字义的理解也更加全面。既学会了普通话，也同时掌握了方言的字音字义。这种识字教学可以称为"通语带头，方言紧跟"，既不妨害通语的启蒙，也可以防止方言的流失，实在是值得总结、适当推广的教学方法。据说，在其他方言区，中小学的普及教育中也是存在标准语与方言同时教学的情况的，许多官话区的学生都是到了上大学才改说普通话的，这对他们日后的发展并无不好的影响。反而可以在义务教育阶段把基础学得更好。

如何妥善处理推广普通话和保存方言，现实生活中还有不少具体问题需要发动社会各界的干部、学者和大众共同关注，充分讨论，探讨相关的政策和措施。例如广播电视采用方言的节目该有多少、文艺表演中方言对话可有多少比例，等等。与其不同人群从不同角度各自发表一通感想式的意见，甚至引起种种争论，不如到实际的社会生活中开展不同的实验，然后总结成功的经验加以推广，听取群众意见加以改进，最后再做出合理的决策和措施。

参考文献

［1］陈章太：《论语言资源》，《语言文字应用》2008 年第 1 期。

［2］郭龙生：《中国现代化进程中的语言生活、语言规划与语言保护》，《中国人民大学学报》2008 年第 4 期。

［3］李宇明：《语言保护刍议》，《中国民族语言学会通讯》1998 年第 1 期。

［4］曹志耘：《关于濒危汉语方言问题》，《语言教学与研究》2001 年第 1 期。

［5］曹志耘：《论语言保存》，《语言教学与研究》2009 年第 1 期。

［6］联合国教育、科学及文化组织：《保护非物质文化遗产国际公约》，2003 年。

论混合型方言[①]

——兼谈湘粤桂土语群的性质

一、方言的叠置与渗透、竞争与整合

我国的历史长、领土广、民族多，在长期的封建社会里，经济落后，灾害、战乱频繁，由此造成了北人南迁、东人西徙的移民运动。历来的移民规模有大小，路途有远近，结局也各不相同。这就是造成汉语方言分化与变迁的最主要的原因。

语言的演变必有纵向的传承，也有横向的接触，传承之中有变异，接触之后有渗透。现存的方言大多是多次移民带来的，也是多种来源掺和的。多次移民可能造成不同时代通语和方言的语言现象的叠置；不同来源的接触包括来自不同地区的方言和民族语的相互影响。汉语方言之所以纷繁复杂，这是两个重要的驱动因素。凡是历史长、来源多的，方言内部的歧异就更多。

当然，不论是先后传入的或是周边相邻的，不同的语言成分和语言结构模式都不可避免地存在竞争，强弱悬殊可能以弱就强而渐趋一致，实力相当

---

① 本文首次发表于《云南师范大学学报》（哲学社会科学版）2012 年第 5 期，后由中国人民大学复印报刊资料全文转载（2013 年 1 月）。

的也可能差异共存。西南官话主要是明初江淮地区和清代之后湖广地区移民带去的，在地广人稀的崇山峻岭之中竟然内部大同小异，而珠江三角洲人口密集的粤语区却呈现着较大的方言差异，这都是极端的典型。

与竞争并存的是整合。语言是不可须臾停止使用的交际工具，在上海外滩漫步和黄山上穿行的人群可以来自四面八方而各说各话，既不竞争也无从整合；生活在一个村镇的人就不能如此，近代以来城乡沟通多了，商品经济是促进方言整合的重要力量，许多方言区都是围绕着大大小小的城市分布和划界的，这就是明证。竞争的结果可以是划界而治，彼此相安，也可以达成妥协，合伙经营，整合是在竞争之后进行的。同样是珠江三角洲，多数地方粤客的界限是清晰的，但是惠州话是粤是客，至今还存在争议。可见，不论是分界明朗的或是掺和、融合的，整合方式各不相同。

竞争是宏观的较量，整合是微观的调整。竞争是方言的基本框架的选择，整合则是具体的音值、音类、词汇和句型的取舍。决定竞争结果的因素主要是方言的强弱势和使用人口的多少；整合力度的大小则由社会经济、政治和文化等多方面因素决定。商品经济是否发达，行政管理是否稳定，文化教育是否繁荣，包括地方戏曲和曲艺、方言辞书和读物等，都对方言的整合力有影响。竞争早已结束，整合力强的方言大多是向心型方言，在大区小片都有不同程度的权威方言，这样的方言就会有比较明确的大区和小区的疆界。这是方言分化和整化的常态。汉语方言中划分出来的大区和分片，凡是学者们分歧意见不多、民间语感都能认同的，都属于这种情况。

二、混合型是方言演变中的另类

如果说，纵向传承中的叠置和横向接触中的渗透是方言演变发展中的共性本质的话，那么在竞争和整合上则常常表现出个性的特征。叠置和渗透是普遍存在的，而竞争和整合的强弱作用和结果则有各种不同的状态。

就一般的常态说，成区成片的方言都有鲜明的语言特征，有比较规整的结构系统，有大体上的规范标准（多数本地人的共识：只能这么说，不能那么说），区内、片内比较容易通话，民间也大体有"属于什么话"的称述。

在国内，早有官话、下江官话、四川官话、江浙话、湖南话、客家话（麻介话、𠊎话）、广东话等称谓；在东南亚华人中则早有福建话（闽南）、广东话、潮州话、福州话、兴化话、海南话等说法，都是这类区、片方言的习惯名称。

另一类型的方言在民间往往只能称为土话、平话、白话、乡谈、乡话、村话、土拐话，或者直接按所在地名冠名，称为"××话"。这样的方言，实际上好多都属于混合型方言。

这里说的混合型方言大体相当于西方说的 Mixed Language，和仅仅模仿某些外国语的词汇和句型的"皮钦语、洋泾浜"截然不同。有人把后者也译成混合语是不妥的。

混合型方言在纵向发展的叠置上往往是多层次、多来源杂糅，未经明确规整的。在横向共处中往往是深度接触，多语言、多方言兼收并蓄，在竞争中势力难分强弱，在整合中也还没有形成明显的章法。其音类与古今通语语音对应都很繁复和驳杂，例外很多；其词汇往往多义衍生或同义并用，一字多音或一音多义。在语言使用上则常常采用双语制或多语制，在通语不够普及的地区，往往还有地区通用语和周边强势方言并用的情况；从语体、语用说，往往只有口语形式，而未形成书面语朗读并缺乏艺术加工的曲艺、地方戏等；有的甚至是土语音和借用其他方言的读音各成系统，或者文白并存（如海南岛的儋州话）。

就已经知道的事实说，混合型方言通常是一些通行面积不广的小方言片。就其生成的情况说，有的是在大小方言区交界处因语言接触融合而成的，这是共时作用的结果；有的是因历代不同来源移民长期杂处混合而成，这是历时作用的结果。我在 20 世纪 80 年代先后调查过十几种此类小方言，关于"混合型方言"的概念就是那时形成并提出来的。这些小方言中较有典型意义的有以下几种：

黄坑话：闽北建阳县西乡。声母 20 个，有轻唇音 f、v 和 ts-、tʃ-两套塞擦音，不少轻唇音读重唇，舌上读舌头，匣母字部分读为 k，一些来母字读 s-，有 5 个声调，平、上、入之外，去声分阴阳，浊平字分读两调，送气音区分声调，清从母读 tʰ，透定母读 h-，非敷奉及晓匣合口读 f，微母与影云匣母读 v-，阳声韵有-n、-ŋ 两种韵尾。词汇上有闽语共有的厝、鼎、骹、箸、卵、清、饔，也有闽北的墿（路）、豨（猪）、团子（小孩）、阿娘（女人）、厚（高）、增（稀）、掐（打）、嬉（玩），还有客赣语邵武话的今朝、虱嬷、爷（父）、伶俐（干净）、娘（母）、膏（猪油）、老子（丈夫）、冷冰（冰）、畏（怕）、精（美）、供（餵）。"由于这一带和邵武、光泽经济往来多，又有客方言岛在本地共处，黄坑话受到客赣方言不少影响，成了闽北方区边界上的另一个混杂型方言。"（1991：185）还有一个是"原属闽北方言的夏道话深受官话方言岛和闽东方言的影响，成为闽北方言区边界上的一个混杂型方言"（1991：182）。

地处闽东、闽南、闽北交界处的"尤溪县内的方言是属于沿海片闽方言的一个小方言群。由于和闽中、闽北方言区相邻，也反映了一些它们的特点。7 个方言点中，街面和洋中可以归入闽南和闽东方言区，其余各点都是方言交界处的混合型方言"（1991：182）。

和尤溪相邻的大田县有一种"后路话"（大田县的广平镇勉强可算是其中心代表点）。这种广平话"兼容了大田城关的前路话、永安话和尤溪话的一些特点，也有一些自己独有的成分（闽语的小称变调仅此一见），不论是大田话、尤溪话、永安话都和它不能相通，应该说，它是闽南方言和闽中方言过渡地带的一种混合型方言"（1991：267）。

以上是方言交界处横向接触所生成的混合型方言。

在海南岛的南端，三亚市崖城区的几个乡，有一种万余人说的迈话。按明代《正德琼台志》所载，迈人"乃唐宋以来仕宦商寓之裔……其言谓之迈话，声音略与广州相似"。1984 年经过我们调查，该方言帮端母读 ʔb、ʔd，知母和心、审母读 t-，无撮口韵，侵韵读 ɔm，部分阳声、入声韵读为阴声韵，清从穿读 s-等项与海南闽语相同；透定母读 h-，精庄章洪音读 t-，全浊塞音塞擦音读送气清音，非、奉、微、云、匣逢合口读 v，日母读 ŋ 等项与客赣语相近；溪母读 h-，入声分读 3 调，梗摄主元音为 ɛ，则与粤语（台山话）相近。经过 30 项语音特征的比较，我们把它认定为"混合了海南闽语、粤语和客赣方言的一些特点而形成的混合型方言"（1996：357）。

无独有偶，在海南岛的西端还有一种儋州村话，分布在儋县大部分地区和昌江、白沙北部的一些村落，东方、乐东、三亚的个别村。1974 年丁邦新做过调查，当时有 20 万人口使用。据丁先生所做的调查，儋州村话有文读音和白读音两大系统，二者同音字不多。他的结论是，文言音"和粤语类似"，"是早期从粤语区传到儋州和白话音混合的"，"白话音代表的是早期客赣语的一种类型"。我们曾把迈话和儋州话做过比较，都是和海南闽语相同的最多，然后是粤语和客赣语。其来源和性质与迈话都极相似，它们都是历史上多种移民带来的不同方言和当地主体方言混合而成的。

关于混合型方言，20 世纪 90 年代之后又陆续有学者介绍过。例如，1998 年，平田昌司在《徽州方言研究》中罗列了徽州方言的 17 条共同特征，又按罗杰瑞区分南、中、北方言的 10 条标准做了检验后说："应该认为属于中部类型——在南部类型底层的基础上受到北方类型的侵蚀而产生的方言"，又说："徽州方言是相对接近长江中游流域方言的一种混合型方言。"（1998：26）2002 年，鲍厚星在《湘南东安型土话的系属》（2002）一文中指出，永州土话中"清音不送气型混合的程度较高，一般具有湘、客、赣、官等程度不同的音韵成分，从多数点看，又结合地理人文环境的因素，既可以定性为湘语成分较重的混合型方言，也可以作为特殊的湘语片处理"。郴州土话中则"清音送气型可以用较宽的尺寸划入客家话或赣语，它既与粤北土话中的东北片相联系，又与赣南的'老客'相呼应。而清音不送气（并定）+送气（群从澄崇）型也属于一种混合型方言"（鲍厚星等，2004：335）。又如，庄初升的《粤北土话音韵研究》比较了粤北 3 片 24 个方言点的材料后提出："粤北韶州片和连州片土话是以两宋以来江西中、北部的方言为主要来源，逐渐融入了明清以来粤北的客家话、粤方言或西南官话的一些成分和特点而形成的一类混合型方言。"（2004：327）还有伍云姬、沈瑞清的《湘西古丈瓦乡话调查报告》则提出："瓦乡话应该是一种混合型的语言。它既保留了中古乃至上古汉语的很多特点，又有湘方言和西南官话的某些特色，在它的底层里还有吴方言和赣方言的影子。"（2010：97）

随着汉语方言调查研究的深入，尤其是向穷乡僻壤下伸之后，这类叠置了许多不同历史层次、吸收了语言接触中的渗透成分的方言，学者们发现了不少。对于这些很难归入已有的几个大方言区的另类方言，提出"混合型方言"的概念，看来是十分必要的了。

三、混合型方言的类型特征和梯度等差

1. 关于混合型方言的类型特征可以从以下几个方面来考察

（1）就地理分布的特征说，混合型方言往往出现在方言区的边界，大区的边界上有（如江淮官话和吴语、赣语交界处的徽语，客、赣、粤之间的粤北土话），小区的边界上也有（如几个闽语区之间的尤溪话）。就其分布面积说，大的有片状的（湘南、粤北、桂北的土话都是成片的）、条状的（如闽南话和闽西客话交界处从龙岩到诏安有 250 公里双方言带）和点状的（如上述黄坑话、夏道话，闽浙交界处的许多客方言岛，方言岛与包围方言之间也是一种方言的交界）。

（2）就众多小方言点之间的关系说，混合型方言总是一群离心型的土语，没有中心方言、权威方言，本地人也没有方言区域的归属感，离开本乡或在本地与外来人口的交际都采用双语制，除了说本地话或兼用相邻方言，或兼用地区通语、强势方言，或兼用共同语（如尤溪各土语群兼用城关话，粤北土话间兼用客话或粤语）。连已被列为独立方言区的徽州方言也具有混合语的某些特征：如平田昌司所说：（徽州方言）"分为绩溪话、歙县话、休宁话、黟县话、祁门话、婺源话六种……互相不能通话，而且一直没有出现过通行全部徽州地区的'强势方言'。"（1998：18）

（3）就方言本体的结构系统说，混合型方言大多是驳杂型的，即音类与古音、与现代通语的对应都不整齐，词汇则多同义词、多义词，虚词也一词多用或多词同用。例如古丈瓦乡话全浊声母 116 个例字中，读浊音的 49 字，读不送气清音的 40 字，读为送气清音的 27 字；古阳声韵字今读阴声韵的包括深、臻、咸、山、梗、通各摄；声调分化中不论平上去入，清声母与次浊声母同行。（伍云姬、沈瑞清，2010：13 - 22）又如：江永土话的"子"尾有 5 种读音：耙子（tie³⁵ ~ twə³⁵）、房子（tsuə³⁵）、驼子（罗锅儿）（tsuə⁵）、桃崽（tsɯ³⁵）；上江圩乡第一人称单数"我"有 8 种说法：ŋ³⁵、ie⁴⁴、yu⁴⁴、əŋ⁴⁴、oŋ²¹、tsʅ⁵、tsie²¹、tɕiŋ³⁵；"起"不但作补语（挑得起，讲

起话来），还可用作助词：着（骑起车）、在（住起学堂）、到（听起有人讲话）（黄雪贞，1993：18－20）。

（4）就方言的应用说，混合型方言都是俚俗型的，只用于日常口语，缺乏书面形式，难以用来读书、写作，也无法用文字做记录，往往并无艺术加工形式（戏曲、板书、说书等）。不像许多典雅型的大方言，可以清唱，有曲艺形式、戏曲脚本，甚至可以写作小说、诗歌等。多数混合型方言如今已经不能用来认读书报，有的已退居于家庭生活应用领域了。

2. 在混合型方言之中，不同语言和方言掺杂的程度则有很大的等差，不同的等差表现出了多种不同的存在形态（也可称为类型）

（1）经过语言接触只发生轻度渗透，彼此还面目清晰、性质上没有变化，这是"微变型"方言。例如，闽南话和客家话的过渡地带，因为采取双语制，双方又都距本地方言中心区不远，所以只有表层接触后的轻度变化。有些方言岛虽是受包围，也因为采用双语制，还是保持原有的方言性质，如赣东北上饶地区的闽南方言岛，属于此类。（胡松柏、汪应东、葛新等，2009）

（2）在一些不同方言的过渡区，两种方言的接触发生中度渗透，采取缓慢过渡的方式。过一个乡变一点口音，越靠方言中心区越与之相近。这种状态属于"渐变型"。这类方言可以成为中介方言或过渡方言。例如，闽西北闽语和客赣语交界处的7个县市，我们拿43个语音条目和250条方言词作比较统计，语音方面，客赣语与闽语的比例是15：9，词汇方面是62：31。我们的结论是："邵武、光泽、建宁、泰宁四县市应划归客赣方言，其中，建宁话的赣方言性质最明显，其次是光泽话和邵武话，不在闽赣边界的泰宁话就保留闽方言的特点更多些。顺昌、将乐和明溪可以作为闽方言和客赣方言之间的中介方言。其中，顺昌话里闽方言成分最多，明溪话则兼有闽、客、赣的特点。"（陈章太、李如龙，1991：263－264）《中国语言地图集》所划的徽语包括徽州片和严州片。据曹志耘的比较研究，"淳安话和遂安话具有很大的独特性，既跟吴语差别很大，又跟安徽省南部的徽州方言很不一样。……但建德话和寿昌话跟吴语比较接近，尤其是它们的文读系统可以说完全是吴语型的"（1996：8）。据此，平田昌司认为："徽州方言是相对接

近长江中游流域方言的一种混合型方言，而严州方言是在吴语的基础上形成
的过渡性方言。"（1998：26）郑张尚芳也说："建德、寿昌是南朝后期至唐
才脱离吴郡与淳安发生隶属关系的，目前在方言上表现出徽语与吴语过渡方言
的特色。"（侯精一，2002：88）这样，我们就分清了这一带的下江官话（洪棠
片）—徽州方言（混合型）—严州方言（过渡性）—吴方言（处衢婺州片）。

（3）有些带有混合性质的方言片，兼容吸收了两种或多种语言与方言之
后，经过整合又形成了新的片区。这种情况可以称为"合变型"方言。合变
型方言的形成所依靠的最重要的是整合力。其区域有大有小。例如海南闽语
是整合闽南话、临高壮语合变而成的；莆仙话是整合闽南、闽东方言而成
的，厦门话（包括整个台湾岛上的闽南话）则是整合了泉州腔和漳州腔而合
变的，在台湾称为"漳泉滥"。徽州历史上有过不少文人雅士，徽州方言是
明代之前形成的，内部也有一些共同特征，随着徽商的崛起，徽州话在江南
也有影响，其实它就是一个融合了吴语和江淮官话以及赣方言而成的合变型
方言。即使把它独立成区，也不能改变这样的性质。

（4）还有一种由混合带来的蜕变型方言。就是在甲乙两种方言较量中一
胜一负，从甲方言蜕变为乙方言。闽语中的邵武、光泽、建宁和浦城县的中
北部就是这种方言的典型。这两个方言片原来都是闽北方言，元明以来前者
蜕变为赣语，后者蜕变为吴语。详细材料和有关论述可参阅《闽语研究》，
这种认定也已经被学界普遍认可了，这里不再细说。

不论是微变、渐变、合变或蜕变，方言都不是界限固定、互不关联的，
而是随着社会生活的变化而相互转换。福建省的连城县处于闽中、闽西和闽
南交界地带三江（闽江、九龙江、汀江）之源的山区，县内西侧是客语化了
的，东部则有不少早期闽语的特征。严修鸿（2002）在做过数十点调查之后
提出："连城方言早期曾是闽语、而非客家话"，建县后隶属于汀州府，宋元
后接受了不少客赣移民，于是"连城方言不断地向客话靠拢，早期的闽语特
征就逐渐失去，甚至有些点如城关、四堡、新泉、庙前等地目前已经基本质
变为客家话了"，有的点如文亨、朋口、曲溪、宣和"则演变为闽客混合方
言（客家话的基本特征未全备，且还有许多闽语特征）。只有离客家话区较
远的东部北部（上余、北团、姑田、赖源）还较顽固地保留了闽语的基本特

征（一种深受客家话影响的闽语）"。就连城县内的方言说，也是既有蜕变，也有渐变和微变。可见，对方言交界地带的方言作调查比较，对方言混合的历史、过程和规模，渗透演变的过程和结果，一定要经过周密的调查分析才能得出正确的结论。

鉴于以上所述的复杂情形，我们可以把混合型方言归纳为广义和狭义的两种。狭义的指两种或多种相差较大的方言经过深度接触而整合成稳定系统的、边缘清楚的方言；广义的则泛指带有混合性质的方言，包括渐变型的"过渡方言"和蜕变型的方言、浅度接触的合变型方言和微变型方言。在为方言分区时，混合型方言和过渡型方言可以作为不归入大区的"另类"方言，在为方言分区时作为划不尽的"余地"。世界万物的对立和差异都有"中介"现象，区分方言时也应该"留有余地"。

四、湘粤桂土语群的语音特征

十几年来，研究湘粤桂方言的学者们对边界上归属未明的方言开展了大规模的调查研究，举办了 5 次学术研讨会。有关研究为学术界提供了大量新鲜的语言事实的分析，可谓引人入胜。在拜读了诸多论著之后，不揣冒昧，我想就这一带的土语群谈点认识，求正于方家。

先就湘南、桂北和粤北关于土话的报告中各选出三种，拿 12 条语音特征列成比较表，从中可以看出它们之间的异同。见表 1 至表 3：

表 1　湘粤桂土话群语音特征比较表（一）

方言	条目			
	古全浊声母今读	古非组、知组字及端母字今读	古精庄知章组今读	见晓组是否颚化，溪和晓匣合口字今读
韶关（6点）	清化，多数点全读送气，个别点并定上声送气，其余不送气	非组少数常用字读重唇（明母多，其余少），端读 t-	多合为 ts-组，个别点知三章读 tʃ-	见组不颚化，晓组部分颚化，溪母部分读 h-、f-，晓匣合口读 f-

（续上表）

方言	条目			
	古全浊声母今读	古非组、知组字及端母字今读	古精庄知章组今读	见晓组是否颚化，溪和晓匣合口字今读
乐昌（5点）	清化，多数点平仄均不送气，少数浊上送，其余不送气	少数非组字读 p-、pʰ-、m-，知三字读同端组 t-、th	多数合为 tʃ-组，少数点老派精组读 ts-	同上
连州（5点）	清化，并定母字读不送气，其余读送气	少数非组字读 p-、pʰ-、m-，知三读 t-、th-	精组都读 ts-组，多数点知三庄章都读 tʃ-组	见晓组不颚化，少数溪母字读为 h-、f-，晓匣合口读 f-、v-
钟山	清化，一律不送气	少数非组常用字读 p-、pʰ-、m-，多数端母字及少数定母字读 l-	精清多读 t-、tʰ-，心邪从多读 θ，知庄章读 tʃ-、tʃʰ-、ʃ-	见晓组逢细音颚化，少数溪母字读 h-、f-，晓匣合口字读 f-、v-
兴安	全浊塞音塞擦音多读浊声母，部分仄声字清化，浊擦音则多清化	少数非组字读 p-、pʰ-、m-，知、澄三等字读 t-、tʰ	精知庄章按洪细读为 ts-、tʃ-两套声母	见晓逢细音颚化，部分溪母字读 h-、f-，晓匣合口亦有读 f-的
资源（延东）	全浊声母齐全（有：b、d、g、dʒ、dʑ、z、ʐ、ɣ）	少数非组字读为 p-、pʰ-、m-，个别知三字读 t-、d-	精庄按今音洪细分读 ts-、tɕ-，知章有翘舌音	见晓组逢细音颚化，溪母有读 x-的，晓匣合口不读 f-
江永	全部清化，塞音塞擦音不送气；古浊字只读阳调	端母读 l-（乡间或 n-），非母有读 p、pʰ，也有 f、h、ç，个别知组字读 l-	精知章有 ts-、tɕ-之别，庄组只读 ts-	见晓组颚化，个别溪母字读 h-，晓匣合口字读 f-
宁远	清化，大多平声读送气，仄声不送气，少数仄声也送气	少数非组字读 p、pʰ、m，个别知组三等字读 t-	精知章合流逢今洪音读 ts-，细音读 tɕ-	见晓组颚化，溪母有读 x-、ç-的，晓匣合口有读 f-、v-的

（续上表）

方言	条目			
	古全浊声母今读	古非组、知组字及端母字今读	古精庄知章组今读	见晓组是否颚化，溪和晓匣合口字今读
东安	保留全套全浊声母	少数非组字读为 pʰ-、b-、m-，知三字读为 t-、d-	精知章按今音分洪细读 ts-、tɕ-，庄组读 ts-	见晓组颚化，晓匣合口少数字读 f-、v-

表2　湘粤桂土话群语音特征比较表（二）

方言	条目				
	古疑、影母字今读	四呼、ɿ韵和韵母数	蟹效咸山一二等韵分合	开口四等韵今读	有无文白异读
韶关	疑母今读 ŋ-，影母今读零声母	多无撮口，个别点无 ɿ，韵母 25～36	效合流，其余有别	齐韵多读洪音，其余未有	有文白异读的字不少
乐昌	同上	四呼全，多有 ɿ 韵，韵母 26～38	多数点蟹、咸有别，效、山较少分读	多数点少数字读洪音	少数字有文白异读，声韵调皆有异
连州	疑母今读 ŋ-、ȵ-，影母今读 ɠ-、v-	多有四呼、个别点无撮口，多有 ɿ 韵，韵母 35～51	蟹咸山一二等字大多有别，效摄仅见于个别点	效摄之外其余四等韵多有读洪音的	同上
钟山	疑母字多读 ŋ-、ȵ-，影母多 ɠ-、少 ŋ-	撮口仅有 y，无 ɿ，韵母 27	各摄一二等韵无别	梗、效四等韵少数字读洪音	普遍有文白异读，声韵调都有对立
兴安	疑母今读 ŋ、ȵ，部分影母亦读 ŋ-	四呼全，有 ɿ 韵，韵母 39	同上	部分齐韵字读洪音，其余各韵极少	文白异读普遍，声韵调都有异，文读模仿本地官话音

（续上表）

方言	条目				
	古疑、影母字今读	四呼、ɿ韵和韵母数	蟹效咸山一二等韵分合	开口四等韵今读	有无文白异读
资源延东	疑影都有混为 ŋ、ø、ȵ、n、ɳ 的	四呼全，有ɿ韵，韵母44	一二等字部分有别，部分合流	开口四等韵均不读洪音	普遍有文白异读，在声韵调上都有对立
江永	疑母有 ŋ-、n-、ȵ-、ø 等，影多 ø 少 ŋ-	四呼齐全，无ɿ韵，韵母37	蟹效咸山一二等无别	咸山四等少数字读洪音	有文白异读的字多，声韵调均有异，文读也见于口语
宁远	疑母多读 ŋ-、ȵ-，影读 ø，合口或混为 v-	四呼齐全，有ɿ韵，韵母28	一二等多无别，少数字有别	齐宵先少数字读洪音	有文白异读的字较多，声韵调都有对立
东安	影疑开口字混为 ŋ-，疑母细音部分读 ȵ	四呼全，有ɿ韵，韵母39	一二等合流	齐韵白读有读洪音的	同上

表3　湘粤桂土话群语音特征比较表（三）

方言	条目		
	古阳声韵今读韵母	入声韵有无塞尾，古四声分派，声调数	有无连读变调与小称音变
韶关	有-n、ŋ 两种韵尾，咸山部分字鼻尾脱落，个别点少数字读鼻化韵	无塞尾，多为浊上归去，分阴阳入，个别点去声或入声合一或无入声，声调7	多数点有中塞调，无连读变调，有小称音变
乐昌	仅有-ŋ 韵尾，深与臻、咸与山合流后读鼻化韵或阴声韵	无塞尾，浊上归去，入声合一，个别点无入声，声调均为5	无连读变调，个别点有不明显小称变调

（续上表）

方言	条目		
	古阳声韵今读韵母	入声韵有无塞尾，古四声分派，声调数	有无连读变调与小称音变
连州	咸深山臻有-n、-ŋ 和鼻化韵，其余只有-ŋ，各摄尚有脱落鼻尾归入阴声韵的	多无塞音韵尾，平去各分阴阳，入声多归阴平，浊上归上或归阴平或自立阳上，声调数 5～6	无连读变调与小称音变
钟山	城厢咸深山臻及少数曾梗字读鼻化韵，其余读-ŋ，乡间有-n、-ŋ 尾或全读鼻化韵	多无塞尾，城厢入声字派入阴平与阳去，乡间有 1～3 类入声调，有的有-t、-k，入声字归入阳上或阳去。城厢6调，乡间7、9调	城厢连读前字多变调，无小称音变
兴安	有-n、-ŋ 两种韵尾，无鼻化韵，咸山摄部分鼻尾脱落，未脱落者收-n，其余收-ŋ	无塞尾，平上各分阴阳，部分浊上归阴去，浊入归去，清入独立，声调7	双音词后字调值高的变低，与后缀的轻声相近，有些阴平字在后变轻短上扬
资源	有-n、-ŋ 韵尾，咸深山收-n 或鼻化或鼻尾脱落，通摄收-ŋ，其余兼有-n、-ŋ	无塞尾，平去各分阴阳，上声次浊、全浊分立，次浊上混入清上。清入字次浊上或全浊入，声调8	有不稳定的连读变调发生在双音词后字，有21、44 两种调值
江永	多收-ŋ 韵尾（臻个别读-n），深曾全部、臻大部、咸山梗通不少字读阴声韵，宕江读-ŋ	无塞尾，平上去按清浊各分阴阳，入声清浊合流，少数上去字归入声，浊去字归阳上，浊入字归阳去，声调7，乡间有 5、6 调的	无连读变调与小称音变
宁远	只有-ŋ 韵尾，无鼻化韵，江通之外不少字鼻韵尾脱落	无塞尾，平去分阴阳，浊上归去，浊平浊上部分归阴去，阴阳去清浊交混，入声字多归阳去和阳平，声调5	后缀与少数双音词后字读轻声。阴平在各调后变高降调，叠音词后字亦变高降调

（续上表）

方言	条目		
	古阳声韵今读韵母	入声韵有无塞尾，古四声分派，声调数	有无连读变调与小称音变
东安	有-n、-ŋ 韵尾，深为-n、通为-ŋ、咸山臻文读-n、白读脱落，江梗文读-ŋ、白读脱落，宕曾文读-ŋ、白读鼻化，咸山细音文读也读鼻化韵	无塞尾，平去分阴阳，上入清浊合并，部分全浊上归阳去，次浊去归阴去，部分浊入字混入阳平调，声调5	有少量变调：偏正式双音词后字为阳平与阴去的调值变低，后缀和助词读轻声

从以上语音特征，我们不难看到这个土语群的共同特点：系统驳杂、层次繁复、接触多源。

方言的语音都是有系统的，但有的系统简明，有的驳杂。就区分汉语方言最重要的标准"古全浊声母今读"而言，湘粤桂土语群的类型之多、对应之复杂就是各大方言所少见的。就类型差异说，9处方言中，有3处保留浊声母，其中又有读为全套浊音（资源、东安）和多读浊音（兴安）之别；其余6处语音清化后又分3小类：读送气清音（韶关）、不送气清音（江永、钟山）和部分送气、部分不送气。第三小类又分为4种：按平仄分（宁远平送仄不送）、按声组分（连州并定不送其余送）、按声调分（乐昌浊上送，其余不送）、按声组及声调分（韶关乡间并定上声送，其余不送）。这8种不同类型中有好几种是先前的调查未曾发现的。在粤北的南雄县百顺方言还有全浊平声不送气、仄声送气的类型，更为少见。关于古四声的分派，钟山县内今调类分为6、7、8、9的都有，古入声字有派入三声的，也有分读3种入声调的；资源、延东土话还有把浊上分读两个阳上调的。

层次繁复是从纵向演变所作的比较分析。共时的语音差异往往是历时演变的表现。就全浊声母今读的分歧说，有的比较容易看出历史层次，如清化总在保存浊音之后；就发音方法说，清化的先后顺序是擦音—塞擦—塞音；就发音部位说，清化的顺序是群—定—并。（庄初生，2007）有时，要说明其历史层次还得结合音韵史和方言史另作探究。例如清化后送不送气孰先孰后或是古时各有所本？按平仄分别送不送气，是平声先送或仄声先送？按声组分别送不送气，并定不送气是塞音清化滞后还是受帮端读紧喉音（ʔb、ʔd）的牵制？庄初升的《粤北土话音韵研究》对此进行了深入的讨论，做出了许多有说服力的解释，这是方言比较与音韵研究相互发明的例证。除此之外，关于少数常用字的非组字读重唇、知三字读为舌头音应该是唐前古音的残存；阳声韵的合并和鼻尾的迁移（转为韵腹鼻化）和脱落，入声韵塞音韵尾的脱落，一二等韵的合流，见晓组的颚化则是宋元之后的变化。这些特征都说明湘粤桂土话普遍包含着许多不同语音历史层次的叠置。

所谓接触多源是从横向的接触关系所说的。湘粤桂边界古时是"南楚"之地，南楚方言既是古老的底层，也有最早的和少数民族语言的接触。后来的古湘语和古粤语以及东来的赣客语、西边的西南官话也都是接触源。就所列的语音特征说，精、庄、知、章的分混就很耐人寻味。精、清读为 t、tʰ 应是来自赣语，精组与知庄章分流（连州、钟山）可能是早期粤语的特征，而精庄知庄合流（韶关）是客赣的新变化；湘桂的许多点按今音洪细分为 ts-、tɕ-则是 4 类合流后又沿着尖团不分的方向进一步演变。此外，溪母字读为 x-、h-，可能与粤语有关，晓匣合口读为 f-，则是客、赣、湘的共有特征，影、疑在 ŋ-的读法上的交混显然是与湘赣语相关的，入声韵脱落了塞音韵尾则是湘语演变的主流，无撮口呼或少撮口韵可能与客方言的接触有关。在湘赣客诸方言，连读变调还在生成阶段，文白异读有不同程度的反映，边界土语群的表现与此同步，则与粤语无关。

五、湘粤桂土语群的词汇特征

为了了解这个土语群在词汇方面的异同，以下还是就湘粤桂三省交界处的 9 个方言点，选 60 条常用的方言词列表比较。这 60 条常用词先从罗昕如的《湖南土话词汇研究》选出 40 条，包括该书就 19 种湘南土话和 5 种粤北乐昌土话以及客家话、赣语、湘语做过比较认定为"湘南土话特色词"和书中做过比较的方言词，也吸收了罗杰瑞提出的区分汉语方言的 10 条标准中的两条词汇（母鸡、不），其余 18 条是本人在翻阅这些土话调查材料之后发

现差异较多的词条，也参考了先前在其他南方方言的比较中差异较多的词汇：（列举时方言词用字悉依原著，未作变动）

名词：脑袋　鼻子　厨房　窗户　儿媳妇　妻子　稻穗　凉水　旱地

时间、方位词：上午　下午　上面　下面

动词：藏　给　欠（钱）　知道　选择

表4　湘粤桂土话群常用词比较表

词条	方言								
	韶关	乐昌	连州	钟山	兴安	资源	宁远	江永	东安
脑袋	头	脑盖	头、脑	头	头	头	脑古	脑轱	脑壳
脸	面	面	面	面板	面鼓	面咕扎	面	面 tʃʰø⁴⁴	面古
鼻子	鼻头	鼻头	鼻头	鼻	鼻空	鼻头	鼻头公	鼻头	鼻头
厨房	灶前	灶前	厨房	厨房	火里	火炉	火炉	都头、厨房	火炉
蘑菇	菌	菌	菌	菌	菌、菌崽	菌呃	菌子		菌
虾	虾公	虾公	虾公仔	虾	虾公	虾公	虾公	虾公	虾公
今天	今日、晡日	今日	今日	今日	今日	今晡、今晡日	即工	今日	今晡日
明天	明日、明晡日	明日	明日	明日	天斗	沙底、沙底日	添工	天光 ni⁴⁴	明晡日
上午	上昼	上昼	上朝	朝头	上日	上半日	上头	吃了朝	上晡
下午	下昼	下昼	晏昼、正晏	晏头	下日	下半日	晚下	吃了晡	下晡
我	我	我	我	我	我	全呃	我	我	我
你	你	你	你	你	你	仁呃	你	你	你
他	渠	渠	渠	佢	伊	其呃	之	他	他
大家	大齐家	大家、齐家	大侪家	侪侪	大 ʃi⁵⁵	大侪家	大侪	大 tsiu	大侪家
给	俵	koŋ³¹	俵	分	哈、抔	哈、抔	与	分	du¹³

（续上表）

词条	方言								
	韶关	乐昌	连州	钟山	兴安	资源	宁远	江永	东安
筷子	筷子	筷子	筷子	箸	箸哩	筷奢	箸	筷子	筷子
上面	面高	面高	上高	在上、头上	上 kai²² 、高头	上头	高头	上面、高头	高上
下面	底下	下低	下被	在低、头低	下 kai²² 、脚底	底头	底下	下面、底下	底下
什么	物箇	什么	at²⁴ pi⁵⁵	是么	hiŋ⁵⁵ tou²²	嘛个	哪个	nəŋ、ŋ	么个
谁	sin⁴⁴人	miŋ⁵⁵ ŋãi⁵¹	谁人	吾头	乜人	加个	那个（人）	sĩȵie	遮个
多少	几	几	几多	几多	好 ʃie²²	好多	好多	多少	好多
知道	知得	晓得	晓知	晓知	晓得	晓呃	知得	知得	晓得
不（去）	唔、不	唔	唔	冇	莫	唔	勿	不	不
儿媳	新妇	新妇	媳妇	新妇	兄婢	新妇	新妇	səu 妇	媳妇娘
回去	归屋、去归	去归	转屋头、去转	去归	归去	归去	归去	入屋、归屋	回去
欠（钱）	欠	欠	欠	争	欠、差	欠	该	欠	该
妻子	夫娘	妇娘	宾娘	头婆	房家	女莽家	老客	女客	老母
客人	客	人客	人客	客	客人	客	客人	客	客
快跑	走、跑	跑	跑	逃	跑、走	走	猋	猋	跑
坟墓	坟头	坟头	坟头	祖	祖山	祖山	祖	祖	祖山
扁担		担竿		扁挑	担竿	担杆	扁子	担每	扁担
蛋	春	春	春	蛋	卵	卵	卡卡	圆	蛋
母鸡	鸡婆、鸡嫲	鸡婆	鸡婆	鸡母、鸡䆀	鸡母	鸡婆	鸡婆	鸡母	鸡婆
斗笠	笠帽	笠头	笠头		竹壳帽	笠头	笠头	笠头	笠头
铁锅	镬头	镬头	铛	铛	铛	锅	铛	铛	锅

（续上表）

词条	方言								
	韶关	乐昌	连州	钟山	兴安	资源	宁远	江永	东安
桌子	桌头	桌	枱桌	枱	桌哩	桌呃	枱子	枱（子）	桌子
窗户	tʰA⁴ʔA⁴⁵ 门嘀	窗 kʰaŋ³¹	光窗	门儿（口）	格哩、窗哩	格呃	格子	格眼窗	亮窗
裤子	裤	裤	裤	裤	裤子	裤	裈	裤	裤
醋	醋	醋	醋	醋	醋	醋	小酒	小酒、醋	小酒
稻穗	谷串	禾线	禾线	禾枝、谷枝	禾爪、爪谷	禾线呃	禾线	谷扇	禾线
凉水	冻水	冷水	冷水	凉水	冷水	冷水	冷水	冷水	清水
旱地	旱地	地	旱地	地	地	涸地	地	旱地	干土
东西	东西	东西	功夫、骄夫	东西	东haŋ⁵⁵	喽啦	物事	物事	东西
选择	择、拣	选	选	拣、挑	择、拣	选	选		
曾祖父	白公	白公	太公	白梗	白公	白白	白公	白公	太公
曾祖母	白白	白婆	白白	白	白白	女莽拱白白	祖婆	白奶	太婆
外祖父	㚻公	㚻公	㚻公	未梗	外公	外公	㚻公	德公	外公
外祖母	㚻㚻	㚻婆	㚻婆	吾婆	外婆	婆婆	㚻婆	德婆	外婆
儿子	崽嘀	仔	仔	崽	崽	崽	儿子	崽	崽
看	瞄、睇	睇	睇	望	睇	觑	盯	lie⁵⁵	觑
怕	惊	恐	恐	怕	怯	怕	恐	恐	怕
想	谂	想	想	谂	想	想	默	想	想
睡	眠	眠	眠	眠	睡	纳觉	眠	眠觉	闭
做梦	发梦	发梦	发梦	睡梦、发梦	做梦、发梦出	演梦	得梦	做梦	梦梦
穿（衣）	穿	着	着	着	着	着	着	着	着
站	徛	徛	徛	徛	徛	徛倒	徛	徛	徛

（续上表）

词条	方言								
	韶关	乐昌	连州	钟山	兴安	资源	宁远	江永	东安
闻	闻	闻	嗅	嗅	闻	嗅	闻	闻	嗅
藏	佻	佻	佻	收	藏	pio^{35}	藏	藏	佻
这个	lie^{22}个	个个	ti^{33}静	箇个、箇粒	个只	简只	伊、彼	这个	e^{33}个 e 隻
那个	个只	pei 个	吉静	阿个、阿粒	mo^{33}只	兀只	那	那个	mai^{42}个

从表 4 的 60 条常用词比较可以看出，在 9 个点的土话中，确实能说得上各点都一致的说法并不多（不到五分之一）。其中"着［穿（衣）］、徛（站）、面（脸）、裤（裤子）"是包括吴、湘、赣、客、粤等南方方言都一致的说法，"鼻头（鼻子）"的说法吴、湘都有，"大侪（大家）"则是湘语和一些客家话所共有。据罗昕如考证，"白公、白婆"（曾祖父母）"可能源于古蛮族语言"（苗瑶的祖先），"属底层现象"；"姄公、姄婆"（外祖父母，有的写成"德公、德婆"）的"姄"是"汉藏语同源词"，壮侗、苗瑶语都有 ta^1 的类似音义，"有可能是湘南土话与湘语共同的古方言词"。不少客家话称祖父为"公爹"也是音 ta^1，《广韵》："爹，陟邪切，羌人呼父也。""姄"可能与这个"爹"是同源词。此外，还有少数条目是 9 点之间差异不多的，例如"闻、嗅"都是通语的说法，"想"说"默"同于西南官话和赣语，说"谂"是同于粤语，"筷子"有的点说"箸"和吴、闽、客方言相同；"藏"说"收"是湘语，说"佻"是客话；"醋"说"小酒"和赣语相同；令人注意的"坟墓"说"祖、祖山"，遍及湘、桂各点而未见于各大方言，则应是这一带共有的创新方言词。从这 16 条多点都有的常用词来看，这一带土语应该和古南楚及荆蛮有关系，和周边的吴、湘、赣、客、粤诸南方方言也有关系，这是符合历史状况，也是符合当地人的语感的。

然而 60 条常用词中，更多的是 3 片 9 点方言之间歧异很多的词条。扣除了以上所述的 16 条差异较少的词目之外，42 条常用词中，有 3 种说法的只有4条，4种说法的7条，5种说法的11条，差异最多的6~9种说法的有20条，达二分之一，足见这些常用词在土语群中歧异之多。此外，从用字看，人称代词似乎差异不大，其实，把各地五花八门的读音罗列出来就很使人怀疑，由于未经严格地考求本字，有许多说法恐怕都是训读字。例如：

表5　湘粤桂土话群"我、你、他"读音比较表

词条	方言							
	资源延东	资源梅溪	资源瓜里	连州星子	连州西岸	江永城关	江永冷水铺	江永桃川
我	$daŋ^{23}ŋɛ^{44}$	$aŋ^{23}$	do^{23}	$haŋ^{21}$	$hə^{22}$	ie^{13}	$ŋ^{13}$	$ŋ^{44}$
你	$ɤəŋ^{21}ȝɛ^{44}$ / $ŋȝɛ^{24}$	$niəŋ^{23}$	ni^{23}	$hɛi^{21}$	$həi^{22}$	$aŋ^{13}$	i^{13}	nai^{44}
他	$dzʅ^{23}ŋɛ^{44}$	$dzʅ^{23}$	i^{23}	$ha^{55}lou^{55}$	ke^{22}	$təɯ^{33}$	lou^{35}	lou^{35}

上文提过的江永上江圩乡，单是"我"竟有8种不同说法，更是令人难以置信了。

罗昕如就735个基本常用词对湘南土话的19个方言点和粤北乐昌土话的5个点进行了比较，并统计出其词汇相关数的综合数据。她所得出的结论是："湘南土话词汇内部各点的差异大于一致性"，"周边方言中，粤北乐昌土话（按应是指的县北各点）与湘南土话关系最密切，综合百分比达52.42%（皈塘），与湖南中心区土话部分点的综合百分比相当。……湘南与粤北西北片土话可以看成同一种土话"。"如果宁远平话可以确定为桂北平话……我们主张将宁远平话与湘南土话看成同一种土话，这样，桂北平话（北片）与湘南土话就应该是关系很密切的方言了。"这个分析意见和本文所作比较的结论是一致的。（2004：308－314）

六、湘粤桂土语群的社会文化特征及其性质

湘粤桂交界处在南岭中心地带,横跨东西的,北有阳明山,南有九嶷山;纵贯南北的有骑田岭、萌渚岭和海洋山,都是海拔 1 500～2 000 米的低山丘陵。这样的地形历来山陡水急,交通不便,没有形成城市,一直是经济不发达的山区。历史上江永、江华和资源、兴安都曾在湘桂两省的行政区上划来划去。汉唐以来江北避乱流民几度南下,宋元之后客赣移民陆续东来。本地苗瑶土著或就地融合或划地而居。自然,早在湘中定型的湘语人也会向南边山区拓展。三省土话就这样,叠置着汉唐古语、苗瑶民语,在湘语的基础上加上赣客方言成分,明清之后西南官话社会地位上升之后,又作为小通语对这里施加影响,因此便成了"四不像"、哪区也归不进的殊异方言。正是这样的历史背景,形成了湘粤桂土语群的文化特征:一群离心的小土语之间,分歧大、通话难,没有权威方言,只好采取与周边方言的双语制而存在。这些土语与其他方言相处属于弱势状态,便受强势方言影响:西部有西南官话、北部有湘语、东面是客赣方言、南面是粤语。各土语在兼收并蓄之中,与周边方言何者关系更多,又各自显示了一些区别:近湘则湘,湘南 3 点反映湘语的特点更多,尤其是偏北的东安;粤北 3 点处于客方言包围之中,近 50 年间又有强势的粤语的影响;桂北的平话区早已用桂柳官话作为区域共通语,接受西南官话的影响自不会少。从语言现状和发展前景说,这些土语都正在缩小流通范围,青少年一代逐渐对母语陌生了,随着共同语的普及和教育程度的提高,这类小方言必定走向萎缩,这是难以阻挡的历史规律。凡此种种,不就正是混合型、过渡型方言的文化特征吗?

自从《中国语言地图集》划出"平话"分布范围后,湘粤桂土语群的性质(归属)就引起许多学者的关注了。王福堂早在十几年前就写了《平话、湘南土话和粤北土话的归属》一文,该文主要从语音特征作比较分析,提出了"桂北平话和湘南土话中韵母系统简单,层次多,调类分派复杂,也和周边方言和语言的多重影响有关","看来,湘南土话、粤北土话和桂北平话也应该属于同一种方言"。关于它的归属则说:"似乎可以考虑既不让它在

汉语各大方言的系列中取得平列或独立的地位，也不归并到其他方言中，而是作为各大方言以外的一种土话暂时搁置，同时注意它的发展，以后再作处理。"（2010）本人十分同意这种意见，甚至认为不必搁置，可直接划为另外一区。任何生物的分类都有余类，光谱的过渡处也有杂色，圆周率都有除不尽的，在几种方言之间为什么不能有"羡余"呢？只要按照客观事实，立下"混合型方言""过渡型方言"的小类，既可以为方言事实做出合理的解释，也可以使方言的分区得到恰当的处理。当然，确立为混合型方言、过渡型方言，必须经过周密的调查和纵横的比较、考察方言的内外特征，不能一见到与外区特征有相同之处，就把它列为混合型方言。在理论上，也必须在此类方言的更多研究之后，在量变和质变之间找到区分的界限，做出合理的限定。

参 考 文 献

[1] 陈章太、李如龙：《闽语研究》，北京：语文出版社 1991 年版。

[2] 李如龙：《方言与音韵论集》，香港：香港中文大学中国文化研究所吴多泰中国语文研究中心 1996 年版。

[3] ［日］平田昌司主编，平田昌司、赵日新、刘丹青等著：《徽州方言研究》，东京：好文出版株式会社 1998 年版。

[4] 鲍厚星：《湘南东安型土话的系属》，《方言》2002 年第 3 期。

[5] 鲍厚星等：《湘南土话论丛》，长沙：湖南师范大学出版社 2004 年版。

[6] 庄初升：《粤北土话音韵研究》，北京：中国社会科学出版社 2004 年版。

[7] 伍云姬、沈瑞清：《湘西古丈瓦乡话调查报告》，上海：上海教育出版社 2010 年版。

[8] 黄雪贞：《江永方言研究》，北京：社会科学文献出版社 1993 年版。

[9] 胡松柏、汪应乐、葛新等：《赣东北方言调查研究》，南昌：江西人民出版社 2009 年版。

[10] 曹志耘：《严州方言研究》，东京：好文出版株式会社 1996 年版。

[11] 侯精一主编：《现代汉语方言概论》，上海：上海教育出版社 2002

年版。

[12] 严修鸿：《连城方言韵母与闽语相同的层次特征》，丁邦新、张双庆编：《闽语研究及其与周边方言的关系》，香港：中文大学出版社 2002年版。

[13] 庄初升：《从知三读如端组看粤北土话、湘南土话、桂北平话与早期赣语的历史关系》，中山人文学术论丛编审委员会主编：《中山人文学术论丛》（第八辑），台北：文津出版社 2007 年版。

[14] 罗昕如：《湖南土话词汇研究》，北京：中国社会科学出版社 2004年版。

[15] 王福堂：《平话、湘南土话和粤北土话的归属》，《汉语方言论集》，北京：商务印书馆 2010 年版。

繁简字并非两岸语文鸿沟[①]

——读《两岸常用词典》有感

《两岸常用词典》最近在台北和北京出版发行了，这是一件可喜可贺的大事。

在 2009 年两岸经贸文化论坛上，两岸学者达成"合作编纂中华语文工具书"的共识。翌年，大陆和台湾分别成立的编辑部，本着互相尊重、平等合作的精神，积极推动、密切配合，只用了两年的时间，就编成了这部 200多万字的大书。

一、汉语汉字全球使用广泛

世界 1/4 的人使用同样的语言——汉语和沿用 4 000 年前传下来的文字——汉字，这是当今世界语文生活中的奇迹。如果把"文缘"加以分解，处在文学、文艺、文明、文化（包括习俗）之间的核心地位的，就是"语言文字"。世界华人的民族认同感首先就来自强有力的中华语文。语文是意识的外形，文学的第一要素，文明演进的动力，各种文化的载体。有了共同的语文，不管你承不承认，都会有许多共同的观念、情趣和相近的行为

[①] 本文刊于《人民日报》（海外版），2012 年 9 月 10 日。副标题是收入本集时所加。

习惯。

　　然而两岸之间毕竟经历过百年隔绝，语言，尤其是词汇，总是随着社会生活而不断变化，两岸人民交往深入了，词汇上的差异就会逐步显示出来。如果说，"旅游—观光、方便面—速食面、知识产权—智慧产权、软件—软体、志愿者—志工"等不同说法还比较好理解，不需太多猜测，"家庭旅馆—民宿、桑拿浴—三温暖、优盘—随身碟、橙子—柳丁、猕猴桃—奇异果、渠道—管道"的差异，就难免有些费解；台湾的"窝心（舒心）、草莓族（一种只图享受的年轻人）、龟毛（拘谨）、三不五时（不时）"，大陆的"猫腻、离休、给力、雷人"，彼此就难以理解，有的还可能造成误会。国民党主席宋楚瑜谈到夫人对自己的支持时说感觉很"窝心"，在座大陆同胞不解，经记者解释，意为"贴心"，大家才放了心。为了利于两岸语言的沟通，把这些不同的语词编成词典加以整合梳理，确是当务之急。

二、简化字演变是历史规律

　　由于历史的原因，两岸使用着不同形体的汉字。《两岸常用词典》的词条都采取繁简对照，这就使读者在了解两岸词汇差异的同时，也能得到"由简识繁"和"由繁识简"的训练。使用繁简字其实并非两岸语文的鸿沟。简化是汉字演变的历史规律。1930年中央研究院出版的《宋元以来俗字谱》就收了俗字1 600个，大多是数百年间积累的简体字；1935年钱玄同主编的《简体字谱》收字2 400个，同年国民政府从中选出324个作为《第一批简体字表》公布。大陆现行的简化字总数是2 235个，扣除"偏旁类推"，只有515个。有许多简体字，包括"台湾"二字以及兼作偏旁简化的"门、言、页、丝、鱼、会、龙、虫"等早已在台湾通行。事实上，随着往来的频繁和中文书籍的交流，近年来不少台湾朋友已经认识了很多简体字，文化程度较高的大陆人也早已通过读古书认识了繁体字。其实，两岸之间的"繁简对立"不必夸大。

　　语言文字是一种历史形成的社会习惯，是千家万户的男女老少须臾不能离开的交际工具。对待语文上的差异，应该提倡相互尊重，多理解、尚宽容。大陆地区已经有十几亿人用惯了简体字，要求他们重新改学繁体，怕是不合情理，也难以办到；习惯了繁体的台湾人，自可听任其便，逐渐多认些简体字更好。台湾有八成的闽南人；把一些闽南话搬进普通话，如土豆（马铃薯）、歹命（命运不好）、铁齿（嘴硬，固执）、菜头（萝卜）、有够（非常）；正像大陆普通话吸收了许多官话方言（甩、帅、搞、忽悠），这都是正常现象。汉字选择了重表意、轻表音的体制，使之具备了可以标记古今通语、南北方言，甚至兼容中外语言的神力，应该说，这还是它的优点之一。

三、两岸合作研究是大势所趋

汉语和汉字相结合之后形成了鲜明个性，甚至有点特立独行。"隶变"之后，2000 年间字形基本不变；单音词为核心、双音词为基础，多用语素合成词语，少用语缀派生；多用虚词连语造句，少有形态变化；根据语用、修辞的需要可以调整语法规则；文言白话、通语方言可以兼收并蓄，却不太喜欢轻易借用外族语词和句法。这种情况，说它保守也行，说它稳定，也很准确，语言文字是人们须臾不能离开的工具，老是要变动，也很麻烦。

日本人殖民统治台湾 50 年，没留下几个日语词，"料理、便当、宅急便"和早期的"政治、经济、法律"一样都是"汉译词"。用惯汉语汉字的华人，也养成了汉语汉字这种"内外有别"的个性：对外"和而不同"；对内"求同存异、聚同化异、以同通异、异中求同"。早在 1923 年，西方的汉学家高本汉在谈到汉语和汉字、文言和俗语时就说过："中国人要感谢这种很精巧的工具，不但可以不顾方言上的一切分歧，彼此仍能互相交接。""中国所以能保存政治上的统一，大部分也不得不归功于这种文言的统一势力。"真是"旁观者清"啊。

近百年来，汉语汉字的研究在海峡两岸逐渐深入，也有所交流，但大多是分头进行的，《两岸常用词典》是两岸学者联合编写的第一个成果。与此同时，《中华科学技术大词典》也正在紧锣密鼓地编写之中。有了这两部书的良好开端，可以预料，很快就会有更多的收获。

词汇研究的新局面和新课题^①

——新世纪汉语词汇学研究的感想

一

2000 年，我参加了第三届汉语词汇学研讨会，从此和词汇学研究结下了不解之缘。

我很高兴厦门大学接手承办这一届词汇学研讨会，因为在之前的二三十年间，我在调查研究汉语方言的过程中积下了许多与词汇学有关的问题，有些问题自己还没有理出头绪、找到答案。例如，我编写过十几种福建境内的《方言志》、三本闽方言词典，深感要为跟普通话差异很大的闽方言词做好注释实在不容易；作为一个并未在北方的农村长期住过的南方人，虽然从小就学习普通话，在习得和教学中要划清普通话的口语和书面语的界限、规范和不规范的界限，也并非没有困难；至于后来兴起的从文化的角度去调查、解说、研究方言词语，特别是为意义独特、用字未明的方言词考求本字，从而说明方言词的文化内涵，理清方言词与古今共同语词汇的关系，考定方言语

---

① 本文刊于《漫漫求索路，悠悠语词情——汉语词汇学学术研讨会二十年》（周荐、苏宝荣主编，商务印书馆 2016 年版）。

音的历史层次，这其中的不解之难题就更多了。那时，我才知道有个词汇学研讨会，多年没有接着开了，就决定由厦大来续办这个会，心想，自己可以向与会专家多学习一些词汇学知识，也可以给已经招进来的博士生创造一个学习的机会。

借着改革开放的东风，大概也因为间隔了多年未开，这次在南国秋高气爽的季节举办的会议，有幸迎来了许多名家大学者和一批崭露头角的中年学者，还有一些已经毕业和在读的博士生，总共收到了 73 篇论文。现代汉语词汇学名家刘叔新、符淮青、高更生、张联荣，词汇学理论家张志毅、汪榕培、郑述谱，词典学家韩敬体、李行健、程荣，古汉语研究家宋永培、周光庆、苏宝荣等在会上都有重要的论述。研讨的内容遍及词汇学理论，古今汉语的比较，南北方言的比较，现代汉语词汇的计量研究，词典收词、释义和标注词性，习用语、成语、惯用语，以及网络新词语等问题。可谓论题广泛，研究深入，颇具承前启后的作用。

令人高兴的是，这批有经验的教授中，不约而同地选写了一批带有理论性的题目，这对于历来强调"朴学"传统的中国语言学研究来说，是一股新世纪送来的清风，对于提升会议的学术质量，发挥对今后的研究工作的指导作用有重要意义。

这其中，应该特别提到的是张志毅、张庆云两位先生联名发表的《词汇学的现代化转向》一文。文中指出，20 世纪之后，由于传统哲学向分析哲学和语言哲学的转化、传统语言学向结构语言学的转化以及语义学向多科综合研究的发展，稍后兴起的词汇学的现代化转向也就势在必行。接着，文章论证了从传统词汇学到现代词汇学的转化应该包括六个方面：研究单位从单一的词语考释走向多元系统的考察；研究对象从单一语言转向多种语言（通过比较提取共性的模式）；研究方向从静态聚合转向动态组合；认识上从微观的描写转向宏观的整体系统研究；方法上从归纳、综合转向分析演绎和定量研究；研究目的则由原来的描写主义走向解释和应用。这是他们长期关注欧美和苏俄的词汇学研究，并结合自己研究汉语词汇的经验形成的认识，因而是切合我们的汉语词汇学研究的实际的。说它是指导汉语词汇学现代化转型的有效纲领并不过分。

外语界名家介入汉语词汇学研究的历来不多，汪榕培和郑述谱两位教授报告的论文也很有理论上的启发。汪榕培的《他山之石，可以攻玉——国外英语词汇学研究给汉语词汇学研究的启示》介绍了英语词汇学研究的经验和教训，提出汉语词汇学既要继承我国自古以来的汉语词汇研究成果并进行创新，也要引进和借鉴国外先进技术和经验。郑述谱的《从"概念"一词的释义说起——兼论词义、概念及其关系》说明"概念"指的是术语义，而"词义"则是"日常义"，只是认知概念的"紧缩"，词典注释词义不应该只说概念义，更重要的是说明日常义，这对词典学有重要的启发。

李如龙的《谈谈词汇的比较研究》提出：比较研究是进一步发展汉语词汇学的必由之路。文中用普通话和方言的实例，分别就共时和历时两个方面列数了比较研究的各种内容和方法。苏新春的《关于〈现代汉语词典〉词汇计量研究的思考》指出了《现汉》是进行现代汉语计量研究的最佳依据，提出了建立《现汉》数据库的要求和方法，预示了运用这个数据库开发汉语词汇学理论研究和应用研究的广阔前景。

此外，符淮青的《构词法研究的一些问题》提出了自《马氏文通》以来"构词分析"有"五个平面"，指出关于构词法的分析以及种种不同意见都有各自的作用。周光庆的《试论从本体论角度研究汉语词汇》是从哲学本体论的角度研究词汇的产生和发展、词义的结构与演变，也都有理论上的启发意义。

词汇是语言中的意义单位，数量庞大，又不像语音和语法那样有系统性，词汇的意义又是跟社会生活的各个层面、各种历史现象直接相关，语言习得、语言表达都从词汇入手，种种通名、专名、术语、俗语，人人都要使用词汇来表达。词汇学如果没有系统、多样而详尽的理论，词汇的研究就很容易陷入个别词汇的诠释和考据，这种教训在中外都是长期存在过的。可见，词汇学要开辟新局面，必须从重视理论开始。

二

2001 年，在国家语委的倡导和商务印书馆的支持下，厦门大学于年底举办了汉语词汇规范问题研讨会，2002年，第四届词汇学会议在石家庄的河北师范大学举行。从这次会议起，略去了"现代"二字，改称为"汉语词汇学研讨会"。以上两次会议的论文编成《词汇学理论与应用（二）》，由商务印书馆出版，后来的每次会议依序续编论文集。

在石家庄会议上，张志毅先生做了《汉语词汇学的创新问题》的报告。他指出，汉语词汇学的研究历来是描写多、理论少，追踪国外理论的多、原创的少。要具有原创性，就必须在广阔视野中，在描写的基础上进行理论阐释，占据制高点。为此，在思维模式上，要有理性思维、批判思维，也要有想象思维；在方法上，应该更多采取计量研究、比较研究，提倡演绎方法。张先生的报告得到学者们的赞赏。于是，在武汉大学举行的第五届会议上，明确提出"融汇中外、沟通古今，强化理论建设，关注语言生活"的研究方针。又经过了一番磋商，大家对今后词汇研讨会的宗旨达成了如下的共识："融汇中外、贯穿古今、沟通南北，理论与应用并重，整体研究与局部研究相联系。"这是经过了新世纪头五年的磨合所形成的汉语词汇学研究的新理念。由于拓宽了研究的视野，提倡了比较研究的方法，原来各自经营某个较小的领域的学者也愿意走在一起，经过交流、获得新知，探讨一些共同感兴趣的问题，尤其是理论问题。从第五届会议起，到会人数都有百余人，有时还超过二百人。

以后的几届会议，不但参会人数增加了，研究的课题也多样化了。在宏观方面，有张志毅和周荐关于孙常叙的《汉语词汇》对汉语词汇学的贡献的研究，李如龙和徐正考关于单音词、常用词、基本词的研究，苏新春关于元语言的研究，周光庆关于词汇研究的解释学途径的研究，徐时仪关于西学东渐对汉语词汇发展的影响的研究，郭伏良关于词义演变类型的研究；在词汇发展的动态研究方面，有王宁关于新词语的短期消亡的考察，周荐关于词汇类型的近现代演变特点的研究，李如龙关于词汇生成和系统在竞争中发展的研究。白云关于单双音词50年间演变的研究；此外，关于新词新义、网络词语、字母词等崭新的词汇现象，年轻学者李智初、刘晓梅、余桂林等做了研究；关于境外华语区域（中国香港、中国台湾、新加坡）的特有词语也引起了许多学者，如郭熙、田小琳、汪惠迪等人的关注和研究；关于《现代汉语词典》标注词性及词汇规范等问题，有苏宝荣、李建国、李志江、王楠等学者的研究；计量研究方面，有苏新春、杨尔弘、张莉等的研究；关于色彩词，有李红印、吴礼权、杨振兰、叶军等的研究；此外还有外来词的研究、个别词语的考释，以及古今南北的比较研究（匡鹏飞、王吉辉、解海江）；温端政则多次在会上发挥了"语词分立"（语和词分开研究）的思想。

至今，《词汇学理论与应用》文集已经出版了六集，对于汉语词汇学的研究应该是起到了一定的推动作用的。十几年间，单是经常参与词汇学研讨会的专家们所出版的关于汉语词汇学的专著就有如下 24 种：

张绍麒：《汉语流俗词源研究》，语文出版社 2000 年版

郭伏良：《新中国成立以来汉语词汇发展变化研究》，河北大学出版社 2001 年版

葛本仪：《现代汉语词汇学》（修订本），山东人民出版社 2001 年版

张志毅、张庆云：《词汇语义学》，商务印书馆 2001 年版

曹炜：《现代汉语词义学》，学林出版社 2001 年版

叶军：《现代汉语色彩词研究》，内蒙古人民出版社 2001 年版

李如龙主编：《汉语方言特征词研究》，厦门大学出版社 2001 年版

苏新春等：《汉语词汇计量研究》，厦门大学出版社 2002 年版

刘中富：《实用汉语词汇》，安徽教育出版社 2003 年版

杨振兰：《动态词彩研究》，山东人民出版社 2003 年版

周荐：《汉语词汇结构论》，上海辞书出版社 2004 年版

曹炜：《现代汉语词汇研究》，北京大学出版社 2003 年版

温端政：《汉语语汇学》，商务印书馆 2005 年版

温端政等编：《汉语语汇学教程》，商务印书馆 2006 年版

周荐、杨世铁：《汉语词汇研究百年史》，外语教学与研究出版社 2006 年版

刘叔新：《词汇研究》，外语教学与研究出版社 2006 年版

张志毅、张庆云：《词汇语义学与词典编纂》，外语教学与研究出版社 2007 年版

周光庆：《从认知到哲学：汉语词汇研究新思考》，外语教学与研究出版社2009年版

张绍麒：《汉语结构词汇学》，外语教学与研究出版社2006年版

武占坤：《汉语熟语通论》（修订版），河北大学出版社2007年版

李红印：《现代汉语颜色词语义分析》，商务印书馆2007年版

解海江、章黎平：《汉语词汇比较研究》，中国社会科学出版社2008年版

王吉辉：《固定语研究》，南开大学出版社2009年版

温朔彬、温端政：《汉语语汇研究史》，商务印书馆2009年版

此外，还有一些比较重要的专著：

许威汉：《二十世纪的汉语词汇学》，书海出版社2000年版

王艾录、司富珍：《汉语的词语理据》，商务印书馆2001年版

董秀芳：《词汇化：汉语双音词的衍生和发展》，四川民族出版社2002年版

贺国伟：《汉语词语的产生与定型》，上海辞书出版社2003年版

王国安、王小曼：《汉语词语的文化透视》，汉语大词典出版社2003年版

董为光：《汉语词义发展基本类型》，华中科技大学出版社2004年版

刘俐李、王洪钟、柏莹编著：《现代汉语方言核心词、特征词集》，凤凰出版社2007年版

李如龙：《汉语词汇学论集》，厦门：厦门大学出版社2011年版

董绍克等：《汉语方言词汇比较研究》，商务印书馆2013年版

这里列举的还没有包括古代汉语的词汇研究、汉语词汇史的研究。就现代汉语来说，如果加上这些年来编写出版的各类辞书、辞书学研究和词汇规范研究、教学研究以及其他应用研究，十几年来的研究成果就多得难以胜数了。

由此可见，步入21世纪之后的十几年，汉语词汇学的研究确实是开辟

了一个崭新的局面。不论是研究的数量还是质量，都是以前的数十年研究难以比拟的。

<h1 style="text-align:center">三</h1>

在语言的大系统中，词汇是大大小小的表义单位，是构建语言大厦的全部建筑材料。它的语音形式体现着所有的语音结构规律，它的聚合系统表现了该民族认知世界时的各种分类，组合系统则体现着语法结构规律。没有词汇，语音就没有依托，语法也成了空架子，可见词汇及其系统在语言的大系统中是处在中心地位的。在汉语中，这一点表现得更加突出。汉语的音节（字音）直接和字形、字义相关联，字义便是语素义；一字多音、一音多字都是很常见的，辨别字音都得联系词汇；多音词之中还常有种种连音变读（轻声、儿化、变调、变声、变韵、小称等），这类语音现象和规律也只能从词汇中考察才能得知。汉语的语法关系不是靠"形态"，而是主要靠虚词和语序来区别的，作为词汇主体的"合成词"的构词法和造句法是相通、相应的，词汇意义在语法组合中起着重要作用，在语言结构中，汉语是词汇厚重、语法相对轻薄的。因此，不认真地研究词汇，就无法理解汉语语音的结构体系，也不可能掌握汉语语法的主要特征。说词汇的研究是汉语研究的核心部分，并不过分。

正因为如此，中国人一开始研究自己的语言，便从词汇入手。汉语最早的词典《尔雅》大概在两千年前就问世了（多数学者认为成书于战国时代，汉代有过修订），是解释先秦汉语词汇的。近两千年前，许慎所编的《说文解字》，既解释汉字的字形，也说明字义，在单音词占优势的时代，字义也就是词义。到了1 500年前，陆法言所编的《切韵》，则是为1 200多个汉字注音、释义的字典。所有的这些，在世界语言学史上都是古老而辉煌的成就。再后来，各类字书、韵书、类书，字典、辞典、事典，乃至各种笺注、集注、详注，越编越多，释义越来越细，为我们保存了丰富的词汇史的宝贵材料。自从现代语言学兴起之后，把所谓的"古代语文学"视为前科学，这实在是不公平的。中国传统的语文学——音韵、文字、训诂是在汉语汉字和中华文化的土壤中生长起来的，两千年间，它的存在和发展说明了它的合理性，这种合理性乃是由于它体现了中国特色，切合了社会应用。事实上，古代的语文学者的许多研究都达到了很高的成就。例如在研究汉字的结构及发展史上一直是世界领先的水平，通过汉字形、音、义的分析来阐述汉字和汉语的关系也是最科学的，关于词汇义类的归纳、词义的解说、修辞（语用）的分析也都达到很高的水平。今天，我们在研究汉语词汇学的时候应该珍惜这份宝贵的历史文化遗产，努力发掘其正确的理论和方法，并为之进行现代科学的诠释，发挥其正能量，让它走向世界，充实普通语言学的宝库。

近百年来，在传统词汇研究的基础上，在引进了西方现代语言学之后，几代学者关于汉语词汇学的研究已经取得了不少成就。现在看来，还可以进一步把传统观念和现代思想整合起来，抓住某些关键问题，寻求理论上和应用上的突破。这里试着谈几点不成熟的想法，求正于方家。

四

关于汉语词汇学的理论问题，我主张集中力量探讨汉语词汇的特征。如果我们真正把古今汉语和南北方言都进行深入的综合考察，再进一步将汉藏系语言和西方语言做比较，探讨汉语的词汇系统究竟有哪些与众不同的特征，就能够给世人交出一份合格的答卷。

关于汉语词汇的特征，我认为可以从语音、构词和语义三个方面来考察。

词汇总有它的语音形式，不同语言的词汇总有自己的语音特征。汉语词汇的语音特征是什么？在词汇的语音形式上，汉语早已是多音词占优势，并以双音词为基础形成了二音节的音步。《现代汉语词典》所收的词汇中，双音节词占62%，加上四音节词占8%，二者之和就有70%。虽然三音节的词语比四音节略多，但是扣除大量的"子、儿、头、的、地、得、不、一、上、下"等轻声音节，双音节和四音节的词汇就占了三分之二了，据此，是否可以说汉语词汇的语音形式以一个和两个音步为主，表现了偶数为主的"工整性"，这就可以和古今诗歌多采取五言、七言的格式互相论证了。单音词和其他少数奇数词语只是作为语流节奏的贴补镶嵌之用。就音节结构来说，词头没有复合辅音，词尾没有清辅音，只有元音可以复合，这就决定了语音的"乐音性"。这种构词的偶数工整和音节的乐音突出是其他言语中少见的，正是这两个特点决定了汉语语流特有的音乐性。

每种语言都有自己的构词法，按照布龙菲尔德的说法，不同语言之间构词法上的差异大于造句法，汉语构词法的特征是什么？众所周知，汉语缺乏形态标记，能够普遍类推的语缀也不多，大多数词语（可能有 70% 以上）是语素复合而成的，合成的方式有联合、修饰、表述、陈述和补充等，正好同句法的结构方式并列、偏正、动宾、主谓和动补相应。大多数复合词的词义都是语素义的相加或相关。"床前明月光，疑是地上霜。举头望明月，低头思故乡。"以唐诗宋词为例，能确认为双音词的词义都可以从语素义的合成去理解。这样的语素构成方式就决定了汉语的构词法具有明显的"逻辑性"。德国的哲学家莱布尼茨早在几百年前就说过，汉语是世界上少有的富于逻辑性的语言。

各种语言的词汇语义总是随着人类思维能力和社会生活的发展而不断发展的。汉语词汇语义的延伸发展有着明显的多向灵活性。不论是从古今汉语词汇的比较研究，还是从通语和方言词汇的比较研究，我们都可以从中看到，汉语的词汇语义都有四个方面的灵活延伸：其一是从日常义向概念义和形象义的延伸；其二是从单词性向多词性的延伸，名物义（指称名物）向动状义（表示动作和情状）的延伸；其三是从实义向虚义的延伸；其四是从中心义向边沿义的延伸。例如：天，指称"天空、天上"是日常义（人的直感）；在"天体、天象，天性、天然"中是"概念义"（经过研究的对大自然的认识）；在"夫者，妻之天也"（《仪礼》）、"王者以百姓为天"、"天价"、"天神、天兵天将"之中是"形象义"（比喻）；在"每周七天"中是转移词性为量词，在"他天说得好也不叫他去"（洛阳）是转移词性为副词；"伊做人天天"（厦门话，漫不经心或摆架子）则转性为形容词；指称"额头"的"天平、天庭"是比喻义或本义（王国维："象人形……本谓人颠顶"，章太炎："天即颠耳，颠为顶亦为额"），曾有争议。至于"天气、天色、天晴、冬天、热天、白天"应该是从中心义到边沿义的延伸。正是由于语义的这种多向的灵活延伸，汉语的许多常用词，名词兼用为动词、形容词，动词兼用为介词、连词、助词。如果把古汉语和现代汉语方言都纳入比较研究的范围，很多单音词的语义延伸都会出现万花筒的局面，其义项的分解和归纳多有困难，进入多音词后，加上语素之间意义的牵扯和不同结构的影响，还有历史、文化方面的背景因素的反映，情况就更加复杂了。

关于汉语词汇学的应用研究，这些年来有关各类汉语词典的编纂，关于词汇规范问题的研究，可谓成绩斐然。我的思考不多，不敢多说。这里只想谈谈词汇教学中的两个问题。

事物的特征就是事物的主要矛盾，汉语的词汇研究不但理论上要抓住特征的研究，应用方面也应该从特征出发去设计词汇教学的方向。

汉语词汇的教学有两个方面，一是母语的义务教育，二是对外汉语的二语教育。如上文所说，汉语的词汇在汉语的大系统中占有中心地位，但是学会拼音方案，并不能掌握汉语的语音，因为字音是和词汇相结合的，连读音变则是体现在多音词之中，只有学会词汇才能真正掌握语音；词汇的构造方法和句子的结构大体相当。学好词汇就基本上掌握了句法规则，要掌握语法关系的主要承担者虚词，最好能了解它是如何从相关的实词虚化而来的。可见词汇的学习对于语法的学习也有重要的意义。就言语交际能力的训练说，不论是母语还是作为外语来学习，词汇量的大小都是决定其言语应用能力的最重要因素。因此，对于母语教育和二语教育，词汇的训练都必须摆到最重要的位置上。目前的母语教育和二语教育在这一点上都是值得强调的，母语教育中强调拼音教学，对外汉语教育则强调语法点的训练，这都有悖于"以词汇为中心"的原则。

如上所述，汉语词汇的一个重要特点是用语素合成的方式来构词占优势（从双音词、三音节到四字格都是用同样的方式）而富于逻辑性。这个特点在传统的母语教育中一向应用得不错：从字的形、音、义入手，识字之后组词、造句，两三年后听、说、读、写大体都能过关。近些年来据说课程改革方案强调了"文化素质"的教育，"形音义、字词句"被批判为落后的"工具论"，以致基础的语文训练受到不小的影响。而在对外汉语教学中，一开始就热衷于跟着西方不断创新的教学法跑。什么句型教学法、情景教学法、任务型教学法，母语教育中行之有效的"字词句"训练似乎是过了时的日历，对其不屑一顾。也有人提出过"字词直通""语素分析法"，不但始终引不起注意，更谈不上进入主流。母语教育和二语教育，所不同的只是学习中有没有习得的语感基础，课堂外有无语境。怎样根据汉语的特征去教好汉语，基本的规律还是相同的。

汉语的词汇还有一个重要的特点，就是书面语词和口语词有不少差异。"夜半、子夜"用于书面语，口语说"半夜、半夜里、三更半夜"；书面上说"光临、莅临，到达、到来、来到"，口语就说"来了、到了"；书面语说"美丽、标致、俊俏"，口语说"漂亮、好看、俊"。诚然，有许多常用词是书面语、口语共用的，有些只是在书面或口头多用，但也有些是专用于书面或口语的。前者如"权且、姑且、尚且、苟且"，后者如"怎么着、这么着、什么着、没着了"。在母语环境中长大的孩子是会有一些书面语和口语的语感，但也很难都掌握，尤其是南方方言区的人。而母语义务教育中总是在强调读写训练，师范院校为开设口语训练课忙了一阵，后来也不怎么提了。对外汉语教学似乎都着重口语交际训练，实际上也很少告诉学习者哪些是专用于书面语或口语的词语。对于完全没有汉语语感的外国人，教材和老师不提醒，靠他们自己琢磨，要有多少年的阅读和交际积累才能掌握其中的奥妙！可是，现如今不但各种汉语课本从未标示〈书〉〈口〉，像样的现代汉语口语词典都很难找到。难怪在中介语语料库里许多留学生都把书面语套用到口语中来了。

现代汉语方言的萎缩和对策研究①

一、方言变异与发展的历史轨迹和基本形态

语言是人类特有的生理和心理现象，又是组成人群和社区之后的社会现象。方言是分布在一定地域的语言②，其存活和发展过程有一定的历史轨迹。

远古时期，不同部落有不同的方言，形成部落联盟之后可能就有简易而不是很定型的通语。后来，由于经济文化的发展、人口的膨胀和迁徙，语言进入分化时期，方言差异扩大后形成了一个个的区域。战争和灾荒造成的移民又使不同方言发生兼并与融合。现存的汉语方言大多数是在千年以前定型的。北方官话后来发展为民族共同语，南方方言在不同时代受到通语影响，相邻的方言之间也有所交融。例如，从湘方言和赣方言，赣方言和客家话，吴方言和徽州方言、闽方言，粤方言和平话、客家话，都可以看到纵向的层次关系和横向的接触关系。近代以来，城市兴起、经济发展、交通发达、文化繁荣，通语的书面语及所记录的大量典籍，影响越来越大，社会语言进入

---

① 本文刊于《语言战略研究》2017 年第 4 期。
② 本文不把"社会方言"视为"方言"。因为它不以分布地域为标志，与地域方言没有直接的渊源关系，而是由于人群的不同职业、社会地位、信仰或文化程度等差异所形成的变异。

整合期。其主要标志是：通语（包括口语和书面语）不断普及并加强对方言的影响，方言之间形成了强弱势差并发生激烈的竞争。有些通行范围不广、使用人口不多的小方言逐渐放弃了固有的特征，发生结构上的萎缩；使用范围也逐渐收缩，先是退出书面语的读写，而后退出学校生活和文化生活，最后退居于家庭，这是功能上的萎缩。在通语推广、方言消退的同时，由于国际的交往和外语的进入，有的弱势方言经过长期的萎缩之后，就逐渐走向濒危乃至最后的消亡。

这种状况不独汉语为然。早在 1992 年，克劳斯（Krauss）就在《语言》杂志上发表了《世界语言的危机》一文，指出："在最近一百年里，世界上近 6 000 种语言中的 90% 都面临着灭绝的境地，而根据生物学家的统计，只有不到 8% 的哺乳动物和不到 3% 的鸟类陷于濒危的境地。显然，跟动物物种相比，人类语言死亡的规模和速度都是惊人的。然而，与动物灭绝所受到的人们的高关注相比，人类语言的濒危和保护却远没有引起人们的足够重视。"（徐大明，2006：330）

这给我们提出了一个很值得思考的问题：为什么语言的萎缩和消亡竟然比物种还要快得多？虽然人类对自然的"过度开发"也会破坏生态平衡，造成某些稀有物种消失。但是物种消亡主要还是自然界"物竞天择，适者生存"的结果，并不以人的主观意志为转移。而作为社会现象的语言，随着社会发展变化而发生变异。这种变异不但与人类的认知、协调和抗争有关，也牵涉到经济、政治、文化各个方面的发展变化。尤其在现代化的社会里，城市化加速，网络、信息不断普及，原来依存于乡村生活的小语种、小方言越来越不适应社会的需求，跟民族共同语及世界上广泛通行的几个大语种相处时，丧失了竞争力，逐渐被闲置起来，于是就逐渐萎缩，甚至走上濒危和消亡的道路。

变异是语言存在和发展的常态。古代社会语言的变异主要趋势是分化，近代以来变异的主要趋势是整合，目前，现代汉语方言变异的主要特征是萎缩。从萎缩走向消亡是一个漫长的过程。就近 20 年的情况看，萎缩之势可能会加剧。

方言的萎缩有两种基本形态。一是结构系统的缩减，即方言特征被磨损；二是交际功能的退缩，就是使用人口减少、使用范围收缩和使用频度降低。初期的萎缩是轻度的，逐渐会发展到中度和深度，而后就进入濒危，到了没多少人能说能听、偶尔才说也说不清楚的阶段，就接近于消亡了。现在看来，汉语方言的现状，主要表现为萎缩，进入濒危状态的只是极少数，个别的可能已经消亡。这里着重讨论方言萎缩的表现并分析造成萎缩的原因和条件。

二、方言结构系统的萎缩

结构系统的萎缩在语音、词汇、语法上都有表现，最常见的是接受共同语的成分和规则，放弃方言中特殊的成分和规则，即从"并行"到"替换"。上海人把"苏州到快哉"说成"苏州快到哉"，广州人把"食多啲"说成"多食啲"，就属于这种现象，这在词汇、语法方面是很常见的。如果只是放弃方言的特殊成分并且没有用共同语的规则来替换，那就是方言特征的"缩减"。这种现象在方言语音方面可以见到，即有的音类精简了但并没有按照共同语的规则来替换。例如，据教会罗马字的记载，广州话百年前还有两套塞擦音声母，古音知章组字读为舌叶音，如今已经归入舌尖音，与精庄组无别了，但是这与普通话三套塞擦音的归类无关。福州话从明末沿用到现代的《戚林八音》一直是分 n、l 的，现在不少老年人的泥来母依然有别，年轻人却已经相混，都读成 n（广州话也如此）。福州话和广州话并没跟着普通话走，说方言的变异总是"向普通话集中、靠拢"是片面的论断。

方言结构系统的萎缩是一种量变的积累过程。作为社会生活中不可或缺的交际工具，这个量变过程只能是缓慢的。就语音方面来说，经常出现的是字音的异读。异读可以是同一个字、同一个音类的音值之异，也可以是不同类别的音。经过不断重复，前者会造成一个音类的音值蜕变或一个音类或分化为两个音类，后者则造成两个音类的合并。在近年来启动的语言资源保护工程的调查中，可以发现许多现在老辈的说法和几十年前老辈的说法已经有所不同了，而且现在的老辈和青辈之间也有不同。这些新材料对我们考察汉语方言的现实变异很有价值，应该珍惜。不过，有些变异开始时常常是不稳定的或模糊的，要得出正确结论还要采用社会语言学的方法进行更多样本的调查和分析。

可以以闽西长汀话 50 年间的语音变异为例。

笔者 1960 年调查过长汀话，去年的"语保工程"又有新的调查。这个千年古城、闽赣苏区"小上海"的老客家话，在语音上发生了不少变化：音值方面，鼻化韵 uo、ie 变为 u、i 的弱鼻化，调值也有一些小的调整；音类方面，ʉ 韵并入 u 韵，声母则从两套变成了三套（ts-组之外，tʃ-组又分出了tɕ-组）；连读变调规则以及单字音也有一些不同。这些变异大概可以归结为两个基本原因：一是放弃独特的成分，趋同于一般；二是受普通话的影响。①

和长汀话相比，其他方言的变异则少得多。在笔者最熟悉的闽南话中，泉州话最重要的变异是 7 个单字调变成 6 个（阳上的 22 并入阴平的 33）。厦门话则是发韵母 o 时唇不圆了，近于 ə，但也有年轻人还坚持发 o 的音。

语音系统体现在语词之中，语词除了词汇意义还有语法意义，在组句的时候，既是词汇单位，也是语法单位，因此，语音、语法的变异总是和词语相结合的。方言语音的变异中，文白异读、连读音变就是在一个个词语中体现出来的。如闽南话存在大量文白异读的字，由于启蒙教育和阅读习惯的不同，闽南话传到外地后，有文白异读的字就减少了。据林伦伦和温端政的记录，粤东潮州话和浙南灵溪话，丢失文读音的字可能有三分之一（温端政，1991；林伦伦、陈小枫，1996）。而从漳泉地区迁移到福鼎、霞浦等地的闽南话，因为长期受闽东方言包围，一些常用词也发生了"声母类化"，如"拜堂"的"堂"读 long，"先生"的"生"读 ni（李如龙、陈章太，1982）。可见，方言语音的变异在文白异读、连读音变、轻声儿化等方面也有许多重要的表现。如果只是把方言语音的变异限制在音素层面做音值音类的考察，则是片面的。

不同历史时代的方言结构系统的萎缩在速度上表现出极大差异。1982 年我们调查过闽东宁德县碗窑村的闽南方言岛。全村 700 户，3 000 多人，是乾嘉时代从泉州迁去的。当时我们用 1 500 个单字和 3 000 个词语，调查了 3

---

① 感谢周存老师提供的材料。

个人，分别是 75 岁、44 岁和 19 岁，发现老中青三代人的声类、调类都一样，但韵类大异。老者 70 韵，和嘉庆年间泉州编印的《汇音妙悟》的 50 韵（阳声入声合韵）相差无几，而青辈只有 53 韵，把老辈的 28 个韵合并为 11 个，即-m、-n 并入、-ŋ，-p、-t、-k 并入-ʔ，-m 并入-ŋ。200 年之间最后的 30 年，韵部才发生大量合并。原有词汇更替为闽东方言词汇的也只有 180 多条，占总数的 5%（李如龙、陈章太，1982）。不过，从那时到现在的 30 年间，又发生了更快更大的变化。笔者当年调查过的方言岛，如福鼎沙埕的闽南话和长乐洋屿的京都话，近年来有年轻学者想再去调查，但已经找不到能提供完整材料的发音人了。

三、方言使用功能的萎缩

方言使用功能的萎缩看起来不大起眼，其实对方言的存活是致命的因素。语言的活力在于交际应用，个人的语言能力越用越熟并且还会有创新，一旦闲置不用，便会退化、忘却以致丢失。语言的社会交际也是语言存在和发展的原动力。方言的使用范围不断退缩，一旦不用于交际，就会成为老年人模糊的记忆并被逐渐淡忘，留下的只是曾经被记录过的文化遗产。

语用功能的萎缩与方言自身的特点有关，也和方言所处的社会背景、经济文化条件相关。一般说来，分布地域窄（尤其是被包围的方音岛）、使用人口少、流传历史短、方言艺术缺乏的方言就会萎缩得快；分布地域广、使用人口多、流传历史长、方言艺术丰富的方言就能保持坚挺。全国方言中最为强劲的是粤方言的广府话，即以广州和香港为中心的"白话"，境内外使用人口多达数千万。能够保持强劲的因素有：长期经营商业，沟通国内外；有粤剧、粤曲的广泛流传；在港澳地区，读书识字从方言开始，从小习得的口语，不但传承于家庭、沟通于街市还能通用于政府机构和学校讲台；还有用方言书写的读物。总而言之，该方言在社会生活中得到了全方位的应用。而分布在各地的"土话"，有的连正式名称都没有，被称为"乡谈、土白、俚语、平话、土拐话、么个话、偃话"，过了几十里地就无人能懂了。这样的小村庄，青壮年外出打工去了，留守在原籍的老小就很难保住自己的母语。

在福建省，我们发现了方言萎缩的两种完全不同的表现：一是莆仙方言的坚挺，二是闽北方言的萎缩。

莆仙方言是沿海闽方言的一个小区，宋代从泉州府分出兴化军之后，由于兴建"木兰陂"，几十年间，生产发展，经济繁荣，人口膨胀，文化也有长足进步。据统计，两宋期间，莆田和仙游两县考中进士的就有近千人，许多文化名人接踵而至。宋代之后，莆仙人越过泉州、漳州，移居到潮汕平原，而后又陆续迁往雷州和琼州。这个史实除了族谱、口传，还有一系列方言特征词传播的证据作为支持（如管"桌子"叫"床"就是其中最重要的一条）。近千年来，莆仙方言在闽南话的基础上吸收了省城福州话的一些特征，整合为自成一家的独特系统。虽然本地只有 300 万人口，却保留完好，老小之间也少有变化。莆仙话还继承南戏传统的莆仙戏存有数千种手抄的戏文脚本，20 世纪 60 年代演出时曾被田汉誉为全国地方戏曲之冠。从黄典诚先生 20 世纪 50 年代的调查报告到现在，莆仙话的语音系统几乎没有明显变异。在使用方面，不论在家庭内外，本地人之间总是说自己的方言。外来务工人员，住了多年也听不懂本地话，本地人只好用带着浓重口音的莆田话和他们交流。如今莆仙人中的老中青都是这样的双语者，中小学已经普及普通话教学，城区青年平时常用的是普通话，但多数还能用方言读报。莆田学院的学生，普通话水平测试通过率却不太高，"二乙"以上的只有 52.21%。①

在闽北山区，由于明代的邓茂七起义，经济崩溃，人口锐减，文化衰落。赣人东来和浙人南下使邵武等县蜕变为赣方言，浦城县北大半个县蜕变为吴方言。抗战期间福州沦陷，难民沿闽江而上定居各地，区内方言呈现出复杂局面。明代平定邓茂七起义而形成的南平官话方言岛，一时成了识字正音的参考标准。新中国成立后，出于交际的需要，大家学习普通话的热情很高。笔者所认识的当地名师，虽然夫妇都是本地人，却不愿意在家里使用方言，他们认为："孩子听到的和书上写的不同，会影响他们学习。"到了 20 世纪 80 年代，连赶集的老太太都能说几句不甚标准的普通话。于是，闽北方言的功能萎缩就跑到全省前列了。80 年代笔者在建阳调查方言，为物色理

___

① 感谢莆田学院黄国城教授提供的材料。

想发音人颇费一番周折。

宏观地看，把汉语方言分为官话方言、近江方言和远江方言三类是有道理的。从方言萎缩的状态看，这三类方言也有明显的区别。官话是共同语的基础方言，内部比较接近，不学普通话或学得不标准也无妨，因而各地官话大多比较坚挺。电视上常听到原汁原味的官话，有的比南方人说的普通话更难懂。官话区的许多青年学生，是到外地上大学后才学普通话的。近江方言有吴（北片）、徽、赣、湘方言等，与官话连片并有密切接触，受到的影响也大，结构系统上萎缩了不少。赣方言已经被称为没有多少特色的方言；湘方言分新旧两种，铁路沿线的新湘语已经湘味不浓了。这是蜕变式的萎缩。远江方言有南片吴方言和闽、粤、客方言，这些东南方言和普通话差异大，本地人知道，不学普通话走不远。果然，"走得越远"学得越好，台湾地区的闽人和客家人以及海外的华人说的华语都不错。由于认真学、改口说，他们都是方言和普通话的双语者，先是二者兼用，后来和外地人交往多了，政治、经济、文化上应用多了，方言的使用范围开始退缩，其中功能退缩甚于结构蜕变。可见这三类方言在萎缩的道路上也有明显不同的表现。除了上述各点之外，城乡的人口结构、文化差异和学校对方言采取的政策，对于方言的萎缩也有很大影响。城市人口流动大，不同方言杂处多，异方言组合的家庭越来越多，方言就萎缩得越快，尤其是在功能收缩方面。农村还多数是本乡本土人的聚居地，方言不容易磨损。另外，官话区的学校不排斥本地方言，官话就少磨损，南方方言区早已不允许在校园里说方言，许多孩子上学后就把方言遗忘了。

2006 年出版的《中国语言文字使用情况调查资料》是 20 世纪末做的语言国情调查材料，2001 年完成调查。该书反映的是世纪之交的语言文字使用状况，可以为上述不同方言的萎缩状况提供不少有力的论证。例如，该书表 1 说明，南方方言区和晋方言区的人，93% 以上都是先学会说方言的；表 15 显示，在家经常说方言的，全国平均比例是 80.82%，南方方言各省的比例都在 90% 以上（只有福建，家里说普通话的占近 25%）；表 23 说明，初中程度以下的人，在南方方言区及晋方言区，90% 以上在家经常说的还是自己的方言。可见，直到 21 世纪初，方言还在全国普遍存活，并无濒危的表现。

表 5 说明，能用普通话交谈的，全国平均比例是 53%（和普通话最接近的京、津、东北地区不计）；吴、闽、客、赣、粤各方言区都在 67% 以上，最多是福建，占 82%，最低的是湖南，和平均数持平；至于官话区，多在50% 以下，西南各省还在 39% 以下。表 9 还进一步说明，能用普通话交谈的青少年（初、高中生），在福建（闽方言区）比例达 91%～97%，吴、粤、湘、赣、客方言区是 58%～86%。官话区只有 42%～74%，这说明南方方言区的推普效果优于许多官话区（中国语言文字使用情况调查领导小组办公室，2006）。

在 2009 年广州的一次学术会议上，笔者曾指出："方言系统的萎缩，就是方言特征的磨损、方言纯正度的衰减。磨损和衰减有轻有重，其终极结果是方言的质变或融合。方言使用度的萎缩，其表现是使用的人口减少、使用的场合缩小和使用的频率降低后一种情况发展到严重程度便会造成方言的濒危，濒危方言再向前走就可能会衰亡。"（李如龙，2009）

四、方言与通语的关系及其存在价值

方言和通语都有完整的结构，都是自足的系统，都能自由交际。但是，方言通行于局部地域，往往只应用于口语；通语通行于全社会的广阔地区，应用于口语和书面语。由于使用人口众多，又有书面的加工和规范，便可以突破时间和空间的局限，因此通语来自方言而优于方言，具有更高的使用价值和社会地位。

方言对通语有消极的作用：阻挡通语的普及，妨碍通语的规范。但也有积极的作用：曾经为通语提供过鲜活的成分和多样的规则，尤其是基础方言中生动活泼的口语，是通语不断更新发展的源泉。推广通语时，可利用对应规律帮助方言区的人学习规范形式，如旧时有方言韵书和正音读物，20 世纪60 年代全国方言普查后则有各地的学习普通话手册。可见，不必把方言捧为珍宝，也不能视之为赘瘤。

语言的发展早期以分化为主，方言曾经繁荣过，现代以整合为主，通语普及，方言不断接受通语的成分，逐渐融入通语，但方言差异还会长期存在。可见，方言和通语也可以互相补充：方言因吸收通语而走得更远，通语也因吸收方言而更加多彩。常用副词"反正"还可说成"横竖、高低、死活"；"来得及"也说成"赶趁"；仿造闽方言和粤方言，普通话也说"街上有售"了。

方言和通语都是古代汉语的传承，千百年来，正是通语和方言的相互作用才使汉语不断地发展、不断地丰富起来。

利用方言与普通话的对应规律可以为学习普通话正音并提高母语教育的效率。早在1956年，国务院发出《关于推广普通话的指示》就提出："根据各省方言的特点，编出指导本省人学习普通话的小册子。"方言普查后，王力、高名凯等大学者就带头编过这类"学话手册"。福建省也自编教材、办教师培训班，取得了良好的效果。例如，闽方言普遍没有 f 声母和翘舌音，可以利用方言的读音来辨别 f－h 和 zh、z－ch、c。分不清这两组声母时，把方言中读为 b、p 的读为 f 就对了（如房放纺方、饭反贩、飞肥沸、富浮斧）；凡是方言读为 d、t 的，不会是 z、c，只能是 zh、ch（如知直值治置、池迟耻驰）。南方方言保留古代汉语的词语较多，读古书时联系方言去理解就便捷多了。普通话说"儿、站、不、锅"，而南方言说"子、团，立、徛，弗、唔（毋），镬、鼎"，这些都是古代汉语有过的说法。"画眉深浅入时无"的句式，至今还保留在闽方言里。可惜，后来的方言调查研究并不重视古今汉语教学，教学界也很少运用方言调查的成果。

汉语方言植根深、应用广，至今还有它的活力。我们应该善待它，善待方言就是善待历史。作为历史文化遗产，方言是历代祖先的精神劳动成果和人生经验的总结。对这一不可再生的语言资源，我们应该存有敬畏之心。愚公故里的晋方言说"无志山压头，有志人搬山"。翻山越岭、不知疲劳的客家人说"命长不怕路远"。漂洋过海到东南亚闯荡的闽南人说"三分天注定，七分靠打拼，敢拼才会赢"。正是这些精神力量鼓舞着人们不断奋斗。保护方言，就可以有效地传承这类宝贵的精神食粮。

善待方言就是承认现实、关心未来。在高速发展的现代社会，老年人难以掌握新词语、网络用语和外语，年轻人不懂方言，如今祖孙之间难以沟通的现象随处可见。由于方言萎缩，谚语、歌谣、戏曲在新生代的受众越来少，许多文化遗产难以传承。可见，保护方言对于消除代沟、传承固有文化，还有重大意义。

五、面对方言萎缩应有的对策

面对正在萎缩的方言，教育部已经启动了"语言资源保护工程"，成立专门机构，组织力量记录现有的方言，用现代化手段保存其声像，这是保护方言的第一步。比起半个世纪前的全国方言普查，现在的水平高了，手段也先进了。20世纪的普查以县为调查点，没有按照轻重详略区别对待。汉语方言的分布，有的几个县并无大的差别，有的县内就有多种方言。过了半个世纪，我们大体已经掌握了这些情况。对于有代表性的点，可做详细调查，有的还得编词典；对于次要点的调查则可从简或从略。有的工作人员提出，"青男、地普"① 的调查也不必每个县都做。区分主次、轻重可以减少工作负担，集中力量保证重点。为了确保质量，调查人员最好经过训练，形成专业队伍。如果训练不足，宁可把完成时间放长些。验收后，应当把所得成果按方言区编成音档和语料库，重要的点编成词典，一些省区最好能绘制出方言地图。

为减缓方言的萎缩，应该适当调整义务教育政策，做好几件事。小学、初中阶段是学习语言的最佳时期。有台湾学者对数十年前单语和双语的小学生做过追踪调查，证明了同时学习国语、方言和外语的小学生，不但不会造成脑力的负担，还有助于智力的发展，长大之后双语者普遍成就更大。民国时期的大批文化人和科学家，都是小时候在家说方言，上学学国语、文言，上大学和出国后又学外语，他们是掌握多语、智商高而成为高资质人才的最好样例。

义务教育要培养多语者，在贯彻普通话教学并保证质量的前提下，校园里应该允许使用方言，让外地和本地的孩子一起学。可以编印一些乡土教材，选取简短生动、有教育意义的方言谚语、儿歌童谣、山歌快板、民间故事、历史传说等，分别印成小册子，给方言词语做适当的注音和解释，作为

① "青男"为"青年男性"的简称。"地普"为"地方普通话"的简称。

语义课的课外读物，让学生自学、老师答疑辅导。有了一定成绩，还可以在周末和节假日组织用方言讲故事、唱山歌等文娱活动，活跃学校文化生活。

师范院校的师生在现代汉语课和方言课上，可以根据方言调查成果编制方言与普通话的语音对应字表，调查、搜集本地学生中常见的方言词语误用例和不符合普通话规范的句式并编成对照表。这类学习普通话的辅导材料，20世纪60年代也编印过，很可惜后来没有使用。现在来编，可以编得更好。作为小学和初中语文课的补充教材，如果老师教得好，学生不但能学好普通话，还能学点本地方言（李如龙，2017）。

近些年来，有的地区在小学开设本地方言课，这种保护方言的愿望很好，作为试验也未尝不可，但是实际问题很多。本地孩子多少懂点本地话，外来务工人员的子弟全然不懂，分班合班都不好办。各地方音不同，词汇、语法有别，以哪种方言为准，用什么音标和字典，都很难处理。语文老师若不是本地人，谁来教？如今小学生的负担已经很重，再加方言课负担更重，就会出现课时少了没效果、课时多了学生负担不起的状况。台湾地区的小学推行"乡土语言教学"数十年，写教材、编词典、培训教师，大量付出后，效果却是会的照样会、不会的照样不会，还有些孩子不知选什么话来学。看来，在学校开设方言课是不可取的。

学校之外，社会和家庭也有保护方言的责任和义务。

广播电视是当代影响最大的传媒。有些地方电视台已经设立方言频道，很受欢迎。有的开辟了方言文化栏目，组织方言娱乐、知识介绍、方言谈话或举办相关赛事。上海台、广东台、湖南台、福建台、福州台都有这类节目，有的电视台还播放方言电视剧。对已有的这类节目应该进行深入的调查和评估，总结经验教训，以利于改进和发展。

政府部门、医疗机构、公交车站、商场等公共场所，为了便民，在推广普通话的同时，应提供方言交际服务。尤其在边远的农村和山区，必要时还应该对相关人员做一定的培训。如果医务人员完全不懂本地方言，患者又只能用土话说病情，外地医生诊病就会发生很大困难。

为了抢救同样处在萎缩中的地方曲艺艺术，各地文化部门和地方戏团队已经对各种方言文艺做了大量工作，包括整理传统剧目，创作反映新时代生活的戏本、培养青少年接班艺人等，其中的好经验也应该及时加以总结、表彰和推广。

家庭本来就是传承方言的基本场所，家庭组织有变，诸如异方言的家庭组合、移居异地后繁衍的新家，都难以发挥传承方言的作用。对于在原地组合的单一方言家庭，应该鼓励其传承方言，这样既沟通老小、减少代沟、增加温馨气氛，还可以使方言语汇继续发挥认知和教化的作用。从大处说，压缩大都市、发展中小城镇，把农村户口集中于本地办实业，减少远地务工，应该是今后农村人口的最佳去向。因为这不但是压缩大城市、减少留守老小的好办法，也可以起到固守方言的作用。

语言生活关系到千家万户，关系到新一代的智力发展，关系到社会生活的和谐发展。建议有关领导机构和研究部门能够针对不同地区的社会语言生活状况多立课题、多做社会语言学调查，多办试点、总结经验，从而探讨善待方言的理论和措施，制定合理可行的政策。这是发展社会经济文化不可忽视的一环。

参 考 文 献

[1] 李如龙：《濒危方言漫议》，甘于恩主编：《南方语言学》（第1辑），广州：暨南大学出版社2009年版。

[2] 李如龙：《关于编写客家地区语文补充教材的建议》，《嘉应学院学报》2017年第1期。

[3] 李如龙、陈章太：《碗窑闽南方言岛二百多年间的变化》，《中国语文》1982年第1–6期。

[4] 林伦伦、陈小枫：《广东闽方言语音研究》，汕头：汕头大学出版社1996年版。

[5] 温端政：《苍南方言志》，北京：语文出版社1991年版。

[6] 徐大明主编：《语言变异与变化》，上海：上海教育出版社2006年版。

[7] 中国语言文字使用情况调查领导小组办公室编：《中国语言文字使用情况调查资料》，北京：语文出版社2006年版。

留住正在消失的乡音[①]

中国特色的社会主义文化，源自中华民族五千多年文明历史所孕育的中华优秀传统文化。而方言文化作为中华优秀传统文化的重要组成部分，其中同样蕴含着丰富的思想观念、人文精神和道德规范。

近年来，留住乡音的呼声之所以越来越高，正是因为许多方言正在萎缩，山歌、童谣、谚语在青少年中逐渐失传，戏曲和曲艺抵挡不住流行音乐的冲击。现代化越来越快，方言的萎缩如暮春时节万花纷谢，难以抗拒。一旦乡音荡然无存，模糊的乡愁便会淡出人们的记忆。

心理语言学研究发现，十来岁少年学得母语，就具备了终生语言能力的70%；同时学会几种语言，不但不是负担，还有助于提高智商。大批老科学家小时候学方言和国语，长大又学文言和外语，他们比谁都聪明，就是好样例。如今的孩子却学了普通话、丢了方言。《中华人民共和国国家通用语言文字法》规定学校以普通话为基本教学用语是正确的，但在教好普通话的同时，周末组织些唱山歌、讲故事的方言文艺活动，不也很好吗？

只看到方言妨碍普通话规范是片面的。方言是通语分化出来的，也曾向通语输送过有益成分；方言和普通话之间存在对应关系，利用对应还可帮助

---

① 本文刊于《光明日报》2017 年 11 月 5 日"说语话文"专栏。

方言区的孩子学好普通话。例如，可告诉没有翘舌音的人，凡是方言或同声旁的字读"d""t"的，就是翘舌音：都屠—者猪储署，迢貂—招召超绍，则是翘舌音声旁的类推。有的分不清"f""h"，可告诉他，凡是方言或同声旁的字读"b""p"声母的，只能是"f"：反饭贩—板扳，非匪痱—排悲；凡是同声旁的字读"g""k"的只能读"h"：胡湖—古苦，混馄—昆棍。20世纪50年代方言普查后，各地都编过这类对应字表，可惜后来没用于教学。

除了语音对应，方言词汇、句型和普通话不同的，也可以列表对照。例如：赶趁/来得及，长脚/高个儿，拐脚/瘸腿；斤半/一斤半，卖没了/卖光了，找不他到/找不到他。方言调查已近百年，材料积累不少了，应经挑选后，把本地常见误读音、误用的方言词和方言句式，编成语文补充教材。此外，在各方言的儿歌、童谣、谚语、故事、传说中，不乏语言精练、意义深刻的精品，比如"不怕慢，只怕站""日日守，年年有""三分天注定，七分靠打拼，敢拼才会赢""兄弟同心，田土成金""好天得存雨来粮"。把这些分类编注成册，让学生自学，既能学到方言，也能获得文化效益。

当然，留住乡音不仅是学校的事。方言本是家传的母语，可许多家庭如今也不说了。有的家长怕影响孩子学普通话，家里不说"土话"。其实，为了学普通话而放弃方言，这是误解。不同语言有不同的认知方法，多语人必有多样的思维。另外，不同方言也有共同的规律。南方方言爱说"他有去，我有来"，就和英语中 have 的用法大体相当。古今汉语和南北方言，更是可以相互论证，比如闽语把"高、低"说成"悬、下"，普通话不也有"悬崖"和"下策"的说法吗？

除了学校和家庭，要留住乡音，社区也有事可做。这些年来，有些地方整治青山绿水，发掘旅游资源，修饰古树、草场、水磨、廊桥，唱山歌、吃农家菜，趣味盎然。城里人到"乡村一日游"，听到难懂的方言还想探知其中奥妙呢。有些县政府为了传承本地文化，拨款请人编写方言志、俗语志，也能唤起乡思乡情。

除了作为交际工具，方言还有艺术的形式——戏曲和曲艺。这些乡音饱含历史文化积淀，曾带给当地人智慧的营养和精神的享受。现在，京戏、大鼓、快书、苏州评弹、泉州的梨园、穗港的粤剧等，虽不像过去那样流行，可一到国外，它们就绽放异彩。有的地方很珍视这些文化遗产，努力发掘和加工，精心培养新手，让它们继续焕发青春，这就值得钦佩和鼓励。

现实告诉我们，要留住乡音，必须有学校、家庭和社会三方面的共同努力。

汉字双重性质论纲[①]

一、汉字和汉语研究中的悬案

关于汉字和汉语，从引进现代语言学的理论以来，一直存在着一些悬案。就汉字与汉语的关系来说，也有不少问题难以做出结论，例如：汉字是世界上最古老的文字，它的特殊性质究竟是什么？既然表音度不高，表意又很多样，形体古怪、笔画繁、字数多，难学难记，为什么能够沿用数千年，经过百年拼音化运动的冲击，虽制订过种种改革方案，也经历过艰难的试验研究，最后的结论还是"拼音化不可行"，1986 年停止了"拼音化改革"。支撑汉字的强盛生命力究竟是什么？

汉字明明不是简易灵便的表音符号，而是一方面作为记录音节的文字符号，另一方面又是集形音义于一体的语素，民国初年北大还用"文字学"来统括汉语研究和教学，以下再分为音篇和形义篇，为什么后来又要用第一性和第二性来区分汉语与汉字，把音、义划归汉语，只把形体留给汉字？如此把汉语和汉字强行分离，使汉语和汉字的研究分道扬镳、各行其道，这给汉

---

① 本文刊于《汉字汉语研究》2018 年第 4 期。

字和汉语的研究带来了什么样的后果？

汉语和汉藏语的确有些"单音节"性（就中古以后的汉语说是单音词为核心、双音词为基础），没有像西方语言那样用"形态"来表示语法意义，最基本的词类（名动形）没有断然的界限，虚词和实词在口语中常常兼用，语义关系和语用环境都对语法形式有重大的制约作用，字、词、语、句之间弹性十足，字可以成词、成句，词可以沦为语素，也可以离合和紧缩，惯用语用为"句套子"，为什么找不到语法的"本位"？汉语这种与众不同的词汇语法系统的结构特征，用落后的"孤立语"能够解释吗？

汉语历史悠久，分布地域广，使用人口多，为什么几经战乱和分裂，纷繁复杂的方言并没有变成不同的语言？尽管书面语和口头语早已分道扬镳，古今语言历经演变，浩瀚的历史文献却还能世代相传、维持民族文化的统一？我们如果能够正确地认识汉语和汉字的关系，了解二者之间的互动和达到的和谐，也就能够理解汉语的诸多特征和汉字的多种特异功能了。

为什么古老的汉字经历过百年的炮轰和清算还能顶得住？汉字拼音运动的经验和教训是什么？今后的应用又有哪些问题需要研究？

不能不说，这都是汉语、汉字研究中尚未解决的悬案。解决这些悬案的钥匙在哪里？

二、汉字具有文字和语言的双重性质

已知的世界上的文字都是从文字图画脱胎，而后按照表形—表意—表音的方向演进的，这大概没有什么争议。汉字的"六书"也是从最初的"象形"发展成"指事、会意"（表意），最后走向"假借"（借音）、"转注"（半借音、半借义）和"形声"（半表意、半表音）。

由形及意是从形象的直观到抽象的思维；由意及音是把意象和音感建立对应的关系。汉字和拼音文字的根本区别在于造字法思维的综合和分析。汉字是形音义的综合，其实就是文字和语言的综合，"形"属于文字，"音义"属于语言；形音义之中，"形"是笔画与构件在方块中的综合，"音"是声韵调在音节的框架里的综合；"义"是言语运用中的初义、引申义、附加义的综合。拼音文字把音节分析为元音和辅音，用不同的字母表示，又根据实际语音的分析，用长短不同的音节（词语）来表示相应的意义。

可见，汉语汉字是一开始就综合，绝大多数的"字"都有一定的音和义，都是一个个的词或是语素，组成词语和句子之后，字音和字义还要在实际言语中再次进行综合、调整为词音和词义。正是"综合"，更需要使用人的知性活动。早在 1826 年，德国的语言哲学家洪堡特就有很精彩的说法："汉字用单独的符号表示每个简单的词和复合词的每个组成部分，所以，这种文字完全适合于汉语的语法系统。也就是说，汉语的孤立性质表现在三个方面：概念、词、字符。"又说："汉字必定强烈地（至少是频繁地）促使人们直接感觉到概念之间的关系，同时淡化了语音的印象……在汉语里词源却很自然地具有双重性质，既跟字符有关，也依赖于词……在中国，文字实际上是语言的一部分。"（2011：193－197）而拼音文字的字母就像汉字的笔画，本身只是不表义的字符，按照实际读音组成或多或少的音节才和意义挂上钩。文字表达语言是跟着语言的结构走的，简明而有序。可见，东西方的文字和语言的不同关系正是反映了不同思维和文化的差异，洪堡特是熟悉印欧语的，他应是西方语言学家对于汉语"旁观者清"的第一人。

2005 年，周有光先生在他 100 岁时发表了《汉字性质和文字类型》，针对多年讨论的"汉字的性质"问题，提出了他的文字类型的"三相"说。他的结论是："现代汉字体系，从'语言段落'看是'语词和音节'文字（又称'语素文字'）；从表达方法来看是'表意和表音'文字（又称'意音文字'）；从符号形式来看是'字符'文字。……多数人认为现代汉字是'语素文字'，一些人认为现代汉字是'意音文字'，这两种说法并非互相矛盾，而是互相补充的。分歧发生在，各自抓住一个方面的特征。前者以'语言段落'为根据，后者以'表达方法'为根据；两个方面的特征是同时并存、彼此说明的。兼顾各个方面，就能得到完整的看法。"（2010：149－150）乍一看，这好像是在"和稀泥"，其实是提出了一个重要的论断：汉字具有两重性质，作为记录语言的"表达方法"，是意音文字；作为"语言段落"，是语素文字。去除少数纯表音和联绵字，作为语素不就是汉语的最小语言单位吗？确实，只有兼顾这两个方面，我们才能对汉字的性质有完整的认识。

　　然而，研究汉字的名家早有把汉字局限于字形研究的提法。唐兰说："文字学本来就是字形学，不应该包括训诂和声韵。一个字的音和义虽然和字形有关系，但在本质上，他们是属于语言的。严格说起来，字义是语义的一部分，字音是语音的一部分，语义和语音是应该属于语言学的。"（1979：6）其实，字音和字义不但是语音、语义的一部分，也是汉字的主体，是随着语言的音义演变的，字典不就是跟着词典不断修订的吗？汉字正是兼用为语言的符号才和世界上所有的文字区别开来，成为最为独特的类型。后来，裘锡圭也说："如果不把文字作为语言的符号的性质，跟文字本身所使用的字符的性质明确区分开来，就会引起逻辑上的混乱。""只有根据各种文字体系的字符的特点，才能把它们区分为不同的类型。"（1988：11）。对此，李运富、张素风、张素风说："构件的特点当然能反映汉字的属性，但为什么'文字作为语言的符号的性质'就不是汉字的属性呢？为什么'只有根据各种文字体系的字符的特点，才能把它们区分为不同的类型'呢？似乎很难说通。"（2006）应该说，汉字从诞生之日起，就是集形音义于一体的，识字就是为了学话、读书、作文，传承与播扬文化，这是几千年的传统习惯、也是每个汉语人的经验感悟，就中国人的直感说，字形和字音字义是不可拆分的，至于作为学术研究，不但形音义要区分，形还要分甲金文、篆隶楷草体，音还得分上古、中古和近现代，义也得分字义、词义、语法义、语用义，那是另外一回事儿了。

　　1988 年出版的《中国大百科全书·语言文字》周祖谟所撰"汉语文字学"条，开宗明义就指出，文字学是"研究汉字的形体和形体与声音、语义之间的关系的一门学科"。谈到"文字学研究的内容"时，又再次强调"应当照顾到形、音、义三方面，因为三者是息息相关的，所以不能全然脱离音义孤立地去研究文字"。（1988：160）不知何故，30 年过去了，周先生的这一观点还没有被文字学界接受。

　　汉字与汉语相结合、兼具语言的性质，是经过长时期的磨合和积累的。从字形说，上文所说的由表形到表意又到表音就经历过千年。据李孝定（2011：68）统计，从甲骨文到按《说文》统计的《六书略》，"六书"所占的比例如下：

	象形	指事	会意	假借	形声	转注
甲骨	277	20	396	129	334	0
（1 626 字）	22.59%	1.63%	32.30%	10.52%	27.24%	0.00%
六书略	608	107	700	598	21 810	372
（24 235 字）	2.50%	0.44%	3.05%	2.47%	90.00%	1.53%

可见，这千余年间，表形、意的汉字（象形、指事和会意），从 56.52% 下降为 5.99%，表音的汉字（假借和形声），从 37.76% 上升为 92.47%（转注未计，比例也不大）。

汉字找到了"形声"制度，并用它来规整绝大多数的字形，这就意味着它获得了语言的功能，既能含糊地表示语音，也能记录思维劳动的成果，联系上下文并不难理解它所表达的意义，还能超越一定的时空，它就这样知足止步了。

事实上，认真地分析，作为单字的音义和作为语素的音义，虽然有时也不好区分，但还是有明显界限的。单字的"形符"，从结构说，是由笔画或部件组成的方块形体，从字体说，有正体、异体、简体和篆隶楷行草等；而作为语素，则有另一套俗字、古今字、方言字、错别字。单字的"声符"就是声旁（独体字大多也就是声符），单字音则有多音字、异读字；而作为语素的字音，则有正音、方音、俗读、误读、训读等。单字的"义符"有部首、形旁和兼表意作用的声旁；而作为语素的字义则有本义、初始义、引申义、词汇义、语法义、语用义、修辞义（比喻、比拟、借代等）。以往因为没有认真地把单字和语素分开，二者的形音义也就一锅煮了，如果要把语言和文字彻底区别开来，这还是个需要过细研究的课题；如果把所有的"音义"都归了语言，汉字不就成了读不出音、想不起义的空壳儿了吗？

承认汉字的两重性是研究汉字和汉语的基本点，从这一点出发，汉语和汉字的研究应该有一番新景象，本文开头所提出的"悬案"都能得到合理的解释。这就是本文所要论证的主题。

三、汉字和汉语的磨合曾引起汉语的类型转变

语言有几十万年的历史，而最早的文字也只有几千年，这是可以肯定的。文字学界不同意"汉字有语言性能"的主要是研究古文字的学者。他们的理由之一是汉语和汉字的产生不同步，汉字产生以前的汉语已经无从查考，古文字很少记录口语，和早期汉语能否切合也难以论证。事实上，一百年来地下发掘了大量古文字，经过细密研究，对于从甲骨文到"隶变"千年间，汉字造字法的演变，如上文所述，形符让位给义符，为了表音，先是"假借"，因为造成同音，又找到形声之路，便迅速扩展，形声制度的形成和汉字的定型是同步完成的。汉字所以能神奇地兼备语言的性质，就是经过这个千年磨合。用方块形体的形声字，用来记录上古汉语占大多数的单音词是十分合拍的，这就是汉字和汉语的第一次和谐。

裘锡圭说过："有可能古汉字里本来是有念双音节的字的，但是由于汉语里单音节语素占绝对优势，绝大多数汉字都念单音节，这种念双音节的字很早就遭到了淘汰。"（1988：21）最早的甲骨文只是占卜的记录，当时的口语语料已经失传了，后来的"不律为笔""风曰孛览"，以及《诗经》里大约占四分之一的叠音词、联绵词，都是一个字标注一个音，联绵词在秦汉之后逐渐少了，先秦歌谣里的联绵词可能是早期多音词的残存。这也已经得到上古汉语研究结论的证实。

除此之外，数十年来汉藏语的比较研究也取得了多方面的进展。许多结论也说明了从远古汉语到先秦的上古汉语，确实发生过类型的演变。熟悉印欧语的演变过程的高本汉，在1923年出版的《中国语与中国文》在谈到汉语的"单音节"和"无形态"的"最重要特性"后写道："中国的语词，好像一套建筑的材料，都是同一的形式模样，集合拢来，构成功能谓语句。这种'纯一'的状态，虽然是他语言现象中一种最显著重要的特性，可是并非亘古至今，都是这样的。中国语里'音调'上几种特点还留下双音缀语根语词的痕迹，就是转成作用的附添语（按指形态变化的语缀）的残痕……许多散文足以表示当时在人称代名词上，具有格位的形式变化。"他的结论是：

"早先的学说把中国语分列为'初等'的语言，以为，在这方面或者是印欧语系中最高等进化的语言，它还未进到变形的阶段，这种学说恰好和真理相反。事实上，中国语正和印欧语演化的轨迹相同，综合语上的语位渐渐亡失了而直诉于听受者（或诵读者）纯粹的论理分析力。现代的英语，在这方面，或者是印欧语系中最高等进化的语言；而中国语已经比它更为深进了。"（1931：26－27）1926年，他在奥斯陆的一次演讲中又进一步说明："原始中国语也是富有双音缀或多音缀的文字，有些学者亦承认中国最古的文字形式中，还有这类的痕迹可寻……中国文字的刚瘠性、保守性，不容有形式上的变化，遂直接使古代造字者因势利导，只用一简单固定的形体，以代替一个完全的意义。"（1934：13－15）"在纪元前的时代，中国语的形式与声音，已经达到极单纯的局势；遂使其文字的结构，具有一种特别的性质，辗转循环，又影响于后来语言的发展，既深且巨。"（1934：17）

关于汉语的声调，自段玉裁提出"古无去声"之后，黄侃倡"古无上声，唯有平上而已"，王力解释为"舒促长短"之分，上古汉语声调"由无到有"逐渐明确。到了四声形成之后，周祖谟指出："以四声区分词性及词义，颇似印欧语言中构词上之形态变化。"（1966：113）1996年邢公畹在谈到原始汉藏语分化于甲骨文出现以前时说："藏缅语分化出来的时间较早，而原始汉藏语是无字调的，所以原始藏缅语也无字调……原始汉台苗语在将近一千年的行用中，有三种舒声特定韵尾（包括零特定韵尾）和一种入声韵尾转换为平上去入四种字调，所以分离之后的原始汉语、侗台语、苗瑶语一开始就有相同的四个调类。"

后来，关于上古汉语的语音和语法上的形态变化，联系汉藏语及南方方言的比较，又有许多新的发现。美国著名汉学家包拟古在1980年发表在《历史语言学论丛》上的《原始汉语与汉藏语——建立两者之间关系的若干证据》中写道："上古汉语跟许多藏缅语都以有关系的词组成词族为特征。词族中的这些词之间具有规则的音系关系，包括元音交替、声调交替、声母交替，如带音与不带音的对立、介音的有无；韵尾变化，如塞韵尾跟同部位鼻韵尾的交替以及其他等等。形态词缀——特别是前缀、后缀，也有中缀——在许多藏缅语中也是很常见的，而且一定也是原始语的显著特征之

一……更重要的是，形态上的相似性，对于确定语言的亲属关系是强有力的证据。"（1995：54－55）

郑张尚芳用许多东南方言上声字读为短调为依据，推测上古汉语用紧喉的-ʔ尾，表示小或少（少短浅省简紧扁迳寡淡）或指亲昵（祖考父母子女姊弟嫂舅）；又从中古音的"祭泰夬废"来自-t、-d尾、后来变为-i韵尾，藏文带-s尾的词多与汉语的去声字对应，并引证俞敏"梵汉对音"中-s尾用去声字对译，从而证明了上声来自-ʔ尾、去声来自-s尾的假设。他说："古汉语最初大概也跟藏语类而没有声调，后来由于紧喉的作用，伴随产生了一个高升调，是为上声，即《元和韵谱》所谓'上声厉而举'……又由于清擦音尾的作用，伴随产生了一个长降调，所谓'去声清而远'……入声字则音都是塞音尾，伴随一个短调，所谓'入声直而促'……这一系统约于晋时形成，南北朝时才为文人所认知，按调型排序，被分称为平、上、去、入四声。"（2003）

应该说，沙加尔说的"单音节化"和声调的产生要前推到先秦，他说的"不知何故"，则应该是因为汉字定型并作为汉语的书写符号、作为语素，造成了汉语的类型变化。

在改革开放三十年来丰硕成果的基础上，汉藏语的比较研究还在深入发展，这对于早期汉语的类型研究，一定还能提供了更多的论证。

承认汉语在采用汉字作为书面记录符号的前后，确实发生了类型的转变，这样来理解汉字是如何获得双重性质，就是顺理成章的了。

四、汉语汉字的互制和互动所演绎的汉语史

从"隶变"到现在的两千年，正是汉字和汉语的相结合、相制约和相推动，演绎了一部汉语史。让我们看看，汉语汉字的互制互动是如何为已知的汉语发展的历史过程提供了明确的证据的。

就语音系统来说，为了适应方块汉字一个形体表示一个音节和一个意义的制度，不但原有的多音节词（联绵词）不能再生，就是带有复合辅音的语辞也受到限制；然而由于音节数有限、语词的发展无穷，单音词的增长很快

就受到音节总量的局限。虽然增加了四个调类使音节数增加了不少，在春秋战国文化繁荣、语言迅猛发展的形势之下，还是不能满足扩展词汇的需求，于是秦汉之后在声类韵类上也大量增长。先秦的声母，黄侃定为 19 声，闽语是公认比较接近上古音的，至今都只有"十五音"（即 15 个声母），加上本来有的、后来丢失了的全浊声母，不就 19 声吗？而到了隋唐的中古汉语，声母就有"36 母"。上古韵部各家分歧不多，大体都是 29 个，可是到了《广韵》系统的 206 韵，扣除声调差异也有 50 个左右。汉唐之后，双音词大量发展，音节的局限不存在了，近代汉语之后，入声消失、全浊清化，声韵调的类别就又从增走向减了。

除了音类的增加，上古音还有大量的包括声韵调在内的异读别义。王力先生晚年用四年时间经过精心分析，搜集了 3 000 个音义皆近、音近义同、义近音同的同源字，编成《同源字典》。这些字，从韵类说有"对转"（背/负、迎/逆、伦/类、宽/阔）、"旁转"（饥/馑、柔/弱、回/还）、"通转"（存/在、境/界、强/健、岩/岸）；从声类说有各种双声（冷/凉、辨/别、趋/走、命/令）；从调类说有异调别义（买/卖、阴/荫、坐/座、奉/俸）；从词性说有异类兼用（鱼/渔、臭/嗅、禽/擒、亭/停、甘/柑、平/评）。他指出，这种"以某一概念为中心而以读音的细微差别（或同音）表示相近或相关的几个概念"，"同源字的形成，绝大多数是上古时代的事"。（1982：3、12）为什么上古之后这种近音派生词不再时兴了？因为汉代之后双音词兴起了，音节局限和同音字太多的压力大大缓解了。

到了近代汉语，双音词、多音结构大量增加之后，有些字义的相加和词义有了差异（如东西、大人、笑话我、爱人儿），于是作为多音词语的语音结构就不宜拿单字音简单连接。为了适应音步、韵律和节奏的需要，便产生了各种轻重音、轻声、儿化以及变声、变韵、变调等连读音变。这些音变，在不同的方言进度不一、规律各异，有的刚刚冒头，还没定型，有的尚未发生，这是语言结构促使字音发生的新一轮系统变化。

就词汇方面说，语言要发展，要适应表达思想、沟通社会生活的需求，就必须不断扩充词汇。上古汉语的单音词显然不够用，同音太多、异读太多也不便交际，于是，上古后期（春秋战国）就开始出现了联合式和偏正式的双音词，后来又从句法借用了其他造词法。汉字对汉语的贡献最大的是它的表意功能。原有的单音词往往是多义项、多词性的，两个单音词（或语素）按照不同的方式实行"语义合成"，就能造出无穷无尽的词语（生：先生、学生、新生、考生、寄生、终生、回生、来生、人生、畜生、卵生、活生生、研究生，生命、生人、生日、生病、生怕、生吃、生性、生活、生火、生产力、生生不息）。汉唐之后的多音合成的康庄大道，使汉语词汇形成了"以单音词为核心、双音词为基础"的系统，加上后来把多音词缩减为双音的"缩略法"，又使这个系统富于弹性。现代汉语大约有70%的双音合成词，又有大约70%合成词的词义就是字义相加或相关，掌握了几百个常用字，就不难理解大量的合成词。这种汉语特有的词语生成，又有效地消弭了汉字繁难的缺陷。

在语法方面，首先应该指出的是形体孤立、标音不灵的方块汉字难以标记字音的"屈折"，抑制先前有过的一些形态变化。例如上古汉语的"异调别义"（"圈破"）就是语音的屈折，即用声调的变读来区别不同的词性，例如：

非去声的名词变读去声用作动词：衣、冠、枕、王、间。
非去声的形容词变读去声用作动词：劳、远、近、好、后。
非去声的动词变读去声用作名词：观、传、从、过、骑。

直至汉代这种变读还没有消失，许多早期的字书还记录了这类异读。

就构词法来说，先秦汉语已是单音词占了优势，《诗经》的民歌还有大约四分之一的联绵字，秦汉之后，联绵字受到抑制应该与方块汉字的"孤立性"也有关系。

上古汉语的人称代词还保留了一些"格"的差异，如第一人称"吾"用于主格，"我"用于宾格；"朕、乃、其"等也只用于领格。秦汉之后，变格逐渐消失。

此外，古代汉语语法的发展还有名词词尾"子、儿、头"和动词词尾"着、了、过"的形成。用这些虚化成分表示语法意义，都是魏晋以后在言语使用过程中，逐渐形成的，字形基本不变，字义虚化、字音弱化，这就是汉字形音义的互动发展。

以上各点可参阅王力的《汉语史稿》（1980）第三章。

综上所述，汉字定型之后，和汉语一路同行，相互适应，各自不断改进自己的功能，达到新的和谐。上古汉语结束时，产生了声调，词汇中单音词占了优势，各种形态变化（异读别义、人称代词分格、部分动宾倒置等）逐渐消失；进入中古汉语后，形成"四声"的声调格局、声韵系统复杂化，形成以单音词为核心、双音合成词为基础的词汇系统和双音节音步；近代汉语时期口头语和书面的文言扩大差异，"子儿头、着了过"等表示语法意义的后缀逐渐成熟，后期又产生了多音词语的连读音变。可见，仔细考察汉语和汉字的互动和谐，就不难看清汉语发展的历史分期。

五、汉字独具的特异社会功能

在中国，汉字兼备了语言的性质，自身的形音义又是独具一格的：字形虽然特殊，"隶变"后却长期稳定，且不断有艺术的加工和创造；字音虽不能准确标记实际口音，却因长期使用获得了古今南北相对应的"音类"；字义不但可与字形和字音相联系，做到望文生义和听音知义，也可适应生活和认知的需求而不断扩展或收缩。这些特性使汉字发挥了其他语言文字所不具备的多种社会功能。

第一，汉字的字音虽无法准确标示一时一地之音，由于长期的使用却获得了超时空的能力。识字的人按字典所定的音去读，不识字的人按本地方言传承的音去说，古今的语音、通语和方言的语音在演变中总是存在一定的客观对应，这就是未经"约定"却是"俗成"的"音类"。认得了字形、了解了字义，不论读音各异，都能有共同的理解。长期的实践使汉语人都获得折合音类对应的能力，这就是汉字能够超时空通行的原因。高本汉曾说："中国地方有许多种各异的方言俗语，可是全部人民有了一种书本上的语言，以旧式的文体当作书写上的世界语，熟悉了这种文体，就于实用方面有很大的价值。中国人要感谢这种很精巧的交通工具，不但可以不顾方言上的一切分歧，彼此还能互相交接……而且可以和以往的古人亲密地交接，这种情形在西洋人十是很难办到的……中国人对于本国古代的文化具有极端的敬爱和认识，大多就是由于中国文言的特异性质所致。"（1931：45 - 46）他还说："中国使用能保存政治上的统一，大部分也不能不归功于这种外语的统一势力。"（1931：50）唐兰也曾经说过："中国人把文字统一了古今的殊语，也统一了东南西北无数的分歧的语言。""它能代表古今南北无数的语言，这是拼音文字所做不到的。"（1979：3、12）可见，正是汉字的"表音不力、表意高超"的优劣互补，使它能够时传古今，地通南北。用汉字记录的汉语文献，从甲骨文到现代汉语，都能得到考释。虽然浩瀚无边，却永具活力。中国能够成为文献大国，成为统一的文化古国，汉字的双重性质及与汉语的互动发展是功不可没的。

第二，汉字虽然表音不力，却有特强的表意能力。字义的分解，不论是同义、近义、反义、引申、虚化都有广阔空间，不识字的人可以用口语造词，识字的人则可以用字义组合造出书面语词。例如"长"：长短、长虫、长工、长期、长寿、长久、长远、长年累月、取长补短、家长里短、说长道短、长话短说、天长地久、细水长流、扬长避短，细长、专长、特长、狭长、延长、日久天长、一技之长，可能是平民大众的口语所造的；长卷、长编、长途、长度、长策、长辞、长治久安、扬长而去、乃古长青、气贯长虹、来日方长、源远流长、发短心长，则应该是文人学士书面所造的。就像黄河和长江，各自滚滚向前，也各具情味，雅俗共赏，久而久之还能相互交流，彼此都得到充实。不仅如此，古时的词语不但可以沿用、复用，也能翻新、变用。这就使得词汇系统能够不断扩充和改造，得到多样化的发展，为汉语全方位的应用、多姿多彩的表达提供广阔的空间。

第三，汉字的形体虽然延续两千多年没有重大变化，但是有历代的书法家陆续创造了多样的艺术手法，形成了独特的汉字书法艺术。而且，表意的汉字，写意的中国画，按照汉语特有的音律和中国情境制作的诗歌，"诗书画"融为一体，共同缔造了数千年的中国式的艺术长廊。对此，高本汉也有很到位的说法："中国文字是真正的一种中国精神创造力的产品，并不像西洋文字是由古代远方的异族借来的。……中国文字有了丰富悦目的形式，使人能发生无穷的想象……中国人在书法上能巧运其笔就可以成名，正如在绘画上一样。因为书和画有密切的关系，所以中国的艺术家常为书法家而兼绘画家，因之文学和书法又发生了密切的关系。这又是西洋人所不能理会的。"（1931：84－85）

六、汉字改革的百年风云应有个历史总结

现在来讨论本文开头提出的另一个问题。

在中华民族灾难最为深重的时候，一批知识分子中的先知先觉者，为了"国之富强"，提倡"切音为字""字话一律""字画简易"（卢戆章，1956）。这就是晚清的"切音字运动"。之后，民国初年成立了读音统一会，公布了注音符号，五四运动的"文学革命"同时提出"汉字革命"的口号："汉字不革命，则教育绝不能普及，国语绝不能统一，国语的文学绝不能充分发展，全世界的人们公有的新道理、新学问、新知识绝不能很便利、很自由地用国语写出。"（钱玄同，1923）不久，学者们先后研究制定了"国语罗马字"和"拉丁化新文字"，在艰难困苦的抗战岁月中，各地纷纷成立新文字协会，上海的难民营和延安的夜校都在教学新文字，唱国语抗敌歌曲。几年之间，群众运动轰轰烈烈，学者研究认认真真。到了新中国成立时就有"中国文字改革协会（委员会）"，开展简化汉字、推广普通话和制定推行汉语拼音三项工程，十年间就取得了丰硕成果。到了20世纪80年代，普通话已经大大普及，简化字深入人心，拼音方案被联合国认定为拼写汉语的规范在全世界通行。到了1986年，全国语言文字工作会议宣布停止汉字拼音化改革的口号。至此，汉字改革画下句号，百年风云尘埃落定。

从那时到现在，又过去三十多年了，现代化建设的新课题一个个接踵而至，信息革命、网络化的浪潮滚滚向前，社会的转型似乎一直没有止息。作为牵连全社会的语言文字生活也提出了许多新问题，出现了种种不同的想法和做法。有关汉字和汉语的语文现代化建设，就有许多问题亟待回答。以下试谈几点想法向方家请教。

第一，为什么古老的汉字能够长盛不衰，顶住世界的拼音潮流，保住自己的青春？

百年的"文改"之所以不能实现，其原因不是社会制度、思想认识和经济能力这些外因，而是在于汉字的结构和功能的内因。它不单是文字符号（形体），还是音义组成的汉语的结构因子——语素。这种"一身二任"的双重性质，使它具备了沟通古今汉语和南北方言的魔力，可以立于不败之地。哪怕是不太常用的书面语，使用未多的新词语、省略语，只要用汉字写下来，就可以"望文生义"，使古今南北的人都能够共同理解；如果改成拼音，用惯了的古语"三人行必有我师"，"海内存知己，天涯若比邻"，成语"刻舟求剑""守株待兔"之类的，可能今人还能读懂；如果是不太常见的，哪怕只是双音的书面语，如"惊异、诘问、惧惮、疏懒、震悚、粗拙、渴慕、惶急"（鲁迅《阿长与山海经》），"挪移、凝然、遮挽、蒸融、游丝"（朱自清《匆匆》），几十年后的人，即使是汉字写的，也并不好懂，若改成拼音，虽然拼读不难，却无法读懂。即使是报章时文，像"给力、首战、获刑、助攻、狂饮、暴跌、售武、课纲、猛增"等，不论是汉字或拼音，都得多读几遍上下文才能理解。至于大量的文言词、古语词、方言词、成语典故，乃至口语罕用的书面语，拼音化之后恐怕都得被淘汰。此外，同音词势必大大精简，缩略语、新词语也很难存活，作家别出心裁的修饰手段也会受到很大的限制。论说文、应用文里那些无法一口气读完的长句，还不知道怎么处理！把汉字改成拼音，确实不是换一件外衣，于语言无损；也不是刮一点孔毛、稍换个模样，而是要伤皮肉、动筋骨的。

关于汉字为什么不宜改成拼音，周有光曾经有过最简便的说法："汉字适合汉语，所以 3 000 年只有书体的外形变化，没有结构的性质变化。"（1992：120）对此，高本汉在 1923 年就有发人深思的说法："中国人果真不愿废弃这种特别的文字，以采用西洋的字母，那绝不是由于笨拙顽固的保守主义所致。中国的文字和中国的语言情形非常合适，所以它是必不可少的。中国人一旦把这种文字废弃了，就是把中国文化实在的基础降服于他人了。"（1931：50）

然而，时至今日，还有人在提倡继续汉字拼音化改革的研究，可见这还是一个需要讨论解决的问题。

第二，继续存在的汉字还有必要进行改革吗？

世界上的任何事物都是优缺点并存的，任何工具在使用过程中都得根据实际需要不断加以改进，这也是普遍规律。汉字虽有长寿基因，自身固有的缺陷却也依然存在并继续在妨碍应用，这是不能不正视的。

汉字最大的缺陷是什么？一是表音度差，二是字数太多。汉字走的是表意的路，要提高表音度就得更改整个形体系统，这是无法办到的；字数太多可以留用高频字、淘汰罕用字。其实，这两条早就有日本人相当成功地解决了。他们确认"当用汉字"，加注"假名"都是聪明的办法。晚年的周有光先生说："现代通用汉字有 7 000 个，其中半数 3 500 个是常用字。按照'汉字效用递减率'，最高频 1 000 字的覆盖率是 90%，以后每增加 1 400 字提高覆盖率十分之一。利用常用字，淘汰罕用字，符合汉字规律。与其学多不能用，不如学少而能用。在 21 世纪的后期，讲究效率的华人将把一般出版物用字限制在 3 500 个常用字范围之内，实行字有定量，辅以拼音。"（2010：170）然而，这两点说是容易，做就难了。"猞猁、茱萸"是动植物专用的低频字，如果要淘汰，必用时怎么替代？同音替代？拼音替代？电视节目里有"汉字书写大会"，还在表彰小学生认记生僻字呢。至于夹用拼音，经过一番争议，"字母词"终于获得了现代词典的准入证了，如今应该有十亿人学过汉语拼音，全国范围内的推广普通话也有了长足的进步，电脑的拼音输入早已替代"五笔形"而得到普及。应该说，扩大拼音的应用已经有了社会基础，还有哪些语词可以分期分批地替代汉字夹用于文本？首当其冲的可能是仅有表音作用的外国人地名、外来词、拟声词、感叹词、语气词、助词和无意义的"音缀"，如果给这些成分也发了准入证，可能是满纸拉丁字母，比日文里夹用假名也许还多。这样做，洋人可能欢迎，国人就未必了。这都得立项研究，经过试验，逐步推行，又是一个系统工程。

第三，在语言教育中怎样更好地发挥汉字的作用？

在母语教育中，电脑普及后，少年儿童"提笔忘字"的现象已经普遍显现出来了，如何用有效的方法切实解决这个问题，怕是比穿着长褂子、戴着瓜皮小帽、扎上腰带，学跪拜、背《三字经》（像有些人所理解的"发扬传统文化"的做法）更加重要。显然，滥用儿童的记忆力，要求小学生认写太多汉字是不宜的，但是对覆盖 90% 的一千常用字却不能放松要求。要让初学者过硬地掌握常用字，也是个系列工程。教材要分阶段合理地出现生字，恰当地选取和注解义项，在课文中有足够的复现率。

有关汉字的各种统计数据和资料，研究者都已经给备齐了，就是落实不到编教材和教学过程中去。这不是一件怪事吗？

在二语教育的教材和教学，问题就更加严重了。覆盖文本 90% 和 99% 的常用字是 1 000 个和 2 400 个，常用词则是 13 000 个和 18 000 个，用语料库语言学的方法，把常用字和常用词的义项及其种种属性都整理出来，严格按照字频、词频和字词的义项频度编好入门教材，应该是可以办到的。可是时下的对外汉语教材净是按照国外引进的新理论，用"情景、功能、结构"的理念来编写课文和练习册，又是游览"颐和园、祈年殿"，又是"把字句"的几种用法，难字多、复现少，课文枯燥乏味。难怪在华学生宁可上街去听相声、学口语，送到外国孔子学院的教材就总是被堆放在墙角。

语言文字是开启代代新人智力的钥匙，是协调社会生活的滑润剂，是沟通不同文化的桥梁。中国人要获取智慧，谋求社会发展，走向世界，就应该对汉语汉字的教育有足够的关注。

参 考 文 献

[1] 唐兰：《中国文字学》，上海：上海古籍出版社 1979 年版。

[2] 周有光：《朝闻道集》，北京：世界图书出版公司北京公司 2010 年版。

[3] 周有光：《新语文的建设》，北京：语文出版社 1992 年版。

[4] ［瑞典］高本汉著，杜其容译：《中国语之性质及其历史》，台北：中华丛书委员会 1963 年版。

[5] ［瑞典］高本汉著，张世禄译：《中国语与中国文》，上海：商务印书馆 1931 年版。

[6] ［瑞典］高本汉著，贺昌群译：《中国语言学研究》，上海：商务印书馆 1934 年版。

[7] 赵元任：《语言问题》，北京：商务印书馆 1980 年版。

[8] 王力：《汉语史稿》，北京：中华书局 1980 年版。

［9］王力：《汉语语音史》，北京：商务印书馆 2008 年版。

［10］王力：《同源字典》，北京：商务印书馆 1982 年版。

［11］吕叔湘：《汉语语法论文集》，北京：商务印书馆 1984 年版。

［12］周祖谟：《问学集》（上下册），北京：中华书局 1966 年版。

［13］李孝定：《汉字史话》，北京：海豚出版社 2011 年版。

［14］裘锡圭：《文字学概要》，北京：商务印书馆 1988 年版。

［15］李国英：《小篆形声字研究》，北京：北京师范大学出版社 1996 年版。

［16］李运富、张素凤：《汉字性质综论》，《北京师范大学学报》（人文社科版）2006 年第 1 期。

［17］李运富：《汉语汉字论稿》，北京：学苑出版社 2008 年版。

［18］李如龙：《汉语词汇学论集》，厦门：厦门大学出版社 2011 年版。

［19］李如龙：《汉语特征与国际汉语教育》，北京：世界图书出版公司北京公司 2016 年版。

［20］［德］威廉·冯·洪堡特著，姚小平编译：《洪堡特语言哲学文集》，北京：商务印书馆 2011 年版。

［21］［美］包拟古著，潘悟云、冯蒸译：《原始汉语与汉藏语》，北京：中华书局 1995 年版。

［22］［法］沙加尔著，龚群虎译：《上古汉语词根》，上海：上海教育出版社 2004 年版。

［23］郑张尚芳：《上古音系》，上海：上海教育出版社 2003 年版。

［24］金理新：《上古汉语形态研究》，合肥：黄山书社 2006 年版。

［25］中国社会科学院语言文学应用研究所编：《汉字问题学术讨论会论文集》，北京：语文出版社 1988 年版。

［26］中国大百科全书出版社编辑部：《中国大百科全书·语言文字》，北京：中国大百科出版社 1988 年版。

［27］邢公畹：《汉藏语系研究和中国考古学》，《民族语文》1996 年第 4 期。

［28］卢赣章：《一目了然初阶》（影印本），北京：文字改革出版社 1956 年版。

［29］钱玄同：《汉字革命》，《国语月刊》（汉字改革专号）1923 年第 1 卷第 1 期。

说"骈"

——论对称和并列是汉语汉字的结构特征

一、"骈"的来历和引申

"骈",《说文》：驾二马也，从马并声，部田切。声符"并"，原本是"並"，在甲骨文是双"立"并排的"竝"，是两个象形的人并立在一起。但是，这个声符在《说文》的注解是错误的，说是"相从也"，从"从""开"声。刘钊曾引证唐兰和裘锡圭的正确说法，指出："《说文》对'开'字的说解一无是处。"（2006：157－158）从上古音韵来说，"开"在元部，"骈"在耕部，也不可能是同一个声符。"骈"的声符只能是从上古时期很常用的"竝、並、并"这几个异体字来的，并且是声符兼有表义的作用（早的有宋人的"右文说"，近人有杨树达说的"声中有义"，沈兼士说的"以声为义"，王力说的"同源字"）。就《广韵》所示，以"并"为声符的许多字都有相近、相通、相关的意义：并列、增益、兼并、会合、比连、相从、赘余。

併：兼也，并也、皆也。　偋：隐僻也。

拼：从也。　姘：男女会合。

骿：益也。	屏：蔽也。
併：俱也，罗列也。	恲：满也。
竝：比也。	骈：驾二马也。（段注：凡二物并曰骈）

看来，在上古汉语中，“骈”还是个比较常用的词，秦始皇陵兵马俑出土的马车就不乏驷马并驾的。在先秦两汉诸典籍里，“骈”也不少见。例如：《尚书》：“得乘饰车骈马。”《论语·宪问》：“夺伯氏骈邑三百。”《左传·僖公二十三年》：“曹共公闻其骈胁，欲观其裸浴，薄而观之。”《庄子·骈拇》：“是故骈于足者，连无用之肉也，枝于手者，树无用之指也，多方骈枝于五藏之情者，淫僻于仁义之行，而多方于聪明之用也。”《管子》：“入则乘等，出则党骈。”《文选·嵇康琴赋》有“骈驰翼驱”句。扬雄的《甘泉赋》则一篇里用了三处：“骈罗列布，鳞以杂沓”，“骈交错而曼延”，“骈嵯峨兮”。

“骈”的本义就是“对称”和“并列”。造字之初是“驾二马”，以后引申为“二者并列”。组成一物则是“对称”；多物聚合便是“罗列”。再后来又引申指语言文字的结构。骈字（双音词）、骈词（联绵词）、骈句（对偶句）、骈文（四六文）等说法就是这样衍生出来的。刘勰的《文心雕龙·丽辞》说：“造化赋形，支体必双，神理为用，事不孤立。夫心生文辞，运裁百虑，高下相须，自然成对”，把这种对称认定为主客观世界共通的规律。清代的袁枚在《书茅氏八家文选》里也说：“一奇一偶，天之道也；有散有骈，文之道也”，把天下之文分为散、骈两大类。可以说，从上古时代起，它就是汉语和汉字、汉诗和汉文的一种重要的结构方式，几千年来一直没有间断，而且有广泛的应用。

下文试着讨论汉语的字之骈、辞之骈、句之骈，并探讨汉语汉字的这一结构特征与中华文化的关系。

二、字之骈

汉字定型后的结构是由表意的义符和表音的音符两个部分组成的。义符和音符是构成汉字的对称之骈。

关于汉字的结构，自从许慎在《说文解字》中提出"六书"说之后，一直少有质疑的。直到 20 世纪 30 年代，唐兰先生才提出"三书"说予以订正。他在《古文字学导论》（1934）里称为"象形、象意、形声"。在《中国文字学》中，又进一步做了解释："象形象意是上古期的图画文字，形声文字是近古期的声符文字。"（1949：76）"象意文字是图画文字的主要部分……上古的象意字相当于近古的形声字，数目是很多的。"（1949：77）"在卜辞里已经有大批的形声文字……铜器文字也是如此。"（1949：64）"形声文字一发生，就立刻比图画文字占优势了……图画文字渐渐地无声无响，它们的时代过去了，虽则还有极少数的遗留，整个文字系统是形声文字的了。这种文字的大改革，大概发生在三千至四千年前，一直行用到现在。"（1949：98）

据李国英研究，汉代的小篆中，形声字就占了 87.39%，宋代的楷书则占 90%（1996：2）。从发展的眼光看，象形只是造字的初级阶段的权宜之计，之后是发展了表意字，但很快就被形声字占据了主要地位。唐兰用"三书"说重新解释"六书"，不仅是一种简化，而且是科学地说明了汉字的发生和定型的历史发展过程——从"六书"过渡到一书，作为汉字的主体，占百分之八九十的形声字的结构就是"声符加义符"的"字之骈"。

其实，"六书"说的并非都没道理。"象形""画成其物"，是刚从文字画脱胎出来的原始文字，有些"物"和各种"事"是无形可画的，注定没有造字的前途；"指事""会意"是用符号来"察而见意"的，符号毕竟有限，也难以发展；假借是"依声托事"的"借音字"，容易引起含混，同音字太多绝不是好办法。"转注"连许慎自己也没说清楚，后人就有许多不同的说法。文字既然是要记录语言的，语言无非是语音和语义的结合物，汉字采取半表意、半表音的"形声"的办法来表示汉语、记录汉语，符合了"文字是标记语言的符号"的要求，便"一锤定音"成了构成汉字的最主要方式。汉字之所以始于象形，略经象意，定型于形声，是符合文字从图形走向表现语音的演变逻辑，也是朝着标示汉语的音义发展的。"秦隶"把汉字定了形体之型；"形声"作为主导的构字方式；绝大多数的汉字用来标记

"单音词"占优势的上古汉语；这便是汉字和汉语的三个绝招的绝妙天成，也是汉字能够具有强盛的生命力，能够存活数千年的内在依据。

以上说的是汉字的形体之骈，字之骈还有"字音"之骈。

汉字的造字伊始，就是用来标示汉语的音节的。每个汉字都有自己的读音，都是汉语的音节的符号，不过，汉字所标记的音节不限定于一时一地的语音，可以为不同时代、不同地域的语音所共用。这是汉字作为语言符号的重要特点。因此，"字之骈"就包含着字形的对称结构和音节的对称结构。汉字的形体是对称的结构——义符与声符之骈；汉语的音节也是对称的结构——声母加韵母之骈。

上古汉语里早就有不少"双声叠韵"构成的"联绵词"，有了这种"声、韵"的语感，到了汉代，传入佛教用拼音文字标写的典籍后，中国人很快就理解汉语的音节是声母和韵母拼成的。东汉的服虔和应劭早在 1 800 年前就用"反切"为《汉书》的难字注音。到了三国魏人孙炎，就有系统而成规模的《尔雅音义》的反切注音。"反切"就是取上字的声母和下字的韵母拼成的音，例如"沈，长含反"，"鲰，七垢反"。韵有舒促之别，表示了声调之异；调有高低之异，把声调附着于韵母是合理的，因为清音不响，浊音不长，声母不便于表示长短升降的声调。这种对称式的"声韵双拼"的章法，经过《广韵》系统和历代韵书、韵图的锤炼和传承，直到现代的"注音字母"和"汉语拼音"的广泛运用，已经是自然天成的传统习惯。

声母和韵母的对称是音节之内的"骈"，在韵母内部，按韵头分，有"开、合"之骈；按韵尾分，则有"阴、阳"（鼻音韵尾）和"舒、促"（塞音韵尾）之骈。在音节之间，汉语的语音系统还另有一套严密的对称结构。声母系统有清音和浊音的对立（对立就是对称）；清声母之中又有"全清"（不送气）和"次清"（送气）的对立，浊声母则有"全浊"（浊塞音、塞擦音）和"次浊"（鼻音、边音等无阻塞的通音）之分。例如中古音的"帮滂並明"就是"全清、次清、全浊、次浊"四类。韵母系统分为"舒声韵"（不带塞音韵尾的非入声韵）和"促声韵"（带塞音韵尾的入声韵）；舒声韵再分为不带鼻音的"阴声韵"和带有鼻音韵尾或鼻化音的"阳声韵"。例如上古音的"侯、东、屋"就是"阴、阳、入"三类韵，阴、阳为

"舒",入为"促"。就声调系统说,则有"平""仄"的对立。从总体情形说,"平声"多为平调,音长较长,古平声后来多按古清浊分化为阴平和阳平,"仄声"在"舒声"有升有降("仄"的本义就是不平),音长较短(在"促声"更短)。这种音系的对称结构从古至今都是一脉相承的,南北方言也存在着大体的对应。从一般的音韵学和方言学的著作都能看到详细情形,这里不再列举材料说明。

三、辞之骈

中国传统的"辞"是言语表达的单位,包括现代语言学说的"词"和"语"(李如龙,2012)。单音节的词,从古至今一直是汉语词汇的核心层,但是,在核心层之外,也总有多音的词语。在上古汉语,多音词主要是联绵词和叠音词,汉代以后兴起的双音合成词,开始时最多的是同义或反义合成的"并列式"双音词。这几类最早生成的双音词都是对称结构的"骈辞"。例如,《诗经》的国风,就有许多叠音词和联绵词:

叠音词：关关　萋萋　喈喈　莫莫　采采　绳绳　振振　薨薨　揖揖
　　　　蛰蛰　夭夭　蓁蓁　肃肃　丁丁　灼灼　赳赳　憧憧　祁祁
　　　　喓喓　忡忡　翘翘　悄悄　燕燕　悠悠

双声词：参差　辗转　高冈　玄黄　委蛇　寤言　踊跃　契阔　琼琚
　　　　踟蹰　邂逅　唐棣

叠韵词：窈窕　崔巍　武夫　泉源　巧笑　艰难　扶苏　芍药　绸缪
　　　　婆娑　栖迟　逍遥

在老子的篇幅不长的《道德经》里,也有许多叠音词,还有很多同义和反义的双音词:

叠音词：绳绳　芸芸　熙熙　昭昭　昏昏　察察　闷闷　歙歙　沌沌
　　　　儽儽　�'t　珞珞

同义词：智慧　驰骋　恍惚　仁义　盗贼　孝慈　尊贵　祭祀　柔弱
　　　　　耳目　道德　坚强
反义词：有无　刚柔　荣辱　进退　阴阳　彼此　善恶　得失　静躁
　　　　　寒热　损益　难易

　　同义的双音合成词到了后代有了很大的发展。究其原因有三：一是思维的发达使同义词不断增加；二是老一辈用惯了的旧词和年轻人所造的新词并行连用，有利于代际沟通；三是用"新旧合成"的方式组成双音词还往往扩大了附加意义（如下文所列词例"树立、竖立"就有不同的含义）。从《说文》的注释可以看到，许多后来通行的同义并列双音词就是当时新旧说法合成的：

授，予也——授予　　树，立也——树立　　竖，立也——竖立
送，遣也——遣送　　逃，亡也——逃亡　　通，达也——通达
停，止也——停止　　投，掷也——投掷　　痛，病也——病痛
玩，弄也——玩弄　　寒，冷也——寒冷　　坚，硬也——坚硬
携，提也——提携　　信，诚也——诚信　　听，聆也——聆听
疑，惑也——疑惑

　　同义并列和反义并列的双音词是最早造出的双音词，秦汉之后又从句法结构仿造生成了其他双音词，包括偏正、动宾、主谓、述补等格式；中古汉语实词虚化之后又有"附加"（实词附加虚词）的格式。以上所述的各种双音词，从结构上说也是"对称"的"骈语"，只是二者的语义关系各不相同：偏正是对主体的某种限定（大人、四方、厚葬、长生）；动宾式是动作行为及其受事（问道、知足、轻敌、治国）；主谓式是话题及其说明（自知、功遂、兵败、心忧）；述补是动作状态的描写（看清、梦见、兴起、断绝）；附加式则是为事物或行为状态的语法属性附加一定的标记（我的、写的、拿着、走了）。经过长期的积累，现代汉语的各类双音词已经成为词汇系统的主体，这是古今汉语词汇演变的最重要的事实。

从双音词扩展为四字格，不论是哪种格式，都有大量的对称的"骈语"。从先秦用语记录下来的《道德经》和《论语》，可以看到许多这类用例。由于这些四字格结构严密、韵律工整，加以语义富于哲理，儒家和道家的思想观念后来都成了中华文化的渊源，因而这些用语就成了民间常用的成语。

《道德经》：天长地久　功成身退　大器晚成　功成事遂　金玉满堂
　　　　　　上善若水　出生入死　有生于无　知人者智　轻信寡言
《论语》：文质彬彬　见贤思齐　后生可畏　过犹不及　五谷不分
　　　　　道听途说　饱食终日　当仁不让　成人之美　以文会友

中古以后形成的成语，不论是书面语造出来的或是口语中所造，由于经过长时间的打磨，更多地讲究内部结构的严整，四字格之中常常是"骈骈相叠"，例如：

联合式：东西南北　悲欢离合　甜酸苦辣　吃喝玩乐　琴棋书画　风花
　　　　雪月　古今中外
偏正式：可歌可泣　前因后果　和风细雨　缺吃少穿　轻描淡写　红男
　　　　绿女　明知故犯
动宾式：翻天覆地　开源节流　刻骨铭心　摧枯拉朽　说三道四　赏心
　　　　悦目　吃里爬外
主谓式：耳闻目睹　任重道远　唇亡齿寒　藕断丝连　心惊肉跳　名正
　　　　言顺　风和日丽

比上述的对称结构更长的"骈语"还有两种。一是两三个四字格的并列；一是两个以上的更长结构的并列式。以下还举《道德经》和《论语》的例子：

《道德经》：视之不见，听之不闻　　知足不辱，知止不殆　　信言不
　　　　　美，美言不信　　祸兮福所倚，福兮祸所伏　　大方无隅，

大器晚成。大音希声，大象无形　　有无相生，难易相成，

长短相形，高下相倾，音声相和，前后相随

《论语》：不愤不启，不悱不发　　知者乐水，仁者乐山　　知者不惑，

仁者不忧，勇者不惧　　知者动，仁者静。知者乐，仁者寿

知者不惑，仁者不忧，勇者不惧　　君子坦荡荡，小人长戚戚

其行己也恭，其事上也敬，其养民也惠，其使民也义

看来，不识字的老百姓也是很有智慧的，以下这些长短不一的"骈辞"，明显是他们在口语运用的过程中创造出来的：

猴年马月　鸡零狗碎　酒足饭饱　狼心狗肺　风吹日晒　粗茶淡饭

破铜烂铁　柴米油盐　酸甜苦辣　吃喝玩乐　吹拉弹唱　三姑六姨

千疮百孔　七除八扣　上天无路，入地无门　前人种树，后人乘凉

前不着村，后不着店　七大姑、八大姨　穿新鞋，走老路

天不怕、地不怕　风里来、雨里去

四、句之骈

"辞"一旦独立成句，也就是句之骈。言语之中的骈句，应该很早就有了。现在口语里还在说的"满招损，谦受益"，就是《尚书》里的骈句。"近取诸身，远取诸物"，"同声相应，同气相求"，"善不积不足以成名，恶不积不足以灭身"见于《易传》。当时的口语和书面语可能还没有很大的区别。《诗经》里感人的名句"昔我往矣，杨柳依依；今我来思，雨雪霏霏"，在当时应该是可以在口语中传唱的骈句。

句之骈有句内之骈和句间之骈两种。句内之骈是句法层面的对称，也就是现代语法学的"直接成分分析法"所说的相关句法成分的"一分为二"。主谓、并列、偏正、动宾、动补等各种关系都有这样的对称。可见，汉语的"骈"——"对称"是自古至今、从内到外贯穿到底的结构特征。

主谓：风华｜正茂　十年｜树林　坦白｜从宽　思绪｜万千
并列：风花｜雪月　生老｜病死　三心｜二意　前瞻｜后顾
偏正：中华｜大地　激情｜岁月　半亩｜方塘　观望｜态度
动宾：讨论｜问题　感动｜别人　节省｜开支　轰动｜四邻
动补：处理｜完毕　清理｜干净　应付｜了事　忙乱｜不堪

上面只是举例，实际用例对称的部分是可以扩展的。例如"相煎何必太急""何必相煎太急"，"努力节省开支""节省无谓开支"。

至于句间之骈有时是对称工整的，有时并不太工整。尤其是口语造出来的骈句，必须说出来都能听懂，就不一定刻意地追求全面的对称。例如：

上天无路，入地无门　前人种树，后人乘凉　前无古人，后无来者
先小人，后君子　光打雷，不下雨　刀子嘴，豆腐心　穿新鞋，走老路
以小人之心，度君子之腹　明知山有虎，偏向虎山行　不吃白不吃，吃了也白吃
跑得了和尚，跑不了庙　只许州官放火，不许百姓点灯　谦虚使人进步，骄傲使人落后
山重水复疑无路，柳暗花明又一村　吃了人家的嘴软，拿了人家的手短

在漫长的古代社会里，由于书面语和口头语都崇尚对称，历代的蒙学课本，不论是多少字一句，通常都是组成骈句、押上韵脚，以便让学童朗朗上口，便于背熟；塾师让学童做练习，主要方法也是做对子。这种教材和训练方法也明显地助长了"骈言骈语"的传承和扩散。以下举些蒙学读本的骈句：

《三字经》：养不教，父之过　教不严，师之惰　玉不琢，不成器　人不学，不知义
《千字文》：寒来暑往，秋收冬藏　弦歌酒宴，接杯举觞　孤陋寡闻，愚蒙等诮

《声律发蒙》：云对雨，雪对风，晚霞对晴空　来对往，密对稀，燕语对莺啼

《训蒙骈句》：红芍药，绿芭蕉，杏花冉冉，枫叶萧萧　云开山见面，雪化竹伸腰

《幼学琼林》：沧海桑田，谓世事之多变；河清海晏，兆天下之升平。狐假虎威，谓借势而为恶；养虎贻害，谓留祸之在身。

　　汉代的"赋"和六朝的"骈文"，都是官家欣赏的文人为了歌功颂德、标榜繁华、刻意铺张、精心雕琢出来的书面语。前后几百年间，这些文体把"对称结构"推上了顶峰，达到了极致。赋体主要是六言句，句内的对称成分，字音的平仄和字义的虚实、动静，都是成对应的；前后句之间也是字数相同、音义对称工整。例如陆机的《文赋》：

　　伫中区以玄览，颐情志于典坟；遵四时以叹逝，瞻万物而思纷。
　　悲落叶于劲秋，喜柔条于芳春。心懔懔以怀霜，志眇眇而临云。
　　咏世德之骏烈，诵先人之清芬。游文章之林府，嘉丽藻之彬彬。

　　又如刘勰的《文心雕龙》谈到"对称"时，除了转接之词，说的全是骈句（骈文主要是四言和六言，所以也称为"四六文"）：

　　故丽辞之体，凡有四对：言对为易，事对为难；反对为优，正对为劣。言对者，双比空辞者也；事对者，并举人验者也；反对者，理殊趣合者也；正对者，事异义同者也。……是以言对为美，贵在精巧；事对所先，务在允当……若气无奇类，文乏异彩，碌碌丽辞，则昏睡耳目。必使理圆事密，联璧其章；迭用奇偶，节以杂佩，乃其贵耳。类此而思，理自见也。

　　物极必反。到了六朝时期，汉语的"骈句"走到了极端，唐宋之后，虽然也有一些名家写了脍炙人口的赋（如苏东坡的前后赤壁赋），但是都不如汉赋那么僵硬，韵文的创作主流已经转为"近体诗"和"词"（长短句）。

唐宋八大家所倡导的"古文运动"，实际上反对六朝走极端的骈体化，返璞归真，特别是散文或论文的创作，又恢复了宽松自然的风格。此后，"辞赋"便逐渐退出主流文坛，只是在"祭祀、墓志铭"一类的文体还保留了一些"四六文"。唐宋以后名家写的散文，展示了和辞赋完全不同的清新之风。试看柳宗元《永州八记》的首篇《始得西山宴游记》的一段："其隙也，则施施而行，漫漫而游。日与其徒上高山，入深林，穷回溪，幽泉怪石，无远不到。到则披草而坐，倾壶而醉。醉则更相枕以卧，卧而梦。意有所极，梦亦同趣。觉而起，起而归。"这样的散文，句子有骈有散，有短有长；声调抑扬互补、舒促相成，语气宽松而紧凑，铺排灵活而精练。比起刻意雕琢的"一骈到底"，显得潇洒、飘逸，自然是更有情趣了。

又如苏轼《潮州韩文公庙碑》的一段："独韩文公起布衣，谈笑而麾之，天下靡然从公，复归于正，盖三百年于此矣。文起八代之衰，而道济天下之溺；忠犯人主之怒，而勇夺三军之帅：此岂非参天地、关盛衰，浩然而独存者乎？"如此表达，不但表现了作者对韩愈的深切敬爱，也凝练了对他的道德文章的无限崇仰，可谓气势磅礴、一泻千里。

看来，"对称"之骈的结构特征，在后来的文学作品中，主要是体现于诗歌类的韵文。诗是"文学中的文学"，情感的浓缩、意义的提炼，要求经过音响的轻重缓急和前后回环，达到引人入胜、发人深思的效果。汉语的诗歌，正是沿着这条"骈之路"，不断创造出一个个的高峰。冯胜利在他的近作《汉语韵律诗体学论稿》中，为我国古诗体的发展过程勾勒了一个简明的轮廓。他指出，周秦时代，"上声调出现，但去入而生仍不分明"，"双音节词汇日益增多"，两个音步构成的"四言诗体流行天下"；到了两汉时代，"韵律构词法的定型"，"并列短语转变为并列复合词"，"三音节复合词逐渐成熟"，于是，双音节音步和三音节大音步组成的"五言诗体出现"；到了魏晋时代，"四声俱全，五言流行，四六文建立"，"四字格成型"，四音节的"复合音步"也定型了，于是，四与三对称的"七言诗出现"（2015：138－139）。从结构上说，不论是四言诗、五言诗或是七言诗，都是由两个大小相同或不相同的音步组成的诗句，就其结构说也是对称的。这样说来，诗体之"骈"，始终未变。前后的具体组织方式的不同反映的正是汉语语音、词汇和语法演变的过程。

唐宋之后，从"古体诗"到"近体诗"，再到后来的"词"和"散曲"，几百年间又经过了另一番"骈"与"散"的转变。"古体诗"是反骈起家，走民间"乐府"之道的；近体诗则格律较严；到了宋词和散曲又是另一种回归自然。对此，钱穆的《中国文化史导论》曾经有过精确的论述。他说："汉代的辞赋，沿袭楚骚而来，大体上还流行在宫廷王侯间，成为一种寓有供奉上层贵族消遣性的文学。那时的乐府歌词，亦还和古代诗经一般由民间采上政府，同样不脱上层阶级之操持。……到魏晋南朝，五言歌诗更盛行了，那时是古代的贵族文学逐渐消失，后代的平民文学逐渐长成的转变时代……中国文学史上纯粹平民文学之大兴，自然要从唐代开始……唐代诗人之多，诗学之盛真可说是超前绝后……唐诗之最要精神，在其完全以平民的风格而出现，以平民的作家，歌唱着平民日常生活下之种种情调与种种境界。"（1988：135）

诗词的格律，已经不是一般意义上的"句间之骈"了，而是韵文结构之骈，已经超出了本文讨论的范围。而且唐宋诗词，作为世界公认的中国文化瑰宝，也是国人随口可以加以吟诵的，详情和例证都比较熟悉，这里就不再列举了。

五、骈之文化蕴含

语言是思维的表征。汉语、汉字的骈式结构来自汉人认识世界的"一分为二、合二而一"思维模式。《易传》是先秦传下来的最早的哲学经典之一，其中就有大量的骈句。据张善文《周易与文学》所辑录的《〈易传〉骈偶、排比句式类纂》，《易传》里有三言至十一言的骈句16类，加上"多句式骈偶"和"顶针式、贯穿式"排比句，共有骈句130个。其中较多的是三言句27个（如"德言盛、礼言恭"）、四言句64个（如"贵而无位，高而无民"）、五言句17个（如"安而不忘危，存而不忘亡，治而不忘乱"），还有贯穿式骈句29个（如"其称名也小，其取类也大；其旨远，其辞文；其言曲而中，其事肆而隐"）。（1997：190－202）从另一部先秦的哲学名著老子的《道德经》，可以看到早期的汉语已经有丰富而完整的单音的反义词：天—地，古—今，有—无，雄—雌，阴—阳，牝—牡，彼—此，左—右，先—后，上—下，大—小，大—细，多—少，善—恶，利—害，荣—辱，祸—福，兴—废，刚—柔，厚—薄，贵—贱，存—亡，强—弱，壮—弱，宠—辱，得—失，重—轻，静—躁，长—短，高—下，正—反，白—黑，寒—热，开—闭，损—益，柔—坚，吉—凶，难—易，这些极为常用的单音反义词也已经有一些连说成反义双音复合词了：天地、往来、有无、难易、长短、高下、前后、开阖。

由此可见，"骈"的构式，在汉语的最早文献中就已经大量存在，如上文所述，在语言文字的每一个层级——从"字、音节"开始，到词语（基本词、一般词、俗语、成语、谚语等）以至句段篇章等，都有充分的体现；在语音、词汇、语法（构词法和造句法）、修辞（对偶、排比等）的每一个层面，都有各自不同的规律；在语言应用的各个方面——书面语（韵文、散文、政论等）、口头语（正式的、随便的、亲密的）的各种语体也有各不相同的表现。

除了语言文字之外，社会生活的各个方面也有许多对称的讲究。例如，服饰有（上）衣、（下）裳，汉装有"对襟"的结构；民居有正房、厢房，东厢、西厢、前院、后院；家具如床铺、桌椅；餐具如各种锅、碗、瓢、盆；雨具如蓑衣、斗笠；祭祀用具如神龛、佛堂、香炉、烛台；工艺制品如花灯、瓷瓶、风筝、剪纸；交通工具如各式大小的车、船；户外建筑如桥、塔、台、亭，传统的制作方法也都讲究结构的对称。

究其实，从自然到社会，不论是天地、日月、山水、晴雨、生死，人体结构的耳、目、手、足，情感的喜、怒、哀、乐，社会的兴、衰、贫、富，等等，也都是双方对应、两极对立的，这确实是客观存在的规律——天之道。世界各种语言和文字也必定共有但又是相异的反映。不过，在汉语、汉字和汉人的社会文化认知之中，对于这种对称的理解和处理显得更加鲜明和突出罢了。

参考文献

［1］ 刘钊：《古文字构形学》，福州：福建人民出版社 2006 年版。

［2］ 唐兰：《中国文字学》，上海：上海古籍出版社 1949 年版。

［3］ 李国英：《小篆形声字研究》，北京：北京师范大学出版社 1996 年版。

［4］ 冯胜利：《汉语韵律诗体学论稿》，北京：商务印书馆 2015 年版。

［5］ 李如龙：《辞和辞的研究》，《国际汉语学报》2012 年第 2 期。

［6］ 钱穆：《中国文化史导论》，上海：上海三联书店 1988 年版。

［7］ 张善文：《周易与文学》，福州：福建教育出版社 1997 年版。

奔走田野留下的记忆[①]

一、国际音标不够用

记得参加方言普查时，第一次调查非母语是在 1960 年去的福建省长汀县，从厦门乘汽车花了两天。到了目的地，教育局推荐了发音人长汀师范周晖老师，他是厦大抗战内迁长汀时中文系毕业的本地人，语文教得好，长汀话也说得很纯正。一见到我这个年轻学弟，他就非常热情，读字音、解释方言词都很耐心。我也把他当老师，听了音就模仿着发音并记下国际音标，有疑问之处请他解释。长汀音系只有 20 个声母、29 个韵母、5 个声调，有好老师，我掌握得很快，一周后上街，就勉强能跟老乡说上几句本地话。作为初学者，这使我得到很大的鼓舞。当时已经是经济困难时期了，好在自己还年轻，白天记音，晚上整理材料，吃不饱饭还得加班干，也不觉得累，十来天就完成了任务。接着去调查连城话，连城话音系也简单，只是元音有点怪，也很快做完了。这两个点都有典型的舌叶元音，当时我找不到音标记，长汀用 [ɿ] 来代替，连城用的是 [ɯ]，这个问题一直在我脑子里转了 30

---

① 本文承约刊于《𫐉轩使者——语言学家的田野故事》（李宇明、王莉宁主编，商务印书馆 2020 年版）。

年，后来在上海师大潘悟云教授举办的一个讨论国际音标的会上才提出设计舌叶元音的建议。

二、闽北探宝的快慰

方言普查发现，原来把闽语分为闽北、闽南两个大方言区不妥，福州一带地处闽东，建州府在福建一直称为闽北。闽北的方言和福州厦门的差别更大。1973 年我转到福建师大，动因之一就是想多调查闽北、闽东方言，20 世纪 80 年代在建瓯和泰宁办全国性方言班，也是想多了解一些闽北方言。后来还带了修方言的本科生去调查浦城县内 6 种方言，经过 1 个月的训练，竟有 3 个学生毕业回乡后，还为他们家乡编出方言志，这使我很高兴。那些年我自己是逐个县跑，常是除夕鞭炮声响起才回家。我追踪了闽北 16 个县的 30 多个来母字读为 [s-] 声母的现象并写成了论文，1981 年在第 15 届国际汉藏语学会上发表后得到好评，又一次给了我很大鼓舞。后来的许多调查还让我陆续获知，浦城县北部的吴语全浊都清化了，城南的石陂闽语却保留着全套浊音；原邵武府的闽语已经赣化，由于没有听过透定母读 [h] 的音，在泰宁调查时，把"头 [h-]、喉 [x-]"都标为 [h]，半天后发现有别，连忙加以订正；尤溪的汤川话明明是闽语，却有 [f] [v] 声母和 [ç] [θ] 的对立。在永安、大田、尤溪交界处的 10 个乡说着一种和各区闽方言都不同的"后路话"，经过调查还发现了闽方言中从未发现过的小称变调。我所编已出版的福建县市方言志共有 14 种，其中 10 种就是闽北方言。面上比较能发现许多奥妙，点上深入调查还会有更多发现。建瓯府城，我说不清去过多少次，还和潘渭水合编过建瓯方言词典。我喜欢考本字，先后确认了"猪"说"豨"（《诗经》有"封豨是射"）、"谁"说"孰"，都是上古说法；"打"说"拍"（广韵莫白切，击也）、"稻"说"禾"、"玩儿"说"嬉"是中古说法；"他"说"渠"、"那"说"兀"是近代汉语。"东西"说"物事"见于吴语，雌性后缀"嫲"见于客家话。可见闽北词汇是历积古今、兼收南北的。发掘闽北宝藏，使我获益良多，那里丰富多彩的方言和到处都有的绿水青山一样可爱。

三、组织小分队进行方言调查

1987 年，我在福建师范大学开始招收方言学硕士生，头两届来了三位以客、赣方言为母语的学生，一位是本校毕业生，另两位是江西师大考来的。在经过国际音标和音韵学训练之后，我就带着他们用两年时间到江西、湖南、广西、湖北、安徽、广东和福建七个省区调查了 34 个点的客方言和赣方言（包括字音 1 345 条和词语 1 120 条），编写《客赣方言调查报告》，后来于 1992 年初出版。

1998 年我转到暨南大学，岭南和东南亚的闽、客方言早就吸引着我。在潮州、雷州和琼州调查闽语时，一路上都听本地人说他们祖上是从莆田荔支村迁去的，族谱中也确有记载。后来我查阅了历代地理志，果然宋代分出兴化军后人口一度下降，而潮州人口剧增，后来雷、琼的人口则骤增七八倍。我又拿莆仙方言的特征词到这一带调查，发现称"桌"为"床"，从莆田跳过泉州，漳州到潮州，又到雷州半岛和海南岛都是一脉相承的，其余闽语、非闽语都未见。还有惜（疼爱）、帕（裤兜）、地生（花生）、白肉（肥肉）、飞鼠（蝙蝠），也是莆仙方言跳过闽南传到潮、雷、琼的。这是用方言特征词证实移民史的最佳的例证。

后来，又在广东招收了几届硕士生和博士生，面对着大量急需调查和训练的任务，我便把他们组成小分队，先后到湛江、海口和深圳，和发音人同住宾馆，分头做调查，十来天就能有批量的收获。《粤西客家方言调查报告》就是这样编出来的。后来又通过对东南亚闽、客方言几个点的调查，编了《东南亚华人语言研究》。从 1992 年的《客赣方言调查报告》算起，我领着学生做田野调查，前后十年间，调查成果出版的专书共有 11 本。如果单靠我一己之力是绝对办不到的，带学生调查方言既能出人才也能出成果。

四、从行外的质疑得到启发

20 世纪 60 年代做方言普查，其目的明确要为推广普通话服务，我曾经带着大学生到三明工地教民工学拼音扫盲，利用方言与普通话的对应规律教普通话，叫作"三结合注音识字"，在夜校学一个多月就能脱盲。文改会主任胡愈之来福州检查工作时，我去汇报还受到表扬。后来的方言调查又走上学术之路了。有一次在闽东调查时，遇到一位体育教授，问我来干吗，我说调查方言。他不屑一顾地说，土话有什么可研究的？我告诉他，在福建，"桌子"在邵武叫"盘"，那是先秦席地而坐时说的，他说的莆田话叫"床"，是低的，唐代以后有了长腿才叫桌子，原先写为"卓"就是取的"高"义。也有叫"枰"的，是固定在窗后或墙角的。我还告诉他，"玩儿"在闽方言中就有七八种说法。他这才恍然大悟，说方言里还有这么多的学问！后来我就想，很有必要写一本用方言事实讲福建历史文化的书。福建师范大学办了福建文化研究所，让我当副所长，我就写了《福建方言》一书，用方言事实来说明福建省几种方言的不同历史文化特征。从文化特征入手把全省方言分为四个文化类型区：以福州为中心的闽东是"江城文化"，闽江和千年省城是闽东文化之根源；抱着"敢死才会赢"的信念走遍东南沿海又奔向南洋的闽南人开辟的是海洋文化；"逢山必有客，无客不住山"的闽西客家，数百年经历的是移垦文化；闽北向有绿水青山，从未有过饥荒，人们则坚守着"地着"的青山文化。近些年来，学者们透过方言发掘宝贵的历史文化遗产，已引起社会的广泛关注，真是令人欣慰。

五、方言的调查研究是汉语语言学的最佳入口处和最有前途的十字路口

李荣先生常说，做方言调查可以得到全面的语言学的训练。60 年的田野工作使我体会到，汉语方言如此丰富多彩，确是研究汉语语言学的最佳入口处。经过田野调查的严格训练，记音，整理音系，收集词汇和语法例句，如果分析词义和句法都能过硬，便走到了通往汉语的理论和应用研究的十字路口。丰富的汉语方言对于汉语语音、词汇、语法的现状和历史研究乃至汉藏语比较，都能提供宝贵材料和崭新思路。近 20 年间，我透过汉字和汉语的相互作用研究汉语的特征，2018 年出版的专集《汉语特征研究》就得益于许多方言语料的启发。在应用方面，努力保存方言将会使语言生活更加和

谐，文化生活（方言文艺）更加丰富；利用对应规律则可使母语教育提高效益；做汉外对比还能做好汉语国际教育；方言文化的研究对民族文化传承和发展也是必不可少的。在我国"语保工程"方兴未艾之际，联合国教科文组织和教育部于 2018 年在长沙举办了世界语言资源保护大会，发出了"保护和促进世界语言多样性的岳麓宣言"，我们希望，这将会给汉语方言调查研究带来一个更加多彩的春天。

略论南方官话①

1　关于"官话"方言的分类

最早把"官话"方言分为"华北官话"和"华南官话"两种的是 1934 年《申报》的"语言区域图"（初版），那是根据赵元任所主持的中央研究院历史语言研究所的调查所做的 7 区的划分。1937 年，李方桂在英文版的《中国年鉴》上分汉语方言为 8 区，"官话"分为"北方官话、西南官话、下江官话"。1948 年赵元任的《国语入门》把汉语方言分为 9 区，"官话"沿用了"北方官话、西南官话、下江官话"的分法。（李小凡、项梦冰，2009：28）1955 年"现代汉语规范问题学术会议"上丁声树、李荣的《汉语方言调查》一文把汉语方言分为 8 区时，称最大的方言为"官话"区。1960 年袁家骅等著的《汉语方言概要》"现代汉语方言的分类"称为"北方方言"，又说："北方方言即北方话，按照广义的说法就是'官话'。"1987 年李荣主持制作的《中国语言地图集》从"官话"分出"晋语"，从吴语分

---

① 本文原在"第二届官话方言国际学术研讨会"上宣读过，后刊于《汉藏语学报》（第 12 期）（戴庆厦、罗仁地主编，商务印书馆 2021 年版）。

出"徽语"，从粤语分出"平话"，成为 10 大区，"官话"则分成"北京、东北、冀鲁、胶辽、中原、兰银、西南、江淮" 8 区。

刘勋宁（1995）把官话方言的 8 个区按照入声调类不同分派规律归纳为"北方官话、中原官话、南方官话"三类：入声未分化（江淮保留独立调类，西南大多数归入阳平，少数归入阴平或去声，或保留入声，但不分化）、入声二分（中原官话归入阴平和阳平，兰银官话归入去声和阳平）、入声多分（北京、东北派入阴阳上去四声，冀鲁派入阴平、阳平和去声，胶辽派入阳平、上声和去声）。2010 年维基百科根据刘文把官话方言分为"北方官话""中原官话"和"南方官话"三类。2011 年刘勋宁再次肯定了维基百科三分的做法（《西南官话的古入声字今读》刊于 2011 年 3 月 16 日白帝社发行的《横川伸教授古稀纪念 日中言语文化研究论集》）。

看来，汉语方言的分区，从大类分，把"官话"作为一个大区与吴语、湘语、赣语、客语、闽语、粤语等大区并列，是大多数学者都能接受的，罗杰瑞的《汉语概说》把汉语方言归成三大类（北部、中部、南部），官话属于北部方言，也是作为一大类的。

李如龙说："我的想法和这种三分法比较接近，但又不完全相同。汉语的方言第一刀应该分为官话方言和非官话方言两大类。官话方言是现代汉民族共同语的基础方言，其内部差异相对较小，这是因为它的主体是在黄河中下游的大平原里使用磨合而成的。边远处的官话（东北、西北、西南）则都是近三四百年间才从黄河长江之间随着实边移民散播过去的，所以虽然面积广，人口多，内部却差异不大，彼此之间并不难通话。……官话和非官话的最大区别乃在于它是基础方言，它的词汇语法比较容易为共同语所接纳。相声、评书、鼓词、山东快书等都是用华北官话说的，都流通甚广。许多现代作家写作时可掺杂河北、山东、四川等地的官话。小品演员正流行用东北河南口音表演，就是这个道理。"（2007：64）

在官话方言中，江淮官话是受南方的吴语和楚语影响，较晚形成的，西南官话则主要是从江淮官话分衍过去的。据钱曾怡（2010）统计，地处南方的江淮官话和西南官话分布于 666 个县市，拥有人口 3.37 亿；而分布于北边的各区官话和晋语，则分布于 1 137 个县市，拥有人口 8.24 亿。在所有的官话中，南边的两种官话分布的县市超过北边官话所分布县市的半数，而拥有人口则近于北边官话人口的半数，若把南边的两区官话归为"北方方言"或"北方话"显然不妥。因此，我赞成用"官话方言"的名称泛指各区官话，为官话分类时，从形成历史和内部差异看，应该首先分为"北方官话"和"南方官话"两类为宜。

在官话方言中，历来关于北方官话的研究多，对南方官话的研究则显然不够。

正如《汉语官话方言研究》第七、八两章所说，西南官话研究成果不少，但是，整体上的比较，"把握西南官话语音、词汇和语法的特点"的研究，"现在仍几乎是空白"。（2010：288）至于江淮官话的调查研究，也是"总体上来说，比较薄弱，成果相对较少，深度也有所缺乏"（2010：306）。造成这种情况的原因，从客观原因说，南方官话的历史没北方官话长，作为全国通语的时间也比较短，不像《广韵》系统作为通语的标准音，长期统治着文坛，因而学界对南方官话的关注显然是不够的；就主观原因说，则与现代方言研究历来的习惯有关：重单点的调查和描写而轻区域的比较分析。

关于晋语和北方官话的关系，显然还值得讨论。不少学者觉得把晋语立为大区似乎条件还不够。《汉语官话方言研究》考虑到晋语的词汇语法和北方官话接近，从历史上看，秦晋、冀鲁的方言都很古老，早就相互交融为通语的基础方言了，所以还把它作为北方官话处理。主张晋语分立的学者，除了根据它有入声之外，也列出了晋语所具有的一些和北方官话不同的特征，例如，都有"分音词"，但各片数量不等；都有比北方官话更多的声母和韵母的"文白异读"；多数方言片都有古一二等韵在文白读有别的现象；大多都有"圪"头词。此外，就"有入声"的特点说，晋语是入声韵类精简了（大多只有两三类），而入声字读成的"促调"却还是坚挺的，一些虚化的语法成分，在北方官话读为轻声的字，在晋语还拿"促调"作为语音弱化的手段。可见，晋语的"入声韵"萎缩了，"入声调"却还坚挺。所以，在北方官话中，晋语还是确实有显著特点的。我的想法是可以把晋语和其他6种北方官话（北京、东北、冀鲁、胶辽、中原、兰银）并列为两类。就像南方方言中再一分为二，归成"近江方言"和"远江方言"。刘勋宁在他的《黄土高原的方言是一个宝藏》（2008）一文中，重复了他在 1995 年说过的话：
"晋语是北方话里的山里话"，又说："高原方言的复杂性不仅表现在语音方
面，也表现在词汇语法方面"，在引用了乔全生"晋语与官话非同步发展"
的说法之后，他说："高原方言的许多现象超出普通话常识。要把这些现象
准确地反映出来，我们必须多一些知识，多一些手段才能对付。"这些说法
是很值得我们思考的。

2　南方官话的研究课题及其价值

以下就我自己的粗略理解罗列几个南方官话比较研究时值得注意的课
题，并对研究这些问题的意义和重要价值做一番探讨。

2.1　关于中古以来"入声"演变的路向和过程

从中古音入声韵和入声调的严谨组织到现代汉语诸方言的复杂变异，是
一千年间汉语语音发展的最重要事实之一。众所周知，《中原音韵》的时代，
入声调就开始萎缩了。在《广韵》时代，入声调和入声韵是重合的，就韵类
说，广韵有 136 个韵目，入声韵目 47 个，约占 35%；就调类说，入声是四
声中的一类，占 25%；就字数说，《方言调查字表》的 3 655 个字中，入声
字有 619 个，约占 17%。可见入声在中古音系之中占据着重要的地位。

入声萎缩之后，塞音韵尾和短促调值的演变并非同步，而是从携手同行
到分道扬镳、各奔前程。在南方官话，大多数方言点的入声字还是抱团的。
江淮官话是萎缩的"初级阶段"，塞音韵尾并没有完全脱落，只有部分合并；
短促的调值也没有抛弃，大多保留了一个促调（东边的南通、泰州应该是受
吴方言的影响还按清浊分为阴入和阳入）。到了后起的西南官话，绝大多数
方言点的入声字都归入阳平调了，只有少数点还保留着入声调类。500 多个
点只有 75 点有入声调，显然是"历史的残响"了（刘勋宁，2011）。留存着
塞音韵尾的就更少了。《汉语官话方言研究》只列举了几个点：云南的陆良、
曲靖，江西的赣州与广西南宁的"邕宁官话"，前者是丁声树先生 1940 年记

的音，后者则显然是周边都有入声韵的方言包围的结果，也都是残余的现象。（2010：280）可见，南方官话入声的萎缩有共性（"抱团"，没有打散），也有个性，即江淮官话东片（江苏、安徽）保留塞尾和促调，西片（湖北）有独立入声调、但没有塞音韵尾；到了西南官话，塞尾韵尾大多脱落了，调类也大多归入阳平，显然有个弱化演变的循序的过程。

再看看北方的官话。在晋语，如《汉语官话方言研究》第九章所述，入声字都保留塞音韵尾，但是合并为少数入声韵（如太原只有 7 个韵，大同和呼和浩特都是 8 个）；入声调类有一个的（如晋城、大同、朔州、获嘉），也有两个的（如太原、蒲县、潞城、延川）。和江淮官话相比，有 1～2 个入声调是相同的，带塞音韵尾的入声韵显然比较少。江苏境内的江淮官话，据《江苏省志·方言志》所载入声韵，少的有 13 个（如南京、扬州、泰州），多的有 14～16 个（如南通、兴化、如东）。而在晋语之外的北方官话，塞音韵尾都脱落了，入声调类则派入几个舒声调类，靠南的中原、兰银官话派入 2 个调类，其余靠北的则派入 3～4 个调类。

可见，各地官话的现状展示了中古以来入声消退过程中的多种状态。联系历史文化背景对此进行周密的比较和考察，就不难从横向的差异看到入声消退的历时演变规律。就塞音韵尾的萎缩看，在南方官话是从东到西加剧，东边显然是因为吴语的牵制而趋于保守；在北方官话是从高原向平原消退，黄土高坡因为交通闭塞而守旧。就入声调消退的演变过程看，塞音韵尾和短促调值的脱落基本上是同步的，一般都走在入声调类消失的前头；入声调类的消失则是从整类并入一调，再到拆散分派多调。可见，就古入声在官话方言的各种表现进行深入的比较研究，必能为汉语语音史研究做出可贵的贡献。

2.2 声类和韵类的读音

在南方官话，有些声类和韵类的读音近于某些南方方言，而与北方官话明显有别（材料取自《汉语官话方言研究·附录》的 1 026 个音系基础字字音对照表，南方官话 9 个点中多有 7～8 个点对齐）。此类现象有如下各项：

①果摄字开合口的字都读为［o］，例如：歌河个饿多拖罗左破锁坐螺锁果科火。

②假摄开口三等章组字读为［e］，例如：遮车蛇社惹。曾、梗摄入声字也混读为［e］，若是保留入声韵的点则加有喉塞韵尾，例如：得德则黑克色测百迫，格客白责策隔核。

③深臻曾梗等摄字混读为前鼻音韵［-in］［-ən］，例如：音今琴进印勤冰兴平明英轻瓶青星，沉深针沉真人陈征灯能剩生争声成郑。

④臻摄合口一等字部分读为无［-u-］的开口韵［-ən］，例如：钝顿论轮村存孙遵。

⑤通摄字大多读为［-oŋ］，例如：东冬同动工农风红梦忠宫众龙冲重共。

⑥咸、山、宕、江等摄入声字混读为［-o］韵，逢颚化的字读为［-io］韵，若是保留入声韵的点则加有喉塞韵尾，例如：鸽磕合，割渴喝泼末夺脱活说没，博薄莫着托落作郭鹤，剥桌浊，药脚，岳学。

⑦见组二三等常用字没有颚化，仍读为［k-］［kʰ-］，例如：界街鞋敲巷去。

⑧关于"轻声"，南方官话和北方官话也有明显不同。可能由于轻声出现得晚，不同方言各显神通，有的也还不是很定型，加上研究不足，目前还不容易做出明确的分析。《汉语官话方言研究》曾有专章讨论（邢向东执笔），其分类和表述似乎还不太清楚。这里只就所了解的南方官话的情况做了一些解释。北京话的轻声经过实验语音学的分析，已经确认为"短而轻"的性质，三种不同调值显然与前字的调尾音高有关。如果就这两个特征而言，南方官话明显是不短也不太轻，邢向东称为"不轻的轻声"，梁德曼和汪平在编成都话和贵阳话的词典时，都处理为变调。1996 年出版的《普通话基础方言基本词汇集》所列西南官话的音系也没有认定为轻声。至于江淮官话，邢向东列举了英山、扬州、南京的报告，说过"轻声没有固定，其实际调值受前字影响"，刘丹青对英山话则说"轻声调值是前字调值尾音的简单延伸"。看来"不轻不短"确是南方官话"轻声"的特点，而"调值受前字影响"则是和北京话及其他方言的共同特征。只不过是前字的影响可以是

"简单延伸"，也可以是"高低异配"。北京话上声、去声后的轻声是"简单延伸"，阴平、阳平后的轻声便是"高低异配"。成都话的上声 + 轻声 53 + 21 是简单延伸，阳平和去声 + 轻声（21 + 55，213 + 55）则是高低异配。

⑨关于"儿化"，可能也是因为形成的历史不长，南方官话和北方官话的儿化现象的发展也是很不平衡。北方官话在北京、东北、冀鲁、胶辽一带都有二三十个儿化韵，其余地区就很分歧。在陕西省，陕北的绥德有 24 个，西安 17 个，陕南的白河只有 5 个，宝鸡"少而不稳"，汉中则无。在南方官话，西南官话大多只有三五个，贵州和桂柳片有些就没有（贵阳、黎平、柳州、桂林），湖广片多的有襄樊（20 个）、宜昌（13 个），武汉、天门则没有；西南官话多的有红安（20 个），南通、涟水（14 个），南京、扬州（13 个），安徽省的合肥、安庆没有儿化韵，芜湖却有 9 个之多。

以上所述的各种纷繁复杂的情况，可能与历史渊源及地理的接触都有关系，需做一番专题的比较研究才能探讨出其中的奥秘。

2.3　关于南方官话词汇特征的初步考察

以下根据已有的对照材料选出几类南方官话内部比较一致，且和北方官话有明显不同的词汇。主要是从《普通话基础方言基本词汇集》中挑选出来的。该书比较了官话区的 93 个方言点，其中有 33 种南方官话（原列了 35 个点），含西南官话 10 个点，西南官话 25 个点，扣除歙县和吉首两点并非官话，实为 33 个点。以下所列材料大多数有二三十个点有相同说法（占 70%）。

以下条目与南方方言说法接近，和北方官话说法明显不同（括号中的说法是普通话的说法，所标的数字是在南方官话中覆盖的方言点数）：

①以下条目覆盖面比较广：

番茄（西红柿，23）	哪个（谁，34）	晏（不早，晚了，迟了，23）
吃胀了（吃撑了，26）	屙屎（拉屎，25）	房间（屋子，28）
茅厕（厕所，33）	虼蚤（跳蚤，29）	苞谷（玉米，23）

洋（山）芋（土豆儿，20）　　灰面（面粉，22）　　泡茶（沏茶，35）

吃哽了（噎了，21）　　互的吃（整个儿吃，20）　　高头（顶上，27）

晓得（知道，33）　　老表（表兄弟，32）　　手膀子（胳臂，33）

天干（天旱，28）　　落雨（下雨，19）　　泥巴（泥土，28）

巷子、巷巷（胡同，32）　　扫把星（彗星20）　　擦黑（临夜，25）

娃娃（孩子，20）　　衣胞（胎盘，26）　　眼屎（眼眵，30）

吃烟（抽烟，32）　　浮藻（浮萍，12）　　七月半（七月十五，21）

打摆子（发疟子，29）　　依他说的办（照，27）　　一下子（一会儿，22）

外公（外祖父，18）　　外婆（姥姥，19）　　姨爹（姨父，19）

姊妹（姐妹，30）　　脑壳（脑袋，21）　　姑爷（女婿，20）

扫把（扫帚，22）

②以下条目是和北方官话语缀不同造成的：

松子（松子儿，30）　　枣子（枣儿，29）　　桃子（桃儿，33）

杏子（杏儿，29）　　走之底（走之儿，31）　　绞丝旁（绞丝儿，32）

菜籽（菜籽儿，30）　　一路走（一块儿走，21）　　棉桃（棉桃儿，24）

鞋子（鞋，31）　　别针（别针儿，26）　　针鼻子（针鼻儿，22）

虾子（虾，19）　　记倒（记住，19）　　磨子（磨儿，17）

年头（年头儿，27）　　站倒说（站着说，17）　　露珠（露珠儿，23）

侄子（侄儿，21）　　肋巴骨（肋骨，32）　　芯子（馅儿，17）

拴倒（拴着，17）　　今年子（今年，10）　　秤杆子（秤杆儿，30）

③以下条目覆盖面比较窄，但是方言特色鲜明：

耍（玩儿，14）　　宵夜（夜宵，19）　　啥子（什么，13）

耍得（可以、行，13）　　闹热（热闹，14）　　（粥）清（稀，9）

莫（不要、别，12）　　安逸（舒服、快活，17）　　（粥）干（稠，19）

撇（差、次等，13）　　团鱼（鳖，16）　　老面（面酵子，13）

霍闪（闪电，17）　　坝（山间小坪地，16）　　落雪（下雪，16）

男人（丈夫，13）　　姑爹（姑父，15）　　老幺（最小的儿子，19）

姑娘（女儿，19）　　没得（没有，13）

如果能有更多能对齐的语料进行广泛深入的比较，便可以提取南方官话的一批特征词。特征词的提取是认定方言区域的最重要依据之一。

2.4 关于南方官话语法的考察

方言语法研究起步较晚，从初步发掘出来的材料看，语法的差异还是不容小看的。以下两本书的报告很有参考价值。

邓英树、张一舟主编的《四川方言词汇研究》有专章讨论了构词法。后缀除了"子、儿、头"之外，还有"倒"。例如：阴倒（暗中）、紧倒（老是）、指倒（对准）；"得"：没得（没有）、要得（可以）、不得（不会）。"起"，例如：默起（以为）、稳起（沉住气）、傲起（摆架子）。"家"，例如：女人家、朋友家、白天家。重叠式比北方官话多得多。名动形量都可重叠，儿化不儿化能别义，还能组成三字格、四字格。例如：槽槽、片片、抽抽（抽屉）、人人儿（小人儿）、壶壶儿，棒棒军、担担面、光光头、歪歪理、病壳壳、坟包包，纸条条儿、粪舀舀儿、瘦筋筋儿。各种重叠式在云贵川一带颇为普遍，花样可能比晋语还多。

《江苏省志·方言志》在介绍江淮官话时罗列了一些小区内较为一致的语法特征。例如，反复问句多用"可 VP 式"：扬州话说"可看电影啊？"，这个"可"在南京用"阿"，泰州用"个"，泗洪用"还"。又，给予义动词构成的双宾句，在南通、泰州、盐城，直接宾语在间接宾语之前，例如："上星期已经寄信他"，有的在两个宾语之间加了"给"或"把"。扬州—镇江一带还有在两个动词之间用"得"关联的句式："跑得来喊人"（跑来），"一路哭得来"（哭着来）。

这些调查报告都很有启发性，可在面上推开调查，进行大面积的比较。

2.5 其他一些值得研究的课题

以下再提出几个值得研究的南方官话的课题。
①关于西南官话和江淮官话的比较研句究。

就以往的官话方言研究说，不但南方官话作为一个区划的比较研究做得不够，关于西南官话和江淮官话这两个片区的内外比较研究也做得不够。20世纪80年代兴起的地方志研究热潮推动了省市县的方言调查研究，几省连成的片曾有绘制《中国语言地图集》的推动，但是并没有组织足够的队伍，进行全面深入的调查和仔细的比较，匆忙之间做出的划分区、片的结论，从无到有是有贡献的，但是是否经得起推敲就很难说了。就我所知，把闽西北一片已经蜕变为赣语的邵武话、光泽话划归闽方言就是不合适的。南方官话的东西两区，地盘大、人口多，先前积累的调查成果却很有限，现有的当地研究队伍也不够壮大，不但两区都应该进行区内的调查研究，两区之间的异同也需要全面深入的比较。这里举些例子说明：

《江苏省志·方言志》列举了一些江苏省内江淮官话的"通用词"，大多数是未见于西南官话的，而显然和吴语区的说法相近。例如：垫被（褥子）、块头（个儿）、掼（摔、打）、来气（生气）、蹩脚（差劲儿）、推板（不合规格）、消停（安静）、作兴（兴许）、笃定（肯定）、蛮好（很好）、老实头（很老实的人）、山芋（红薯）、把它（给它）、来事（有本事）、结棍（结实）。这就能用事实证明江淮官话确实有吴方言的老底子。其中也有一些条目是在西南官话也常说的，这就很可能是南方官话共有的特征词了，如上文列过的"晏、没得、霍闪、吃烟、巷子、晓得、安逸、擦黑"。可见凡是经过比较研究的成果都是很有价值的。

②关于南方官话的外部比较。

内外的比较是研究方言的基本功。记录方言、描写语言事实的过程当然也要贯彻比较的思路，不能孤立地对一种方言就事论事。整理了该方言的基本事实之后就必须用比较的眼光进行审核，看看你所定的音系是否符合前人对该方言的分析，和周边的方言与语言的异同、和历史上有渊源关系的语言的异同能否做出合理的解释。南方官话的外部比较就是要和北方官话比，和南方的非官话和非汉语比，和古汉语比。

上文已经提到，江淮官话的入声韵类和入声调类，以及一些常用词就和吴方言比较相近，江淮官话的研究既要和现代的北部吴语比较，也得和中原官话比较，还要和早期吴语、和近代曾经作为通语的南方官话做比较。就西南官话说，情况可能更加复杂。一般都说西南官话是明清之际"湖广填四川"形成的，确实，李实的《蜀语》所记录的四川话，至今有许多还在说，可以作为证据。其实，好多唐代的说法也在西南官话传下来了，在江淮官话未必还说，因为早在汉代就有中原汉人入川了。《广韵》已有"蜀人谓平川为坝"，"笕，以竹通水"，"拓，手承物"等记录。方言承续前代语言往往可以分析出不同的历史层次，这是已经被许多研究证明了的。即使从明代算起，湖广人入川也已有500年之久，虽然原住民和汉人并不多通婚，但毕竟有交往，西南官话有没有借用藏缅语、苗瑶语的成分，还是值得考察的。此外，除了湖广人，入川的还有来自广东的客家人，至今还有数十万人在川中定居，在广西、湖南的西南官话和客家话、粤语和湘语的接触就更多了，这类语言接触的考察也是必要的。

③历史的调查和文献的利用。

近几百年来，提起西南官话总是从"湖广填四川"说起，其实，四川是个老地方。从三星堆时代到秦汉，可能就有几千年无文字的历史，在《方言》一书之中，四川人扬雄记录的"梁益"方言和"秦晋"方言还是比较相近的，那时川中已经有200万人口。把这么长的历史弄清楚，对于了解四川方言肯定有很多启发。据《中国人口发展史》（葛剑雄，1991）第15章的描述，在明清之前，已有西晋永嘉之乱后，关陇流民沿汉水入川北；唐代安史之乱后，鄂北移民进入川中；还有宋代靖康之乱后，山西流民入川。这三次成规模的移民潮应该是可以肯定的。要彻底理解方言的现状，不研究移民史、民族史、文化史是不可能到位的。从方言与通语的关系说，四川话经过长期的多方面的磨合，应该说成了现代官话中最容易为各地人听懂的话，难怪民国初年议论国语的标准音时，投票结果四川话只比北京话少了一票。新形成的攀枝花市的方言，虽然本地人很少，却也是以四川官话为基础的。这个事实很值得深究。

近代以来也有一些文献值得注意。研究音韵学的都知道明代韵书《韵略易通》，尤其是记录当时声母系统的"早梅诗"（五绝）更是绝妙之作。但是很多人忘了，他就是云南人，还有人说该韵书与西南官话无关，此案必须重审。看来《韵略易通》和《蜀语》都是研究西南官话的重要文献。还有，近代四大名著除了《红楼梦》之外都是南方人所做，用的是南方官话，明清时期的浩瀚的白话小说不但是研究近代汉语词汇语法的最好依据，也是研究现代的南方官话的源泉。《四川方言词汇研究》曾经列举了一些见于白话小说的俗谚，例如："背时倒灶、财不露富、欠三千不如现八百、狗屎糊不上墙"，"屋檐水，点点滴，一点一滴不差移"。此外，近代以来，还有西方人来华调查汉语方言，或者按照近代的通语编成教科书去教外国人（例如在日本琉球就有《学官话》《白姓官话》《官话问答便语》等）也可以作为近代汉语的通语的依据。可惜的是，拿这些文献和现在的南方官话作比较的研究，似乎成果还不太多。如果在现代南方官话和近代书面语之间也设下难以跨越的门槛，我们的汉语研究恐怕就没有希望了。

3 对研究南方官话的希望

以南方官话为题举行的全国性的学术研讨会两年前就开过了。很多中青年朋友都热心地参加，今年举行的第二次会议报名的更多，一些大牌学者也出场了，这说明以"南方官话"为题的专门研讨是很有必要的，也是很受欢迎的。如今汉语研究的专题会议越来越多了，像南方官话这样的课题，分布在广阔的地域，内部又有许多具有共性的方言，外部则有上下左右的广泛联系，内容又与语音词汇语法以及历史文化都有牵连，若不组织全国性的会议，让各方面的专家来共同商讨，就很难使专题研究获得进展。这样的会能够开得起来，也说明咱们的汉语研究有了长进。以前的"四不管"地界，现在也有许多学者关注了。希望这个会能够继续开下去，不要浅尝辄止，虎头蛇尾。还要保证质量，让大家都觉得有启发、有收获，就必须有一批有分量的论文。毕竟是一个新课题，要写出好论文，既要调查、整理新材料，也要进行深入的比较和思考，不下功夫是办不到的，但是，潜入其中，必有所获。特别希望年轻的朋友发挥体力强、脑子灵、方法新的优势，多提供新语料、多做语料库，点面结合，多做纵横两向的比较，坚持数年，这项研究就一定能出现重大成果，为汉语方言学和汉语史的研究做出新的贡献。

参考文献

［1］ 江苏省地方志编纂委员会编著：《江苏省志·方言志》，南京：南京大学出版社1998年版。

［2］ 鲍明炜、王均主编：《南通地区方言研究》，南京：江苏教育出版社2002年版。

［3］ 陈章太、李行健主编：《普通话基础方言基本词汇集》，北京：语文出版社1996年版。

［4］ 邓英树、张一舟主编：《四川方言词汇研究》，北京：中国社会科学出版社2010年版。

［5］ 葛剑雄：《中国人口发展史》，福州：福建人民出版社1991年版。

［6］ 侯精一主编：《现代汉语方言概论》，上海：上海教育出版社2002年版。

［7］ 李如龙：《关于汉语方言的分区》，何大安等编：《山高水长：丁邦新先生七秩寿庆论文集》，台北："中央研究院"语言学研究所2006年版。

［8］ 李如龙：《汉语方言学》（第二版），北京：高等教育出版社2007年版。

［9］ 李小凡、项梦冰编著：《汉语方言学基础教程》，北京：北京大学出版社2009年版。

［10］ 刘勋宁：《再论汉语北方话的分区》，《中国语文》1995年第6期。

［11］ 钱曾怡主编：《汉语官话方言研究》，济南：齐鲁书社2010年版。

［12］ 张一舟、邓英树主编，四川省地方志编纂委员会编：《四川省志·方言志》，北京：方志出版社2013年版。

汉语国际教育应关注与文字、
文学、文化的关系[①]

一、中西语言教学的异同及形成差异的原因

不同的语言都有共性，也都有个性。语言教学既要了解语言的共性，也要关注所教授语言的个性，不关注个性，必会走弯路。

中西语言教学都是经由言语作品来学习语言的，教材都是以历代经典范文为基本教材，辅以相关的阅读文本；教学中，重视正音、正词和语法修辞等语言的规范应用，进行听说读写的全面训练，兼顾口语和书面语的教学。

然而中西语言教学也存在很大差异：西方语言教学主要是针对形态变化教语法，根据计量研究数据组织词汇语法教学，教材重理据，教学顺序是由字母发音到单词、句型，强调构词和句式训练，提倡海量阅读、会话及讲演实践，重视群体活动和交际、论辩的训练。汉语母语教学大多是遵循由文及语、由字及辞，再到句段篇章的教学顺序，关注字词句组合中的变异（多音多义字及推敲字句与修辞），重视名篇的熟读、背诵和运用，通过言传意会、

---

① 本文在"多维度与跨学科：第六届汉语特征与汉语教学国际研讨会"（2019 年 11 月 29 日—12 月 2 日，广州，暨南大学）大会上宣读过，后与陈艳艺联名发表于《语言教学与研究》2021 年第 3 期（总第 209 期），据编辑审稿意见，陈艳艺做过一些修改。

模仿，注重读写训练，强调个人省悟，借助已有语感和所学的知识和方法，养成良好的语言习惯。吕叔湘把叶圣陶总结的汉语教学精髓浓缩成一句话："教是为了不教。"（吕叔湘，1980）

汉语二语教学早期也是照搬当时汉语母语的教学方法，如唐代对日本遣唐使的唐话教习，和中国人一样，先识字，再背诵经典、学写作，后来曾改为用长篇会话或独白作为教材，如朝鲜的《老乞大》和日本的《白姓官话》。现代的对外汉语教学则是套用西方语言学理论，按照"结构、功能和情景"的思路编写教材，教学中着重于各种句法训练。赵元任先生曾说，这是"语言学的教学而不是语言的教学"（1980：159）。汉语与世界上多数语言差别甚大，不注重汉语特征，全盘放弃汉语母语教学方法，另起炉灶，正是几十年来汉语二语教学效果不佳的主要原因。

中西语言教学存在差异的原因是什么？

从客观上说，中西语言教育理念的差异，主要是源于语言本身的不同特征。从文字制度、词汇系统构成、语法结构方式和语音系统的规律看，汉语和西方语言都有很大不同。

文字制度不同：汉语所使用的汉字并非单纯的标音符号，而是集形音义于一体的单音词或语素。汉字表音不准、表意多元、字数又多（先秦的《金文编》3 772 字，汉代的《说文解字》9 353 字），不习惯这种文字的外国人学起来确实很难。识字后学话，还得经过另一番词汇和语法的训练，有人以为，绕开汉字学汉语也能应付日常交际，节省时间还少了麻烦。通过汉语拼音学汉语固然便捷、快速，但是无法进行书面阅读、扩大语言知识，也不可能透过字义认知词义，理解字义合成后的种种变异。试验证明，"只学话不认字"，便于初步会话，却很难深造。

词汇系统不同：汉语的词汇系统以单音词为核心，双音词为基础，双音词又以语义合成占多数（约占词汇总量的三分之二），加词缀的只是少数。然而，汉语词汇里的字义，古今南北大多相同或相关；作为词汇核心的单音词，例如"一二三、你我他、上中下、大小、长短、来去、进出"等，从先秦到现在变化不大。另外，汉语词汇不论是古代或现代，书面语和口头语差别都很大，学了汉字有利于学习古汉语和书面语的词汇。

语法结构不同：汉语语法规则很特殊。词类之间没有截然的界限，多有交叉，名动形之间不少可以兼用，虚词与实词也常可共用；词类和句子成分不挂钩，无严格意义的形态变化，有限的语缀大多不能普遍类推。词语的构成受语义制约，修辞的需要可以变更语法结构，语序灵活，同义句型多，按照语用需要，组词造句十分灵活。

语音系统不同：汉语所有音节都有声调，无复辅音，韵母多有复合元音。音节是声韵调组成的立体结构。字音有音值和音类之别，各自构成共时和历时的系统。多音连读的词语有多样的韵律，字音在多音词语中还有连音变化：轻声、儿化、变声、变韵、变调等。有些音变还与词汇语法及语用相关联。就声调说，字调、词调和句调各有不同规律。

汉语母语教育（语文教育）的理念正是遵循汉语特征进行教学训练的。识字讲解偏旁和形、音、义，用字造词成句则讲解字义的引申和合成，以及构词法和造句法的贯通，语法和修辞相结合进行听说和读写的训练，这是世代汉语教学的智慧结晶。汉语母语教育的这种理念应该也适用于二语教学。抛弃母语教育的传统，照搬西方二语教学的理论和方法，不能切合汉语的特征，难怪教学效果不好，外国学生普遍感到入门不易、深造更难，费时多而收效少。

从主观原因方面说，主要有两个：

第一，忽视汉字、文学和文化与汉语的特殊关系：汉字记录汉语的音节，又表达语素的意义，既是文字，又是语素，"一身二任"。汉语由字组成词、语、句，通过汉字学汉语才是正道。文学是语言的艺术加工、锤炼，并推动了语言的规范，优秀的文学作品是言语应用的典范，语言教学应该通过文学激发学习的热情和创造的意愿。没有文学趣味，只能是枯燥无味的训练。文化是语言的底蕴，是使语言存在和发展的血液。抽去文化内涵，语言会显得苍白无力，如飘散的烟云。实现汉语与文字、文学、文化的有机结合，让汉字构筑的汉语，沐浴着中华民族文学的阳光和春风，在中华文化的海洋中畅游，汉语和中华文化走向世界就指日可待了。

应该说，目前学界对于汉语汉字与中国文学、中华文化的关系关注不够、观察不细、理解不深，在教学中则应用不力。有时我们还不如西方学者旁观者清。高本汉在他的《中国语言学研究》的末尾说："语言与文学，原是一种文明民族最伟大的艺术创造……我深深自信，中国无论何处何时何事是常有伟大的艺术家的……中国文学将如荒漠中竖立起的一座金字塔，放射出绚烂的光芒，含着新生的力和美。"（1926/1934：189－190）

文化是语言的血液，思维方式是文化的重要特征。中华文化本来就是综合的思维，汉语汉字的"声韵调"组成音节，"形音义"组成单字，"字词句"组织完成表达，正是这种"综合思维"在语言文字中的集中体现。传统的母语教育就是按照这种综合法去教的。但是后来的对外汉语教学将汉语切分成块，分而教之，这是近代以来受西方分析思维的影响，把充满人文精神的语言进行几近自然科学的分析，切分唯求不细。对中国文字、文学和文化的相互关系理解不深的原因之一便是这种分析性的思维。

第二，照搬西方语言研究和语言教学理论：新中国的对外汉语教学事业始于1950年，至今只有70年的历史。在起步阶段，曾按照外国人二语学习习惯，采用"先语后文"的教学模式，实践之后，很快被否定了，转而采用"语文并进"的模式。之后，学界越来越热衷于照搬国外二语教学理论和方法，把中国传统的母语教学视为无用的老皇历；新世纪走出国门的汉语教育，面对学生年龄跨度大，程度参差不齐，学制长短不一，教学条件悬殊这些复杂的现实，依然推行"结构、功能、情景"的理论预设和教学程式，效果自然更差了。

西方的二语教学十分注重教学法，不断研究、实验和更新。其经验并非毫无可取之处，犹如烹饪讲究，烧烤、煎炒、蒸焖、炖煮，各有优点，但是先得分清烹调的对象：谷物、蔬菜、肉类、鱼鲜，大类之下还有细类。只推行某种教学模式，无异于不论来自何方的何种食材，统统来个"一锅煮"，怎能烧出好吃的菜？在世界语言之中，汉语既然是特立独行的，汉语国际教育既要遵循语言教学的共性，更应该切应汉语的特点，精心试验研究，另辟蹊径。

文字、文学和文化与汉语的特殊关系是深层的内在联系，是决定汉语二语教学独特性的根本。汉字虽不是良好的表音符号，但是作为语素却可以成为学习汉语的向导；语言是文学的第一要素，文学是语言的艺术，"中文"

学习排斥文学作品是不可取的。语言是文化的重要载体，发掘语言中的文化要义，必能促使汉语国际教育的腾飞。可见，文字、文学和文化对于汉语国际教育而言，绝不是外在的、可有可无的，只有深刻体会三者与汉语的独特的内在关系，精心研究，巧妙设计，才能找到汉语国际教育的最佳途径。

二、汉语国际教育应该善用汉字才能走出困境

汉字不是单纯的标音符号，而是形音义统一的语素，具备了文字和语言的两重性。这是汉语与其他语言最大的差异，也是决定汉语种种特征的内在原因。汉语的二语教学如何处理汉字教学，教不教汉字，教多少、如何教，识字和学话孰先孰后，一直存在争论。我们认为，正确地认识汉字，按照汉字和汉语的内在关系完全可以教好汉语，变拦路虎为导航罗盘。

汉字的优缺点都很突出：表音能力差、见字读不出音；但表意容量很大，字义的引申四通八达，利于组词造句和思维表达。作为形音义统一的汉语的结构因子，在上古时期，多数的字就是词，后来，单音词不够用了，用字义合成复音词，字仍是有意义的语素，而且核心的语素大多能贯穿古今、沟通南北。汉唐之后逐渐形成的中古汉语词汇系统，就是常用单音词为核心，双音合成的基本词为基础，加上外围的一般词语、外来借词所构成的同心圆。如能集中教好核心的单音词和扩词、组语、造句的方法，汉字就能成为学习汉语的高速公路。

汉字的形体有点怪异，结构多不严谨，如"一十土干才木大"这些字虽然笔画少但是不同的组合与形音义的区别无关；汉字"出生不报户口，死亡不注销"，为了区别字义，不同时地的使用者随时造字，因而字数难以控制。秦始皇统一六国文字时已有四五千字，东汉的《说文》9 353 字，《康熙字典》近五万字，如今汉字总量已近十万字。但是汉字的频度差异大，划定现代用字和古代备用字、必学和不必学、先学和后学，对于汉语二语教学，是至关重要的，必有事半功倍的效果。

汉字的种种缺点使没有语感的外国人学起来很难。如果教不得法，学生就会望而生畏。问题在于我们一直没有认识汉字的二重性，并把这个根本特

点应用于汉语教学。正如钱穆在《中国文化史导论》所说的："中国文字一直控制着语言，一面又追随语言而变动。"（1988：153）汉字之所以能够成为世界仅存的表意文字的老寿星，就在于它植根于语言，与汉语相适应，相互矛盾又达到和谐，因而保持活力，传承数千年。汉字拼音化活动历经百年，从1894年发起到1986年正式放弃，回到原点（苏培成，2018）。这个古怪的文字系统在中国几经冲击仍然巍然屹立，运用自如，书法艺术魅力不减。我们只能承认它、敬畏它；扬其长、避其短，使它为汉语国际教育再立新功。

汉语国际教育应善用汉字教授汉语，使其成为导航的好罗盘。

善用汉字，首先应该从"以简驭繁"和"借助偏旁部首"两方面入手，改变认字难的状况。汉字虽然数量繁多，但是频度差异大，常用的并不多。弃除古字、死字，现代汉字可控制在3 500字左右，最高频600字可覆盖80%的文本，1 000字可覆盖90%（周有光，2010：170）。高本汉早就说过："一个外国的成人，经过一年学习熟悉两千到三千字，并不见得有如何的困难。"（1945/1963：16）可惜我们至今尚未划清古今汉字的界限。常用的汉字，不仅构词能力强，而且形体简单，书写容易。例如"子、不、大、心、人、一、头、气、无、水、地"这11个汉字的构词数都在200个以上，但是平均笔画数仅为3.5画（李如龙、吴茗，2005）。这些字都是最常用的独体字。据统计，常用的800字中就有四分之一的独体字（李如龙，2018：414）。教外国人学汉语应该从简单常用的独体字教起。如果初级只教500字，中级1 000字，编写教材时严格控制字频（包括义项和组词频度），按照"常用先学"的原则编教材，并保证有足够的复现率，就能大大降低识字的难度，提高扩词的速度。现有的对外汉语教材大多不符合这样的要求，才使汉字成为拦路虎。

借助偏旁部首是初学汉字的捷径。部首与字义相关，大多数是有效的，最常用的20个部首构成的常用字在《现代汉语常用字表》中占了一半以上。最常用的15个声旁构字485个，大多语音相同或相近（李如龙，2018：414）。但是，时下的对外汉语教材大多并不注意利用偏旁部首教学汉字。为了给教师提供编写教材的依据，应该编制《常用偏旁部首类推频度表》。

以上说的是识字教学如何降低难度。教汉字更重要的是让学汉语走上识字造句的高速公路。这就是像母语教学那样，"析词认字""连字造词"和"组词成句"，把未学的生词拆开，通过已经认识的汉字去理解词义（如"绩效"是业绩、成绩和效果、效益）；用学过的字和造词法去试造未学过的词语（如"好"，可说好人、好看、人好、身体好、站好、说得好），从中体会字义的衍生和常用字的构词能力；还可以参照课文的句型，用学到的字词去造句，使学到的生字、生词都能上口，获得交际的快感。这就是"字词句直通"的教学法。《语言自迩集：19 世纪中期的北京话》的序言就提倡过这种教学方法，但也提醒要避免误导。汉语的词汇大多数是双音合成词，单音词、双音词和虚词组合起来，又组成了长短多样的辞语，并且，用字组词、构语、连词造句的方法（联合、偏正、动宾、主谓等）大体是一致的，"字词句直通"就是用同样的方法循序渐进：识字—认词—连语成句，这是一条汉语独有的扩展词汇、掌握语法语用的便捷大道。为此，应抓紧编制《现代汉语字词组合频度表》《合成词词义字义关联度一览表》，这是汉语汉字教学的基本建设工程，有了这些凭据，才可能编出体现"字词句直通"的好教材。"字词句直通"是授人以渔、落实快速扩词的根本改革。汉语二语教学舍此别无他路。对外汉语教学历来成活率低、效益差，国际汉语教育更是广种薄收，缘着这条思路，应能寻得新的突破口。

其实，以上的说法并不新奇。历史上的汉语二语教学就已经有过类似的案例。

早期的中华文化依仗着大中华帝国的文明在世界上曾有高度的威信。盛唐之后中华文化渗入日本文化的主流，欧洲地理大发现后再次惊动世界。1585 年在罗马出版的《大中华帝国志》盛赞中国的文明，几年间用 7 种语言印过 46 种版本。后来欧洲的高本汉、威妥玛都是研究中国文化和语言的大家。威妥玛《语言自迩集：19 世纪中期的北京话·序言》和日本江户时代冈岛冠山的《唐话纂要》都是重视汉字教学的典型例子。

威妥玛在《语言自迩集：19 世纪中期的北京话·序言》中写道："汉字总是分为部首和声旁两个构成成分，部首指明意义范畴，声旁指明发音范畴。"（2002：18）该书第 2 章就专门介绍部首。关于多音节复合词，他说：

"每个音节原本就是一个词……解释了每个单独成分也就可以解释全体。"（2002：18－19）这里说的是通过字义的分解和组合去理解词义。该教材所以成为19世纪末西人学习汉语的最佳课本绝非偶然。

日本人学习汉语在唐宋以后从未间断过，但主要集中在中国传统的书面语学习。江户时代，日本实行闭关锁国政策，仅留下长崎允许中国和荷兰的船只进入，有大量中国民间商船在长崎港进出，中日民间贸易往来频繁，培养具备良好汉语口语交际能力的"唐通事"成为当时日本的社会需求（闫荣盛，2012）。冈岛冠山就以当时口语编成《唐话纂要》。该教材按照字、辞、句的组织，把连起来说的话称为"字话"，教材前4卷按"字话"长短编排，如：二字话"高兴、好吃、出去、去掉"；三字话"有才华、买菜去、不想去、看马的"（卷1）；四字话"今日何往、许久不见、来来去去、到朝鲜去"（卷2）；五字话"今日天色好、一去不复返、别跑来跑去、我去趟北京"，六字话"今朝天气不好、弄到桌子上去"；常言"平时不做亏心事，夜半不怕鬼敲门"（卷3）；按话题多句组成的段落称为"长短话"（卷4）。由于体现了汉语的字辞句结构特征，又能有效地展示常用词语和语法组合，该书在日本流行了两百年。可见，我们应该全面地总结汉语二语教学的经验，经过科学的鉴别，择善而从之。

三、中国文学应该成为汉语二语学习的发酵剂

语言是文学的第一要素。语言经过文学的处理，淘汰渣滓、提取精华，所以文学是语言的过滤器；文学又担负着对语言进行加工提炼、建立语言规范的重任。不仅如此，文学又是语言和文化的最佳传播渠道，语言经过文学创作而升华为具备艺术魅力的作品，成为传承民族优秀文化的主渠道，使社会言语交际更具感染力和鼓动性。总之，文学是语言规范化、艺术化以及在社会传播中大众化的加工厂。这是一切语言和文学的共性。对于汉语和中国文学来说，由于汉语是在中华本土自源生成的，数千年间虽然也曾有过战乱和分裂，但是主体和主流是统一的，有过多次的长时期的太平盛世和繁荣社会。因此，语言和文学不但传承没有中断，还得以叠加式的积累和发展。又

由于汉语采用汉字作为表达工具，早在秦汉之前就形成了"雅言"（通语），字词句的基本意义和组织方式古今相承，核心成分相当稳定。许多古籍的名句、成语在民间口口相传，一千年前的宋元小说，小学生就大体能够通读。不仅书面语有如此深广的传承，口头语言在民间也有广泛多样的艺术创造，"月光光，照池塘""排排坐，吃果果"之类的童谣儿歌到处都有。现代通语已经形成数百年，各地方言的优秀成分也逐渐被吸收。随着近代社会经济文化的发展，书面语和口头语早有许多不同方式的交流，近百年来正在逐渐接近。这就使汉语和文学的关系更加密切，大学设立中国语言文学系已经百年，近些年语言学兴起，想要独立并列，几经冲击都改革不了，中小学语文课许多人都理解为"语言＋文学"。看来都是这种传统造成的。

从牙牙学语开始，不论是学前教育还是义务教育，课内课外，孩子们都是唱儿歌、听故事、猜谜语、学谚语成长起来的，这是世界各地母语习得者共有的快乐体验，也是各国中小学母语教育的普遍经验。"兴趣是最好的导师"，二语教学也应该借助上乘的文学作品，让学习者通过学习启发美感、激发兴趣，这是从语言习得走向语言学习的自然过渡。时下汉语国际教育的教材，许多话语枯燥无味，练习刻板烦琐，难怪学生生厌而逃课，聪明的学生去听说书、听相声，倒是越学越有劲，走出了一条生路。可见，把文学视为汉语二语学习的分外事是毫无道理的。

还应该看到，汉语记录的文学珍品美不胜收、浩如烟海。唐诗宋词是中华文学的瑰宝，也是世界美学创造少有的高峰；明清小说、各地戏曲、曲艺、广泛流传的谚语、警句以及山歌、童谣也有许多文学精品。这都是汉语国际教育最宝贵的资源。近年来"诗词大会"上，中小学生中涌现的诵读诗词的感人场面，许多外籍学生在"汉语桥"节目中的出色表演，都给我们提供了可贵的启发。固然，语言习得和语言教育、母语教育和二语教学在运用文学作品上应该有不同的做法，在汉语国际教育中怎样运用文学教材，使它成为学好汉语的发酵剂，快速地形成汉语的语感，我们还缺乏系统的经验。如何在汉语国际教育教材中纳入富于文学趣味的内容，实施有效的教学方法，也是迫切的研究课题。

为了加强汉语国际教育的文学趣味，首先要提高教材的文学性。对此，不能简单地理解为增加几篇文学作品做范文，而是在单元设计、课文（包括范文和参考读物）编选、注释提示、练习和测试各个方面都要认真研究。哪些文学作品合乎教材的需要，必须广泛搜集和选择，根据不同学习对象的需求进行比较和设计。选编篇目的思路要扩大：上至《论语》《诗经》名句，唐诗宋词名篇，近代小说、戏曲的片段，历来民间流传的谚语、警句，山歌、童谣，历史人物或成语故事都可取材，或改写编成课文，或加注释。现当代优秀作品也可选用。选好文学素材之后，按不同对象和程度，有的直接采用，有的适当改写或节选，有的作为阅读课本或课外读物，印制成书或上网备查。现在的汉语国际教育教材，此类文学性篇目太少，品种也不多，应该着手组织专业人士编制，篇幅和形式可以多样，有长有短、有整有零，图文并茂、声像兼有。教材编好后，送往各地孔子学院试教并征求意见，也可以放到网上让国内外汉语教师下载选用。如此经过试用、搜集反馈、开会研讨，不断修改打磨，就能编出一套适用于汉语国际教育的分级汉语文学教材。

文学性教材可以开设专门的必修或选修课，和正规的教材穿插使用，也可以作为课外读物或网上资料。高年级可以整篇欣赏，中级班可以编选短小诗文，初级班甚至可以只选取某些脍炙人口的对句以供背诵。设立文学课程、编印课外文学读物、安排课外文学娱乐活动，都是有效方法。文学和语言本来就是关联体，语言教育体现文学性的要求和方式应该是多种多样的。

四、中华文化是汉语国际教育的底蕴和魅力

关于语言与文化的关系也是从事异文化二语教育者需要认真思考的问题。

文化与语言的关系是全方位的，语言是文化的表征，文化是语言的内涵。从历史上说，语言与文化同生共进。因此，文化是语言教育的底蕴和魅力，有文化的内涵，语言教育才能引导学习者去思索语言中隐藏着的历史逻辑；有了文化视觉，对语言的理解和教育才能提纲挈领，语言的传播也才能发挥传扬优秀文化的效用。

汉语汉字集中体现了中华文化的特征。教师应该吃透这些特征并且引导学习者去琢磨。从结构上说，汉语汉字的关系从总体方面看是整体综合：音节是声韵调的综合，单字、单词是形音义的综合，句子是字词语、上下文的综合；从分体项目看要作具体分析：如词类有一定分别，但常有兼用，语缀的有限运用又不作硬性规定，句型有一定的搭配又多有同义的选择。语义方面着重于深层内涵：字义、词义和语法意义多相关联；不注重表层形式：如单双音结构和同义句型可灵活选择。从演变上说，重视统一传承而避免分裂更替：汉字形体从"隶变"后无大变动，常用字的基本义也从上古传承至今；从先秦的"雅言"到现代普通话，通语的传统始终强盛并影响着方言。汉语汉字的这些特征都是来自中华文化特征和汉民族的思维特征：综合重于分析，分体依从整体，变异服从传承。

文化是语言的先导，对祖国语言文化的自信是教师的必备素养。

历史上汉语曾因文化的扩散而传播：盛唐（630—894）的两百六十多年间，日本派出二十批遣唐使，多达数千人，有的在长安一住就是三十年（滕军等，2011：89）；汉语的魅力也曾吸引异国人士来华研究文化，18世纪之后，欧洲一直有知名学者潜心研究汉语和中国文化。高本汉、李约瑟、白乐桑都是其中不同时代的佼佼者。对汉语汉字和中华文化我们都应该有充分的自信。没有自信就教不好汉语，也传播不了中华文化。

汉语国际教育要关注文化，这是多年来已经引起重视的课题，但是，二语教育要体现文化、结合文化究竟路在何方？这是首先必须明确的前提。

张英（2014）提出应该区分文化教学和文化推广。她认为文化推广是以提高国家软实力为目标，而文化教学则是以提高汉语学习者跨文化交际能力为目标。汉语国际教育中的文化教学，本质上是二语教学的有机组成部分，而二语教学的目标，则是培养学习者跨文化交际能力。确实，推广是良好教学的效果，而不是教学的目标和设计方案。陆俭明（2015）也提出汉语教学必然伴随着文化教学，但是这绝不意味着要让文化教学成为汉语教学的重心或主流，更不是要用文化技艺来冲击乃至取代汉语言文字教学。所以汉语国际教育的文化教学，应该回归到汉语本身。与语言无关的文化现象不应该作为二语教学的主要项目，文化技艺教学也不是二语教学的任务，与语言交际关系不大的文化知识，如讲授古代的官制、行政建制、古籍的类别，乃至教太极拳、剪纸、烧中国菜等，更是越过语言教育的界外了。应该说，只有民族文化在语言中的蕴含才是二语教学所应该关注的文化内容，换言之，我们应该关注的是"字里行间"的文化。

如果说，思维和文化有人类共同的特征，语言则浸透了民族的色彩。语言的文化蕴涵主要体现在词汇语义上，汉语国际教育的文化教学应该着力于词汇语义。词汇语义中的文化内容有三个层次：物质文化是表层的；制度文化和词语的引申义、比喻义是中层的；精神文化则是深层的。前两项在通语和方言中又常有不同。体现物质文化的词语有环境、景观、器用的，如地理通名（塬峁崮岐）、古迹（国姓村、妈祖阁）、器具（雪橇、镢头、步犁）、食品（面茶、白肉、过桥米线）；体现制度文化的有历史、社会的，如建制方面的"三晋、八闽、岭南"，称谓方面的"宰相、姨表、同志"；词语的引申义，如颜色词（黑心肝、扮红脸、白喜事）、动植物语词（猪脑、牛脾气、青松、寒梅）。这些文化词，语义比较浅显，多数教师都能随时做出解释。浅层的文化一带而过，深层的文化则需要多加说明。深层的文化词往往是基本词汇中的核心词。这类词语在二语教学中是比较难说解的，因为往往牵连到认知的思路、意义的延伸和词语的生成与配搭。但是这些解说又是很重要的，因为连带着大量词语和语法的教学，例如教一个"高"字，要解释"高山、高人、高校，高大、高低、高深，高升、高看、高压，身高、眼高、登高、提高，崇高、清高"，怎样才能教好这些同心圆里的词语，要而不繁，疏而不漏，顺序渐进，引而不发，实在是一门大艺术。然而教得好却能展示汉语的光芒和文化的蕴涵，启发思维的路向。

最深层的文化词是民族精神里那些经过提炼的基本观念，不但是语言中的核心词、基本词，形成许多词语的序列，而且体现着不同民族思想文化的重大差异。例如关于社会生活和道德行为的许多观念词，汉语就有：善—善良—亲善—和善—善有善报，忠—忠诚—忠实—愚忠—忠心耿耿，心—心脏—死心—忠心—问心无愧—日久见人心。这类文化词应该出现在中高级的课文，在词义讲解上应该多下功夫，教一个字，挑出常用的带上几十个词汇，把构词法和成语、谚语和造句法都带上了，在中级汉语的教学中应该是重要而精彩的一课。

汉语里很具特色的常用文化词还有下列一些（所列数字是用这些字造出来的词汇数）：人 500，天 400，气 350，道、心 200，平 150，理 140。如何把这些字和词分别编入各级教材，如何进行合理而又可接受的、要言不烦的解说，也是一个需要专门研究的课题。

充实汉语国际教育的文化内容，有助于提高词汇语法教学的质量，体现汉语汉字的特点，理解博大精深的中华文化。不论是西方文化、东方文化，都是世界文化遗产，各种文化的精华都有普世价值。有个别的文化内容可以集中设立专门的文化课（中高级都可设，但有详略之别），也可分散作为课文的词语注释或另编教学参考书。在文化课的讲解过程中千万注意不要过分张扬，更不要盛气凌人、强加于人，而应该"润物细无声""引而不发"。以往所设的文化课，很值得做一番总结，吸收优点，删去多余、烦琐和不当的内容，在教学方法上多做探讨。文化教材也应该既体现汉语的特点，又能适应异文化的不同程度学生的需求，分别编成初、中、高级的课文或读物，并制作分程度的网络语料库，供中外的汉语国际教育教师根据实际需要随时选用。

我们应该相信，中国国力还会不断增强，世界还会逐渐加深对中国的理解，汉语的学习热潮还会继续发展。我们也应该如实地看到，目前的汉语国际教育还远不能适应形势发展的需求，汉语国际教育的文化教学理论、方法研究和教材设计，还有许多问题需要深入研究，应该及早做好准备，才能适应形势的需求。

参考文献

［1］［瑞典］高本汉著，贺昌群译：《中国语言学研究》，上海：商务印书馆1934 年版。

［2］［瑞典］高本汉著，杜其容译：《中国语之性质及其历史》，台北：中华丛书委员会 1963 年版。

［3］［日］冈岛冠山：《唐话纂要》，东京：不二出版社 1998 年版。

［4］李如龙：《汉语特征研究》，厦门：厦门大学出版社 2018 年版。

［5］李如龙、吴茗：《略论对外汉语词汇教学的两个原则》，《语言教学与研究》2005 年第 2 期。

［6］陆俭明：《汉语国际教育与中华文化国际传播》，《同济大学学报》（社会科学版）2015 年第 2 期。

［7］吕叔湘：《叶圣陶语文教育论集·序》，中央教育科学研究所编：《叶圣陶语文教育论集》，北京：教育科学出版社 1980 年版。

［8］钱穆：《中国文化史导论》，上海：上海三联书店 1988 年版。

［9］苏培成：《汉语拼音化的反思》，《汉字汉语研究》2018 年第 3 期。

［10］滕军等编著：《中日文化交流史：考察与研究》，北京：北京大学出版社 2011 年版。

［11］［英］威妥玛著，张卫东译：《语言自迩集：19 世纪中期的北京话》，北京：北京大学出版社 2002 年版。

［12］闫荣盛：《日本江户时代汉语教科书〈唐话纂要〉研究》，西安：陕西师范大学硕士学位论文，2012 年。

［13］张英：《文化教学与文化推广——国际汉语教育可持续发展中的短板》，《世界汉语教学学会通讯》2014 年第 3 期。

［14］赵元任：《语言问题》，北京：商务印书馆 1980 年版。

［15］周有光：《朝闻道集》，北京：世界图书出版公司北京公司 2010 年版。

桃李集

满园春色

山为绝顶我为峰①

去年夏间，与邓景滨②君相识不久，他就把所著《语林漫笔》送我。文如其人，从那些小品中可以看到，他读书穷根究底，教书诲人不倦，为学锲而不舍，作文一字不苟。拜读之后，新朋友便顿时成了老相识。

如今，半年之后，邓君又拿来了他的即将付梓的新作——《语坛争鸣录》，说这回收的都是争鸣文字，并且热情地相嘱为序。我的第一个感觉是，在繁忙的教务之中，他已经用多年的劳碌来攻读硕士、博士学位了，还能写下那么多虽然短小却相当精妙的文章，足见他是何等的勤奋！于是，对这位老相识又多了一层新知。

其实，在《语林漫笔》中，也有一些是争鸣的文字。"回的第四种写法""何谓六朝"等便都是针对时人之说而发的。看来，争鸣真乃邓君之所好也。

然而，几千年来形成的中国的世俗似乎很不支持争鸣。儒家学说一统天下之后，"名家"诸子就逐渐声名狼藉，富于哲理的"白马非马"说成了奇谈怪论，于是，中国的逻辑学从此一蹶不振。我们的词库里也有"雄辩"的

---

① 本文刊于《语坛争鸣录》（邓景滨著，澳门基金会出版1995年版）。

② 邓景滨先生20世纪90年代就读于詹伯慧先生博士班，后为澳门大学教授。

说法，其含义"强有力的辩论""有说服力"，虽说都是褒扬的，但总是给人一种"咄咄逼人"的印象，不太符合"温良恭俭让"的规范，至于"好辩""争辩""善辩"就更没有"中庸""圆通""随和"那样可爱和吃香了。不支持争鸣乃至压制争鸣，堵塞言路对于发展学术是十分不利的，对于增长人的才干、建设文明社会也是有害的。古人所说的"不破不立""相反相成""万马齐喑究可哀"就是这个道理。

对于邓君的争鸣的勇气和热情我是很赞赏的。这回读了他的新作，对于热情争鸣的可贵又有了一点新的领悟。他在书中论证说，"丧乱"的"丧"可读去声，"忧思"的"思"要读平声，我平日也就是这样读的，但是因为不知道有人主张"丧"读平声而"思"读去声，也就没有去查考深究。读了他的文章才知道这其中还有古今音变的问题。可见争鸣确能导引深入的研究。

争鸣要做到雄辩，不单要有勇气和韧性，更重要的是要有正确的原则和方法。本书的争鸣，既尊重前人又不墨守成规；既稽考群书又不尽信书；既注意正本溯源又不是笼统地以古为正；既尊重现实、从今从众，又能加以合理的解释，这些原则无疑都是正确的。在论证方法上他十分注意寻取"内证"。例如分析"画皮"的结构以文中语境意义为据，说明司马相如相字的读音也是用当时的史实来证明的，"月黑雁飞高"则用原诗的意境及同时代诗人的类似手法来分析。这种"内证"法显然是最具说服力的，因为使人品尝到的是原汁原味而不是旁人或后人所追加的调料。因此，我想本书的读者不仅可以从这里知道作者经过潜心研究所得出来的结论，还可以从中学到思考问题、讨论问题和解决问题的方法。

争鸣要有好的效果，除了勇气、原则和方法之外，还要有正确的态度，在争鸣风气不太浓厚的中国尤其是这样。所谓正确的态度就是对事不对人，尊重事实而不受制于成见，服从科学而不是意气用事。读了这书稿，邓君的辩论给我的印象正是这样：对人是与人为善的真君子，对事是穷究到底的老实人。许多人都知道，胡培周先生是他所敬重的挚友，讨论"大屿山"的"屿"字的读音时，他是反复论证，坚持不懈的；作为朋友相处，他们是至诚相待，一如既往的。

　　汉语和汉字，其历史之悠久、使用人口之多，堪称世界第一。正是因此，古往今来，南北东西不知道发生了多少变异！就读音来说，因地域而异有国音方音之别；因时代而异有古读、旧读、今读；因构词和别义之异有文读、白读、辨义异读、自由变读；就规范与否而分则有正读、俗读、训读、误读。由于历史演变，有的俗读会取代正读，有些误读还会习非成是。就字形说，有古体字、后起字、通假字、本字、正字、俗字、异体字、简体字。若用作人名地名时，古今南北中外，数以亿万计，要逐一弄清其形音义，更是难上加难。鲁迅先生早有感慨："人生识字胡涂始！"语言文字又是表情达意、沟通信息的基本工具，不论社会的运作或个人生活，语言文字都是须臾不能离开的。不同的人由于生活经历、文化程度乃至习惯爱好的不同，在使用语言文字上存在着种种歧异和不同的认识，这是不可避免的正常现象。邓君在语言文字上发起这么多的争鸣，绝非无中生有、小题大做，也不是故弄玄虚、节外生枝，只是他比别人认真些、清醒些，睁着眼睛看现实，开动脑子想问题。单就这一点而言，本书就足以振聋发聩、引人深思了：一音一字、一笔一画，都有它的讲究，都有它的来历，追寻其中的道理，又都是那样的有趣！诚然，语言文字的应用必须有全社会共同的规范，否则就不能维持人们的沟通；然而，现实的语文生活总是纷纭复杂的，已有的规范也会在应用之中不断地受冲击、不断地调整。我们不可能要求每一个使用汉语汉字的人都成为专家，都使用得十分规范，甚至语文工作者也不可能无所不通，无所不晓。正因为如此，像邓君那样，一音一笔不含糊、一词一句不放过，就是十分可贵可敬的了。本书说到老舍的舍须读舍（shě），取的是"舍予"之义，符合拆姓（舒）取名之原意，自是毋庸置疑的。几天前看电视，在"东方之子"的栏目里听王朝闻先生自己说，他的名字取自"朝闻道，夕死可矣"的典故，这才知道，包括我自己在内，许多人把朝读成 cháo 都错了。可见，正音正字，真是难以穷尽的，这绝非危言耸听。这是我读了这本集子之后的另一点感受，也是我对邓君的另一点敬佩。

　　最后，我想用本书讨论过的先贤林则徐的对联来与邓君共勉："海到无边天作岸，山登绝顶我为峰。"学海无边，见天为岸，海天一色，仍是无边无岸。用在治学上，它告诉我们，学无止境。若是登山，则又不同，迈开你的双脚，一步一步地走，总有一天会登到绝顶。哪怕远处还有更高的山，那也无妨，自有别人去攀登，你尽了自己的努力，便可以树立自己的高峰。它告诉我们，功夫不负有心人，为学者也大可不必相信"以有涯随无涯，殆矣"的说教。有山在前，登就是了。

李如龙
一九九五年一月于暨南大学

《普通话基本功训练教程》序[①]

现代应用语言学证明了：每一个成年人的语言能力，七成是在十岁以前的语言习得中形成的。十多年来，从东北开始的"注音识字，提前读写"的试验也不断地提供有力的事实：官话区或以普通话为母语的孩子，在学前教育的基础上，一旦学会了汉语拼音，其语文能力便可以奇迹般地腾飞。这种教学法的最大特点就在于它把儿童学前时期习得的口语能力充分调动起来。这样的语文教学是一种"来料加工"，是语言习得的延伸和强化。对于不懂普通话的南方方言区的孩子来说，上学认读生字和学习普通话是同步的，其语文能力的养成就艰难得多。因为南方诸方言与普通话差异很大，学前儿童已经习得的方言先入为主，不论是发音、用词造句的习惯总是在影响着学生的普通话学习。这样的语文教学是"另起炉灶"，处处受到语言习得的牵制和干扰。

由此可见，在南方方言地区，普通话训练是中小学里特别重要也特别艰巨的基本功训练。而且，这项训练还不能绕过学生在语言习得中形成的方言习惯的干扰，而只能面对实际，制订排除方言干扰的训练计划。

---

① 本文刊于《普通话基本功训练教程》（蒋有经、汪应乐编著，中国书籍出版社1995年版）。

　　普通话的基本功训练对于普及教育来说，绝不是一门语文课的教学目的能否达到的问题，而有着更加深远的意义。语言是思维的工具，普通话能力强了，学生会听会说会问，这对开发智力有着直接的促进作用。现代汉语的书面语，包括各课程的课本都是普通话口语加工而成，学生普通话口语越熟练，就越能理解书面语，读写能力也越高。人们常说，语文是百科的基础，并非没有根据。语言又是表达和交际的工具，普通话过关了，学生的公关能力、社会生活适应能力也势必随着提高。语言还是文化的载体。语文水平越高，人的文化素养就越丰富。

　　长期以来，语文课重思想文化的教育而轻语言能力的训练，不多的语文训练内容又往往集中于书面语的读写，而忽略口头语的听说。在方言地区，由于学生普通话口语能力差，读写训练只能事倍功半，收效甚微。有鉴于此，在总结历来语文教育正反两面的经验基础上，为了提高各级各类教师的口语水平，为普及教育中的口语训练提供最基本的条件，国家教委决定在全国师范院校开设"教师口语"必修课，把普通话口语训练作为教师职业能力的训练。这是我国语文教育改革的重大举措。现在，这门课的教材编出来了，每年都在集中培训师资，研讨这门新课的教学方法。全国数以百万计的教师若能统一认识，共同努力，沿着这个方向前进，一定可以开创语文教育的新局面。

　　上饶师专的蒋有经、汪应乐两位同志教学现代汉语和普通话口语都十几年了，他们在这个艰巨的任务面前，谦虚好学，埋头苦干，努力探索，精益求精，积累了丰富的经验。为了切合方言实际，还做了大量方言调查。最近编成了《普通话基本功训练教程》，作为师范生语言文字基本功训练丛书之一。我很赞同他们的想法和做法，见到这部教材能切合赣东北地区的方言实际，又能便于训练操作，确是一部师范院校的好教材，我很赞赏他们的努力。

　　赣东北地区既有赣方言，也有吴方言还有些零星的闽方言岛和客方言岛。本教材既针对了赣东北地区的方言实际，对于赣方言区、吴方言区乃至客家方言区也都是适用的。我愿意向有关同道推荐它。

普通话口语的训练当然应该从语音训练入手，却不能止于语音的训练。本教材在今后的应用中如能增加词汇、语法方面的训练内容，就一定能够锦上添花，取得更好的效果。

李如龙

1995 年 6 月 18 日于暨南园

附记：汪应乐是我在 1981 年在建瓯的方言研究班培训时认识的学员，回到上饶师专教书之后认真地做过赣东北的方言调查。蒋有经是该校中文系主任，后来调集美大学中文系与我有了更多联系。我 1988 年到赣东北调查方言时曾到该校访问。

《梅县方言语法论稿》序①

前些时候，在语言学界，研究汉语方言的人总被认为是比较没有学问的。究其原因大概有两方面：一者，高校里教古代汉语、现代汉语、语言学概论的人居多，研究方言的人很少，隔行如隔山，在行外的人看来，方言既是俚俗之物，研究方言的人大概高明不到哪儿去。能读懂古文的人本来就不多，能研究古代汉语，当然是有学问的。研究现代汉语嘛，能到书面语里摘例句，讨论语法问题的，也总是有学问的。至于听音、记音、发音，找找对应规律，讲讲方音辨正，无非是口耳之学，雕虫小技罢了。再者，研究方言的人，在应付工作任务之余，往往还要关心社会上的"推普"等工作，能有余力深入钻研有关问题的人也确实不多。其实，要准确地记音，整理方言材料，写调查报告，要有多方面的训练，实在并不容易，也是一种真才实学，但是行外的人很难理解，总以为那算不得高深的学问。

1981 年，我参加筹办全国汉语方言学会的工作，并受中国语言学会委托，在福建建瓯办了一个方言研究班，这两件事都是在中国语言学会会长吕叔湘先生的关心下进行的。他曾经强调指出：有些方言已濒于消失，方言研究正面临着抢救的问题，要通过办班，成立学会，组织一支队伍。记得是十

---

① 本文刊于《梅县方言语法论稿》（林立芳著，中华工商联合出版社 1997 年版）。

月份，我到成都参加中国语言学会的年会，散会后大家都走了，只剩下朱德熙先生和我等着最后一班火车去重庆。我们有两个小时的单独谈话时间，我趁这个好机会向朱先生请教了许多问题。我问朱先生，现代汉语是否应包括方言在内？他说，当然要包括。我说，有些教现代汉语、研究现代汉语的人，不会调查方言，也不愿研究方言，把研究方言视为分外事，不愿越过雷池一步，我曾说，这是"画地为牢"，结果引起很多人的不满。朱先生对我深表同情并加以鼓励。几年后，在为桥本万太郎的《语言地理类型学》中译本写的序言中，朱先生写了这样一段话："就我国国内来说，研究现代汉语的人往往只研究普通话，不但不关心历史，把方言的研究也看成隔行。画地为牢，不愿越雷池一步。这不管对本人来说，还是对学术发展来说，都不是好事。"我不敢说朱先生的这段话是由我的话引起的，但确是说出了我想说而又不敢公开说的话。

拨乱反正之后，李荣先生办起了《方言》杂志，吕叔湘、朱德熙都带头在上面发表方言研究的文章。朱先生倡导的关于"的"的研究，关于疑问句的研究，实际上发动了一场方言语法的比较研究。后来，研究现代汉语的学者提出了要把普通话、方言、古汉语的研究结合起来的原则。

在音韵学的研究中，不少人注意了"审音"之道，运用汉语方言材料去论证音韵问题，使音韵学有长足的进步。

国外传进来的社会语言学研究也大量运用汉语方言事实进行分析，得出了好多新理论。

少数民族语言的研究者运用汉语方言资料进行汉藏语系的比较研究，取得了很多新的进展。

方言学研究本身也从语音的研究，进而研究词汇、语法，从连读音变到考求本字，不论在广度、深度上都有很大拓展。

应该说，十几年来，方言学和许多语言学相关学科的相互为用，都取得了很大的成就，方言学在人们心目中也显出分量了。很多在高校教现代汉语的人加入了方言研究的行列。这真是一件大好事，也是方言学得到长足进步的重要原因之一。我经常跟年轻人说，中国首批现代汉语学者几乎都是从方言研究和民族语言研究起家的。现在又见到一批中青年学者，从方言研究入手，已经学有所成了，这是令人十分欣慰的。

本书的作者十年前在我主讲的方言调查讲习班里学了一个多月，从那时起他就锲而不舍，在教学任务艰巨、行政工作繁忙、家庭负担繁重的情况下，挤时间研究自己的母语——梅县客家话。他"文革"前期毕业于中山大学中文系，熟谙客家话和广州话，后来到内蒙古草原待了十几年，好好锻炼了自己的普通话。我建议他从词汇入手，进而研究客家话语法。十年过去了，除了和人合编过《客家话词典》之外，还积下了十几篇客家话语法的论文，现在把它们结集出版，这说明他的研究是很有成绩的。

方言研究不易，方言语法的研究尤其难。因为方言不像普通话那样有大量书面材料作凭据，有相当明确的规范，有前人研究过的基础。前些年研究方言语法的人往往拿着普通话的某一语法现象把方言的说法检验一番，指出二者之间的异同，这样研究的结果，往往有不小的局限性。关于客家话的语法已经出过几本书，大概都是这个路子的成果，还未能从大量语料中去总结方言自身的规律，也还没有把方言语法放在古今语法的发展过程中去确定方言的地位，说明其特点。

本书所描述的梅县方言在客家方言中最富于代表性，这十几篇论文使人们对梅县方言的语法系统获得了一个整体的了解。其考察方言事实是细致的，分析问题是深入的，和普通话的比较是详尽的，许多方面都能发前人所未发，几次在国内外学术会议上报告之后都获得与会学者的好评。如果说还有什么不足的话，那就是和古汉语的关系还未及深入研究。迄今为止，关于方言语法的专著并不算多，本书能在系统描写上达到较好的水平，这就是难能可贵的了。

作者有多年现代汉语的教学经验，有很强的方言母语的语感，研究过程中又能认真细致，反复推敲，取得这些成绩并非偶然。希望立芳同志继续努力，知难而进，为客家方言语法的研究，为客家方言的研究做出更大的贡献。

李如龙

1997 年 8 月于羊城

　　附记: 立芳同志 1987 年参加了在福建泰宁举办的普通话和方言研究班(国家语委委托福建省语言学会创办),一个多月里日夜兼程记录他的母语梅县客家话的音,什么地方也不去玩。回到韶关师专后就在系主任、校长的繁忙工作之中抽空研究梅县方言语法,还组织校内外的语言学老师广泛调查粤北的许多方言,取得了许多成果,为方言研究和培养人才做出了贡献。

《福州方言熟语歌谣》序^①

在调查方言的时候，经常有人问我："你研究方言有什么用？"发问的人有好奇的，有求知的，也有带着几分嘲讽的。你研究天体物理或微生物，他看不见，理解不了也不会来问你；你研究法律或病理，他虽然不懂，却知道有用，也不会发问。你研究他最熟悉不过的方言，他却想不到这有什么用，当然非问不可。

方言学的教科书里告诉人们：研究方言可以指导推广普通话的工作，可以为探讨汉语的结构规律以及汉语演变的历史规律提供重要依据。这些说法并没有错，可是你要这样答复外行的人，他还是难以理解。

其实，研究方言还有更加广泛的意义。因为语言是文化的载体，是历史的教科书，是人类思维的结晶。方言里蕴含着丰富的历史文化内容，记录着人们认识活动的每一个进步。以往我们从这方面去研究少了，方言调查研究成了枯燥无味、繁难琐碎的工作，辛苦得来的研究成果则往往不受欢迎，难以发挥作用。

我多年来都在考虑，研究方言必须打开思路，拓宽领域。从内部结构的分析到外部关系的考察，从单点调查到多点的比较，从共时的描写到历史演

---

① 本文刊于《福州方言熟语歌谣》（陈泽平著，福建人民出版社 1998 年版）。

变规律的把握，这样便可以把方言学推到一个崭新的阶段，显示出它的多方面的重要价值，也会在学术界和社会上引起更广泛的注意。

泽平同志在北京大学获得硕士学位后回到家乡，在福建师范大学和我共事。我见他天资聪颖，从王福堂教授而学多年，训练有素，总是鼓励他多作调查，多写文章。后来在编《福州方言词典》和开展东南方言比较研究时又拉他"下水"，多方面合作。这些年来他关于福州方言的研究成果是引人注目的。就在我向他祝贺他的学术专著《福州方言研究》即将出版之际，他又让我看了新作《福州方言熟语歌谣》一书的打印稿，我更为他高兴，以为他走出一条很有新意的路子。

福州是一个千年古城，唐代以来它一直是福建的首府，也是东南沿海的重要港口城市。晚清的维新运动中，一批能人在这里创办了中国的海军。在这里形成的方言有鲜明的特色和丰富的文化积淀。泽平把福州话的熟语和歌谣搜集起来，细加考核筛选而得其精华，原原本本地标出实际读音，详详细细地做好语句注释，这项工作一定会受到广泛的欢迎的。因为本地人可以朗朗上口，勾起依稀的记忆而倍觉亲切；语言学家可以获得最宝贵的语料去探讨这一古老闽语的语音、语义和语法的各种规律；历史学家、社会学家可以研究其中所体现的社会文化；文学家可以看到方言的艺术创造；教育家可以考察借助方言作品进行家庭教育和社会教育的历史经验……

早在20世纪20年代，北京大学的歌谣研究会就倡导过方言谚语和歌谣的搜集和研究，魏应麟编撰的《福州歌谣甲集》就是当时突出的优秀成果之一。其他闽方言也有一些成功的作品。这次热潮是五四新文化运动带动起来的，后来，发展为白话文运动和新文学革命，方言的歌谣收集这项工作没有继续下去，直至80年代末，才有政府组织民间人士收集民间文学编印"三集成"的活动，但没有组织语言学家参与，五四时期那些语言文学兼通的专家介入民间文学研究的局面没有再度形成。我想这项工作很值得重新提倡并且把它做得更好些。认真读读这本书一定会得到和我相同的想法。

正因为这样，我非常高兴地把这本书推荐给熟悉福州话和不懂福州话的读者，推荐给语言学界以及许多人文科学界的朋友们。

是为序。

李如龙

1997 年 11 月于闽江口

附记：1983 年起，泽平和我愉快地在福建师大共事十年。我们一起带学生到浦城县调查过多种方言，合作过《福州方言词典》（他花的气力最多，却署名在四人之中的末尾），后来又一起参加"东南方言语法研究"的基本上每年一会一书的"小分队"活动。30 多年来，他开过许多课，带出一批硕士和博士。出过许多书，除了《闽语新探索》（2003）、《19 世纪以来的福州话》（2010）、《福州方言的结构与演变》（2015）之外，世纪之交的数年间，带头写出本书，还与人合作编过建瓯话、长汀话的俗语歌谣，组织别人出版了成套丛书。注释了《闽都别记》和《琉球官话课本》及几种英文译本。21 世纪曾被选为全国方言学会副会长。本书编印过程中，正处写作高潮中的泽平君不幸猝然病逝，年仅 69，令人痛惜不已，谨以此文表达我的哀思。

《论粤方言词本字考释》序[①]

粤方言素以特有词汇多而著称，但是因为粤语区又有自造俗字的书写习惯，历来的研究家并不太注意方言词本字的考释，为粤方言词考求本字，至今还是大有可为的。

方言词并非"无一字无来历"。南方方言中那些原住民民族语的"底层"词，向外国语借用的译音词，还有一部分方言创新词、表音字，往往就无"本字"可言。然而，多数方言词都是古汉语（包括古方言）传承下来的，或者是早期用古汉语的语素构成的，有的则是沿用古语词但是改变了读音或引申了词义的，这些都会有本字可考。可以说，"无从稽考"的只是少数。

为方言词考求本字并非为了寻求"正字"来作为书写的规范，而是对于方言词的一番"透视"，还给它本来的面目。考了一个本字，便是对于一个特定的方言词的语音演化及语义变迁有了真切的理解，做出合理的解释。这类研究成果多了，方言的语音、语义特点就突显出来了：古今语言的音义演变规律也便体现其中。

陈伯辉君来暨南大学攻读博士学位不久，便拿定主意以考求粤语本字为

---

① 本文刊于《论粤方言词本字考释》（陈伯辉著，中华书局 1998 年版）。

题写学位论文。曾经有人为他捏一把汗，因为他在这方面还没有很多的积累和实际锻炼。但是他硬是不怕艰难，广泛搜求资料，勤学勤问，多读多思，长期积累，一气呵成，终于写出了这本很有价值的专著。

怎样才能考求方言词的本字？陈君作了很好的概括，一要有音韵、文字、训诂的基础功夫，二要对方言的语音、词汇特点有准确的了解。按照这个思路，他检讨了学者们以往为粤方言考过的本字，权衡其得失；又考察了许多未经考释的方言词，发现了一批"本字"。透过这些本字他还归纳了不少类型，从而说明粤方言的语音、语义的变化特点以及考求方言词本字的途径。应该说，他把粤语考本字的研究向前推进了一步，也为考求方言词本字的方法作了一番小结。我想这便是本书的两点贡献。

澳门是个商业社会。文化界的圈子并不算大，愿意在语言学这一块小园地里辛勤耕耘的就更少了。伯辉在攻读博士学位的四年之中还担负着繁重的教学工作，能写出这样的博士论文着实不易。他的谦虚、诚信、执着和刻苦，我是深有所知，也深为所动的。没有这种精神，他就不能取得现在的成就。只要认真读读他的书，读者一定会得到和我相同的感受。

毕业之后，伯辉君肩负着更大的责任，忙着更多的事业。愿他为澳门的文化教育建设、为语言学事业做出更多的贡献。

李如龙
1997 年 11 月 15 日于广州石牌

附记：陈伯辉先生授业于詹伯慧教授门下，毕业后曾担任澳门特区政府教育局局长，学习、工作都十分投入，成绩卓著，不幸早逝。谨以此文寄托我对他的怀念。

《闽南方言与古汉语同源词典》序①

　　闽粤人从中原辗转到东南海陬定居之后，随遇而安，和原住民古百越族友好相处，渐趋融合，共同垦发这块宝地，在这里形成的闽粤方言就杂有一些古百越语的"底层"。后来，经过几百年的繁衍生息，闽粤人又走向海洋，学会造船、航运和经商，许多人还移居海外，于是闽粤方言又增添了一些从外国语借来的词汇。在古代社会里，除了少数"上京赴试求取光明"的士子，平民百姓阻于关山，是无从北顾的。适应着南国水土、风物、人情、习俗，闽粤方言又创造了大量老古话所没有的新词。由于这些原因，闽粤方言成了现代汉语中最为殊异的方言。古时候有人称之为"南蛮鴃舌"，现代的学者竟也有人提出，闽粤语不属于汉语。

　　事实上，在数以万计的词语之中，真正经得起推敲的"底层"词恐怕很难上百，闽粤语与壮侗语音义相仿的词当中有的是早期从汉语借去的，有的是汉藏语的同源词。至于粤方言所借的英语词，闽语所借的马来语词，也只有数百，而且并非常用词，缺乏派生能力，在方言区内也大多并未普遍通行，和许多靠借词过日子的语言相比，闽粤语的这些借词简直可以略而不计，马来语向闽南话所借语词大大超过借给闽南的，其印地语、荷兰语、英

---

　　① 本文刊于《闽南方言与古汉语同源词典》（林宝卿著，厦门大学出版社 1998 年版）。

语借词大大超出本族语词的数量；日本语据说是本族语词、汉语词和英语词三分天下。像英语、俄语这样古老而分布广泛的语种，其法语借词的比例，据说也是相当庞大的。语言是一个结构系统，词语只是建筑材料，借词再多也不会改变语言的性质。用"借词多"而怀疑闽粤语是否汉语，这是少见多怪。

至于许多少见于现代汉语的共同语及其他方言的方言词，从构成的语素和构词的方式看，和黄土高坡、大河上下、长江南北的多种方言并无二致。诚然，由于年代久远，有的字音一变再变，有的字义辗转引申，于是许多方言词成了来历不明、面目不清的"怪客"。有的说它"有音无字"，有的为它另造俗字，另外一些学者便也说它是"外来户""舶来品"。

中华文化的博大精深是举世瞩目的。它像一坛陈年醇酒，香气袭人，意味无穷；又像一座大磁场，任何外力都无法与它的向心力和凝聚力抗衡。海外定居的闽粤人的总数，可能已经超过留守故土的宗亲，尽管隔着重洋，久别数百载，他们还世世代代传承着自己的母语，一有机会便要返梓寻根。当年跟随郑成功收复、垦殖台湾宝岛的闽南人，在日本人的铁蹄下生活了50年，和老家阻隔百年，一旦踏上故土才惊奇地发现，原来自己还是乡音未改。台湾的闽南话和兼容泉漳口音的厦门话如此相近，分布五大洲的粤语，如此统一地以广州音为标准音，恐怕都是世界语言历史上少有的奇迹。澳大利亚和美洲的英语从欧洲传去不过一两百年，其中发生了多少变异！我们应该从文化的角度来深入研究这些语言生活的奇迹。

林宝卿女士的这本书，为闽南话的近两千条方言词一一考定它的本源，从浩瀚的古籍中去寻求和闽南话音义相同的用例。这是一项十分有意义的工作。它不但可以有力地论证闽南话和古代汉语的血脉联系，而且可以为考察古今语言演变规律提供很好的素材。但这项工作又十分繁难，因为闽南话毕竟已经经历了千百年的变异，有时要考释一个字就需要音韵、文字、训诂各方面的知识。况且要在汗牛充栋的典籍中找到合适的例证，无异于海底捞针。为了编这本书，她努力进修各方面知识，广泛学习前贤的研究成果，长期积累材料，其中甘苦可以想见，这种执着追求的精神也是使人感佩的。我读过她发表的有关文章，翻阅过本书的一些条目，知道她的研究是严肃认真的，所得成果也是经得起检验的，当然有个别词条也可能还值得讨论，而引起讨论求得解决，这本身也是一种贡献。我想关心闽南话及闽南地区的历史文化的人，研究方言和古汉语的人都可以从本书得到有益的启发。

是为序。

李如龙

1998 年 5 月

附记： 林宝卿女士于 20 世纪 60 年代由福建省教育厅指派前来厦门大学中文系参加《福建省汉语方言概况》的编写工作，历时数年，80 年代调入厦大中文系后又参与了《普通话闽南方言常用词典》和《福建省志·方言志》的编写工作，担任了许多课程的教学，得到方言调查研究的广泛训练，对闽南方言有不少思考和研究，她还编了不少教学闽南话的教材，并在课堂上讲授，受到好评。

《晋方言语法研究》序①

　　我研究方言、教方言课，以前总是不太想涉足官话方言，一来因为自己缺乏语感而心虚，二来也因为自己有一种误解：以为官话方言特点不多，没多少搞头。这些年来，关于分立晋语区，学术界有些争议，我也不敢贸然表态，因为自己确实对晋语缺乏研究。近年来，由于指导学生的需要，不得不跟来自官话区、晋语区的年轻人一起去了解他们的方言，于是逐渐感到了官话方言并非没多少特点，晋语也不能简单地概括说只有存在"入声"这个特点，从而坚决不承认它的存在。不论是官话或晋语，也不论是它们的语音、词汇或语法，深入地考察也是有好些引人入胜的特点，同样是非常值得研究的。例如，读了陈淑静同志的《平谷方言研究》，我知道了那里"仿佛"说 paŋ pur，这不是清唇作重唇的上古音特点吗？翻阅李行健主编的《河北方言词汇编》时又知道了，就在邯郸，第二人称有说"侬"、说"汝"的，第三人称有说"伊"、说"渠"的，简直把南方诸方言的特点都收编在内了。最近读到《汉语方言大词典》里的一些条目，又知道了，远在新疆的鄯善，"乡邻"说"乡党"，和《论语》里的说法相同；乌鲁木齐则有"手之舞之儿"的说法，正是《诗经·毛序》里的原话加上儿化而成词。同样是古代

---

　　① 本文刊于《晋方言语法研究》（乔全生著，商务印书馆 2000 年版）。

汉语传承下来的。可见，不但南方方言有古音、古词，就在北方方言里也不可能没有的。

有幸在付梓之前，读了乔全生同志的新作《晋方言语法研究》，对于北方方言（包括晋语）的研究价值，又获得了更多的认识。

《晋方言语法研究》一书研究的是晋语的语法。方言语法的研究起步较晚，北方方言中如此大规模的方言语法专著至今还很少见。全书16章之中每章写一个专题，有时同一个专题写了几章，似乎缺乏一个"完整的体系"。方言的语法，哪怕是很特殊的，也总有许多规律和共同语是相类似的。按照目前的研究现状，像本书这样，抓住方言语法中的特点，逐项进行具体的考察，如实地说清楚各种语法意义和语法形式，考察这些语法成分在语用中的种种变异，先罗列事实、不急于设计理论框架；只说有、不说无；多说异、少说同；有话多说，无话少说，不求整齐划一。应该说，这些做法是切实稳妥的办法，也正是本书的优点所在。

那么，罗列事实、说明事实的时候，怎样才能凸显方言语法的特点呢？这就需要比较。拿方言与共同语比，在同区方言中比，又拿现代方言、共同语与古代汉语、近代汉语比。本书的成功就在于进行了这么多方面的比较。晋语的重叠式以及各种词类的词缀特别发达，不但是许多官话所少见的，在南方诸方言中也不为多见。书中关于这方面的描写是相当细致的，既注意了与共同语的差异，也注意了内部的不同。有时对内部差异还作了十分精细的分析。例如人称代词多数式的后缀，晋语加"们"、中原官话加"家"，其分布恰好是古时候北部的赵国和南部的魏国的地域，而偏西南的古韩国地则二者兼有（可能是后来移民的交混），还有关于指代词三分的分析和统计，也给人留下深刻印象。在纵向的比较中，第13～15章关于洪洞方言的"着"的分析尤其精彩。文中指出晋语的"动＋宾（补）＋着"的句式和宋元白话是一脉相承的。如果联系晋语的情况来看而不是仅与普通话相比，近代汉语的这种"着"和句中紧跟着动词的"着"不必区分为助词与语气词。近代汉语的某些语法意义相同的虚词成分，语序未必都十分稳定。这一点，闽南话也有同样的句例，可以支持他的说法。例如："门开咧困"（开着门睡）、"门开透透咧"（门正开得大大地）、"逐个依拢坐咧食"（大家都坐着吃）、

"汝倚门口等我咧"（你站在门口等等我）、"伊阁欠我的钱咧"（他还欠着我的钱呢），这些例句中，不论是句中动词后或句末的"咧"也都是表持续状态的助词"着"。

早些时候，研究语法的人似乎不太注意语音，这可能与当时语法例句总在书里取材有关，而研究方言的人因为本来就缺乏书面语料，只好从口语取材，一碰口语便不得不注意语音。这些年来，不论是研究现代汉语还是古代汉语的语法，大家都关注语音了，许多问题就获得了较为深入的理解。本书关于"子尾变韵"、"子尾变调"、助词"将"的音变、趋向补语"去"的音变等描写，还有某些方言里指代词乃至名词、动词、不定量词的音变的描写都是十分细致的。作者还把这类用不同读音来表示不同的语法意义的现象，概括为"屈折"形式，试图为这种语法现象做出理论的解释，这种情形和西方语言的"内部屈折"的性质和形式是否相同，有无必要套用这个术语，还值得讨论；而揭示出这些现象无疑是反映了晋语语法的一项重要特征，是十分有意义的。

全生同志从事方言研究 20 年了，他一开始就赶上了晋语的大规模的开发研究，因为有纯熟的母语语感，又有地利之便，加上自身的艰苦努力，虽然是"双肩挑"，却一直是育人不断，笔耕不止。多年来，他已经是成果斐然的年轻老专家了。相信他还将为学术界贡献出更多的研究官话和晋语乃至古今汉语的好成果来。

李如龙

识于厦门　1999 年 10 月

附记： 乔全生教授是"建瓯班"的学员，我们相识已经 40 年了。大概从那时起他就关注方言研究了，后来以晋方言为基地，他对晋方言作了全面深入的研究，提出晋语出于上古晋国，确是与诸多官话方言有别，不但对语音、词汇和语法有广泛涉猎而且对方言与文化的关系也有深入探讨。关于音韵学也有许多建树。他不但是山西大学、陕西师大的"长江学者"、学科带头人，而且承接了大量重大研究课题，成果丰硕，在语言学界成了一个领军人物。

《汉语方言研究文集》序①

　　收在这个集子里的 22 篇论文的 20 多位作者都是与我教学相长的朋友。他们当中的年长者是 1981 年在中国语言学会主办的方言调查研究班里听过我的课的老师，年轻的是到福州和广州跟我攻读硕士、博士学位的同学。使我欣慰并从而得到鼓舞的是，自从我们相识之后，一直保持着友好往来，在方言研究上他们锲而不舍，至今雄志不移，努力有加。不少位在自己的教学岗位已经薪火相传，培养出一批弟子了。这些朋友绝大多数都不是出生于闽语区，他们学习方言学照例是从自己的母语开始的。听了他们的发音，帮助他们整理材料，解释语言现象，这个教的过程也就是我的学的过程，我丰富了语言知识，增强了理解和分析语言事实的能力。后来，当他们在方言的沃壤里耕耘，有了收获时，又能及时与我分享，使我得到教益。因此，我称他们是教学相长的朋友，这是真心话，而不是客套。

　　这些论文水平可能有高低，我通读了一遍，感到都是有价值的。其价值至少表现在四个方面。

　　第一，都发掘了语言事实，并力图为这些事实做出合理的解释。方言研究的首要任务当然在于罗列事实。为了反映语言事实，最好从自己所熟悉的

---

①　本文刊于《汉语方言研究文集》（李如龙主编，暨南大学出版社 2002 年版）。

母语入手，或者调查身边的语言和与自己的母语相近的方言。这些文章大多是作者所熟悉的母语，因此，提供的事实是可靠的。然而要罗列事实，还必须对感性的语言知识有科学的理解，把它转化为理性的语言知识，并且尽可能给事实以合理的解释。可以看出，作者们对此是十分清楚的，并且很努力地去做。

第二，选题都能抓住特点，小处着手，大处着眼，综合应用相关的语言学知识来分析方言现象。收在这里的论文都不是普通的调查报告，而是针对某一个方言特点，揭开语言事实，探寻其中的规律。语言事实浩如烟海，对初学者来说，要使自己的研究，发前人之所未发，最好从小课题入手，才能把语言特点理解得透彻，分析得深入。本书的论文不论是讨论语音的还是词汇、语法的都是走的这样的路。从有限的事实引出适当的结论，既不是离开语言事实发空论，也不是单纯地罗列事实了事。

第三，体现了语言的系统观，对方言进行整体的研究。语言是一个结构系统，语音系统、词汇系统和语法系统都是其中的子系统，它们彼此之间又是互为表里、相互关联的。研究方言从语音入手，又通过记录大量的词汇和语法例句来加深对语音系统的理解，通过语音的结构特点和演变规律来说明词汇现象与语法现象，这是半个多世纪以来的汉语方言学的好传统。本书有几篇分析文白异读和考求方言本字的文章，都是把语音现象和词汇现象结合起来，相互论证的。有的方言的白读音只保存于几个并不常用的方言词里，没有大量的词汇调查，这种文白对应就不能发现。为方言词考求本字不经过音韵演变的论证也是不行的。

第四，运用了比较研究的方法。汉语方言的研究从 20 世纪 30 年代开始就十分注重拿方言和古汉语与现代共同语作比较，这也是一个十分成功的经验。汉语方言是历史上形成的，不论是语音还是词汇语法都是不同历史层次的语言特点叠置而成的。方言形成之后又不可避免地与不同时代的共同语以及周边方言相矛盾、相依存、相渗透。因此，要研究方言的特点，非与古今共同语及其他方言作比较不可。本书的论文中，研究方言语音以广韵系统作参照系，研究方言词汇拿古代口语词作训释，研究方言语法则与普通话作比较，这都是前辈学者积累下来的行之有效的经验。我经常给初学者说，调查方言从记音开始，研究方言从比较开始。这些文章的成功又一次说明了这个道理。近些年来，汉语方言学者和民族语言学者已经联手进行了方言与汉藏系诸语言的比较研究，普通语言学者也运用汉语方言材料与外国语言作比较，探讨汉语的结构特点。这是摆在方言学者面前的新课题，是新的世纪里必须着力研究的课题。我们要继承前人的经验，但又不能故步自封，而必须有新拓展，使汉语方言的研究为汉语语言学乃至普通语言学的研究做出应有的贡献。

21 世纪的曙光已经照耀着我们，朝后看，汉语方言学成果累累；朝前看，汉语方言学难题重重。汉语方言学固然要坚持中国传统，突出汉语特点，但是也该同国际接轨，走向世界。为此，我们还应该努力借鉴国外有用的语言学理论和方法，开阔视野，多视角、全方位地研究各种方言现象，经过自身的研究创造自己的理论，让我们的丰富的方言宝藏为语言学的建设发挥更大的效用。

收在这个集子里的论文大多不是研究闽语的。他们的成果使我获得了不少新知，使我分享了他们收获的喜悦。祝愿他们在希望的原野上继续奔腾向前。

这些论文的作者多数是暨南大学的博士生，他们大多已经毕业离校，我虽然还兼着暨大的工作，但已调离了暨大。虽然如此，暨南大学中文系作为文科教学基地，对多年来培养出来的学生十分关爱，热情赞助出版本书，这是应该深深感谢他们的。暨大出版社的李战副编审和韶关大学的庄初升博士为此书的出版付出辛勤的劳动，也应该感谢他们。

李如龙

2000 年 4 月 6 日

《马来西亚的三个汉语方言》序①

从 1993 年到 1998 年，我在暨南大学任教的五年间，做了一件不大不小的事，就是组织了"东南亚华人语言"的研究。1994 年立项后，发动学生做调查。1996 年举办了一次小型的国际研讨会，1998 年编成了《东南亚华人语言研究》的专集（北京语言文化大学出版社 2000 年 1 月出版）。这件事确非大事，工作规模不大，成果也不太多；说它不小，也不是全无根据。因为此前对东南亚华人的语言进行具体调查研究的并不多，有关学者之间的交流也从未有过，出版专著的就更少了。可惜，我后来离开了暨大，这件事没有继续做下去。

后来，中国台湾、香港和新加坡的许多学者联合起来，对东南亚华人所说的汉语方言做了大量的调查，成果也陆续发表出来了，这是很值得高兴的。

暨大的同事陈晓锦教授当时是我所组织的课题组的成员，因为忙着写她的博士论文，之后又到美国去教书，对这件她很想做的事未能实际参与。后来，她招了马来西亚的硕士生，在暨南大学找马来西亚的留学生做调查，又自费到马来西亚做过核对和补充，几年的工作，有不少收获，现在把它编成

---

① 本文刊于《马来西亚的三个汉语方言》（陈晓锦著，中国社会科学出版社 2003 年版）。

这本《马来西亚的三个汉语方言》，全文约五十多万字，可谓硕大成果了，这是又一件值得高兴的事。

数以千万计的华裔移民到东南亚各国已经有千年的历史。他们筚路蓝缕之功是谁也抹不去的，他们辛酸苦涩的经历和坚忍不拔的奋斗精神是可歌可泣的，他们至今还保持着的民族意识和文化观念更是令人感奋。在东南亚各国的华裔中，马来西亚的华人数量多，素质高，成就也大。他们十分完善地实现了国家认同和民族认同的相结合，既能为建设落籍国家而尽忠效力，又能留住自己民族文化的根，从中吸取有益的精神力量。他们的语言生活正是在这样的文化背景中形成的。他们都是精通多种语言的多语者，也是最好地保留着民族共同语乃至祖居地的方言母语的群体。深入地研究他们所组成的社区和语言状况，考察他们所保存的母语以及所发生的变异，研究多语地区的语言接触及其相互渗透，这些工作不论在人类学、社会学还是在汉语语言学、社会语言学上都具有十分重大的意义。由此可见，晓锦这本书的选题是很准确而富有含量的，这说明她很有学术眼光。

我认识陈晓锦是在 1985 年，她当时正在攻读汉语方言学的硕士学位，听过我帮詹伯慧教授开的课。她的母语是潮州话，后来又长期在粤语区生活，精通广州话，也学了一些客家话，一开始她就表现了对汉语方言学的锐敏感觉。近二十年来，她一面教书，一面辛勤地从事田野工作，尤其是对粤语方言做了大量的调查，研究方言的中年女性像她这样投入的实属少见。有这样的先天的条件和后天的努力，使她成为调查研究马来西亚华人的三种主要汉语方言的最理想人选。现在她奉献给学术界的这个果然是一份很有分量的成果。

本书所选的三个方言都是马来西亚三大汉语方言的典型社区的话。把三种方言原原本本地作一番介绍，就能使我们看到马来西亚的三大汉语方言的概貌。本书所罗列的材料包括 3 000 多个单字和 2 000 多条词汇，规模是相当庞大的，语法方面也分别作了详细的描写，这就足以看到全貌了。更可贵的是全书贯穿了比较的方法，不但有三个方言之间的比较，还有和各自的祖籍地方言的比较，和移居地的语言的比较。对于重要的特点还作了深入的分析（例如关于借词的语音规则和词义延伸的分析），这说明了作者在研究汉语方言上是很有功力的。

书成之后，晓锦来电相告并恳切索序，随后便寄来全稿，我是一口气读了一遍的。随后就一些具体问题提了一些修改意见供她参考。这是一本很有价值的好书，我愿意推荐给读者，并希望她进一步贡献更多的好成果来。

李如龙
2002 年夏至于厦门大学白城寓所

附记：陈晓锦教授在这本书出版之后，几年间又致力于海外汉语方言的调查。2008 年开始，她又一手策划了"海外汉语方言国际学术研讨会"，两年开一次会，出一本论文集。她的母语是潮汕闽南话，也兼通客家话和粤语。这三种方言是东南亚华人说的主要方言。在攻博期间，她参加了詹伯慧教授组织的珠江三角洲的粤语调查，编过《东莞方言词典》，后来又调查了广西玉林、北海的粤语，从东南亚开始调查海外汉语方言是顺理成章的。从2007 年起，她先后申请了四个国家社科规划项目（包括一般的、重点的和重大的），继马来西亚之后，又出版了《泰国的三个汉语方言》（2010）、《东南亚华人社区汉语方言概要》（2014）。她跑遍了几大洲，还带着学生组织同行把海外汉语方言调查扩大到境外的官话，"国际研讨会"已经开过 8次（其中在美国旧金山开过一次），以前是外国人来中国调查汉语方言，改革开放之后，中国学者、老师带着学生走出国门研究海外分布的汉语方言，成了一条崭新的风景线。陈晓锦教授的辛勤劳动和组织工作功不可没。

《东南方言声调比较研究》序[①]

　　六年前，世彪负笈羊城，跟我学方言调查，希望能掌握几种主要的南方方言来研究语音史。音韵学界中，真正理解"审音功浅"而必须"参校方言"的学者不为多。我知道他是高元白教授的高足，早已是音韵学会的会员了，研究音韵学已经初露头角，所以，自要鼓励他一番，但是说要在两三年内掌握闽粤客诸方言，我却想未必野心太大，怕是难于实现，因而也就没有给他安排足够的调查实践活动。后来，在一次广东新会荷塘粤语的调查中，我发现他的方音听辨能力和音韵特征的归纳、透视能力很强，便对他提出我历来所想的，通过方言比较研究古今语音演变规律的计划，建议他从东南方言的声调比较入手，开展研究，把它作为博士论文来写。到 1999 年春季，由于规模庞大，资料和时间都不够用，论文只能草草写成，虽然通过了答辩，具体的内容却留下了一些遗憾。

　　后来，正好悟云兄处有个博士后研究的机会，经过商议，世彪到海南大学任教后的第二年，进了上海师大博士后流动站，继续研究这个课题。为了获得更多感性知识，他利用一切可以利用的时间跑了海南岛的好多地方，调查那里的闽方言和客方言。一年多时间里，他往返于海口、上海之间，得到

---

① 本文刊于《东南方言声调比较研究》（辛世彪著，上海教育出版社 2004 年版）。

悟云兄的许多帮助。2002 年春节一过，我招呼了七八位跟我学过的博士们会集海口，调查了 9 个点的海南闽语。双庆兄为这次调查提供了可贵的赞助，悟云兄也亲自动手调查 1 个点并设计制作了数据库的软件。不到一年时间，世彪把这些材料都整理出来输入电脑，并制成数据库。关于东南方言的声调比较，自然他也从中得到许多启发。

又经过半年的努力，世彪写成了《东南方言声调比较研究》一书，用电邮传给我，我用一周时间读了一遍，感到十分欣慰。

早在 1990 年前，我国第一代现代语言学家罗常培先生就说过："音韵学的研究也有两方面，一方面是研究声音之纵的、历史的、时间的变迁——这便是音韵沿革，一方面是研究声音之横的、地理的、空间的变迁——这便是方音研究。"在他的眼里，方音的研究本来就是音韵学研究不可缺少的内容。世彪一直牢记着这个教导，并且锲而不舍地艰苦实践，他终于走出了一条方言与音韵相结合的康庄大道。

为了全面地考察东南方言的声调现象，作者搜集了数百种方言资料进行比较。有了丰富的方言资料，加以他所熟谙的语音史的知识，本书作为东南方言的第一次比较研究成果就表现了它的纯熟的品质，所作的分析不论在结论方面或是在方法方面都为学术界提供了大量有益的启发。

声调是汉语语音的最重要的基本特征，"汉语声调与声母韵母之间不仅存在共时的制约关系，也存在历时的互动关系；许多音类的演变都是以声韵调互为条件的"（2004：1）。从声调演变切入，确实牵动了声韵调各方面的发展规律。和北方方言相比较，东南方言的声调类型繁多，层次复杂，拿东南方言的声调作比较最能展示古今声调演变的途径和规律。本书选取东南方言的声调作比较研究是很能抓住要害的。

汉语方言的声调表层反映了语音学的特征，底层则反映了音系学的特征。方言声调的比较不论是横向的还是纵向的，都必须从语音特征入手，以音系特征的探索为终端。决定音系特征的不但有音类条件，还有字类条件：声韵调之间互动不但有音节层面的，也有音组层面的（例如连读变调对声调的影响）；声调演变的内在原因不但有语音系统内部调整的原因，也有语言系统内部调整的原因（例如文白分调）。这些都是本书揭示的规律。

本书的方言声调比较是从类型入手的，但是作者明确指出："声调类型的划分是可以分层级的。""结构类型其实也就是历史演变类型。"因此，他把注意力更多地投向历史的比较，着力于分清不同方言声调特征的历史层次，在考察方言语音的古今流变的纵向关系的同时，也注意到方言与方言、方言与通语之间的横向渗透关系，提出了"决定东南方合声调演变类型的因素主要是同源关系、地缘关系和官话影响三大方面"的观点。

语音的演变有主流、有支流，也有逆流。多数方言表现的相同的演变过程是主流，少数方言的共同变化是支流，个别方言的独特的异向变化则可能是逆流。本书的声调比较正是把诸多方言的声调特征放在一个平面上作比较，从而显示出主流、支流和逆流的。

本书还用大量材料证明了"声调演变是从类变达到音变的"，"声调演变是典型的词汇扩散式音变，即在语音上突变；在词汇（字）上渐变"。

以上这些都说明了本书所运用的理论和方法已经大大突破了传统音韵学的局限，吸收了许多现代语音学和音系学的成果来充实自己。我想这正是他获得成功的最重要原因。

为了区分方言声调特征的历史层次，本书提出了方言事实、语音史和移民史的"三重证据法"，这就进一步把方言学、音韵学和"外部语言学"结合起来了，这也是多年来方言史、语音史研究的一条成功经验。

由于理论和方法上的见长，加以用来比较的声调材料十分丰富，本书对许多方音特征进行了深入的分析，提出了一系列新鲜的观点。例如关于汉语方言今调类的种类最大可能值是 22 种（2004：6）。关于中古四声到现代方言的分化模式概括为清浊分调、元音长短分调、韵摄分调、文白分调等不同类别。关于近代以来东南方言从四声各分阴阳的 8 调再行精简合并的顺序，本书归纳的发现是：从阴阳调类说是阳调类先变，从韵腹高低说是低元音（咸山宕江梗）先变，从塞音韵尾说，-p、-t、-k 尾中 -k 尾先变，从四等之别说是二等先变；合并的模式则多为阴阳调类各自合并，至于全浊和次浊、文读和白读则是两种变化模式并存。关于东南方言的某些声调特征，本书也有一些和已有的说法不同的独到分析。例如客方言与赣方言的浊上归阴平是不同历史层次的不同质现象，客方言是中唐以前的变化。客赣方言和粤方言的浊上归去也是不同时期的产物，前者发生于晚唐五代，后者发生于北宋。粤语的上下阴入表面上看是按元音长短区分的，实际上是按韵摄分。关于两广的方言，从声调演变的历史层次看，平话应是粤语的早期形式，粤西粤语则是较珠江三角洲更早的形式。这些具体结论有些还有待进一步验证，但是书中的推论是言之有据的，这也说明了方言语音的比较研究对于语音史的研究和方言史的研究都具有决定性意义，这是毋庸置疑的。

世彪曾有全面比较东南方言以重新认识整部汉语语音史的计划。从客观上说，对于先秦古音以来的语音史，东南方言的比较研究肯定可以做出更重要的贡献；从他的主观条件说，他也是一定可以做到的。我们等待着他的新成果。诚然，透过方言（还应该包括官话方言）的比较去研究语音，这是一个庞大的系统工程，若有更多的同道愿意按照这些方法去做更加广泛深入的研究，这项工程就可以更早地完成，也一定可使所得的结论更加坚强有力。我深信，什么时候方言语音比较研究透彻了，汉语语音史的研究也便有了明确的结论了。

承蒙世彪的好意要我写序，借此机会，谈了一些感想，且与世彪以及其他同行们共勉。

李如龙

2003 年元月 10 日

附记：这是辛世彪博士的毕业论文。为了不留遗憾，他用 4 年时间扩充内容，加强理论上的提炼，写成了这本可以传世之作，这种精益求精的治学态度是值得肯定的。其间，他在上海师大做了博士后研究两年，得到郑张尚芳和潘悟云两位教授的精心指导，这也是使他获得成功的因素，应该感谢他们。

《粤北土话音韵研究》序①

　　粤北土话虽然早在 70 多年前赵元任先生就做过调查，但由于未经发表，后来并没有引起注意，可谓"美在闺中人未识"。20 世纪 80 年代以来，国内外一些学者调查并报告了一些方言点的事实，而关于它的归属则众说纷纭。80 年代末出版的《中国语言地图集》把它看作归属未明的方言，称之为"韶州土话"。于是，这里和"湘南土话""广西平话"成了汉语方言研究的一片热土。

　　初升从 90 年代初踏上这片热土后就被它深深地吸引住了，前后做了整整 10 年的反复调查和潜心研究，现在终于拿出这个成果，其耕耘可谓不辞辛苦，其精神可谓锲而不舍，其成功也是不同凡响的。

　　说老实话，看到初升在粤北的耕耘和收获，我都有些"眼红"。80 年代末期我曾在粤北做过客家话的调查，之后又去过几次粤北。他一开始做调查就约我去听音辨音，前后的闻见都很使我心动：这真是一片研究方言的宝地啊！你看，听音值，那里有怪异的"中塞调"；论音类，光是全浊声母清化后的今读类型就够你费几番心思了：不但有不论平仄皆读送气和皆读不送气的，而且有平声不送气仄声送气的，还有按声组分（并定不送气）和按声调

---

① 　本文刊于《粤北土话音韵研究》（庄初升著，中国社会科学出版社 2004 年版）。

分（上声送气）的。历史上，曲江人张九龄在 1 200 多年前就开凿了大庾岭通道；隋、唐以降即有韶、连、雄、英等多个州的先后设置；南雄的珠玑巷则是两宋以来珠江三角洲"七十三姓""一百六十四族"南下移民的中转地。论品种，这一带还有客家话、粤语、西南官话和闽方言岛；论流变，原来通行土话或客家话的韶关、曲江、仁化、乐昌等县市的城区现在通行的已经是很接近广州话的粤语了。不论是研究语言史、地方史还是研究社会语言学，这里都可以提供重要的依据，实在是一片开发方言学资源的宝地。

不过，对于初升的劳动和收成，我更多的还是感到喜悦。因为他路子走得正，力气下得够，所以成果不少，获得的经验也很多，对他来说，不是十年磨一剑，而是十年蔚成林。

区域性的方言调查是很重要的，它可以作为方言研究的起点，也可以是一个系列研究的终点。20 世纪 20 年代末赵元任所主持的汉语方言调查就是从区域调查开始的，《现代吴语的研究》《湖北方言调查报告》《关中方言调查报告》就是现代汉语方言学区域调查的最早成果。这类研究可以使我们了解方言的分布、类属和概貌。在几经点面的调查后，也可以拿一个方言区域进行系统而完整的调查研究，十分可喜的是近十几年来这类成果也陆续出现了。这种研究可以进行纵横两向的比较，这对于研究共时平面的结构特征、方言间的相互关系乃至探索语言发展的历史过程和贯穿其中的规律都有重要的意义。

这本《粤北土话音韵研究》就是一部成功的、系统而又完整的区域方言的比较研究著作。它的成功之处至少有以下五个方面：

第一，精心选点，深入调查，覆盖面广。选点是就所有的县市，经过广泛的社会调查和抽样调查确定的。本书一共选择了 24 个具有代表性而且彼此存在明显差异的方言点，每个方言点都经过多次的田野调查，所得字音都在 2 000 条以上，词语数百条至 2 000 多条不等，语法例句几十条，所有的材料汇总对照之后又做过反复的核对。有了这样的数量和质量的材料，应该说足以了解粤北土话的语音面貌了。

第二，进行比较时兼顾了全面的系统和重要的特点两个方面。共时的比较有各个点的音系描写（第二章）、分片的比较（第九章），也有富于本地特色的变音现象的描写和分析（第七章）；历时的比较有与中古音的系统比较（第三章），也有声、韵、调的重要特点的分析（第四、五、六章）。全面系统的比较给人以整体面貌的认识，重要特点的分析则便于显示特征，二者是不可缺少的，也是不可相互替代的。把调查所得的材料列成总表，只是提供比较材料的调查报告，并不能算是比较研究。经过研究而提取并加以汇总的对照材料比起未经加工的原始对照材料更加深入、更加准确，也更加精练，对一般学者来说更有可读性，这是值得提倡的。诚然，"重要特点"的确立要做到准确得当，这是很见功力的，否则就会造成误导，有时比仅仅提供原始比较材料更糟糕。应该说，本书所选择的声、韵、调和变音等各方面的特点都是切合粤北土话的实际而又不会流于烦琐。

第三，纵横两向的比较都使用了类型归纳的方法，并努力对各种类型的区分和流变做出现实与历史的解释。类型归纳是比较研究的第一步，不同类型之间的本质差异及演变关系则是比较研究所应该着重解决的问题。本书对粤北土话语音特点的类型归纳能抓住本质，流变分析则做到了实事求是。例如关于全浊声母的今读有"无条件清化"（又分送气与不送气）的两种类型，有清化后以声母和声调为条件分送气与不送气的三种类型，对于不同类型之间的层次关系和演化过程也参照已有说法做了一些合理而并不武断的分析。这种实事求是的态度是值得肯定的。方言研究的首要任务固然在于描写、罗列语言事实，然而也应该致力于理解和解释语言事实。只有理解正确才能更加准确地罗列事实。经过近百年的努力，如今的汉语方言研究已经积累了大量的材料，时至今日，我们更应该提倡经过比较，如实地解释语言事实。不仅如此，比较研究的进一步要求还应该谋求共时结构规律和历时演变规律的探索。本书的最后一章就是这种意图的尝试，不过其效果还不是十分令人满意，有待今后的进一步努力。

第四，从本书各章的论述，读者可以看到，作者在语言本体的比较研究中，广泛地涉猎了古往今来的方言学和音韵学的研究资料，吸取了前人的许多研究成果和经验。在方言学方面遍及客、赣、闽、吴、粤、湘以及官话方言；在音韵学方面则涉及上古音、中古音和近代音。此外，作者还查阅了大量相关的历史文化方面的资料。本书所得出的一些结论都是在前人研究的基础上重新进行了充分论证的结果，大多是言之成理的，至少也是很值得重视的，例如关于这片方言的名称，应该称"粤北土话"为妥；关于这片方言的性质，在分析了雄州片的各点方言应认定为客家方言之后，说"韶州片和连州片土话是以两宋以来江西中、北部的方言为主要来源，逐渐融入了明、清以来粤北的客家方言、粤方言或西南官话的一些成分和特点而形成的一类混合型方言"，"分别来看，韶州片土话与客家方言的关系比较密切，其客家方言的成分和特点多一些，但不能简单地视之为客家方言；连州片土话与湘南土话、桂北平话的关系非常密切，它们不论是在自然地理还是在方言地理上都是连成一体的"；关于音类演变的历史层次，书中也得出了许多或旧或新的结论。

第五，在粤北土话的整个调查研究的过程中，初升的刻苦耐劳、埋头苦干的精神都给所有与他接触过的人留下了深刻的印象。不仅如此，他还很善于联合同行、互相切磋，并且勤学好问、反复推敲，这也是本书获得成功的重要因素。方言调查研究，尤其是区域性的比较研究，最忌讳单枪匹马、画地为牢或占山为王，不让他人染指的封闭式操作。区域性的方言比较研究，就像对一串大大小小、或断或续的湖泊的勘察，不但要查看湖面上的各种景观，包括所长的林木花草、来往的飞禽走兽、定居或流徙的聚落人群；而且还要探知水面下高低起伏的地形，沿着水流追踪各个源头，包括干流和支流、断流和暗流，这当中不知需要掌握多少水文、地质、气象、植被乃至人文地理的种种资料啊！完成这样的工程没有踏遍青山的精神，没有虚怀若谷的态度是一定办不到的。

从跟我一起调查福建境内的双方言开始，到以粤北土话为题写作博士论文，初升从我这里没有少听不好听的话，没有少看不好看的脸色。他获得博士学位到现在，又是士别多年了，也确实令我刮目相看。我愿意向同道们推荐这本有价值也给人以启发的书，并相信作者能在学术研究的道路上继续壮胆前行，业求其精。

是为序。

李如龙
2003 年 11 月 8 日于厦门大学白城

    附记：庄初升的这篇博士论文是他在粤北多年努力发掘了大量方言事实并进行深入研究的总结性成果。后来，在访问香港中文大学的过程中又调查了新界的客家方言及闽方言；在多个方言岛调查基础上总结了方言岛的特点。他调入中山大学作为学术带头人后，又组织学生调查东莞方言，研究濒危方言。他参加语言资源保护工程，并作为核心组专家负责了大量组织工作，编制《广州方言民俗图典》，主持国内外客方言语料库及综合比较研究项目，出版《广东连南石蛤塘土话》（濒危语言志）。从中山大学转到浙江大学的数年间他又开辟了多个领域的研究，在理论上和语料上都有新的创获，抢占了学术高地，在方言学科建设上做出重要贡献，被全国汉语方言学会选为学术委员会副主任。

《从方言比较看官话方言的形成和演变》
前言①

现代汉语方言是古代汉语演化的结果。方言之间的差异一来是由于古代语言分化的历史时代不同，二来是移民出发点的不同，三来是在形成的过程中曾有不同方言的接触。如果这三种都不是单一的，例如形成方言的过程之中有过来自不同地域、不同时代的移民叠加，那么方言间的差异就更要显得复杂而多样化。

古今语言的演变是分化和统一的交错。共同语的形成是统一，方言的形成是分化，共同语对方言有书面语和口头语方面的权威性影响。方言对通语则主要是口头语方面的影响。但如果共同语几经变迁，方言又发生多样的分化，那么古今语言的演变也会出现复杂的局面。

汉语的历史久远，共同语几经更迭，方言也多次分化。因此，汉语的语音史及汉语方言的语音差异便成了语言学家们关切瞩目的内容。

就语言史和方言差异的关系说，方言的共时差异既是语言历时演变的结果，也是不同时代历史变迁的记录。语言的历时演变既是差异形成的动因，也是考察方言间共时差异的基本线索。正因如此，汉语史和汉语方言学就结

---

① 本文刊于《从方言比较看官话方言的形成和演变》（刘镇发等著，霭明出版社 2004 年版）。

下了不解之缘。中国现代语言学正是把汉语音韵学（包括语音史）和汉语方言学紧密结合，相互促进，才能获得显著的成绩。七八十年前罗常培在厦门大学教授音韵学，正是"渐渐觉得旧有的说法有些模糊的地方"，着手研究厦门方言和临川方言。在后来八易其稿的《汉语音韵学导论》中写道："治韵学者，务必本乎时序参校方言，各还本真，弗加轩轾，而后流变昭然，是非不掩。"又说："民间俗语，每存古音，异族方言，可证旧读，苟欲旁证博校，窥见音韵精微，则外宜博学殊域言文，内须多明方言系统。"今天重温这些至理名言不但可使我们体会其真知灼见，理解数十年间的辉煌成就，也会使我们认识到今天在以往开辟的这个方向上还有很多路要走。

有许多人喜欢说方言里有很多古代语言的活化石，所以闽语"超广韵"，尤其有重要的研究价值。其实这和罗先生"每存古音"的说法是有不同的。方言一旦形成以后，也会不断发生变化，有通语制约，加上周边方言的影响，总是在发生系统上的变迁，并不是像化石般一成不变的。就闽语的"轻唇变重唇"的现象而言，在不同地方的声母差别就很大。

例如，"方"：福州 huoŋ，建瓯 xoŋ，泉州 paŋ（"四~阔"）、p'ŋ（姓）、h'ŋ（药~），漳州（puī）、海口 p'aŋ（声调都是阴平）；"斧"：福州 p'ou，厦门 pɔ，建瓯 py（声调都是上声）。

东南方言里语言变化多端，藏有"古迹"，固然很值得我们认真研究；但是否像很多人想的那样，官话方言是很现代化的，特色不多，并不值得研究呢？占全国人口 70% 的官话方言分布很广，调查材料也很多。官话方言的比较以及和古音演变关系的考察，显然是没有引起学者们的足够重视。《中原音韵》分出来的"车遮"韵和塞擦音相拼后，竟然有 ɛ, e, ə, ɤ, i, o, ɔ, ai, ei 七种单元音和两种复元音的不同读法。究竟其来龙去脉是什么，恐怕是纷纭复杂了，并不是三言两语就可以讲清楚的。至于三套塞擦音的形成，六个次浊声母的合流，四呼的形成和分混，入声韵和入声调的存废分合，就更是纷纭复杂了。想要把它放在一个平面上区分其异同，又放在纵向的过程中说明其变迁，做到两者兼容，互不抵触，这就更费功夫了。

正是有感于《广韵》之后到现代汉语的演变过程没有搞清楚，数以百计的官话方言间种种复杂的变异也没有理清楚，又因为几年间多有北方学子来攻读学位，我们制订了这样的一个计划：比较研究官话方言的差异，从而考察中古到现代语音的演变过程及规律。经过申报，2001 年获得国家社会社科规划批准立项，以"中古到现代汉语语音的演变"为题，要求两年内完成计划，拿出研究成果。

实施这项研究的第一步，我们瞄准了由陈章太、李行健主编，数十名训练有素的方言学者所编的《普通话基础方言基本词汇集》。该书列有近百点的官话同音字表，这些字音大多是这些学者母语方言的发音记录，基本上都能对齐。这些资料是难得的可靠。我们选取了该书中 26 个有代表性的方言点，组织硕士生和博士生把这些方言的字音输入电脑，制成数据库。有了对照材料以后，分别以古音类为纲，从声韵调的各个分项进行反复的比较分析，用古音演变来加以解释和定位。为了说明音类的演变过程，其中也参考了该书以外的其他官话调查报告，拿现存的关于近代官话的多种韵书的特征结构和东南方言的演变一起比较。在分析音变过程时，充分注意参考学者们已有的解释和论述，有时也根据具体语言事实，做出必要的权衡和修正，几经讨论和修改，写成现在的九章共十几万字的报告。

本研究计划和成书的分工如下：李如龙负责研究计划的设计和全程的组织工作；第五章是李焱执笔的；第七章是段亚广写了初稿，由刘镇发修改定稿。其余各章皆由刘镇发执笔，最后由李如龙通读全稿。十位研究生参加了制作数据库，有的还协助整理初步材料，没有他们的参与是不可能如期完成这个规模庞大的研究计划的。

从中古到现代，汉语通语语音系统演变的大趋势是较为清楚的。但其中也并非没有争议。至于具体的步骤和过程，如何联系各种官话方言的差异来加以解释，问题就更多了。这个研究报告，只能说是一个比较粗略的初步成果。我们都希望方言学和音韵学的同道们认真审核，多加指导。我们是尝到了甜头，今后还想沿着这条路子走下去，作纵横两向的比较。用音韵学和方言学相互论证，以探讨汉语语音演变的过程和规律。同时，我们也感到惶恐，因为方言材料广阔浩瀚，难以全面顾及，语言规律的探寻深邃无底，既要反映汉语的特点，又要符合一般的法则，难以精密概括。基于这两点，我们希望方家和读者来审议与指导是真诚的。

李如龙

于甲申年正月之末

《闽方言的价值及其研究方向》（代序）①

　　在汉语方言中，闽方言确是最为引人注目的研究对象了。之所以如此，并非偶然，而是由诸多历史和现状因素所造成的。和别的汉语方言相比较，闽方言确实有许多独特的价值所在。

　　第一，历史留存丰富。汉语方言研究一开始，学者们就发现，闽方言里有许多现象是"超广韵"的，也就是说有许多上古音的积存。论历史，闽地没有中原故地古老，连"三家分晋"的年代还比闽王建国时早 1 335 年呢。但是，因为一千年来，闽中多时偏安一角，后来又奔向海洋向大陆以外发展，所以语言中积存的"古物"（古音古词）多，连和吴方言同居的年代记录过的方言词（鲑，"吴人呼鱼菜总称"；侬，"吴人呼人侬"），都普遍留存于闽语而在多数吴语中已经失传。"鼎"在汉代就不用来指称饭具铁锅了，而现今的闽语极少不以鼎称锅的。由于这个特点，许多研究汉语语音史、词汇史和语法史的学者都越来越关注闽方言的研究成果。

　　第二，语言接触广泛。如果说，"历史留存"是纵向的传承，语言接触则是横向的交往。闽方言在形成时就有中原古语、古吴语和古楚语的成分相

---

　　①　本文刊于《闽方言研究专题文献辑目索引（1403—2003）》（张嘉星辑著，社会科学文献出版社 2004 年版）。

杂,还有原住民的语言——百越语的"底层",这是许多研究家都列举过事实的。一千年来,闽人走向海洋,早期的西语就有闽语的吸收(英语的 tea 就是从闽话借去的),后来还有马来语的大量闽话借词,那是明代以后闽人到东南亚定居带去的。登上海南岛的闽语受到临高话(一种壮语)的影响,使海南闽语变得十分特别,时间大致也是起于宋而盛于明。再后来,有西北角邵武府的闽语的"赣化"和浦城北半部的闽语的"吴化"。尚未发生质变的闽北方言也有一定程度的赣语和吴语的影响。至于分布在各地的方言岛,则有更加多样、更加强化的不同语言的接触并发生了更多更大的变异。闽语和其他语言、方言的接触与渗透往往是双向的,因而这也是一座研究语言史、方言史和社会语言学的富矿。

第三,分布地域辽远。宋元之后,中国经济中心自西北向东南转移,福建也是如此。泉州港兴起后,这片人多地狭的丘陵地上开始了人口外流,先是沿着大陆海岸向粤东进发,而后又登上海南、台湾两个大岛,包括北上浙南沿海,中国的海岸线约有四分之一被闽南话所占据。后来又远渡重洋到了菲律宾、泰国、缅甸、新加坡、马来西亚、印度尼西亚诸国,东南亚华裔中说闽语的后裔应在半数以上,估计有 1 600 万人。广州港比泉州港兴起更早,粤语区的先民也走得更远(直到东非、美洲),但粤语分布的地域和人口都没有闽语多。在内陆省份,除了邻省浙、赣、粤之外,闽语在苏南、桂东、川中都有自己的方言岛。客方言在内陆各省也有广泛的分布,但从地域和人数说也没有闽语的规模。分布地域辽远,正是语言接触频繁、语言变异巨大的基本原因之一。

第四,内部分歧大。经历过的变迁多,接触过的语言和方言多样,分布的地域辽远,都是使闽方言内部分歧大而杂的重要原因。除此之外,闽语的本土是"八山一水一分田"的丘陵地,在长期的封建社会里,经济落后,交通闭塞,多数河流短小而湍急,不仅州府之间交往少,区乡之间直到 20 世纪 50 年代还只有"日中为市"的墟集。一县之内有几种互相不能通话的土话并不少见。就语流音变说,有变声、变韵、变调、轻声、小称音变等各种变化的方言,也有杜绝一切音变的方言;一省之内不少常用词都有多达十几种的说法。例如"玩耍"单是福建省内的闽语就有"客聊、塔聊、七桃、剔桃、嬉、搞、客调"等各种说法，"肥皂"则有"胰皂、雪文（印尼语soabun 借词）、蜡、碱、番仔碱、番仔蜡、胰子、鬼子碱、洋碱、鬼子蜡"等说法。"你告诉他"的说法有"汝共伊讲、汝给讲、汝共讲、汝齐伊讲、汝博伊讲、汝做伊讲、汝交伊讲、汝合伊讲、你共渠话、你邀渠话、你合渠话、你向渠话"等。从中则可以看到代词、介词、动词的不同用字和不同组合方式。这些多样的差异，从纵向说，反映了许多不同的历史层次；从横向说，则含有多种周边方言的影响，都是研究语言史和变异规律的绝好材料。在全国各大方言中，内部差异很少像闽语这样大的。

第五，各类典籍浩繁。从明末的《戚林八音》算起，本地人为闽方言编韵书已有 300 多年历史，时间之早、品种之多、流传之广是东南方言中所仅见的。这些韵书为我们保存了数百年前闽语的字音和词汇，是研究方言史和汉语史的珍贵材料。19 世纪下半叶之后，西方传教士编的闽语字典、词典，圣经罗马字读物也是东南方言中最多的。此外，由于闽语地区的地方曲艺、戏曲十分多样，流传时间长，这些唱本、戏曲脚本中所记录的方言材料也是一笔浩繁而多彩的文化遗产。单是现存的闽南话的梨园戏、高甲戏、布袋戏、歌仔戏、潮州戏和莆仙话的南戏脚本，就有数千种之多。就戏曲品种之多样，闽南话可算首位；就一种地方戏存目及脚本之多，首推莆仙戏。这些方言戏文早的已有三四百年历史，有的是直接承接宋元的南戏而来的，不仅是研究早期闽语的珍贵材料，也是研究戏曲史不可多得的凭据。由于兼通中英文、兼通方言与戏曲的人员十分缺乏，应该说，这些典籍的开发，现在还只是刚刚开始。

第六，历来研究者众多。从《戚林八音》算起，研究闽方言的历史有三四百年了，而从吴才老的《韵补》算起，闽人治音韵学则已有千年历史。宋代的吴棫、郑樵，元代的黄公绍、熊忠，明代的陈第，清代的李光地、谢章铤等都是具有全国性影响的学者。晚清以来的近人，如切音字运动的先驱卢戆章、蔡锡勇、力捷三，以及现代语言学家周辨明、林语堂、陶燠民、黄典诚、高名凯、林焘、黄家教、李新魁、梁猷刚等，也做出了各自的贡献。不论是音韵学家还是切音字运动家，都和他们深谙闽语的母语有关。在台湾和国外，也有一支庞大的闽方言研究队伍，例如连横、李献章、王育德、吴守礼、许成章、蔡培火等。活跃在当前方言学界的境内外、国内外的学者则有更大的阵容，而且已经进一步实现国际接触，经常聚会研讨有关问题。从1987年起，闽方言国际研讨会在闽粤各地和港台每两年开一次会，每次都有数十人上百人赴会。有了这样的队伍，才使闽方言的研究长盛不衰，并且越来越显示出它的重要价值。

闽方言有如此多方面的研究价值，并且已经有了许多成就，在现有的基础上，我们必须好好考虑今后应该如何进一步开发这座宝藏，使研究工作更富实效，让这份可贵的文化遗产发挥更大的作用。这里试谈几点想法。

首先，在发掘材料的同时应该更加注重比较研究。

在东南方言中，闽方言是保留得较好的，至今还活跃在各地城乡。但是随着社会生活节奏的不断加快，方言中的许多固有的留存正在消磨和萎缩，有些穷乡僻壤以往调查得不够，现在更需要及时进行抢救性、保护性的调查。记录实际方言材料，发掘语言事实还是不能宣告结束的。但是我们毕竟有了相当规模的材料，现在必须把主要精力转到比较研究上来。调查记录只是研究工作的基础，只有比较才是真正的研究的开始。在这方面已经有许多学者做了好多工作。不论是语音、词汇和语法的比较，也不论是一个区或多个点，都已经有不少共时平面的比较。考察其异同，就某一问题放到汉语史的纵线上作历史的比较，为方言现象分清层次，作历史定位；拿闽方言与周边方言作源流上的或类型上的比较，以了解方言的相互关系。为了使比较研究更上档次，在有关的研讨会上最好列举出一些重要的问题，发动更多的学者来参与研究。

其次，在罗列事实的基础上应该更加注重理论探索。

比较研究总是从罗列事实入手的，但是目的应该在于解释复杂的语言现象，探索规律，这才是理论的研究。所谓规律，无非是共时的结构规律和历时的演变规律两方面。历时的演变或者是纵向的"自变"——从前代语言继承下来的变异；或者是横向的"他变"——受通语或其他语言和方言的影响而发生的变异。共时的结构规律有的已经定型，有的还处于新旧交替的竞争之中，有的可能只是初起的苗头。这都必须详加分别，如实地观察，然后得出切实的结论。

就古今汉语的流变和南北方言的歧异来说，关于汉语的演变规律和结构规律，我们虽然还没有能够建立令人信服的理论体系，但是不少问题已经浮出水面，只要我们就这些课题，各方学者通力合作，形成汉语语言学理论可能已经为期不远了。例如，词汇双音化之后带来的语流音变，从变调、轻声到变声、变韵、儿化、小称，似乎有一定顺序，定型也有一定的过程。从无到有，也许同原有的语音结构规律有关。又如，通语和方言的相互作用，口语和书面语的相互转换，强弱势方言的相互渗透，在不同的时代和不同的地域都是普遍存在的，而文白异读、别义异读便是这种种互动过程的记录。实词虚化的共性和个性及其不同的进程，也是这些互动的实际表现。透过这些因素的具体分析，一定可以帮助我们理解和说明，为什么相同的方言会有很不相同的语音特点，为什么变异过程和速度会有很大的差异。还有，关于方言演变的内因和外因也有几个不同层次、不同观察点的理解和分析。对语音演变规律来说，从单词到词组、从实词到虚词的变化应该是语言演变内在需要引起的，属于内因；而社会生活的变化、通语和方言的强弱势的调整的作用所引起的语言的变化，应该是外因。

汉语有悠久的历史，分布地域如此广阔，使用人口如此众多，方言的留存和历代典籍如此丰富，就汉语方言所归纳出来的结构规律和演变规律，一定可以为普通语言学的理论建设做出新的贡献。闽方言既然有良好的研究基础和庞大而有力的队伍，在这些问题上寻求突破口是大有希望的。

最后，在对历史和现状的理论研究的同时，还应该关注应用研究。

任何学科的研究都有理论研究和应用研究两方面，由于切入点的不同、目的的不同，这两种研究所使用的材料和方法也都是不同的。语言自身是有规律的现象，又是运用不止、瞬息万变的社会生活现象，这就决定了方言学的研究既要注重理论的突破，也要努力做出应用方面的贡献。

不同的方言区有不同的语言生活。闽方言与通语及周边方言相比，方言特色最多，然而闽方言地区历来又最重视与通语的接轨。早在清代中叶，就有闽人编了《闽音正读表》和《官音汇解》之类的学习官话读物，在地方韵书中则十分注意注明文读、白读。闽方言的文白异读如此普遍，正是这种传统的集中表现。长期以来，闽语多数地区实行双语制，使方言既能存活，与外地人也能沟通。这其中的历史经验是很值得总结的。这对于如何因地制宜，实行合理的语言政策是有借鉴作用的。

不同的方言区有不同的社会生活，历史上形成的社会生活特征久而久之就会在方言中打下深刻的烙印。方言之间的强弱势，方言对通语的包容和抵制，方言区内部的"向心"和"离心"，方言变异的快慢，都是社会生活状况所决定的，也都制约着方言自身的演变方向和进程。从方言的文化词语可以看到许多地域文化特征所凝固的观念。透过方言词语的研究，不但可以了解中华文化的共性，也可以了解许多方言地区特有的个性：与众不同的或同中有异的价值观、职业观、道德观，以及不同方言地区的风情民俗。

不同的方言区有不同的艺术生活。现存的方言成语、谚语、神话、传说、民间故事以及说唱戏曲的文本，构成了丰富多彩的方言地区的艺术世界。从这样的世界里走出来的人，就有和其他地方不同的爱好和风度。联系方言研究地方文艺，不但可以了解民风民情，也可以了解中华民间文化的异同和历变。然而，现代化的生活正在形成对于这个艺术世界越来越严重的冲击，这方面的研究再不抓紧，再过十年二十年，有的就会荡然无存了。

以上种种，我想都是方言学的应用研究，由于闽方言的历史蕴藏多，这些方面的研究也是非常值得提倡的。

清点闽方言的种种文献史料，检阅闽方言已有的研究成果，考察闽方言的研究价值，人们都会感到闽方言的研究是任重而道远的。如果不充分运用已有的资料和成果，我们对不起先人；如果不能在理论和应用的各方面做出新的成绩，我们也会有负于子孙后代。

要前进一步，只能站在已有的成果的基点之上。清理已有的成果就像打地基，地基清理得越宽广，建起来的新楼就越牢靠、越高档。跨过 21 世纪之后，我们先看到《闽南方言研究专题目录》的发表，它附于 2001 年 5 月中国文联出版社的《闽南方言研究·漳州话研究》一书之后。这个目录收录了 1979—1999 年闽南方言研究的论著资料 1 066 条。该书发行之后，立即受到同行学者的热烈欢迎，编者张嘉星同志也深受鼓舞，立即着手进一步搜集规模更大的《闽方言研究专题文献辑目索引》。前后历经五年的辛勤劳动，这本大规模的工具书终于编成了。这是迄今为止所见的闽方言文献目录中最丰富的专集。完成此举，其间的甘苦是不言而喻的。这种甘为人梯的精神是十分令人感动的。有了这部书，今后的闽方言研究就可以避免闭目塞听，一切从头开始，造成重复劳动，甚至劳而无功的结果了。至少，你可以知道前人做过什么研究，哪里存有可用的资料。经过一番检阅，就能使你的研究计划更加合理，少走一些弯路，多得一些启发。这真是一件功德无量的好事！尤其在商品大潮滚滚而来，学术道德不受遵行，浮躁之风带来的粗制滥造的"成果"遍地皆是，有的甚至还处于封锁消息、垄断资料的时候，愿意为资料建设做出无私的奉献，更是难能可贵。得道多助，她所搜集到的有些资料就是人们受到这种精神的感召而奉献出来的。

嘉星同志是漳州师范学院图书馆的副研究馆员，在图书文献学上已是难得的专家，多年来又从母语出发研究闽方言，并获得可喜成果。由她来编这样一本好书真是再妥当不过了。我祝贺她的成功。我借嘉星嘱序的机会说了些闽方言的研究价值和研究方向的体会，用意在于希望更多的学者都来运用此书的成果，把闽方言研究推向前进。历史将会不断地证明，此书对于闽方言的研究事业的发展是一个大贡献。

李如龙

2003 年 7 月

附记： 张嘉星女士曾在厦大中文系跟我进修一年，她的好学精神和踏实认真的精神都能补足她的先天不足。跨入 21 世纪之后，她从搜集资料入手，进而研究漳州家乡的童谣、歌谣，著有《文化诗学视域下的闽南方言文学研究》（中国社会科学出版社 2017 年版）。她作为漳州师范图书馆副研究馆员，还带了数届研究生。

《汉英语颜色词对比研究》序[①]

颜色词的研究很早就引起语言学家们的注意了。五光十色的客观世界对于全人类来说都是一样的，然而在不同的民族语言或不同时代的典籍或不同地域的方言口语中对不同颜色的称述、理解和好恶却有许多差异。这就集中地、充分地证明了，语言是经过人类的认知去理解和表达客观世界的，不同的人群在认知理解和表达世界时，由于自然环境不同、社会生活不同、文化传统不同，便会产生差异。研究不同语言的颜色词的异同，可以考察同样的客体如何因认知的差异而显出词汇的异同，如何因社会文化的差异而进一步扩大语义差异，这对于认知语言学、比较语言学和文化语言学以及关于第二语言教学的应用语言学都具有重要的意义。与颜色相关的词虽然数量也不在少数，但毕竟范围有限，便于作穷尽的研究。大概是因为这两个原因，颜色词的研究才成了比较语言学的热门课题。

但是，解海江研究颜色词并不是赶潮流，也不是为了图简便，他是在进行词汇比较研究时逐步接触了古今通语、南北方言和不同民族语言的种种差异，参考了许多中外语言学家的研究成果，从理论上提炼了"编码度"的概念，再回到语言事实中去检验，在这个过程中，踏上了颜色词比较这条路，

---

① 本文刊于《汉英语颜色词对比研究》（解海江、章黎平著，上海辞书出版社2004年版）。

于是由近及远、由浅入深，硬着头皮走下去的。为了在二年之内如期完成学业，最后一年他不得不猛然回头日夜兼程完成了《汉语编码度研究》的博士论文。在论文的评阅、答辩过程中，许多行家给了很高的评价，尤其对汉英颜色词的比较这一部分更为欣赏。因此就有了我的建议：先把这一部分整理成一部专书。半年之后，他很快就写成了这本《汉英语颜色词对比研究》。

本书运用语义场理论和编码度理论，全面而系统地考察了汉语和英语的颜色词在语义场切分上的异同，分析了颜色词表义的对象、范围和状态上的异同，列举了汉语和英语颜色词的伴随意义（功能意义）上的特点及其与社会历史文化的联系。应该说，他的比较研究是有不少创获的。例如，关于语义场的划分，他指出："对比汉英语颜色词汇系统，可以发现二者之间大量存在的是不完全对应义位，甚至存在着义位空缺。"关于颜色词的编码方式上的异同还联系这两种差异很大的东西方语言的结构特征进行了分析。在颜色词的语义比较方面，经过基义、理据义、陪义和功能义的比较，他指出："完全对应的义位很少，大量存在的是部分对应"，还有一些是语义场的"交叉"和"义位跨语义场对应"。关于汉英颜色词的功能义上的共同性，他指出，其中有认知上的联想类同、文化上的认同，也有文化交流带来的相互影响。这些结论当然还有待于进一步作更广泛的材料检验和更深入的理论分析，但是本书利用已有的材料作了一次大规模的梳理和比较，初步提出了一系列理论分析的观点，这是值得欢迎、值得肯定的重要突破。

除了汉英语颜色词语义场及其编码度、编码方式和词义比较外，解海江的博士论文还作了一些其他语义场的比较分析，尤其是对古今汉语和南北方言的编码度的比较，这也是很值得深入研究的新课题。我们期待着他把这些内容也整理出新作来。

是为序。

李如龙

于厦大白城寓所

2004 年 11 月 18 日

　　附记： 解海江从厦大毕业获博士学位后回鲁东大学在教育部与鲁东大学共建的汉语辞书研究中心任研究室主任，是商务印书馆辞书研究中心特聘研究员，出版有《汉语词汇比较研究》（中国社会科学出版社 2008 年版）、《汉语核心词人体词共时与历时比较研究》（中国社会科学出版社 2015 年版），升为教授后调往上海外国语大学从事研究工作。

《〈祖堂集〉的动态助词研究》序①

《祖堂集》成书于五代南唐保大十年（952），记录了 246 位禅宗师徒的论道讲佛对答语录。十世纪正是从中古汉语到现代汉语的演变中最重要的时期。中古汉语在汉语史上最重要的变化是双音词大量增加、口语的词汇和句型大量进入书面语。在禅宗语录中，《祖堂集》是可以作为中古汉语的基本资料依据的，因此，自从它的影印本从日本传回中国之后，一直是研究汉语词汇史和语法史的学者们最为关注的语料。

2001 年新年从我研究汉语词汇学。我比较集中地关注词汇学研究是 20 世纪 90 年代和博士生们同步开始的，认定的方向是把通语和方言结合起来、把现代汉语和古代汉语打通，抓住常用词（当然是包括实词和虚词）进行纵横两向的比较，探讨其中的演变规律。古今南北的语料汗牛充栋，做好比较难度很大，一个人时间精力有限，只能选取其中一个不太大的课题，把比较做细，才能把研究做深一些。经过商议，新年选定了"《祖堂集》的动态助词"这个题目。三年之中，他真是锲而不舍，从研读前人的研究成果、制作语料到分析问题、撰写成文，用力特勤，终于有了可喜的收获。本书就是在他的学位论文的基础上修改而成的。虽然只分析了七个主要的动态助词，但

---

① 本文刊于《〈祖堂集〉的动态助词研究》（林新年著，上海三联书店 2006 年版）。

是牵连了许多虚词和句型，考察了实词逐步虚化的过程，工作量还是很大的，也确实可以得到理论上和方法上的全面锻炼。尤其可贵的是，在研究的过程中，新年获得了吴福祥教授的协助，吴教授给予了无私的关怀和悉心的指导。这就补充了我的不足，使新年的研究取得了好成绩，在论文答辩的时候，得到了考试委员的一致好评。应该说，关于这几个虚词的语法化过程的考察是在前贤研究成果的基础上推进了一步了。学术研究犹如接力赛，汉语语法史的研究则是一座摩天大厦，每一位学者的能力有大小，能接过前手的棒子，向前跑一程，为大厦的建造添上一砖一瓦，就都是一种贡献。更重要的是从中学到本事，往后还可以继续努力，走出自己的新历程。

参加《祖堂集》所记录的对话的禅师们有二百多人，先后来福州和泉州学法的僧众每年有一千多人，禅宗和尚的衣钵相传，前后延续了四十多年。这些和尚大多来自东南地区，活动在闽、浙、赣、粤、湘、鄂等省，东南地区的方言早已很多样，差别也不少，他们之间显然只能用当时的通语来沟通，但也势必带着各自的乡谈土音，已经有学者注意到这些语录中反映了一些东南方言的特点。可惜的是本书关于这方面的分析还是太少。当然，时过千年了，当时的闽、粤、吴、湘、赣等方言和现在已是"不可同日而语"的了，这方面的研究难度更大，不可苛求，只好更待来日。新年生长在泉州附近，长期在福州工作，再补补方言学的课，进一步研究《祖堂集》的用语和闽方言的关系应该是不太难办到的。

谨以此共勉。

是为序。

李如龙

2006 年元月

附记： 林新年教授于 20 世纪 80 年代在福建师大听过我的课，后来留校工作成为同事十余年。新世纪来厦大从我研究词汇学，兼着福师大的授课任务两头跑。经过一番努力写成了这本书，值得一读。结业后在福建师大被评为教授，出任海外教育学院院长，全心投入新的工作，获得佳绩。

《〈醒世姻缘传〉及明清句法结构
历时演变的定量研究》序[①]

  研究汉语语法的大家们历来十分重视专书语法的研究。王力先生 20 世纪 40 年代的《中国现代语法》和《中国语法理论》就是以《红楼梦》为主，辅以《儿女英雄传》的语料写成的。自然，要成为语法研究对象的专书必须是以实际口语为依据写成的、反映广阔的社会内容的长篇故事。因为只有这样的作品才能全面反映一个时代的实际口语的语法结构和特点。然而专书的语法只能反映一个共时的平面的系统，任何一个共时的平面的语法系统总是历时演变的结果，和它的前身和后续的语法系统有着复杂的源流关系，因而大家们又十分重视专书语法和前后语言实际的比较研究。吕叔湘先生的《中国文法要略》就是拿文言和白话的语法现象作了开创性的比较研究。在汉语的王国里，不但有通语的"中央政权"，也有方言的"各路诸侯"。通语和方言是各自有别，也是相互依存、相互转化的，要弄清不同时代的通语的流变，就不得不联系各地方言的诸多事实。朱德熙先生后期研究现代汉语就十分重视联系现代汉语方言作比较。他所倡导的通语和方言的语法比较，

---

  ① 本文刊于《〈醒世姻缘传〉及明清句法结构历时演变的定量研究》（李焱著，百花洲文艺出版社 2006 年版）。

不但开拓了现代汉语语法研究的新局面，也带动了方言语法研究的蓬勃发展。可见，正是从专书语法研究到古今语法比较、南北方言比较，使一百多年来汉语语法研究越来越贴近汉语的实际，反映汉语的特点，也越来越走向深入和成熟。从语料的运用和研究方法来说，专书语法的共时研究、古今演变的历时研究和方言差异的比较研究堪称构筑汉语语法研究大厦的三大支柱。最近几十年来，在吕叔湘先生、朱德熙先生的倡导下，近代汉语的专书语法研究，拿近代汉语和古代汉语、现代汉语作比较，拿通语和方言作比较，都有了丰硕的成果；十多年来，关于语法化的研究又有了可喜的进展。把语法学、汉语史和方言学的研究联系起来，相互论证，相互促进，使整个汉语语言学的研究步入一个崭新的时期。

李焱的《〈醒世姻缘传〉及明清句法结构历时演变的定量研究》就是按照这个思路和方法做出来的研究成果。《醒世姻缘传》是明末清初写成的百万字的小说，在近代汉语中，它上承《金瓶梅》，下接《红楼梦》，是全面反映中原一带官话的口语语法面貌的不可多得的语料。十多年来，对它进行语法研究的论文发表了不少。李焱的方言母语是山东方言，在从我攻读博士学位时，很早就确定了这个题目，前后三年，大量的时间都投放其中。他把该书全文做成了数据库，就一个个语法特征的语言事实做了计量研究；对前人的研究，包括专书的研究和专题的研究进行了穷尽式的搜索与比较，理出了对同样现象的不同说法，然后把该书所反映的语法现象放在汉语史的演变过程中进行考察，逐个专题写出了研究报告，在论文的评阅和答辩过程当中得到了各位专家的一致好评。毕业后他又作了补充修改，成了这部专著。从总体上看，语料的整理和分析是严密有据的，方法是科学谨慎的，治学态度是严肃认真的。在语法史、语法化的分析上用力甚多，结论是有力的。方言的比较则尚嫌不足。本书尤其可贵的是对前贤名家论述过的问题也能认真思考，穷追不舍，一旦有了新的见解亦能大胆提出。例如对于现代汉语的禁止副词"别"是否来自"不要"的合音，他就提出了质疑，经过论证，提出"别"的来源是"不必"的合音。这虽然只是其中的一个小问题，但也是做出了自己的突破。可见，大处着眼，小处着手，努力解决大问题，也不放过小细节，这种学风是值得提倡的。

希望此书能引起同道的关注，为汉语史的研究做出自己的贡献。

李如龙

2005 年 2 月于厦门大学白城

附记：李焱是我回厦大后较早考进来的博士生。从学习到工作，我们已经愉快合作 20 年了。由于他不懈的努力，在本校领导制定的严苛要求下，也成了教授和博士生导师，在语言学科方面承担了许多重要工作，是我给母校带出来的接班人之一。他一贯勤勤恳恳地工作，在语言学研究上不是固守一方一地，而是不断开拓，努力在新的领域做出自己的贡献，在行政工作和人际关系上谦虚谨慎、诚恳待人，好评多多，今后当能有更多作为。

《汉语亲属称谓研究》序[①]

　　胡士云博士的《汉语亲属称谓研究》是在他的博士论文的基础上补充修改而成的。作为学位论文，六年前答辩时曾获得了评审委员们的一致好评。在加工成书的过程中，作者严肃认真，用功甚勤，除了增写"先秦汉语中的亲属称谓系统"一章外，其他章节也都一一作了推敲，全书的质量有了很大提升。作为他的论文指导教师，看到该书稿将由商务印书馆出版，我感到十分欣慰。

　　亲属称谓是语言中不可缺少的、十分常用的基本词汇，也是维系家庭和社会生活的重要纽带。研究亲属称谓的共时系统和历时演变，不但是词汇研究的重要内容，也是了解社会关系和文化传统的重要依据。汉语历史悠久，分布地域辽阔，使用人口众多，加上方言多、分歧大，古往今来出现过的亲属称谓的复杂程度是难以表述的。以往关于汉语亲属称谓的研究者不在少数，但能对那样庞杂的系统进行梳理并从理论上加以概括和说明的并不太多。我以为胡士云博士的书稿在这方面做出了贡献，把亲属称谓的研究大大地推进了一步。

　　本书最重要的特点是对汉语亲属称谓进行了纵横两向的比较研究。纵的

---

① 　本文刊于《汉语亲属称谓研究》（胡士云著，商务印书馆2007年版）。

方面从先秦到现代都有系统的比较，横的方面则排比了有代表性的现代方言23个点的说法。对汉语亲属称谓进行这样大规模的比较研究看来还是第一次。应该说，本书在这两个方面都有创获。纵向方面的比较显示了七个历史时期的发展变化，横的方面则概括了官话地区和东南方言区的明显不同，探讨了方言差异的一个不大范围但十分独特的层面。所获得的结论是有说服力的。

本书的另一个特点是联系社会历史文化考察了汉语亲属称谓自身的系统及其演变过程。亲属称谓在反映社会文化的特点及其历史演变上是最为直接的，因为它体现了社会的宗法制度和血缘、亲缘的人际关系。中华文化传统中的男女有别、以男性为中心、长幼有序、对长辈尊重的特点在亲属称谓里有充分的表现。从古代社会到现代社会，这种传统及其表现也有不少的调整，本书对这些方面的静态描写和动态描述都给予了充分的注意。

亲属称谓是语言中的一个封闭性的词汇小类。本书在描写和归纳其系统特征时还注意进行语词结构本身的分析。例如从单音到双音的发展，基本称谓和派生称谓的关系，书面语系统（背称）和口语系统（面称）的不同，词义的扩大和缩小，通语和方言的差异及其相互影响，语用的差异（如谦称和尊称、从他称谓），等等，都有比较精到的分析。

亲属称谓虽然只是词汇大系统中的一个局部系统，但在汉语之中是一个相当繁多、复杂的系统。几千年的古籍文献记录浩如烟海，众多的方言变异难以穷尽，广泛的社会生活应用则呈现了难以想象的语用差别。本书在这个系统的描述和比较中表现了很深的功力，但是对于丰富多彩的语言实际来说，也很难说已经完美，理论分析也很难说已经透彻。随着现代社会的急剧变革，新时代的亲属称谓中又有不少变化，在这一方面，本书还没有专门的叙述和分析。不过，对于汉语亲属称谓的研究来说，本书已是一部难得的新成果了，为今后的进一步深入探讨也提供了很好的基础。

基于以上的了解，我愿意把这本书推荐给广大读者和专门的研究家。

李如龙

2007 年 6 月 1 日

于厦门大学白城

附记：士云从北大毕业后到语言文字应用研究所工作，做了大量方言研究工作，是编写《普通话基础方言基本词汇集》的主干力量，在所长陈章太先生指导下获硕士学位，后来到日本工作多年，为了提高自己的素质，更好地向外国人传授中国语言文化，又到暨南大学跟我研究汉语词汇学。在繁忙的教学工作之外，还得来回奔走，实属不易。好在他不但有良好的语言学资质，加上主观上的努力，终于学有所成，给后人留下了这一项难得的、有价值的学术成果。

《汉语反义复词研究》序①

　　杨吉春的这篇论文开题时我总觉得题目太小，怕写不出博士论文应有的学术水平来。后来我又想，大有大的难处，小有小的好处，与其大题小做还不如小题大做，至少可以发掘一些前人尚未探知过的内容，也可以得到一番从事学术研究的训练。对于"半途出家"的中年学者，这种做法还可能更合适些。

　　题目确定之后，我建议：①先把前人的研究全面细致地检验过，经过比较、权衡之后，把反义复词做一个科学的界定，在一个封闭的范围内把它搞深搞透。②对这个小类的词汇进行全方位、多视角的考察，包括词形、词性、结构关系和词义都要关注，古今流变、通语和方言的差异也应纳入视野。还有，近年来汉语学界的热点问题，诸如词化和语法化及语义学、认知语言学等方面，更应该认真考察。③要尽可能利用充分的古今汉语的有关语料进行定量研究。

　　果然，作为词汇大系统中的一个小分队，"反义复合词"虽然只不过200多个，当成一个麻雀去解剖，却也"五脏俱全"。从这个小问题入手，竟然涉及了词汇学中的许多课题，牵连到古今通语和南北方言的种种关系。

---

　　①　本文刊于《汉语反义复词研究》（杨吉春著，中华书局2007年版）。

在 1 年多的时间里，经过她耐心、细心的比较研究，竟也得出了不少颇有新意的结论。例如书中所说的："反义复词的内部结构实指语义结构"；"反义复词成词的高峰期是先秦而不是汉代"；反义复词常常"由反义词组先词化为实词再语法化成为虚词"；"先秦有一半左右的反义复词有逆序结构"；反义复词产生的时代和数量比例是"上古 75%，中古 17%，近古 7%，现代 1%"；"反义复词意义的适用具有单层次性和跨层次性，其意义的演变呈现出多种模式"；在 200 多个反义复词中，"《现代汉语词典》有，《汉语方言大词典》没有的反义复词有 140 个，反之只有 14 个"；"共同语反义复词多是书面传承的古义，而方言则多为口语创新的后起义"。这些前人还没有说过、说透的结论应该都是言之有据的，也是可信的。书中对于某些常见的反义复词的考察真可谓不厌其烦、尽量过细。不但极具说服力，而且耐人寻思。例如"反正""横竖"一类的反义复合副词，古今南北就有 28 种之多，关于"睡觉"的意义嬗变和转为偏义复词，就做了上万字的考证，认认真真地搜集材料，仔仔细细地解释现象，扎扎实实地分析问题，这就是学术研究的科学态度和优良作风。我想读者都可以从这本书里感受到这种好学风。

汉语的词汇，不论是古代汉语还是现代汉语，不论是通语还是方言，也不论是书面语或是口头语，都有挖不尽的矿藏。经过深入细致的古—今、通—方、南—北、书—口的比较，必能发掘更加丰富的事实，引出更多新的结论，使我们逐渐地领悟贯穿其中的规律。这种研究积累多了也便可以一步步登上汉语语言学的理论高峰。愿有志于汉语词汇学的年轻学者们为此而努力。

李如龙

于厦门大学白城寓所

2006 年 6 月 16 日

附记：杨吉春博士毕业后到中央民族大学执教，由于她的勤奋和认真，很快就成了学术带头人，当了教授和博士生导师，为汉语教育事业做出自己的贡献。

《闽北方言研究》序①

我和潘渭水兄的交往已经近半个世纪了。1960 年，在福建省教育厅领导下，为了整理和总结全省汉语方言普查的成果，成立了《福建省汉语方言概况》编写组，我是编写组召集人之一，他是编写组成员。在一年多的时间里，编写组成员群策群力，艰苦奋斗，终于编成了 200 万字的《福建省汉语方言概况》。他执笔编写的《闽北方言概况》继 1957 年黄典诚先生的《建瓯方言初探》之后，第一次把宝贵的闽北方言比较系统地介绍给学术界，功不可没。

潘兄是 1956 年中国科学院语言研究所主办的首期"普通话语音研究班"的学员。这个班是著名语言学家丁声树、李荣两位先生直接执掌教学，为训练全国汉语方言调查骨干而开办的。学员们听课、学习国际音标和汉语音韵系统的知识，调查记录自己的方言母语，找出方言与共同语的对应关系，编写调查报告。丁、李两位大师所主持的前三期研究班，被誉为培养方言调查工作者的"黄埔"。潘渭水同志生长于建瓯，就学于福建师范学院中文系，毕业后又在建瓯一中从事语文教学。调查研究建瓯方言，使他的语文教学进行得特别出色。1981 年我受中国语言学会委托在建瓯举办汉语方言研究班

---

① 本文刊于《闽北方言研究》（潘渭水编撰，福建教育出版社 2007 年版）。

时，他已经是建瓯一中的校长，也是这个文化古城的名士了。20 世纪 90 年代，我们又合作编纂了《建瓯方言词典》。当时，他是建瓯市地方志编纂委员会领导，为闽北地区地方史志的编纂、出版工作做出了重要贡献。

正因为是"方言学黄埔"的机缘，加上"养在深闺人未识"的闽北方言母语魅力的驱动，潘兄五十多年来一直没有停止闽北方言的耕耘。他在参加《福建省汉语方言概况》编写组的工作以后，满腔热情地和省内外学者切磋，后来又参加全国汉语方言学会，积极参加了多次学会的年会，发表论文，在许多方言学的书刊上发表文章。像他这样，在坚持正常的教学和行政工作的同时，还能有这么多的方言研究成果，实在是很难得的。如今，他把这些成果编成了《闽北方言研究》一书，分为"概况""闽北方言与普通话"和"论文选辑"三个部分，既有基础材料、专题研究的心得，也有教学应用的内容。这些成果记录了他筚路蓝缕的历程，凝结了他大半辈子的心血，本书的出版是很有意义、很值得欢迎的。

经过 20 世纪五六十年代的汉语方言普查，以黄典诚先生为学术指导的《福建省汉语方言概况》编写组提出，在全国汉语方言中，闽方言不应该像以前那样分为"闽北、闽南"两区，而应该是一个大区。在闽方言之中，就福建省内而言，应该先按沿海和内陆分为两片，往下则可分为五区：沿海的闽东、闽南、莆仙和内陆的闽北、闽中。半个世纪之后，这些意见已经被汉语方言学者们普遍接受。近 20 年间，闽北方言因为在闽方言中历史最古远、内部分歧最大、层次最复杂、受周边方言影响最大，引起了国内外学者的关注，成为闽方言研究的一个重要课题。尤其是近十几年来，关于这个课题，无论是点上、面上的深入调查或专题的研究分析，特别是历史音韵的层次研究和方言间关系的剖析，都有大量的新成果。参加研究的包括中国大陆及台湾、美国和日本的学者，其中有老一辈的专家，也有新一代的博士。甚至可以说，闽北方言的深化研究，成了开启汉语方言历史研究和理论研究的一把钥匙。站在今日的前沿，回头看看潘先生的成果，可以看到汉语方言、闽方言的研究之艰辛，也可以体会到汉语方言研究的重要意义。后来者完全可以从这里得到有益的启发。

本书编成打印后，潘兄来信索序，他说："闽北方言研究的人不多，我已年近八十，为后人留下些资料，作铺路石，也很值得。"我想，他的这种谦逊和执着的精神，一定能给后学以启迪，使闽北方言的研究更加发扬光大。所以乐得为他作此小序为贺。

李如龙

于厦门大学白城寓所

2007 年 8 月 17 日

附记：1963 年编好《福建省汉语方言概况》之后，20 世纪 90 年代又和他合作编写《建瓯方言词典》。算来我和潘渭水兄的友好交往长达 30 年，1981 年我和黄典诚先生又到建瓯办全国性的"方言研究班"，也请潘兄为学员们讲了建瓯话的情况，把建瓯话作为学员记音训练的内容。往返建州古城已经很难计算几多回了。

工作之闲，屡与潘兄及县志办诸位老先生饮茶赋诗。兹录以下三首以资回忆当年胜景：

1991 年冬渭水兄赠兰

叶似芝山绿，心如建水清。

婷婷凝毅志，展展放幽馨。

咏竹（外一首）

立身刚且直，奉节始而终。

为制春秋笔，何辞刀斧攻。

1994 年 8 月 21 日记黄华山诸亭命名诗会

千里采风诣古城，欣逢八阁择芳名。

金风送爽意中趣，黄菊朝阳分外明。

幽雅诸公添杰作，深沉数曲壮秋声。

金瓯会当常磨洗，把酒放歌醉建汀。

《琼北闽语词汇研究》序①

　　海南是语言资源十分丰富的宝岛，也是闽方言外播的两个大岛之一。相比而言，台湾岛上的闽南话和本土闽南话分手时间短而差异小；海南闽语则与本土闽语分手时间长而差异大，以致有人认为应该把它从闽南话中分立为闽方言的另一区。我1984年第一次登上海南岛，对此就有很深的印象，对岛上的语言和方言也产生了浓厚的兴趣。后来，我在广州调查过岛上的"迈话"，为了在那里举办闽方言的两次研讨会，我又多次去过海南，和一些年轻朋友一起准备过有关海南方言的文章。我还和张双庆先生合作，组织过十几位博士生组成的小分队做过一次系统的面上调查。十几年以来，先后有钱奠香博士以他的家乡屯昌话语法为题写过学位论文（已出版），辛世彪博士在岛上落户后，一直在进行着多种语言的调查，写了不少论文，至今还在努力耕耘。2002年又有第二个海南人符其武，已过不惑之年，"半路出家"来厦大从我攻读博士学位，研究海南闽语，他写的博士论文就是这本书的初稿。三位博士正好从语法、音韵和词汇三个方面开发海南闽语。他们都颇有"我不下地狱谁下"的精神，锲而不舍地做，

---

① 本文刊于《琼北闽语词汇研究》（符其武著，四川大学出版社2008年版）。

并且不断有喜人的成果问世。如此，我的关于海南语言的研究计划就可以放心地交班给他们了。

方言的语音、语法和词汇的研究，各有不同的难处，而词汇、语法的研究则需要有本地人才有的母语的语感。其武生长于海南，不但熟悉岛情、精通海南闽语，而且兼通临高话和儋州话，做起方言词汇的比较可谓得心应手。但是，做词汇比较同样要了解语音和语法。例如，为方言词考求本字就需要经过音类的比较，寻求方言词的早期形式，对词义的理解和分析则与语法组合关系相关。对此，其武不是知难而退，也没有因为半路出家给自己打折扣，而是全面训练了方言调查和比较的方法，学会了记音、释词和语法分析。这五六年间，他还兼着教学工作。由于他的努力，学位论文答辩时，委员们都对论文的质量表示满意，毕业后他又对论文进行了认真的修改。书中关于海南闽语特征词的研究，应该说是至今为止还没有人做得这么好的。不但比较的规模大，从数千条词汇中筛选，比较了200条闽语共有的特征词，考出了本区自有的72个本字，大多有过硬的音韵论证和语义分析，而且进行了词源说解，分出了创新词、传承词、临高话借词，以及受军话和客家话影响的方言词等几个小类，既有立体感，也很有说服力。

本书的研究还有一点值得称道的，就是重视封闭性的常用词和虚义词的比较研究，汉语的词汇研究一做深就不可避免要牵扯上语法，实词虚化的过程往往造成了一批虚实两兼的词汇，不论是两兼的或者是已经虚化的，都是些常用的、体现方言特点的特征词。《琼北闽语词汇研究》一书在这方面做了不少的努力，从而把词汇研究的质量提到了一个更高的水平。这对今后的同类研究是有启发意义的。

海南闽语是宋元以来兴化、泉州、漳州的闽南人经过潮汕平原、珠江口和雷州半岛，最后渡过琼州海峡，才带上海南岛的。本书的词汇比较研究着重于琼北各点，本土闽南话则直接同厦门话做比较，这样做不能算错，但本土闽南话更有历史意义的是泉州话和漳州话，而所经过的潮州话和雷州话也和今日的海南闽语有明显的渊源关系。如果能就泉、漳、雷、琼的词汇做更加全面的比较研究，一定会有更多的创获。不过，这是另一个课题的内容和要求了，不能以此来要求《琼北闽语词汇研究》的。也许不久的将来就会有人联手来完成这个任务。

是为序。

李如龙

2008 年 10 月于厦大白城寓所

附记： 符其武是学英语教英语的，改行来学方言学、研究方言并不容易，好在他对海南闽语有熟练的语感，所以能写出合乎要求的好书。本书出版之后，他很快就升为教授，可惜后来身体不大好，今后若有可能，最好能拿外国传教士研究海南闽语的成果作一番鉴定和评价，这样就可以发挥他的全面的优势了。

《普通话九大篇》序^①

在香港回归十年来的诸多巨变之中，普通话的迅速推广和逐步普及应该是其中的荦荦大者。（荦，音 luò，原义为杂色牛，从牛，劳省声。荦荦，引申义为明显而重要。）

回想我十八年前头一回来香港，用普通话问路都难有回馈。如今，情况不可同日而语了：大街小巷的大陆客和本地人有许多通畅的交谈，不仅如此，各种规模的普通话教学研习班，普通话小学，普通话课程和教材、参考书，普通话测试站越来越多。这便是"九七"之后十年来的新气象。

语言是社会生活的纽带。随着香港特别行政区与内地的交往逐步扩大和深入，普通话的学习和推广也逐渐从普及走向提高。这是社会的需求，也是人们的愿望。

普通话从旅游点、商场走进学校课堂，走进各种媒体，这是推广普通话走向深入的重要标志。因为社会的推广是自发的、随机的，而学校的正规教育和传媒的影响是自觉的、有既定的要求的。先前曾经流传过一句话："在普及的基础上提高，提高的指导下普及。"这话是有道理的。用今天的话说，

① 本文刊于《普通话九大篇》［香港中文大学普通话教育研究及发展中心编，三联书店（香港）有限公司 2008 年版］。

只有这样，才能有良性的循环，才能可持续发展。

香港中文大学普通话教育研究及发展中心的老师们为了帮助香港人学习普通话，在香港《星岛日报》开辟了"普通话速递"专栏，数年来发表了几百篇辅导文章，这本《普通话九大簋》就是从里边择优编成的。学校和媒体联合办"推普"，这就是很有意义的创举。

收在本书中的 103 篇文章，都是短小精悍而又生动有趣的。每篇文章都是从社会交际生活的实际出发，从香港人学习普通话所碰到的难点出发，因小见大，不但帮助读者克服难点、防止差错，还给人补充语文知识，使人得到语言学习方法上的启发。

作者们生长于内地和香港、毕业于高校，长期从事普通话教学和研究，既有丰富的普通话语感和教学经验，也有多方面的语言学和文化上的理论修养，所以能写出这种雅俗共赏、理论与实践相结合的好文章来。我愿意向有志于学习普通话的香港人士推荐这本书。

本书的书名中有个"簋"字，读音 guǐ，是古代祭拜祖宗时用来装盛"黍、稷、稻、粱"的木质容器。读了这本书，认识这个古字，我想还可以得到有关学习普通话的几点体会：

（1）全民族共通的语言对于这个民族的每个人来说，有如天天都要进食的五谷杂粮，有如空气和水分一样重要。在现代社会里，谁能一天离开民族语言的听说读写？

（2）普通话不是几句日常生活中普普通通的话，而是几千年来老祖宗传承下来的中华民族的现代共通语。它不但有口语，也有书面形式，不但和现代白话文相通，更和古代文言文相通。懂了普通话，对阅读现代文和古文都很有好处，透过它，可以步入更加广阔的中华文化的天地。

（3）由于我们的民族文化源远流长，汉语（包括古代与现代、书面和口头）十分丰富。学好普通话得要细水长流、不断累积、活到老学到老。这"九大簋"最多也只能为你提供一些样品，指出几条路子，激发你的兴趣。真正想深造，就不能只品尝几样点心，而要有主食，也要有五谷杂粮制作的各种点心。主食就是"现代汉语"的基本架构，五谷杂粮有如文言文、应用文和各种领域的专文。五谷杂粮是要不断种植、收获，不断加工、进食的。

可见，要进一步学好普通话，还得扩大到各种领域，多听多说才能学得好。

让我们从这"九大篮"开始，努力学好普通话，当个出色的华夏儿女吧。

李如龙
于香港中文大学寓所
2008 年 1 月 15 日

附记：主持编这本书的是香港中文大学普通话中心的主任林建平博士，他以极大的热情和认真负责的精神办了许多班，包括培训中小学语文老师的硕士班，获得了很大的成绩。我曾经多次应他邀约，为他所招收的在职语文老师的硕士生们上课。这些老师在繁忙的教学工作之外，赶到香港中文大学教育学院来上夜课，我一直为他们的好学精神而感动。从他们写的这些文章就可以体会到他们的学习热情和成绩。

《赣语声母的历史层次研究》序①

有人说，赣语是汉语方言中最不具特色的方言。这当然只是一种感想式的说法，而不是周密的科学推论。然而所以会有这样的感想，并非没有原因。概括地说便是：赣语缺乏几条区内一致而又与别区方言明显有别的语音特点。分别地说：第一，赣语内部各个小区之间语音差异不小，拿常用的那几条区别方言特征的音类表现（如本书所讨论的那些声母特征）来看，几乎找不出一条能覆盖全区的共同特征；第二，赣语的种种语音特征都与别区方言互有交叉。本书所讨论的种种特征就与客方言、湘方言、吴方言乃至闽粤方言都有类似之处。但如果我们换一种思路来看问题，这不正是赣方言最重要的特征吗？

江西古时为百越杂居之地，中国南部逐渐汉化之后，这里是"吴头楚尾"；中原汉人历次南迁，这里是必经之地；几次全国性动乱和灾荒，这里又是个大战场、重灾区，攻守进退、逃散充填之间，历经人口的大规模交替。就目前的方言分布说，赣东有吴语的西扩和徽语的南进，湘东有赣语拓展，赣南是赣语和客家话的拉锯，赣西的长江之滨则有官话的进驻，闽西北赣语的东渐则是历史上人口变动浪潮的忠实记录。就地理环境说，赣北是一

---

① 本文刊于《赣语声母的历史层次研究》（万波著，商务印书馆 2009 年版）。

派平川，赣南也只有些小丘陵，赣语的周边，排列有江淮官话和吴、徽、湘、闽、客等多种东南方言，赣方言和这些方言间不可能没有相互间的影响。正因为如此，赣语的内部难以找出普遍覆盖的语言特征，而种种异同表现却又和周边方言都有或深或浅的关联，于是形成了赣语这一最重要的特点。

本书正是抓住这个特点，对赣语声母种种不同的共时表现进行了历史层次的分析。方言语音的历史层次研究必须从共时的内外比较入手，归纳区内的各种类型，再和周边方言比较其异同，然后在汉语语音史方面分析其历史层次。因此，方言语音的历史层次研究实际上就是方言语音的纵横两向的比较研究。本书是就一个大方言区进行这种研究的一次成功的实践。虽然讨论的只是声母的历史层次，其实在许多方面已涉及韵母和声调的特征。因为声母的分合和演变常常是以韵母、声调为制约的条件。不仅如此，讨论声母的历史层次势必还会牵连到词汇的特征，关系到方言形成和发展的历史背景。常用词和非常用词、方言固有词和通语用词、口语用字和书面语用字等，也常常成了不同语音历史层次的取决条件，而方言历史背景对于理解方言语音的历史层次来说，有时是不可缺少的。本书关于赣语声母历史层次的研究方法是遵循内外比较、历史分析、系统关照（声母、韵母和声调的语音系统与语音、词汇的系统）的，并且联系了语言与历史文化背景的外部关系。因此，所做的分析是有说服力的，也可以使人们得到关于赣方言的整体特征的认识。可见，研究方法对头了，分析问题就会有新的突破，理论上也可以得到升华。

除了方法科学，本书的成功还在于作者下足了功力。在讨论每个声母现象的时候，本书都能尽量不遗漏地罗列已有的赣语调查材料，努力进行类型归纳，做到言之有据。同时也尽量不遗漏地查检历来学者们的有关分析结论，认真加以比较、权衡和评价。在材料方面，作者从1987年攻读硕士学位开始就一点一点地调查赣方言，后来参加我们所主持的"客赣方言调查报告"这个研究项目，赣方言点大多是他参与或独力到实地调查的。从那时到本书成书，真可谓是十年磨一剑，其中甘苦不言而喻。所以，本书的成功首先得益于作者这十几年的积累。在理论方面，作者对于前人的研究成果也努力做到不论巨细，一一检验。对于初学者的研究成果并未忽略，对于大专家的结论也敢于提出质疑，所采取的态度是：在真理面前人人平等。没有发掘材料和检验理论这两方面的功力，要寻求突破是很艰难的。

本书在赣语声母的历史层次的研究上有哪些突破，当然还有待于各方面的专家们审核，无须在这一篇序文里一一提出。但是，由于我们始终都参与并关注这项研究，还是有不少感触的，希望专家和读者能仔细批阅，多加发掘。这里只就若干较为重要的课题提个头，供大家思考。

历来讨论客赣方言的学者都认为古全浊声母的清化送气是客赣方言的共同特征。其实，情况远非如此简单。赣语有五种不同表现，其中"次清化浊"则是十分独特的。把这种种表现的历史层次理清楚了，客赣同一的说法自然也就不成立了。关于邵武话的知组字读为 t、tʰ，临川话章组字读为 t、tʰ 都有过"上古音留存"的说法，经过层层剥离，本书提出了颠覆性的观点，以为前者是"链式推移"，后者是后起的变异。关于邵武话的"非入作入"，经过与其他赣语的比较，定性为小称变调，并指出这是一种凝固了的、词汇化的、不再能产的小称变调，和那些还在扩散的、可以大面积类推的小称变调当有区别。这样的解释，就有力地否定了作为一种"共同闽语"的特殊系统的表现的结论。关于清、从母读 tʰ，透、定母读 h 或 l，这样一些赣语特有的声母表现，本书也经过条分缕析，提出了精到的见解。对于见组声母的种种变异，则联系古籍里展示的信息，说明它们只是明清以来的变异；关于少数匣母字读为 k、kʰ，则经过周密的考证说明，那是上古音的留存。这都是一些实事求是的探索，而不是纷纭的众说中选边站或执其一端，说是古音的传承就净往上古音推，说是后起的变异就只往近处看。

经过相当全面而细致的分析，本书提出了这样的结论：赣方言的历史形成是多来源、多层次的，并未曾有过一个"共同赣语"的结构系统而后再分道扬镳。看来，这个结论对于许多汉语方言来说应该是比较切合实际，也是可信的。从理论上说，方言的系统往往有不同历史成分的叠加，有继承也有创新，还有不同时代通语和周边方言的横向影响，有早期民族融合时所留存的"底层"。硬是用共时差异去构拟"原始母语",画出方言演变的"树形图",往往很难符合方言的实际。这些年来,研究汉语方言的学者们已经在这方面达成了越来越多的共识了,这是汉语方言研究走向成熟的表现。

如果说,本书还有什么不足的话,这里可以提出两条。一是赣语还有一项工作很需要做而现在还没做,这就是对不同区片的赣语应该做一番比较和清理,说明这些区片之间的异同,以及彼此之间的远近的关系,再看看与古通语、古方言的分合是什么样的关系,与周边方言又有何关联。这当然是和历史层次研究不同方向的另一个课题——横向共时比较。但是纵向的层次分析和横向的共时比较也是相关联的,可以相互论证,最好能够同时进行。二是关于判别方言语音的不同历史层次的主要依据应该是什么?应该拿什么来作为参照系?其中,不同时代的古通语、古方言、古文献典籍以及当代周边方言或民族语言的调查材料应该都是有用的,它们之间究竟是什么样的关系?如果有了矛盾,何者为主,何者只作参考,这是很值得进一步探讨的课题。本书在这方面还显得着力不够。

万波君先后跟随我们做方言研究。1987 年他考入福建师大时,协助第一届国际闽方言研讨会会务,开始和港澳及海外学者接触。福建师大严格的训练和田野调查的磨炼,为他打下了良好的基础;香港中文大学较好的物质条件,则帮助他开阔眼界,切磋理论,加上他本人用功,本书所得的成果,使我们每次读过都获得一番喜悦。评审博士论文的王福堂教授、张洪年教授都给予好评。本书的部分观点,曾作为单篇论文发表,其后走类似路向的研究者不少,可见万波君在这方面的工作是有贡献的。如今商务印书馆决定作为中国语言学文库的一种,出版此书,他要我们作序,因此写下了以上一些感想,用它来参加有关这些问题的讨论,以求正于方家!

李如龙　张双庆
2005 年 9 月于香港中文大学

附记： 万波于 1987 年考入福建师大中文系以我为带头人的方言学硕士点，是我所带的头一名硕士生。经过一番训练，翌年开始跟我拟定调查表格，在记录了他的母语安义方言后由近及远调查赣语点，1988 年之后又有邵宜和练春招参加此项计划——客赣方言调查。1990 年毕业后，他到香港中文大学访问研究，协助整理我和张双庆教授联合主持编写的《客赣方言调查报告》。后来经过一番周折，他得到了攻读博士学位并在香港中文大学中文系工作的机会。本书是他在香港中文大学撰写的博士论文的基础上再三修改的成果。

《客家方言特征词研究》序^①

　　1997 年，我在国家教委人文社会科学研究"九五"计划中获准立了当年专项计划——汉语方言特征词研究。翌年，招收了几位词汇学的博士研究生，就让他们参加这个课题的工作，和我一起讨论有关问题，研究他们的母语的特征词。温昌衍同志就是其中的一位。1999 年，我发表了《论汉语方言特征词》，为特征词做了界定，并制定了研究大区方言特征词的工作程序。2001 年上半年，温昌衍完成了《客家方言的特征词研究》的学位论文，答辩时获得了很高的评价。那年年底，我主编的《汉语方言特征词研究》就把该文的部分内容收进这个集子发表了。

　　从那时到现在，新千年、新世纪过去十年了，"汉语方言特征词"的概念得到了方言学界的认可，各方言区都有学者进行特征词的研究，提出了不少很有价值的成果。这是很值得欣慰的。

　　寻求一个大方言区的特征词，做起来并不容易。因为需要由点到面反复调查，从多到少多次筛选，由近及远多作比较，由浅入深进行考订。这是一个大规模的方言词汇的比较研究。没有长时间的调查、大量的资料搜集和文献考证，以及对方言语音、词汇和语法的全面了解，是办不到的。

---

　　① 本文刊于《客家方言特征词研究》（温昌衍著，商务印书馆 2012 年版）。

温昌衍君没有把获得博士学位作为研究的终点，而是把它作为学术研究的新的起点。十年来他继续全面地研究客方言，广泛收集前人关于客方言的研究成果，并加以鉴别和吸收，更加广泛地搜集方言词汇，尤其在方言词本字的考订上下了大功夫，并进一步思考特征词的理论问题，发表了不少新的论著，同时也补充修改自己的学位论文。本书就是他的这项研究的最新成果。

本书的第一个优点是尊重前人的经验，广泛搜集关于客方言词汇的研究成果。从杨恭桓的《客话本字》、章太炎的《岭外三州语》、罗翙云的《客方言》算起，客方言词汇的研究已经有近百年的历史。近十几年间出版的客家话的词典、方言志和调查报告不下数十种，温君都很善于吸取其精华。除了母语的调查之外，他所调查的 1 000 条客家方言基本词汇就是从十几本相关著作的比较中提取的。对于东南方言的多种特征词研究的成果也能认真研读，吸收其经验。书后所列的主要参考书就有近百种。

在考释方言词的本字上，作者表现了很好的功力，有不少新见解，这是本书的又一个优点。有些新考订的本字填补了以往的空白，有的纠正了前人的错误。例如以下几条：

摷［sau²］：用能滤水的器具快速捞起水中物。本字是"摷"。《广雅·释诂一》："摷，取也。"服虔《通俗文》："沉取曰捞，浮取曰摷。"《文选·张衡〈西京赋〉》："摷昆鲕，殄水族。"李善注引薛综曰："摷、殄言尽取之。"《太平御览》卷八："摷，士交反。"（第二章第一节"13. 摷"）

较［kau⁵⁶］：用东西去换（糖果等）。此词常写作"告"。本字为"较"，有"比较、较量"义。《六书故·工事三》："较，比较也。"用东西去换（糖果等）的时候，其实质是比较两种物体等值不等值，故可以说"较"。《广韵》去声效韵古效切。（第二章第一节"26. 较"）

炀［ioŋ⁵⁶］：人多，热闹。以前认为该词本字为"穰"，误。"穰"意义吻合。《诗·周颂·执竞》："降福穰穰。"《毛传》："穰穰，众也。"《汉书·张敞传》："长安中浩穰，于三辅尤为剧。"颜师古注："浩，大也；穰，盛也，言人众之多也。穰音人掌反。"但"人掌反"为次浊上声读音（在

《广韵》中为"如两切"），与各地去声读音不合。本字其实为"炀"。"炀"为古方言词，指"火炽"。《方言》卷十三："炀、翕、炙也。"郭璞注："江东呼火炽为炀，音恙。"而"火炽""炽"指"火旺盛"。王充《论衡·论死》："火炽而釜沸，沸止而气歇，以火为主也。"又引申指"昌盛，兴盛"。《诗·鲁颂·闷宫》："俾尔昌而炽，俾尔寿而富。"阮籍《大人先生传》："故天下被其泽，而万物所以炽也。""（街上）热闹、人多"就是"昌盛、兴盛"的景象，故意义吻合。读音为《广韵》去声漾韵余亮切，也与各地去声读音吻合。（第二章第二节"157. 炀"）

本书所得客方言特征词是拿 1 000 个左右的基本词就 15 个客方言点的对比之后提取的。含"外区罕见词"（可称为"基本特征词"）100 条，"关系特征词"（即与外区交叉的）72 条（包括客粤交叉的 40 条，客赣交叉的 20 条，客闽交叉的 12 条）。作者把这两类合称为"词形特征词"，还有"语音特征词"（即用词相同，由于语音特异，本地人已认不清字源，另写别字，如"我"，读为 ŋai，写为"𠊎"）14 条。这种分类法是本书第一次提出的，有其合理性，值得其他方言区研究特征词时作为参考。

得出了 240 条客方言特征词后，作者拿它做区内的比较，提出了客方言分小区和区下分片的新看法。他主张先将客方言分为南北两片，南片在广东省境内，又分为粤东和粤中两个小片（粤中片指的是龙川、河源、新丰、博罗到惠州一带，俗称"蛇话、本地话、水源音"）；北片在赣南、闽西，也分为赣南和闽西两个小片。在南北两片之间，另有粤北土话，和南北两片都差别较大，和湘南土话、桂北平话关系密切，面目不清，学界尚未有定论，暂未列为客家话也是有道理的。这样的分片是可以用地方史和移民史来论证的，也符合说客家话的人的感性认识。当然，关于客家话的分区分片，还应该结合语音结构和语法特征的异同做最后的科学论证，但是在特征词上的表现无疑是重要的依据之一。

全书最精彩的是第四章——客家方言特征词的综合研究。这是对客家方言特征词的纵横两向的比较分析。在纵向比较方面，作者把这些特征词分为本区传承的古代汉语词、近代汉语词、古方言词，以及在语言接触中从外区吸收的邻区方言词，还有少数来自其他民族语言的底层词、外语借词，既分析了方言特征词的历史层次，也区别了不同的词源。在横向比较方面，则分别说明了客方言与周边的粤方言、赣方言和闽方言的关系。除了联系语音特征和移民史料加以论证，还拿特征词与邻区方言点作比较并提出统计数据。据统计，186 条大区特征词在三种客家话中的出现率为 70% ~82%，在两种赣方言中的出现率是 10% ~20%，在四种粤方言中出现 13% ~19%，在三种闽方言中只出现 4% ~10%。至于南片特征词和北片特征词在赣、粤、闽八个点的出现率就更有意思了。南片特征词在赣语的安义的出现率是 0，北片特征词出现率是 27. 78%；在粤语的阳春，南片特征词出现率是 30. 56%，北片特征词出现率是 5. 56%；在闽语的揭阳，南片特征词出现率是 13. 89%，北片特征词出现率是 5. 56%。这些数据既说明了客家话与粤、赣、闽方言的关系的深浅不同，也说明了南北片和不同地点距离的远近对词汇的异同是有明显影响的。事实证明了：客赣方言早期一定关系密切，后来赣语和近江方言及官话方言越走越近，和客家话越走越远了，赣方言只与北片客家话保持了一些关系。而客家话是和粤语越走越近了，尤其是南片客家话与粤语的关系比赣语和北片客家话的关系还深。与闽语关系显然浅，揭阳因为邻近客家话区，所以有些南片特征词的反映。

本书拿客家方言的 240 条特征词就客赣粤闽的 12 种方言做识别检验，统计了各类特征词在各点方言的异同指数。用这些数据既能再次证明客家话和周边方言的亲疏关系，也说明了用这些特征词完全可以检验一个陌生的方言究竟是否可以认定为客家话。我的一个在读的、来自台湾的博士生宋彩仙，最近用 100 条客家话的基本特征词查阅了《客英大词典》（1905 年 Maclver 编，1926 年 Mackenzie 修订），竟然查到了 89 条，其中有 5 条是部分语素不同（如"地—地坟"）或用字有异（如"俍—蕴、嫲—嬷"）。而在现在的台湾客家话里也还有 91 条在使用着。这也证明了用这个特征词表去鉴别客家话是十分有效的。

研究方言特征词的目的正是在于确认方言区的词汇特征，通过与不同历史时期的汉语的词汇比较为方言作历史定位，考察该方言与外区方言的亲疏远近关系，并用它来鉴别未经研究定性的方言的属性。温昌衍的《客家方言特征词研究》提取特征词的方法是正确的，对于客家方言特征词所作的比较分析也很有说服力。这是一本客方言词汇研究的重要专著，也是可供方言特征词研究借鉴的成功之作。我很高兴、很负责任地向方言研究者推荐这本好书。相信本书的出版将对汉语方言特征词研究有重要的推动作用。

是为序。

李如龙

2011 年 10 月 21 日于厦门大学

附记： 温昌衍教授在他的博士论文通过之后，又经过十年的补充、考察和修改，出版了本书。把我所提出的方言特征词应用于一种大方言区的考察，既能较为有力地论证了历来关于客家方言的特征和内部分区的鉴定，又能在理论上为我作些补充。这使我又一次得到了"教学相长"的乐趣。

此书出版后不久，昌衍就被评为教授，出任嘉应大学文学院副院长、客家研究所所长。后来又出版了《广东客闽粤三大方言词汇比较研究》《〈现代汉语词典〉问题探析》，以及与人合作《岭南文化书系·客家方言》《客家方言调查研究：第十二届客家方言学术研讨会论文集》多种，成为该校学科带头人。

《汉语常用动词历时与共时研究》序①

　　有一次，一个我寄予很大希望的学生跟我说："有的老师要求学生以学术安身立命，跟着老师的路子走一辈子，真是不可理解。"这话一时很使我震惊，我虽然没对哪个学生这样说过，一定是我使人联想到这个意思了。是啊，大千世界，百业待兴，学术之路，复杂万端，人各有志，老师怎能规定学生的人生道路呢？那时，我都年上花甲了，却还不明白这个浅显的道理。这位学生果然不辞而别了，曾使我失望，却也让我得到启发，改进我的工作。后来，我的传道授业就采取"引而不发"的做法。上课多讲讲方向和方法，下乡调查也多让他们动手。要求学生扬长避短，自己选定课题，积累材料，思考问题，共同讨论，努力完成。

　　让我得到安慰的是，十几年过去了，我带的学生再也没有拂袖而去的，大多都挑着难题做，挽着袖子干，博士论文已经出版了十几本了，也有被评为优秀的。毕业后还常有往来，来信来电汇报成绩，讨论问题。白云就是其中一个。她最后选定的学位论文是做常用词古今南北比较的。挑的是五组变动最大、用法最复杂的动词，实际上包括了古今南北的 80 个常用动词。自古至今，从"食"到"吃"，从"击"到"打"，从"视"到"看"，从

①　本文刊于《汉语常用动词历时与共时研究》（白云著，中国社会科学出版社 2012 年版）。

"行"到"走"都是古代汉语发展成现代汉语的人所皆知的最重要的事实，也是南北方言的基本差异所在。她为了考察古今流变，查阅了几个大型语料库；为了了解南北差异，翻看了42部方言词典；为了弄清这些常用词的竞争、更替的缘由，读了许多语义学的书，逐个考察这些动词的义域、义值和义位，专章进行词义分析；为了考察动词的虚化过程，又遍览了十几年来关于语法化的研究成果。诚然，这些动词已经有不少前贤研究过了，但是在本书中是更加条理化了，有的地方还有所推进。我们的古籍汗牛充栋，方言则千差万别，要说已经穷尽了是不可能的，但是本书在事实的认定上是信得过的。

在尝到常用词纵横比较研究的乐趣之后，白云又给自己加压，写了"常用词动态发展变化的理论思考"一章。我曾为她捏一把汗，没想到写出来之后还读得下去，至少是言之有据，归纳有致，说解有理。书中把常用词的演变方式分为简化（由多到少）、整化（由多到多）、分化（由少到多）、繁化（义素合成）；解释常用词变化的原因，外部有社会生活的变迁、认知能力的发展和通语与方言的兴衰，内部有书面口头的竞争、词汇系统的竞争、词义系统的竞争、构词系统的调整等；把词义演变的类型概括为引申、转化、泛化、虚化、同化；关于常用词的特性，提出了稳定和变异是对立统一的，互相依存又互相补充的。因为都有典型的例证，并不觉得是空论，有些地方还闪着亮光。这些理论上的探讨应该说也是有创获的。此外，她还根据自己研究的心得，就汉语史的分期和方言的分区发表了一些看法。这好像是不自量力的"越俎代庖"，其实也是值得肯定的，哪怕只是从某个角度、某个立足点看到一个侧面，说说"一得之见"又有什么不好呢？几得之见加起来，就能看得更清楚了。

比较研究其实只是手段，目的还在于探寻演变的规律。只要认定的事实无误，做出理论的概括和推断应该是值得欢迎的。事实上，最有资格概括理论的是做过认定事实的人。以为理论高不可攀，甚至视为禁区，乃至认为中国学者只配去认定事实，理论要到外国学者那里去找来套，或拱手把原材料交给他们去推导，这种思想早该扔到垃圾堆里去了。

这本书稿已经写好多年，出版之前作者又做了些修改，这种慎重的态度是值得鼓励的。我带的博士生已经有好几个是毕业后"十年磨一剑"才出版毕业论文的。这样的研究，由于时间和体力的关系，我已经很难着手去做了，年青一代却能做得好，并且能验证我的方法，延伸我的理论，如果我的理解和说教有差错，他们也可以帮我纠正，这就是教学相长了，也是使我欣慰的事。

以上感想，聊以为序。

李如龙

2012 年暮春

附记：本书出版之后曾获奖，后来白云又出国访问，深挖吕梁山区、太行山区的晋语，成果颇丰，如今已是山西省方言学会会长、山西大学文学院方言学的学术带头人了。

《台湾话俗谚语典》序①

　　去年，张屏生教授把他和萧藤村先生、吕茗芬小姐合编的《嘉义县方言志》送给我，初步拜读之后，我就被萧先生收集语料、描写语法的功力镇住了。如今描写方言语法的学者，大多是就已经知道的方言语法特点，造出若干例句去调查，把调查的结果整理出一个报告就完事了。这其实是一种偷闲（说得好听点是"走捷径"）的办法，难免遗漏和出错。萧先生是在搜集了许多实际语料之后再去归纳语法规律的，这才是语言调查研究的正经办法。没有足够的功力，用足时间的决心是做不来的。

　　今年我又有个机会去访问台湾，在萧先生的绵远楼里，见到了他所展示的《台湾话俗谚语典》的书稿，就更使我震惊了。一种热爱家乡、热爱母语的情结促使他坚持了四十多年，搜集民间的各种俗谚。为了考源和校订，他还搜集了有关的书面语料 286 种，最后得到的俗谚竟有 18 032 条。这恐怕是迄今为止汉语方言俗语收集得最多的词典了。我见过的《忻州方言俗语大词典》（张光明、温端政编纂）总数虽有三万多条，但是其中包括了一些普通词语和四字格"俗成语"，单是俗成语就有四千多条。如果把台湾闽南话的"无冥无日、无天无地、无魂无影、无影无迹；无山无屿、无骨无屑、无横

---

①　本文刊于《台湾话俗谚语典》（萧藤村编著，五南图书出版股份有限公司 2012 年版）。

无直、无咸无鬶、无咸无味、无大无细"这些俗成语都收进来，不知要膨胀多少！此书我读过的条目还不多，就发现有许多说法是我这个在闽南本土住过五十多年的地道闽南人还没听过的。例如："目睭看无目睫毛""暗饭食小口，活过九十九""捌人较好捌铜""卜俟千人好，唔俟一人痞"。自然，由于生活阅历的不同，每个人都不可能掌握本乡方言的全部俗语，足见萧先生是经过长时间的积累，调查过许许多多的乡亲才能得到如此丰富的语料的。我想，台湾闽南话的俗语之所以数量多，还有一个原因，就是"漳泉滥"。同一个意思的俗语在不同的村庄都有不同的说法，漳泉厦之间就有更多的差别了，萧先生又格外认真，求全求细，凡有不同说法的都要收。这就非多不可了。

我常说，在闽南本土，厦门话和台湾闽南话是最相近的，因为二者都是"漳泉滥"的结果，这一点是两岸的学者都一致公认的。但是，"漳泉滥"究竟是发生于何时何地？以前我总以为是发生在厦门。直到前年在台东和萧先生、张屏生以及杜建坊几位朋友座谈时，听到他们的分析才恍然大悟，我竟忘了，漳州人和泉州人最早"滥"在一起，是18世纪渡过海峡来开垦台湾的时候，而厦门的开埠是19世纪的事。而且台湾的"漳泉滥"的规模显然要比厦门大得多。台湾早就有两千万的漳泉祖的人，厦门直到建特区前才有几十万人。台湾和厦门的"漳泉滥"不是渊源关系，而是不约而同的同道者。应该说，漳泉人在台湾"滥"了三百多年，经过长期艰苦的"拍拼"，创造了骄人的业绩，也使故土带去的闽南话发展得更加丰富多彩了。萧先生能发掘出这么多的俗谚，就是一个生动的证明。

本书不但所收的词条多，而且经过萧先生的悉心雕琢，不论是标音、释义、注字，都达到完美的地步。注音采用《台湾闽南语罗马字拼音方案》是已经公认的规范，具体的词条还根据文白读、连音变读（变调、合音等）加以严密的处理，用通语释义也掌握得很好。例如，"棉被唔睏，去蚝壳顶抛拎斗"注曰："家里有温暖的被窝不睡，要在成堆的牡蛎壳上面翻跟斗。不在家里好好享受，要到外头浪荡受苦。犯贱。自讨苦吃。"这就非常透彻了。在用字方面，《台湾闽南语常用词辞典》已有的字不够用，萧先生在处理时花了很多心血，有不少创获，例如，把"翁"和"尪"分开，表示"丈夫"

和"菩萨"，把"仔"和"囝"分别表示"子尾"和"儿子"，用"痞"标记"坏"，用"抌"标记"拣"，用"佮"标记"和"，还有沿用"卜、控、瞌"等已经通行的俗字，都是很容易被接受的。经过萧先生的努力，如此大规模的台湾闽南话的俗谚就有了更高的研究价值。不但可以用来和通语、其他方言做比较，也可以做漳泉厦的语音、词汇的比较，以及用作语法分析的材料。

最后，考虑到俗语是生动有趣、容易记忆的，又有丰富的知识、深刻的教育意义，可以作为乡土语言教育的补充教材。如果为了这种需要，我建议另编一本简明本，或者编成一套按意义分类的小册子，把内容相同、只有漳泉厦语音差异的条目合并起来，这样，本书的社会意义就更大了。

祝贺萧先生的成功。承蒙器重，写了这些感想以应萧先生的作序之约。

厦门大学　李如龙
2012 年 3 月 25 日

附记：书架上摆放的这部两卷本已经快十年了，近几年，台湾去得少了，但是看到这部巨著，我就会想起萧先生的那座绵远楼，是一座小巧独立的别墅，有小桥流水。穿过庭院，数株古树虽未参天，却是枝叶茂盛，树干上还挂满小的盆栽，鱼儿在水中游荡，蝶儿在花间飞舞，不时还有三几个好友在这里读玄论道。那情景真使人乐而忘忧，乐而忘返！

《现代汉语形状量词的来源及其演变研究》序①

为落实两岸青年精英的学术交流，台湾政治大学从 2011 年起，设立了"思源人文社会科学博士论文奖"，在第一届评选活动中，经过公平严谨的评议，孟繁杰的这本博士论文获得了文学门的首奖，政大出版社负责出版发行。在近百篇参评的论文中，获得此次首奖的大陆青年学者只有三位，有的学门还从缺，可见评选的要求是严格的。不过，此书也确是值得肯定的，它的获奖并非侥幸偶然。

作为博士论文，本书的选题是独出心裁的。量词是汉语的重要特点，世界上许多语言没有量词，汉藏语也并不都有。汉语的量词是在两三千年间从无到有、从少到多发展过来的，这个演变过程就十分引人入胜。数十年来已经有不少学者就此做过研究，但是由于汉语的历史语料汗牛充栋，相关的理论又很不完备，至今还难有一套严整而又透彻的说法。然而如果要对所有的量词做全面的考察，又不是数年之间可以完成的，作者选取了"形状量词"这个小类，既是比较易于捉摸的，又是很常用、很有典型意义的，用它来说明量词的演变过程应该是有说服力的。

和传统的训诂学不同，词汇史（历史词汇学）的研究是要从常用词、基

---

① 本文刊于《现代汉语形状量词的来源及其演变研究》（孟繁杰著，政治大学出版社 2012 年版）。

本词入手，而不能总是在生僻词的考据中打转；其旨趣在于探索词汇的发展规律，而不是以解释古代经典为目的。本书既是一批常用词的研究，又能在充分了解前人的研究成果的基础上，回到语料上进行深入的考察，并且努力从中发现和总结这些常用量词的演变规律。

了解已有的本课题的研究状况是非常重要的。这不但可以避免重复别人研究的无效劳动，又可以"站到巨人的肩膀上"摘取更高的新果实。本书在这一点上是做得很好的，书后的文献就有百余种，历来关于量词的研究成果大体上都囊括在内了。

自从文本数位化之后，大型语料库的建设发展很快。汉语史上的语料库已经很多了，本书在这方面的应用也表现了很好的功力。引用古籍上的量词例句都经过校订，避免了一些古注上的差错。例如：

"男子张伯除堂下草，土中得玉璧七枚，伯怀其一。以六枚白意……孔子寝堂床首有悬瓮，……发之，中得素书，文曰：……璧有七张，伯藏其一。意即召问，伯果服焉。"（《水经注》卷二十五）

应是"璧有七，张伯藏其一"之误。

在厘清了从古代汉语到现代汉语这些常用量词的演变过程之后，本书还致力于探讨量词在演变过程中所体现的规律。在这方面本书虽然还发挥得不够，但就所提出的一些观点看，还是有一定的启发性的。例如，汉语的量词多来自常用的名词和动词，本书的第六章指出，从实意的名词、动词到量词，是经过"虚化"的，实意的逐渐减弱与表量度的虚义的明确是同步进行的，虚化得越彻底，量词的适应性就越强，越加泛化；泛化和虚化是相牵制、相促进的。关于"泛化"（称量的范围的扩大化）的过程，作者概括为"类推"，具体的又包括形状、属性、功能、动状等几种类推。此外，作者还提出："大部分量词的发展都经历了不断泛化至最大、再逐渐缩小的发展轨迹，如果用图形来表示，它是一个不太规则的抛物线。"从历史上看，量词定型后与名词的组构总是由少到多，而后又由多到少，前者是"泛化"，后者是"整化"（书中称为"逆泛化"），不同的量词，泛化和整化的范围不同，就表现了抛物线的不同。此外，书中还讨论了量词演变与汉人的认知的特点的关系，提出了从量词发展过程看汉语史的分期的看法。这些努力对于汉语量词的研究都是有启发意义和参考价值的。词汇史的研究，至今为止还是描写的多，归纳的少，理论上的解释更少，年青一代学者应该努力改变这种状况。

在确定这篇博士论文的时候，我曾经向作者提出，最好包括现代汉语方言里这类量词的比较研究，因为现代汉语是应该包括方言在内的。而且在纷纭复杂的方言中，这类量词的说法及其用法就异彩纷呈。例如，各方言使用最广泛的量词（所谓"万能"量词）是各不相同的（北京话说"个"，上海话、福州话说"隻"），这些万能量词是如何竞争而胜出的？量词和名词组合的语义依据也是各方言不同的，客家话说"一张刀"，取义其"薄"，闽方言说"一粒地球"取义其"圆状"；在闽粤方言，量词语素可以和形容词语素组成形容词（如说"大只、大条"）；还有许多量词在方言中有兼类造成的多义词，例如闽南话的"张"，不但用作量词说"一张犁""十一张弓"（弹棉花的弓），还可以用作单音动词说"张犁"（组装犁）、"张颂"（为死者着装）、"免张！"（别站着不动耍孩子脾气）。不过，考虑到作者是在职攻读博士学位的，在对外汉语教学上并没有减少工作量，怕她忙不过来，我就没有勉强她。

其实，正因为量词是汉语的特征之一，形状量词又是最常用的量词，这些量词的兼类现象和作为语素的广泛组词：一张、张开、张扬、张罗，一条、枝条、条幅、开条子、条陈、条分缕析，一支、支条、支票、支取、支开、开支，一点、重点、钟点、点滴、点将、指点、好点了，其中还有许多问题值得进一步研究。写好一篇博士论文不是研究的终点，而应该是一个新的起点。希望孟繁杰今后能够百尺竿头更进一步，在汉语量词的研究上做出更多的贡献。

李如龙

于 2012 年 4 月 5 日

（厦门大学 91 周年校庆前夕）

　　附记： 孟繁杰出生于东北，说着一口标准的普通话，早就是一流的普通话测试员。博士毕业后一直在厦大海外教育学院任教，除在英国南安普顿大学孔子学院任教三年之外，还到过日本、韩国、菲律宾、印度尼西亚等国培训汉语师资。参与过我主持的对外汉语入门教材的编写工作。独著有《对外汉语阅读教学法》（2006），还有合著数部。承担过数个研究课题，关于量词的专题论文也在刊物上发表了不少，十几年来是教学科研双丰收。现为海外教育学院汉语系副主任。

《海南闽语比较研究》序[①]

在讨论了一些章节的问题之后，世彪寄来了《海南闽语比较研究》的全稿。我一口气读完了全文，为他的成功而感动，也为我的迂腐而感慨。多年来，我一直劝他离开海南，找一个条件好一点的地方，更好地发挥自己的作用。现在看来，他是对的。十年来，他不计较待遇，不抱怨工作的困难，在完成教学任务之余，利用一切可以利用的时间，开着自己的小吉普跑遍了整个海南岛，调查了数十个闽语点和十几个少数民族语言点，阅读了数百种中外文有关资料，终于写成了几本高质量的专著，《海南闽语比较研究》这一本是经过多年推敲定稿的第一部。做语言的比较研究，不就是应该这样精益求精吗？

本来，应该说我是十分关注海南闽语的研究开发的，没想到我却成了劝说世彪离开海南的随俗凡夫！

1985 年，海南师院的陈鸿迈先生邀我去给他办的方言调查训练班讲授国际音标和方言调查方法，我第一次接触海南闽语，也知道了海南人是从福建来的。就所记录的海南闽语而言，我是既熟悉又陌生，和以前读梁猷刚的文章感觉很不相同。于是，回福州后就找了海南来福建师大进修的老师做调

---

① 本文刊于《海南闽语比较研究》（辛世彪著，商务印书馆 2013 年版）。

查,越做越觉得海南闽语非常值得深入研究。后来又做过泉、漳、潮、雷、琼的词汇比较研究。为了让更多的学者来研究海南闽语,我和张双庆、詹伯慧两位先生策划,先后两次到海口举办闽语研讨会。世彪在暨南大学毕业后,我支持他到海南大学任教,就是希望他研究海南闽语。有他的配合,我曾组织过十几位博士生到那里调查方言,不久还招到了精通海南闽语的博士生符其武。

幸好世彪没有听我的话离开海南,而是坚持不懈地探宝,不但就岛内的闽语作比较,还和内陆的闽语作比较,和其他的东南方言乃至北方官话作比较,和相关的其他民族语言作比较。有了多方面的比较,他对海南闽语的音韵特征就能有深切的理解。对这些特征,本书从三个方面进行了分析研究:在语音学方面,分析每一个音的发音原理、结构地位和演变由来;在音系学方面,分析音类的分合过程和所呈现的历史层次;在类型学方面则努力分清是汉语古今演变的类型特征或是由于与其他民族语言接触而产生的特征。海南岛地处祖国的最南端,历史上开发很早,多民族相处,说壮侗语的临高人,黎族,后来还有从南海飘来的回族人。从大陆多次南迁的北方人、闽人、粤人,迁徙过程也很复杂。从北部湾到西沙群岛都是海南人的活动空间。在这种地理历史环境中形成的海南闽语,不论是音值或音类都显得独特,词汇也五彩纷呈。说它是汉语方言中少有的奇花异果,一点也不过分。

面对这种复杂的情况,要弄清楚海南闽语的来龙去脉是相当不容易的。世彪逐一查阅了一百年前美、英、法的四位传教士和外交官所记录的海南闽语的材料,参考了八十年来几代中国学者的研究成果,对于前后有分歧的解释都做了详细的分析。不正确的说法也加以纠正,从而得出了符合语言实际的可信结论。例如,关于海南闽语的分区,由于他所做的调查点多,区别特征抓得准(三组七个声母),他的“两区四片”的划区应该是最有说服力的;关于先喉塞浊音的发音特征的分析也是最详尽的,他选定了“先喉塞浊音”(有人称内爆音)、排除了“吸气音、缩气音、吸入音”等术语也是最妥善的;关于海南闽语的八个调类,历来学者的处理(定名)也有些分歧,他根据字调的归并和调值的特征,把南北片各自的多类字杂混的调类定为“高去”和“长入”,也不失为稳妥的权宜之计。

方言的比较研究无非是为了了解和提取方言的特征。《海南闽语比较研究》用了近半的篇幅论述海南闽语的声韵调的特征，这是很见功力的办法。关于声母的特征，文中罗列了七条，像先喉塞浊音、全清塞化（ts、s 变为 t）、次清擦化（p^h 变 f、ts^h 变 s、k^h 变 x）、晓母浊化为 ɦ，都是多数汉语方言很少见的，书中分析得很到位。关于韵母的特征是以"文白分韵"为纲，按照"阴、阳、入"的顺序做的分析。文白异读是闽南方言的重要特征，这是人所共知的，按韵分列文白读也是闽南方言论著中常见的做法，"文白分韵"则是首创的提法。闽南话几乎各韵都有文白对应，不同的韵类读乱的不多，白读则常有交叉，或一韵多白，或数韵同白，大体与韵腹元音高低相关。这种分析方法既能全面地罗列文白对应的条例，又能反映各类文白读音的韵类来源和历史层次。关于声调的特征也以"文白分调"为纲，理清了平上去入各分清浊后的文白分化，把文白对应和四声的演变都说得清清楚楚。没有语音史的雄厚理论基础是不可能有此创意的。

近二十年来，随着方言研究的深入发展，也得益于粤、闽、客、吴及官话等大区方言的研讨会的推动，区域方言的比较研究逐渐多起来了。经过系统的比较，提取一定区域的方言特征是这类研究的一般方法，做法大体也相同，只是提炼是否准确，材料是否齐全，表述是否周密，各有长短。世彪的研究没有止步于此，而是运用体现方言特征的材料的比较，进一步论证语音演变的先后进程，探讨体现其中的规律；运用方言地名和移民史的资料，说明海南闽语的"内外关系"，最后提出了为海南闽语定性的见解。应该说，全书最后的这四分之一篇幅是最难得的理论推进，也是最精彩的部分。

第五章讨论了声韵母特征各两条，声调特征一条。关于塞音塞擦音的送气音，作者指出，以往的学者由于调查材料不足，误以为海南闽语都没有送气音，其实是自南向北逐渐消失的。消失的顺序是 ts^h 先丢，而后 k^h，再后 t^h，最后 p^h。这样的演变次序，不但有海南闽语南北片的差异做内证，作者还广泛地引用了藏缅语乃至印欧语的证据，引用了实验语音学的研究成果作为音理上的依据。关于擦音、塞擦音的塞化顺序是，塞擦音先变为 tθ，擦音先变为 θ，而后各自变为 t 和 tθ，最后是擦音也变为 t。从各种现象的分布，又推论出塞擦音是塞化在前，擦化在后。

各地海南闽语的韵母数差别很大（从 26 个到 56 个），这主要是塞音韵尾合并和脱落的进度不同。影响进度的是韵摄的韵腹元音高低以及声母清浊的差异。脱落是依据-p、-t、-k、-ʔ 的顺序进行的，变化的先后则是低元音先变，浊音声母字先变。此外，这一章还讨论了海南闽语普遍存在的阳声韵转化为阴声韵的现象，以及个别点的特殊音变：黎安话"后高圆唇元音韵尾转为鼻音尾"的现象，也联系汉语方言的相关现象，结合语音原理的分析做了合理的解释；还讨论了海南闽语分别为 5 个、6 个、7 个元音的三种构型，说明元音衍生的机理。有了这一章的辛勤建造，拿最具价值的海南闽语的语音演变实例去总结规律、解释音理，实际上是为汉语方言学打开了一条与国际接轨的通道。不论所叙述的规律和音理的说法是否百分之百正确，敢于闯开这条路，精神就是十分可贵的，获得的成功也是值得骄傲的。

第六章讨论的是海南闽语和闽、粤等地的闽语乃至北方汉语，以及海南闽语与民族语言的"内外关系"。在扼要陈述了海南闽语和其他闽语的八条共同特征之后，作者着重论述了闽南方言和晋陕方言的"内在联系"。他搜集了大量晋陕方言的材料与闽南话作比较，说明以下三个重要事实，都是闽南话和晋陕方言相关的特点：①明、泥、疑等次浊声母经由"鼻冠音"而脱落鼻音，变为 b、d、g；②全浊声母字中常用的送气清音可能是晋陕一带的移民在唐代以前辗转南下带来的；③阳声韵经由鼻化而变为阴声韵，在闽南表现得很充分，泉、漳、潮多鼻化，莆田和海南是鼻音彻底脱落，而晋陕一带也是以阳声韵变为阴声韵为重要特征的。显然，有文白异读的字多，也是闽南话和晋语的共有特征。为了说明闽南话和秦晋方言是"同源异流"的关系，文中还引用了史学界关于唐代之前就有关中向闽地移民的记载。闽语是多来源、多层次的方言，这早已成为学界的共识，然而关于闽南话和秦晋方言的密切关系，则是辛世彪首先提出的，有了这一次的详细论证，可信度是大大加强了。汉语之外，与海南闽语有过接触的主要是属于壮侗语的临高话和黎语。这方面发掘的材料不少，并未存在争议，但是书中列举了海南岛上的许多地名，说明是古时民族语言的留存。地名是民族关系史的最忠实的见证，这是先前少见运用的宝贵材料，也是海南闽语与民族语言接触的最佳证据。

　　基于全书的比较和论证，作者是这样为海南闽语定性的："海南闽语是多来源、多成分的，它融合了闽南话和岭南民族语言的特征，又与闽南语共同继承了古代秦晋方言的特征，它完整保留了近代南方官话的文读系统。海南闽语是以闽南话为内核的混合型方言，是语言融合的绝好范例，因此在汉语方言中独树一帜。"除了"混合型"一点有待进一步界定之外，我想这个结论和书中所揭示的事实是一致的，是完全可以接受的。应该说，这是一部迄今为止关于海南闽语最系统、最全面、最深入的论著。

　　辛世彪的成功实践还纠正了我的另一个片面想法。近二十年来，我以为自己的方言音韵比较做得不少了，在整理文白读的对应关系、为方言词考求本字、研究多音词的连读音变的过程中，深感方言语音的研究离不开词汇、语法的调查研究，以为许多有特色的方言语音特征正是隐藏在词语之中，加上 20 世纪 90 年代之后又连续编了几本方言词典，参加了长达十年的东南方言语法比较研究，我的学术兴趣就逐渐转到方言词汇语法上来了。回想以往的方言研究多集中于语音方面，甚至局限于字音，总觉得方言学不能老是充当音韵学的附庸，就以为音韵方面的研究可以淡化，应该把重点转到词汇、语法上来。读了世彪的书，使我进一步认识到，方言语音有严整的系统，发展演变都体现着一定的规律，即使有语言之间的接触和相互影响，种种变异也是有道可循的。只要把方言视为自足的系统，注意语音和词汇语法之间的关联，关于方言语音特征的研究还是很有科学价值的。它不但可以如实地了解方言的语音形式及其类型特征，在探寻方言的类属、源流、演变及其历史层次，了解方言与各种语言的接触、融合等方面都能有便捷、准确的效果。19 世纪的历史语言学和 20 世纪的语言类型学主要就是利用了语音材料所做的研究。可见，不重视方言词汇语法的研究是不对的，但方言音韵的研究也不应该被轻薄。

　　世彪在本书的扉页上标明把它送给我，这是一份厚重的礼物，厚重得我都有些承受不起了。事实上，他在方言研究的许多方面都走到我的前面去了，像这样一本书我已经写不出来了。不过，我为他的青出于蓝而高兴，相信他一定还能为语言学的建设推出更多更好的成果来。

　　二十七年前，我从广州乘船去海南岛。在不眠之夜里我做了一首五言绝句——《咏海》，用大海的风格来激励自己。近二十年的接触使我了解到，世彪是一位志趣高远、自强不息的学者，做事业是不畏艰难、不计盈亏，不论冬夏春秋，总是坦荡满怀地向前奔流，颇有大海的风格。我把这首诗送给他是合适的，并以此共勉：

> 日月抚肩过，
> 乾坤伴我浮。
> 奔流无朔望，
> 坦荡任春秋。

李如龙

2012 年 11 月 10 日

附记： 这是辛世彪出版博士论文《东南方言声调比较研究》后的十年间整理出来的另一项重要成果，也是他全面调查海南方言的总结。关于此书的价值我已在序文中说过了，这里需要补充一点的是我曾组织了好几位在读的博士生到海口调查了几个点的海南方言，当时主要是想让大家得到一番锻炼。世彪并未把那些材料直接用到本书，而是抓住几个重要的点重新做了核对才用上部分。本书出版之后，为了探明海南闽语这个大杂烩是怎么来的，从那时起，他又用了十年时间调查了临高话和黎语共十几个点。阅读了法国汉学家马伯乐、香便文、萨维纳和孟言嘉大量的记录海南方言与社会情况的著作，翻译出版了《海南纪行》《海南岛志》和《椰岛海南》，开辟了新浪博客陆续发表许多有关海南方言与历史社会的信息。正在酝酿着更大规模的海南汉语方言和民族语言综合研究的计划。我们期待着他的新成果。

《汉语手部动作常用词演变研究》序①

近些年来，汉语常用词的纵横两向比较研究多起来了，这不是一件简单的事，因为它具有两个方面的重要意义。一方面，只有从生僻词、疑难词的考证中解放出来，认真地考察常用词的演变，才能建立科学的汉语历史词汇学，因为常用词处于词汇系统的核心地位，它的发展是词汇史的最重要的事实，也是词汇史分期的基本依据。另一方面，只有把汉语史和方言学结合起来，就古今汉语和南北方言作比较研究，才能建立科学的汉语语言学，因为汉语史上的语料大多是书面语，只有方言保存着丰富多彩的口语，而要探知汉语的结构系统和发展规律，只靠书面语料就会因永远触摸不到语言的多个层面而留下遗憾。如果说，关于前一点，现在已经有许多词汇史家都能理解了，关于后一点，能够透彻地理解的学者可能还不是很多。

现代语言学和古代语文学的根本不同就在于研究对象的不同。只有摆脱古代文献、前代语言的羁绊和现代规范书面语的局限，面对变化无穷的口语世界，才能对语言的共时结构和历时演变有真切的理解，不但知道从历史走来的现状，也能知道未来发展的前景。近三十年来，研究现代汉语语法的论文不必为每一个例句加上引自哪一篇"典范白话文"的括注了，因为当代的

---

① 本文刊于《汉语手部动作常用词演变研究》（谢智香著，中国社会科学出版社2013年版）。

小人物嘴里说的大白话也可以是研究实际语言的依据。要不是可以脱去这个"拖斗"，语法研究就不可能发现许多生动活泼的现象。从早年的"台上坐着主席团""打扫卫生"到近年的"街上有售""爱谁谁"，也不会引起那么多的争论。正在兴起的网络语言上值得推敲、鉴别和跟踪考察的语法现象就更多了。汉语史上千变万化的口语能留在文献中的只是少得可怜的一小部分，但是十几亿人还在使用的方言口语却是真实的、立体的，既留存着不同历史时期汉语的成分和特点，也展示着各种演变的过程和方向。这正是研究汉语史的极好材料，也是考察汉语演变的由来和未来发展动向的可靠依据。从这个意义上说，对于汉语研究，尤其是汉语语言学的研究来说，现存的方言材料和古籍、规范书面语相比，不但不是次要的，而是更加重要的。然而，由于历来的语言研究排斥方言口语，已有的方言记录材料也只是少量的，能够调查记录方言的人才也不多，而现实的方言有许多又已经处于萎缩状态，正因为如此，充分地运用现有的方言语料，进行古今南北的常用词、基本词的比较研究，就显得更加难能可贵了。

谢智香的《汉语手部动作常用词演变研究》是在厦门大学完成的一篇就常用词作纵横两向比较研究的博士论文。她曾经想就一本专书作常用词研究，不想做前人做过的同类题目。我说过，常用词的比较研究是做不完的，要由许多人分别做，八仙过海、各显神通，相互竞争、取长补短，就像要登上一座荒山，只有走的人多了，才能走出一条路来，若是从不同地方登山，还能踩出几条路来。比起专书研究，比较研究工作量大些，但是可以得到更多的锻炼，在研究方法和接触语料上会有更多的收获。她接受了这个意见，经过两年多的努力，写出了这本受到答辩委员们普遍好评的论著。

与手部动作相关的动词是人类自学会劳动就创造出来的语词，既古老又常用。考察这类动词的演变一定可以得到许多启发。本书把六十多个手部动作的常用词分成 11 类，逐一考察了从上古汉语到现代汉语的演变以及在 41 个方言点说法的异同，理清了这批基本词汇在古今汉语和南北方言的表现，在这个基础上作了词汇史的归纳和词义演变的分析。在词汇史方面，本书考察的结论是：汉代以前和唐宋以后在基本词汇上往往有明显的不同，这个基本事实完全可以证明吕叔湘关于古代汉语和近代汉语"二分"的合理性。然而"旧有的词和新生的词往往经过长时间的并行并用……这种并用往往长达数百年之久……许多更替是发端于六朝，经过并行和竞争而定型于后五代"。"新词和旧词的更替，不仅有两词并用的方式，还常常可以见到同义连用的方式。"新旧语素连用合成，通常发生在古代和近代的过渡阶段——六朝。就新旧语素的不同说，旧语素往往义项多、构词能力强，新语素则所带的宾语更加多样。就纵横两向的比较说，本书的结论是："中古以后产生的新词或新用法，一般传承在官话方言中，它们之间的差异较小。而上古时期的词语或用法，一般保留在闽粤方言中。"这就把古代、近代汉语的词汇演变同官话方言和近江、远江方言的差异联系起来了，纵横两向的事实得到了合理的相互论证。本书所得出的结论建立在大量语言事实的基础上，其推论是可信的、有说服力的。

比起新旧说法的更替，基本词汇的发展更普遍、更深层的表现是词义的演变。对于手部动作常用词，本书还开辟专章考察了词义系统的演变，吸收了许多前贤关于词义分析研究的论点和方法，作者把词义的演变归纳为四种类型：引申、同化、泛化和虚化。引申又分为相关性引申、相似性引申和类同引申；同化又分为聚合同化和组合同化；泛化是动词扩大了作用的对象；虚化是动词兼用为介词。在列述这批基本动词的词义演变之后，作者还从社会生活、认知活动和语言系统三个方面探讨了常用词词义演变的内外动因。和词汇史方面的考察相比，这一章所作的分析还不够深入，创获也较少。本来，数十个常用动词对于整个词汇系统的词义的演变来说就没有什么独特性，泛泛而论去考察词义的演变，是很难有什么突破的。倒是新旧动词的词义的明确性和准确性很值得进行比较研究，词义从模糊到明确、从含混到准确，可能是影响新旧动词更替的重要因素。

比较只是一种研究的手段，其目的在于探讨词汇系统的结构特点和发展规律。就处于核心地位的基本词进行纵横两向的比较研究，正是为了探知古今基本词汇的演变规律和南北方言的不同历史层次和结构特征。大家都为了这个目标，分头努力，积少成多，由点及面，这项研究一定可以逐渐取得可喜的成就。希望谢智香继续为此而努力，也希望更多的年轻学者为此而共同奋斗。

李如龙

2012 年 4 月 6 日于厦门大学西村

附记：谢智香获博士学位后在云南财经大学任教期间修改了这篇论文，在中国社会科学出版社出版，获得了好评。后来在繁忙的教学工作之外还研究了元杂剧的语体特征、现代汉语口语词的特点以及关于《徐霞客游记》的有关问题，在学术刊物上发表。几年前，她又转到广东的韩山师院来了。

《19 世纪香港新界的客家方言》序①

　　19 世纪末英国殖民者"租借"香港新界时，那里还是一个传统的农业社会，当时的"原住民"应该有四种：说"围头话"的"本地人"，说疍家话的疍家人，说客家话的客家人和说闽南话的"福佬人"。"围头话"和疍家话是接近于粤语的方言，而现在的香港粤语则是港岛兴起并都市化之后从广府片粤语扩散过来的。英国人到港之后，按照他们的惯例，来了许多传教士，调查当地方言，创制罗马字拼音方案，编写辞书，翻译圣经，以服务基督教福音的传播。20 世纪中叶之后，香港是南中国第一大门户，西方人来得也早，所编的这类书刊不下数十种，以接近广府话的粤语为多，其次就是客家话。"围头话"、疍家话和"福佬话"散落在一些村落和海岛，人口不多，并没有引起太多关注。当时新界的居住者主要是清初"迁海复界"时迁入的客家人，所通行的方言也是客家话，禾輋、河背、大埔、白泥、火炭之类的地名可以作为旁证。罗马字语料以粤语和客家话为多，正是反映了当时香港新界人口和户籍的基本状况。

　　传教士用罗马字拼写汉语方言，编词典、办刊物、印读物，相当准确地

---

　　①　本文刊于《19 世纪香港新界的客家方言》（庄初升、黄婷婷著，广东人民出版社 2014年版）。

为我们保存了一百多年前的方言材料，这对我们的方言史研究是非常有用的。如果有相关时期本地人所编的方言韵书作比较，我们对一百多年来方言的演变和发展就能有真切的了解。近十几年来，这方面的研究已经引起学者们的关注，出版了一些很有学术价值的专著，这是汉语方言学研究向纵深发展的表现，值得高兴。

庄初升在十几年前就和张双庆先生合作调查新界方言，出版了《香港新界方言》一书，就当前还在新界存活的客家话、"围头话"、疍家话和"福佬话"进行共时的横向比较，其中客家话一共有4个方言点。现在，庄初升又以19世纪出版的多种新界客家话的语料作为基本依据，与现存的客家话进行纵向的比较研究，和黄婷婷合作编成了《19世纪香港新界的客家方言》一书。因为有现实的深入调查研究作为基础，又把丰富的历史语料做成数据库进行比较，考察其演变过程，应该说，这是迄今为止研究香港的客家方言史的最好成果。

过往一百多年来的香港社会发生了翻天覆地的变化。就语言生活而言，粤客闽三大方言的激烈竞争，粤语从口头到书面都获得了绝对的优势，闽方言成为通行在北角一带的备用语言（并非新界"福佬话"的延续，而是后来闽南的移民聚居的结果），新界的客家话、"围头话"和疍家话都退出了社会公共生活，成为中老年人的依稀记忆。不少客家人虽然还能说点客家话，却不大爱说，甚至不太愿意承认自己是客家人。在这种急剧滑坡、萎缩的状况下，考察新界客家话一百多年来的演变就显得特别有意义。就这一点来说，《19世纪香港新界的客家方言》的价值更为显著。

从内容上说，该书也有许多值得称道的地方。

第一，作者对19世纪新界客家方言的罗马字语料收集得相当周全，并且经过合理的选择，把巴色会为客家人所编的童蒙课本《启蒙浅学》作为立论的主要依据。这是一部用当时的客家口语编写的反映大量风土民情的读物，其余多种材料也经过比较，相互参证；而当代新界客家方言语料则是作者十几年前才做的调查。可见，该书所用的古今方言材料是翔实可靠的。

第二，该书对于19世纪新界客家方言的描写是全面而细致的。语音部分制作了详尽的同音字汇，概括了语音系统的特征。词汇部分将《启蒙浅学》的近 6 万字语料做成了数据库，把大约 5 000 条词语根据词类和结构分为 12 类，大类的名、动、形又根据语义或功能分为若干小类并罗列出来，逐条附加罗马字拼音。同义词作多条罗列（如"城里、城内、城肚"，"拿、攞、取、拧"，"知、知得、晓得、识、知爱"）。这就不但让人对当时词汇系统的面貌一目了然，还便于了解当时相邻相处的多种方言之间的相互借用。此外还拿它和其他客家方言以及粤、闽方言进行比较，从中提取了区内共有、区外少有的特征词和一些客粤闽共有、客粤共有、客闽共有和本地与其他客方言有别的特征词。更加可贵的是该书在语法方面进行了相当深入细致的描写，对于各种封闭性词类（代词、方位词、系词、助动词、介词、副词、助词）按照一般的分类逐个介绍其用法，放在一定的句式中，连同句法关系一并进行了分析，例如单是介词就分为 16 类。而后就客家话的各种重叠式和附加语缀做了详细介绍。除此之外，该书还开辟专章就五种句式做了相当深入的专题讨论："俾"字句、否定式、反复问句、动词完成体和可能式。单是"俾"字句就考察了《启蒙浅学》中出现过的 335 个用例，足见其工作量之大、用功之勤。多少年来，不论是方言的描写或方言史的研究，总是集中于语音系统的描写和音韵特征的分析，但该书关于词汇、语法的篇幅大大超过了语音部分。本来，词汇、语法不但是体现方言特征的主体，而且也是全面展示方言语音特征的载体。应该说，该书为此开了一个很好的先例。美中不足的是书中所列例句没有标音，可能是因为汉字本的语料用了不少俗字，每个音节都有汉字可写，同音字汇和词汇表也已经有了标音，也可能是为了节省篇幅。语法例句不标音是时下方言语法研究的通例，熟悉客家话和粤语的读者读起来并无困难，其他方言区的读者就较难理解。

第三，由于一百多年前的语料相当丰富，当代方言事实也基本清楚，该书对新界客家方言一百多年来的发展演变也做了全面的分析，如语音方面论述了两套塞擦音、擦音的合并和泥来母的混同，流摄一三等韵母的混同和开口三等韵拼章组时的音变。词汇方面罗列了在当代客家话中已经失传了的特有词，如：木煤、石煤，米麦、花麦，捆身、腰衲，使婆、犁田侪；还有不少由于社会生活的变革而更新了的说法，如：家物（家私）、毛羽（羽毛）、蚁子（蚁公）、愕佬（傻佬）、番笔（水笔）、须子（须姑）、唐笔（毛笔）、风领（衫领）；有些同义词、近义词可能是当年采用多种方言的说法，如：前时、先时、先行、先日、早时，后来经过淘汰只剩一种说法；还有些当年存在过的方言词似是与"福佬话"共用的，如：海贼、头壳、散钱、鸡喙、鸭喙、头毛、水泉。语法专题研究方面也关注到当代新界客家话和一百多年前的一些不同说法，如否定词"唔"置于句末表示反复问，如今已经换成了"么"问句。

第四，关于 19 世纪新界客家话语料的用字，该书也做了很有价值的探讨。大家知道，汉语中方言用字方面最富特色的是东南部的闽粤客方言。闽语区有许多地方戏曲，为了记录戏文的脚本，明末以来就造了一些方言俗字；粤语区除了记录粤剧戏文、粤曲清唱和其他说唱材料（如龙舟、木鱼、南音、粤讴等），清代以来办的报刊也有书写方言的需要，于是就创造了一整套完整的俗字。19 世纪新界客家话的语料中所用的俗字主要是受了香港强势方言粤语的影响。该书认为《启蒙浅学》的语言学价值最具代表性，在方言用字方面也是如此。该书将《启蒙浅学》汉字本（1880）的用字归纳为本字、借字、俗字 3 类。"本字"是书写方言词所用的音义相符的原字，往往因为在通语和其他方言中不用或少用，所以不太通行而需要考释；"借字"是和方言词音义不全符合而借用的，有的是音同而义不同或音近而义不同，有的是音义都不同而只是借形。"俗字"是方言地区为了标记方言词而新造的字，未曾见诸以往的字书，往往用过一阵子之后，为本地人所熟知并约定俗成而逐渐通行起来。据本书统计，《启蒙浅学》汉字本中所使用的经得起考证的本字有 45 个，借字有 127 个，包括借音（同音或近音）字 95 个、借义（训读）字 20 个、音义无关只借字形的 12 个，新造俗字则有 175 个。这三百多个方言用字还有许多至今仍通行于粤语地区，也有一些是现今的客家人大体能够记认的。可见，经过一百多年的考验，这些方言用字还有一定的生命力。文中还对这些用字的造字法做了归类和评价，认为是有一定的系统性和创造性的。从整体上说，俗字仍然遵循汉字的"形声"制度，如用"口"旁表示"方言口语用字"（如"嘜"_{怎样}、"啲"_{藏匿}），其他形旁往往有表示义类的作用（如"爬"_抓、"勃"_{使劲}），少数也有用两个字拼切成字的（如"虩"_赶）。诚然，客家话语料的用字上也有某些不足之处，该书也如实指出了。

在汉语发展的历史上，共同语形成得早，历来积累的文献比较多，书面共同语的历史研究一直受到重视；而各地方言大多没有书面的记录，地方韵书是到了近代才陆续编出来的，方言史的研究只是从近百年间才开始的。然而，方言口语的历史和通语的历史往往有着严密的对应和频繁的相互作用，是可以相互论证的。汉语有复杂多样的方言，方言史的研究对于汉语史的研究是不可或缺的。

就以往的方言史研究来看，有的是根据历代的韵书或韵图所展示的语音系统或整理古代诗人用韵所表现的语音特点，拿它与现实的语音作比较，说明方言语音的演变史；有的是考释方言词用字以说明方言词汇的演变史；或者用古代的笔记、语录、小说的用词和例句与当代方言句式作比较，用以说明方言语法的演变史。总之，过往的研究多是语音、词汇、语法"分而治之"，显得零敲碎打，不能从整体上展示音义之间、结构之间的相互作用，也很难建立方言历史演变的理论系统。

《19世纪香港新界的客家方言》在大量方言材料的基础上描述了一百多年前新界客家方言的全貌，并且和当代的新界客家方言作了系统的比较，考察其一百多年来的发展演变。看来，方言史的研究就应该这样进行。说该书为方言史的研究提供了一个成功的经验，并不为过。如果能有更多这类方言史的论著问世，汉语方言研究就能为汉语语言学的建设、为汉语史的研究做出更大的贡献。

李如龙
2013年5月1日于厦门大学

附记：曾有一段时间，研究汉语方言的学者不太重视一二百年前教会罗马字所记录的材料，事实上当时记录材料的教士都是训练有素的行家，近些年来的比较研究已经证明了这一点。本书的作者是新一代的师生组合，教授带着博士生完成这种较大规模的比较研究是一种传帮带的好方式。30年前初升就是跟我这样合作过。本书的成功使我感到欣慰，后来他又带着更多学生完成更大的项目，获得更大的成果，这就是薪火相传的局面了。这种旧时代的家学式的私相传授和后来只当空头司令的"兵团作战"都不一样，按照既定的理论和方法，经过真诚的传授和合作，才能得到学术和人才的双丰收。

《官话方言方位词研究》序①

　　汉语的方位词成员不多，能量却不小。在浩瀚的词汇之中，方位词不但资历很老、辈分很高，使用频度也是名列前茅的；就词义和构词来说，方位词往往有本义、引申义、虚化义，组词能力很强，生成了不少复合词；就语法功能来说，方位词还兼有多种词性，和诸多词类组成各种词组，在句子里充当多样的成分。由于用法的不同，方位词在语音上也不乏变化。正因为如此，方位词成了很能体现汉语特征的核心词、基本词，所体现的特征则包括了词汇、语法和语音的各个方面。因此，对于汉语的方位词进行全方位的、深入的研究的重要意义，怎么强调也不为过。

　　陈瑶对汉语官话方言方位词的地理分布与历史来源进行了研究，既很有眼力，也很有胆量。有眼力才能看到研究这个课题的意义，有胆量才敢于挑战它。经过三年的努力，在撰写《官话方言方位词比较研究》的博士论文中，她已经把方位词的问题摸了一遍，深知方位词虽少，牵连的问题却很多，历来的研究虽然有很多成绩，也存在不少问题。她选择了官话方言的范围，就常用的方位词进行词汇学研究。在周密调查了已有的关于方位词的研究成果之后，她确定了 6 个最常用的单纯方位词、14 个合成的方位词进行研

---

　　① 本文刊于《官话方言方位词研究》（陈瑶著，武汉大学出版社 2014 年版）。

究，并拿这些方位词和 35 个常用的、有代表性的名词组成了 69 个方位结构，以这 69 个方位结构为主体构造了 69 个典型的调查例句。以此为依据，她选择了 11 个官话方言点，先找当地中年人做调查，而后进行各方言点的异同比较，同时也与《现代汉语词典》和《现代汉语八百词》所标记的普通话作比较。不仅如此，她还把这些官话方言的方位词和其余南方方言以及古代汉语的方位词进行比较，探求各种用法的形成年代和在现代方言的分布。因此，2001 年她的博士论文得到了好评，顺利通过了答辩。

在博士论文的基础上，陈瑶进一步补充修改，抽出其中最具特色的若干问题，更加集中地进行古今南北的深入比较，现在的这本书就是她经过多年的持续研究获得的一些成果。

本书的成功之处有以下五点：

第一，广泛阅读了新中国成立 50 年来关于汉语方位词的研究成果之后，作者所作的综述和总结评论是恰当的。"方位词研究概况"和百年"四方"的研究对已有的方位词研究的成就和存在问题都有准确的评述。如书中所指出，就方位词的研究来说，对现代汉语的研究较多，对古汉语的研究较少；对现代汉语通语的研究较多，对方言的研究较少；从语法的角度研究较多，从词汇的角度研究较少；单点的、个别的方位词的研究较多，多点比较和整体的研究较少。应该说，这些情况至今还没有根本的变化，还值得引起同行的关注。

第二，该书的整个理论框架和调查研究工作的设计，都经过周密的思考，有妥善的安排。例如，把方位词的研究重点放在常用的单音词和带语缀的双音合成词上；在考察这些方位词的组合使用时，又把重点放在与常用名词的结合上；在方位词的词义方面，沿着"表空间—表时间—表范围"和虚化为表"方面"的方向扩展，这些内容安排和谋篇的处理都是很见功力的。在一般的调查研究基础上，发现有特色的语言现象后，作者又能将其作为"专题讨论"的重点问题进行深入的分析，例如以"头"表"里"，以"高头"表"上面"，以"肚里"表"里面"。这种有重点的研究更便于发现语言现象中的特征，而特征研究正是语言研究中最应该追求的目标。

第三，研究始于调查，本书的工作值得称道的首先是广泛、深入的调查。没有周密的调查，一切研究都是空话。作者所做的调查，包括已有研究成果的调查和约请专人做调查。对已有语料的调查遍及多种大型辞书：《现代汉语方言大词典》（41卷）、《汉语方言大词典》、《普通话基础方言基本词汇集》、《汉语大词典》等，所选的11个官话方言点则约请了专人反复询问（包括通过长途电话）校订。方位词往往词义繁多，用法复杂，为了各点语料能够对齐，作者把方位词都放在同样的词句中去比较，例如，"地下"就还有"掉到地下（地上）"和"埋到地下（地底下）"的不同。由于调查工作做得比较细致，本书所提供的语料应该说是相当可靠的。

第四，本书最可贵的成功是没有停留于语料的罗列，而是努力开展纵横两向的比较研究。应该说，调查只是方言研究的基础工作，只有比较才是方言研究真正的开始。方言是语言的地域变体，是方言差异的集合，只有通过比较才能发现方言的特征，从而理解不同方言之间的异同。横向的比较是拿普通话的说法和各地官话方言作比较，和非官话的方言作比较，从而了解方言和普通话的不同关系；纵向的比较是拿方言和不同时期的古汉语作比较，以了解方言在汉语发展过程中的层次关系。正由于纵横两向的比较做得好，本书对不少汉语方位词的特征所做的专题分析都很有说服力，取得了学术上的突破。例如：

"高头"表示"上面"，据调查，分布在全国17个省的120个县市。在官话方言中，除了东北官话和胶辽官话之外，各地都有，主要集中在中原和南边的西南、江淮官话，在非官话中还见于吴、徽、湘、赣、晋等方言。从历史上看，"高头"唐代就有用例，但常与"高处"同义互用，宋元之后，"头"逐渐虚化作为语缀，"高头"便取代了"高处"，但明清之后又不敌"上面"的扩展，并没有进入通语，还是分布比较广泛的方言词。这一过程说明了方言口语往往是产生新词的温床，但是新生的方言词能否进入通语，是要进行一番竞争的，只有竞争的胜者才能进入通语。

"头"表"里"义，在现代方言里，多见于南方的西南官话、江淮官话与部分吴语和粤语中，例如"河头（河里）""夜头（夜里）""心头（心里）"。从历史上说，表方位的"里"早在汉代就出现了，并一直沿用下来。"头"表"里"义则产生于南北朝，"从南北朝到宋代这段时间，['头']

是一个能表多种方位的方位词，而宋代以后，'头'表方位的表义功能逐渐消失"，首先退出长江以北的官话，而保存在南方方言中。这是另一种方言词和通语的竞争，局部地区产生的方言词没有造成对通语的冲击，但保持了一定的通行地区。

关于武汉、红安把"里面"说成"窦里"，正是参考了湘语（长沙、双峰等）、赣语（南昌、萍乡等）、客语（武平武东）、吴语（丹阳）等地写为"肚里"的情况。作者指出武汉话由于"浊上归去，阴阳去不分，于是浊上的肚、窦同调，又姥韵读［ou］、混入侯韵，于是肚、窦同音"，加上字义形上的关系的分析，从而认定"窦里"应该就是"肚里"。由此可见，不同方言之间词汇的比较，有音义的正确比较，就能得出正确的结论。

关于用"上"表示时间义——7岁上（7岁的时候），官话方言的调查只发现中原官话（洛阳）和胶辽官话（牟平）有这种说法，而普通话已经把这种表达视为规范。经过近代汉语的调查，从宋代的《五灯会元》、元代的《西厢记》，直到明代的《醒世恒言》、清代的《红楼梦》都有用例，从而说明并非这种说法产生得晚，而是因为中原官话的说法并未在各地官话普遍通行，但写进近代汉语的书面语了，便流传于近代白话，并跟着进入了现代普通话。这也许是近代汉语词汇转为现代汉语的另一条途径。

第五，方位词虽然只是数量不多的小词类，但是因为常用和组合能力强，其演变发展牵连到语音、词汇和语法各个方面，不论在方言之间的差异，还是在不同时期的汉语的差异上都具有特征意义。本书通过现代官话方言方位词的比较研究，对于不同的官话方言区的差异和远近关系，也获得了比较接近已知事实的理解。作者根据官话方言各区在方位词上的不同表现，把官话方言分为东-北区和西-南区。前者又各分为二：北京官话和东北官话（北京、哈尔滨）是最为接近的一片，中原官话和胶辽官话（洛阳、济南、牟平）是比较接近的另一片；后者也分为两片：南边的西南官话和江淮官话（武汉、成都、扬州）相近，北边的西安、兰州和太原与南边差别较大，太原尤其特殊。由此可见，放宽一点，把晋语归入官话方言也是可以的，从严一点，让晋语分立于官话方言之外也无不可。这样的结论和一般对官话方言之间的关系的理解是十分贴近的。作为方言的特征的方位词，只要认真进行比较分析，所得结论对于检验方言的分区，还是具有重要的参考价值的。

汉语的方言非常多样复杂，数千年的汉语文献也浩如烟海，说有容易说无难。方位词虽说只是有限的几个，要穷尽其在古今汉语、南北方言的表现，也并不容易。本书经过多年的努力，能有这样的成绩，就是很可喜的了。仔细检验，可能还有不周全之处，但敢于迈出纵横两向的比较这一步，获得一批新的认识，就应该给予鼓励。今后关于汉语方位词的研究肯定要有更大的规模，要贯通古今汉语和南北方言。但这本书作为进一步研究方位词的新起点，我认为它的出版也是很有意义的。

厦门大学教授　李如龙

2014 年 9 月 25 日

附记： 陈瑶博士毕业后到深圳大学文学院教授现代汉语和对外汉语，在那个讲究效率的城市工作，繁忙是可以想象的。她对博士论文作了反复的核对和修改，真有"十年磨一剑"的精神。博士论文是个人学术事业的里程碑，也应该为学术社会提交一份优质的成果，这种精神是可贵的。只有这样，我们的学术研究才能一代更比一代强。

关于龙岩方言的特点及其研究价值

——《龙岩方言词典》序①

经过"文化大革命"的十年浩劫，有些人本来"文化"就不多，很快就被"劫"得一无所有了，另外一些人却从危难之中得到启发，真正地投身于文化的学习，努力参加学术研究和建设。郭启熹同志就是后面这种头脑清醒的学者。20世纪70年代他从福建师大回到故乡的龙岩师专教书后，才真正努力学习音韵学和方言学。因为龙岩话的母语给他留下很深的记忆，使他体会到它的重要研究价值。他还发现音韵学对研究方言和学习古文、教古代汉语和古典文学都是十分有用的，在龙岩师专和闽西大学从教期间，他就在音韵学和研究龙岩话上狠下功夫，先后出版了《古音与教学》《龙岩市方言志》《龙岩地区方言志》等专著。可见他当教授、当校长是靠实干干出来的。从校长位置上退休之后，尽管长期健康状态不好，他还是坚持母语的研究，领着几位年轻老师，经过多年的努力，编成了这本《龙岩方言词典》。

龙岩于1 500年前设立新罗县，统辖着整个闽西地区。新罗县治迁往长汀之后，1 200年前始建龙岩县。200多年前又升为州，辖龙岩、漳平、宁洋3县。由于长期和赣粤两省先后移入的客家人相处和交往，这一带的闽南话

---

① 本文先发表于《龙岩学院学报》2015年第4期，题为《从〈龙岩方言词典〉看龙岩话的特点和研究价值》，该词典出版时，将此文作为序文。《龙岩方言词典》（郭启熹主编，鹭江出版社2016年版）。

和闽西七县的客家话长期接触，相互影响；又因为作为州治，处于闽客两个方言区的交接处，更需要推行通语，同时也受到早期普通话的较多影响。就这样，这一带的方言成了闽南话颇有特色的西片。

据我所知，不少学者到了晚年才动手编自己所熟悉的方言的词典，渐渐地我体会到其中的道理。要编词典，必须对方言有全面而透彻的了解。包括：①语音的全貌：语音的结构系统、字音、词音、种种异读和连音变读、成句的语调；②词汇的掌握：足够的词汇量、对词源及用字的考究、对纷繁词义的理解和分析，还要大量地掌握各种"语"：成语、惯用语、谚语等；③语法的研究：构词法、虚词、词语的组合、造句法，还有修辞、语用对语法的影响。④在方言载体的后面，隐藏着本地历史文化的各种积淀，没有丰富的百科知识和长期的社会经验是不能有足够的理解的。而这些全面、透彻的理解，没有足够的时间和反复的琢磨，是不可能达到的。

我曾多次到龙岩做过方言调查。据我对龙岩话的了解，本词典的作者们对龙岩话的特征的了解是到位的，就方言词典的编写来说，也是很见功力的。这至少有四个方面的表现。

第一，反映龙岩话的语音特点比较充分。

汉语的方言单靠字音的调查是不能充分了解语音特征的，只有把字放在相当批量的词语之中，经过准确的记音，才能把方言的语音特征充分地展示出来。有的字和词的关系还很复杂，"字音"并不就是"词音"，二者之间是相关而相异的两个系统。要真正弄清这两个系统并不容易。

龙岩话最重要的语音特征有二：声母方面是有特殊的 [g] 声母，总字数应有一百多个，除了许多南方方言都有的"疑"母之外，还包括以下各个声类：

云母：永、韵、有、又、友、右、尤、伟、胃、谓、王、往、旺

以母：译、预、愉、也、野、药、窑、样、洋、养、用、勇、阳、容

影母：优、幼、亚、威、歪、倚、约、腰、影、央、荫、厌、汪

除了这三个大的声类之外，还有三个小的声类：

日母：任、热、弱、让　　匣母：禾、厦　　微母：尾

在韵母方面，龙岩话有两个少见的［iua］、［iuã］韵，管的字不多，只有"倚、倚、崎、外、桸（瓢）"和"团、件、蚁、艾、陘"等字。

这一声一韵，在闽南方言区里是绝无仅有的，从来源说声母［g］跨清浊 7 个声母；两个少见的韵母，［iu］就像是许多学者认同的中古音合口三等的"双韵头"，但是从韵类说，包括止、蟹、果、山 4 个摄，并不都是合口三等字。这种"一地独变、多源混合"的音类，在方言语音特点中确实是极为少见的，而且就语音演变的音理上说，也不是三言两语就可以说清楚的。实在可以作为音系学上的一个特殊的个案去进行专题的深入探讨。

龙岩话语音的另外一些特征倒是演变的脉络都比较清楚。包括①［ɿ］韵，也是各地闽南话所没有的，除了没有翘舌音声母的南方方言读为"ɿ"的字（自、子、次、辞、死、之、脂、池、师、事、屎）之外，还包括少数遇摄字（租、祖、粗、醋、苏、素），这显然是临近的上杭—粤东的客家话影响的结果；②把其他闽南话读为不送气的许多古全浊平声字读为送气清声母（如贫、平、成、情、途、图、全、财、排、筹、其、球、群、朝、齐、除、强、庭），歌豪分韵、效摄字读为"au"韵（宝、保、毛、刀、倒、桃、造、招、少、高、好），三等字读为洪音（车、蔗、社、涨、超、潮、常、上、展、兆），这几点显然也与客家话的影响有关，其中应该也有普通话影响的成分；③宕摄字读为"ang、iang"韵（党、当、旁、汤、狼、漳、长、唱、康、抗），入声字白读音丢失了喉塞尾读为阴声韵（食、押、阔、辣、月、血、八、借、药），还有阳声韵的白读音"uĩ"（饭、门、黄、荒、光、卷）、"õ"（糠、床、霜、秧、行、影、讲），这几点则是龙岩话和漳腔闽南话相同的特征。

第二，从语音的辨识和词汇体现两方面显示文白异读。

文白异读是闽南话的重要特征。从字音的角度说，它反映了古今语音发展上的历史层次，不论是文读或白读，都有明显的古今演变的对应规律；从词汇方面说，文读词和白读词都各自反映了不同的词汇历史层次，体现了书面语和口头语的不同语体；从语音接触方面说，文白读的形成和通语对方言

的影响以及方言之间的相互作用都有关系。

在语音方面，本词典词条审音准确，龙岩话在多种方言接触中出现了许多多音、多义字，词典中都有比较充分的显示。例如"下"的读音就有 5 种：如 hia（下达、下手、下野、下落、下流）、ɛ（下头、下唇、下日、下昼、下番、下摆、下身）、ie（下摆、下辈、下骹）。此外，"下愿"（还愿）的"下"则有"hɛ、hie"两读。

各地闽南话的文白对应规律比较接近，但是具体的字读文或是读白，在不同的地方则有许多差异。不论是文读音、白读音，都有管字多、管字少的不同。这方面的差异往往和地方的文化传统和社会生活特征相关，尤其和不同的识字教育方法相关。这里只举两个常用字的文白读在词汇中的分布，就可以看到龙岩话和漳州、泉州、厦门、潮州的闽南话都有不同的表现。

> 中：白读音 tioŋ：中秋、中昼、中旬、中档、中间、中堂
>
>   新文读 tsoŋ：中华、中气、中锋、中枢、中途、中庸、中允、中原、
>
>   中州
>
> 工：白读音 kaŋ：做工、手工、工分、工仔、工钱
>
>   文读音 koŋ：工本、工笔、工程、矿工、工厂、工潮、工尺、工读、
>
>   工棚、工时、工事、工薪、工贼、工分、工资、工间
>
>   操、工业化

自从 20 世纪 30 年代罗常培在《厦门音系》上提出闽南话"文白异读"这个重要特征后，各地汉语方言的文白异读的材料已经发掘得不少了，可是对于汉语方言的文白异读的性质、类型及其演变的模式，我们至今还没有提出一个科学的界定和分析。例如，文白异读是共时的现象，又与历时的演变相关；是语音现象，又与词汇的构成相关；文白读和书面语、口头语的差异相关却又并不等同，口语词可用文读音，书面语也可以用白读音；就字音来说是文白异读，在具体的词汇里往往并不能自由变读，而是有定的；还有，不论是文读和白读都可能不止一种，其中还有先后新旧的不同历史层次。像闽南话这样，分布广、差别大，就各地闽南话的文白异读进行全面的比较研

究，一定可以对于这个汉语史上的重要现象得出可信的结论，为汉语语言学的建设做出贡献。龙岩话在文白异读上有许多自己的特色，本书在这个方面可以提供一些重要的参考。

第三，在词汇的收集和注解上也很能体现方言特征。

本书的最重要贡献是提供了龙岩话的词汇系统的全貌。如何展示方言词汇的全貌，这是值得探讨的。

任何方言的词汇都是一个自足的完整的系统。方言词汇中不但有方言词，还有通语的转用词、古语的残存词、周边语言的借用词。方言词典不可能把方言里使用的所有词汇都收全，而着重收哪些词，就很有讲究。

词汇系统是一个由核心词、基本词、一般词和专用词组成的同心圆。有些核心词在各个方言中都很常用，方言词典应该着重收录有方言特色的核心词。有的方言词典收录了大量通语的词汇，就难以体现方言词汇的特征。本词典收词时是着重于方言特征词的。例如：

"水"收录有：水车、水蚁（大雨前的飞蚁）、水帕（胎膜）、水被（死者随葬的薄被子）、水鞋（雨鞋）、水芋子（布袋莲）、水担（扁担）、水潮担（下游南靖县水潮村的码头）、水鬼（溺死鬼）、水客（船夫、渔夫、引领华侨下南洋的中介）、水火袋（热水袋）、水薰（水烟）、水鉎（水锈）、水呢仔（绒棉布）、水笔（钢笔、毛笔）、水窟仔（小水坑）、水筒仔（水舀子）、水圳（水渠）、水秧（水田所育的秧）。这就集中体现核心词的共性，也反映了方言的个性。

如果是在方言特有的单音词，自然可以放手收词。例如：

"拄"，作为单音动词，本词典收录有：支撑、顶住。此外还收录有拄拄（刚刚、正好）、拄好（刚好、恰当、交情好）、拄即（刚才）、拄着（碰见）、拄冲（顶撞、相克）、拄时仔（有时候）、拄碰（碰巧遇到）、拄巧（碰巧）。本书对于闽南话的特征词，例如鼎（锅）、骹（腿、脚）、侬（人）、倚（站）、伊（他）、囝（儿子）、煞（结束），都能尽量展示它们所构成的各种词汇。

如果是语言接触中从普通话或别的方言引进的词汇，也有具有方言特色的词语，本书也充分收录。例如：

"打"在大多数闽语都说"拍",本词典也收录了46条带"拍"的方言词,如:拍醒、拍电话、拍猎、拍包、拍铳、拍面,但是也收录了带"打"的词条20多条,如:打破、打手势、打赌、打搅、打听、打探、打头(领先)、打叠(整理)、打理、打坐、打食(只顾吃)、打着(得到)、打紧(要紧)、打拼、打做(干活);并有"打算、打摒、打搅"和"拍算、拍摒、拍搅"是方言和普通话的说法并行并用的。这一条充分地说明了,在闽南话之中,龙岩话是更多地吸收了普通话的词汇的,这与它处于双方言地带,并作为州治的地位,因而接受通语的影响更多,这是很容易理解的。

关于龙岩话吸收了一些客家话的方言词语和某些语法特点,本词典也有一些反映。例如:老公、老婆、老弟、鸡公、鸡嫲、牛牯、牛嫲、虱嫲、笠嫲、灶下(厨房)、墨盘(砚台)、跌鼓(倒霉、丢脸)、出麻(麻疹)、搭信(寄信)、鼋鱼(鳖)。又如,"分"除了表示"分开、分离"之外,还用作"给与"(如说"分我一本书"),还用作表被动的介词(如说"分贼骗去了")。

第四,本书收录了一些谚语和民谣、儿歌,很值得肯定。

汉语的词和语本来就没有严格的界限,广义的词典本来也可以收录词组和成句的语料。不过儿歌和民谣就是另外一回事了。谚语是成句的,往往饱含着智慧之光,历来是方言区的口口相传的教材,既教孩子学习方言,也传授各种经验、知识和为人处事的道理,是地方文化的瑰宝。从方言学的角度说,它是集语音、词汇和语法、语用于一体的最佳语料,特别是可以作为研究方言语法的可靠凭据。可惜这些成句的语料没有列为本书条目,因而也就没有加以标音和语意的注解。不过,如果能够做一番仔细的检查,把这些语料所用到的词都列为词典的条目,在正文中加以说解,让有兴趣的读者可以查对,这些语料也就活起来了。当然,也可以考虑为这些语料的难词加注音标并注释词义,也是很好的做法。至于儿歌民谣,还可以选一些精到的加以标音释义,作为本地义务教育的补充教材——乡土教材。如果各地都有可供查阅、学习的词典,又有言简意赅的谚语、朗朗上口的儿歌、民谣,让新一代的少年儿童能够随时学习,方言的知识能量和艺术魅力一定能使下一代少年儿童和青壮年感兴趣,成为他们学说方言的动力,若能达到这样的效果,我想方言的萎缩和消亡是可以避免的。近些年来，许多地方上的领导已经注意到发掘地方历史文化遗产，组织编写出版方言词典、方言志、乡土语言教材，整理地方戏文、曲艺、山歌、童谣、传说、故事，这是很有远见的，是造福子孙后代的事业，是值得提倡和鼓励的。

我敬佩龙岩市新罗区文体广电新闻出版局组织编写《龙岩方言词典》，感谢郭启熹教授主编此书，祝贺此书的成功出版。希望世代龙岩人都来学习龙岩话、传承龙岩话、研究龙岩话，使它为龙岩的经济文化建设做出贡献。

（作者李如龙系国务院学位委员会前中文学科评议组成员，著名语言学家，厦门大学资深教授，培养博士、硕士生八十多名，与黄典诚教授合编《福建省方言志》前后，曾多次莅临调查龙岩方言。）

附记： 1973年我到福建师大任教时，郭启熹同志已经离开福建师大回到龙岩，后来他热心支持福建省语言学会的活动。我到龙岩去调查方言，他都陪同，协助与地方上联系。《龙岩方言词典》是郭启熹教授晚年拖着病体带着两位本地出生的年轻女教师（林丽芳、王咏梅）编出来的。对于他热心于乡土文化，认真带领年青一代的精神，我很受感动的。此书在鹭江出版社出版，他多次亲自来厦门联系出版事项，都来我家。他还联系了一批本地文化人由他主编出版了定期的刊物《岩声》介绍本地历史、风光、名物，怀念表彰有贡献的人物。在他身后还有接班人在继续办下去，每次翻开这本词典或收到编者寄来的刊物都会引起我对他的怀念。

《语义角色视角下的谓词同义词辨析》序^①

任何语言的词汇系统中都有同义词。可能汉语的同义词比别的语言更多。因为汉语使用的历史长，有文字记录的数千年间，使用的人口一直很多，在言语使用的过程中，词义的引申、同义词的形成是不可避免的，这也是词汇不断发展、言语表达不断丰富和精密的表现。在汉语，由于使用了表意的汉字，每个字都是一个有意义的语素，数量最多的双音词的词义，大多是单音词或语素的意义相加合成的。一些双音词就是用同样的"义核"加上另一个"义素"成为一组意义相关而相异的同义词的，因此，汉语的同义词可能会比别的语言多。例如，"扬弃、放弃、丢弃、抛弃"以"弃"为义核，加上四个不同的动词语素，表示弃除的方式的不同；"赞扬、赞美、赞赏、赞叹"因"赞"而衍生，表示称赞的程度和方式有差别。此类同义词就比比皆是。

然而汉语的同义词研究起来却是很不容易的，一来，如何认定同义词，从宽从窄，往往见仁见智，很难有大家都认同的标准；二来，同义词的词义及其在句中的使用，牵涉到词汇意义、语法意义，与历来人们的认知方式有关，与构词法和造句法也有密切的关系。考察同义词的区别不能不比较其基

---

① 本文刊于《语义角色视角下的谓词同义词辨析》（张占山著，同济大学出版社 2017 年版）。

本义、附加义、色彩义、语用义，不能不联系构词法和句法功能，考察各种复杂的语义属性。

为了探讨现代汉语同义词的辨析方法，本书的作者抓住了多数研究者认识比较一致的常用 280 组谓词同义词作为考察对象，这是很有见地的。因为谓词同义词往往兼有词汇意义和语法意义，是辨析同义词的难点和重点。同义词的语义延伸是在言语运用中试行、创造和扩散的过程中定型的，辨析只能回到言语运用中去考察。为了避免主观臆测，作者建立了 2.4 亿字的语料库，对这近 300 组同义词的不同意义和用法进行比较和归纳。有了对最常用、最复杂的常用词的全方位的考察和大语料的支撑，这两条措施就使他的研究获得了可信的基座。在分析语料的过程中，他不但借助了当代西方语言学理论（尤其是配价语法等理论），还注意吸收中国的传统语文学的有价值的方法（例如段玉裁给《说文》所作的精彩注解）。这方面的努力将会对今后的同义词研究提供有益的启发。

张占山来厦大之前，就在烟台的著名词汇语义学家张志毅先生的身旁受到很多熏陶。入学后，根据他已有的研究基础，很快就定下博士论文的题目。在厦大的三年间，可谓专心致志、目无旁顾，研究过程中也能多争取张先生的指导。论文答辩时，评委们是满意的，但这十年里语言学又有许多可观的发展，就这个论题来说，还有值得努力提高的地方。

自厦大毕业后，占山到同济大学从事对外汉语教学。在一次学术会议上，他的领导曾经很高兴地对我说，你为我们培育了一个好老师。可见他对教学工作是很认真也很有成绩的。但是这一代年轻人如今也步入中年了，工作之外还有家庭的担子，这篇博士论文拖了十年才印出来，虽然做了一些补充，改动并不大。不过，在要我为他写序的信中，他已经表了态：从现在起，该努力奋斗一番了。我希望他结合十年来的教学经验，好好探讨一下，怎样教留学生学好汉语的同义词。因为如果研究的课题和承担的教学任务（本职工作）不同，要挤时间做研究，对一个有了家的中年人来说是很不容易的。

对于以汉语为母语者来说，区别同义词，往往不是靠读书或查词典来解决的，而是靠已有的语感。对于完全没有语感的外国人来说，这就是一个大难题。打开"中介语"语料库，同义词使用错误的（改正/纠正、关心/关怀、分别/离别）就占了不小的比例。怎样帮助他们具备在上下文中辨析同义词的能力，做到"授人以渔"，这就是对外汉语教学的一个很重要的课题，就这方面开展研究，既可以用上以往积累的资料和心得，也是对解决尚未解决的难题的挑战。帮助留学生学好汉语的同义词，势必要他们学会分解语素，辨析词义，掌握构词法，还要知道同义词的句法组合和语用效果；还可以启发他们拿汉语和自己的母语的异同做比较。从语料库之中，也能找到许多很生动的、来自生活的例句，供学生辨析和学习。这就可以另外写成一本对外汉语教学的指导书。本来，语言本体的研究和教学应用研究就应该是相互为用、相互发明的。认真对待教学工作、也愿意研究思考的张占山，想必能理解这个意思，也一定能使这项研究和本书形成一对双璧，奉献给社会，奉献给愿意学好汉语的外国朋友。我期待着他的新成果。

李如龙

丁酉年暮春

于厦门大学西村

附记：此书已经出版 4 年，我在序文里提出的建议，写另外一本应用于对外汉语教学的同义词辨析的书，不知占山同志着手了没有，这是结合他的现职工作，又能把研究成果应用于教学实践的好事、大事。

《日本汉语教学历史研究》序①

去年，在重庆大学的一次对外汉语教学的国际研讨会上，突然有一位主持大会的专家公然批判起对外汉语教学的"国别化"，我猛然觉得莫名其妙。并且，也产生了几分悲哀。新中国开展对外汉语教学已经一个甲子了，竟然还有这号大专家来说教：只要有好的通用教材就行了，不要考虑对不同的对象采取不同的教材和教法。现在，摆在你的面前的这本书就是一个有说服力的样例，读了它，反对"国别化"的歪论就不攻自破了。

日本人应该是最早成规模地学习汉语的外国人群，1 700 年前，他们就从朝鲜传入了中国最早的启蒙课本——周兴嗣所编的《千字文》，1 400 年前在宫廷设学，拿它做课本。不多久，又陆续派遣成批的"遣隋使、遣唐使"来长安学汉语，并在国内设立官学。那时的日本人学汉语，就是跟中国人的学习一样，从《千字文》到"四书五经"，亦步亦趋、生吞活剥地学，说得好听一点倒是"原汁原味"、不考虑"国别化"，采用当时中国的通用教材。聪明的日本人很快就发现那种教法不合国情，加以改革，真是"青出于蓝而胜于蓝"。鉴于中国式拼音（反切）的繁难，1 200 年前空海和尚用汉字的草书笔画创制了"平假名"，用来作为汉语和日语的拼音工具。从 900 年前的

---

① 本文刊于《日本汉语教学历史研究》（刘海燕著，中国传媒大学出版社 2017 年版）。

"幕府时代"起，来华学习过的"唐通事"们就不用《千字文》和"四书五经"做入门教材，而是自创了一整套"类语"和"字话"来学习中古时期的"唐话"。这套日本化的汉语教材后来延续了700年，直到"明治维新"之后，由于日本的统治者走的是"脱亚入欧、全盘西化"的路，才改弦易辙，以《语言自迩集：19世纪中期的北京话》为主要依据，采用西方语言学的理论和方法教学汉语。

事实上，应该说，本书所介绍的12—19世纪"转型期"的日本汉语教学倒是既能体现汉语的特征（"原型化"），又能切合日本的国情、语情、民情的"国别化"教学。就前者说，其教材教法遵循的是"字—词—句"的教学；就后者说，汉字在日本已经经过"训读"之路进入日语，不只是表达汉语的文字了；由于使用汉字，日本语的书面语和口头语的距离也像汉语那样不断地扩大。这种"转型"正是适应日本的"国别化教学"。后来，在"西化"的过程中，日本的语言学家曾经用汉字译写了几千个英语里的表现现代生活和科学概念的词汇，就像"政治、经济、社会、民主、共和、立场、场合、机关、机械、人口、人格、文化、艺术、技术、先天、交通、行政、金融、法律、判决、规范、规律、时间、空间、主观、客观、宪政、宪法"，这些现代人所熟悉的词语，就都是一百多年前日本人所造，这些"出口转内销"的产品倒是免费的，后来都成了现代汉语书面语的常用词，进入了基本词汇。这个长达六七百年的转型期，实际上是日本学习和接受汉语汉字和中华文化之后，经过学习、吸收、消化和改良、创造的过程，也是把日本文化推上新的高程的有效实践。其实，这也可以帮助我们理解自己的语言文字具有"和而不同"的宽容的风格，从而发掘其深厚广阔的文化特质，总结并推广其对外传播的经验。

19世纪之后，日本走上了军国主义的邪道。"脱亚入欧"之后，学习西方的科学技术，使他们经济上快速腾飞，意识形态也发生了深刻的变化，回过头来否定他们崇拜过的中华文化，甚至妄想要剿灭它。不过，在第二语言教育思想和方法转向之后，从技术层面上看，他们在糅合中西文化方面，也创造了某些有价值的经验。

日本语和汉语是不同类型的语言，日本人都能认识常用汉字，不存在

"恐汉字症"，但是经过多种"音读"和"训读"的折射，他们对汉字的音义的理解和现代汉字与作为现代汉语的语素已经有许多差异，学起来会有不少容易失足而跌入的"陷阱"。对日汉语教学怎么教才是最有效的，绝不是只要有好的通用教材就可以万事大吉了，在日本的汉语教学史上，也是历经变革，究竟哪种教材和教学方法更有效，也值得深究。可见，全面地研究日本的汉语教学历史，对于我们了解汉语在国外作为第二语言教育，应该如何做到既要"原型化"、又要"国别化"，实在是一个难得的样例。

本书就是这样一部对于日本的汉语教学历史进行系统研究的尝试。由于中日文化交流史已经相当久远，有关内容的研究早已引起多方面学者们的注意。但是因为历史漫长，内容繁多，从语言、文字和文化方面进行局部的研究的论著不少，而单就汉语教学史进行全面系统的具体考察和分析评价的还并不多。海燕在中国传媒大学从事教留学生学汉语的工作多年之后，从我攻读"语言教育"的博士学位，为了对付这个难度相当大的课题，她入学后就读了许多书，努力提高自己的日语水平，联系自己十多年来对外汉语教学的工作实践，思考了许多教材、教法的问题，数易其稿，终于有了一份可供同行们了解的素材，也提出了一些可供思考的想法。总的看来，历史过程的叙述多些，总结评判还不太到位。作为一个个案分析，有了大体的基础，让更多的了解日本文化和日本的汉语教育的专家去审察，一定可以使这项研究得到更多的进展，为对外汉语的国别化教学提供更多的启发和帮助。

对外汉语教学应该充分体现汉语的特征，做到"原型化"，也应该适应学习者的国情、语情和民情，做到"国别化"。我想这都是我们应该坚持的方向。至于要不要有通用教材，我倒是像某些只编通用教材的专家那样，"最好让我垄断，不要你插手"。我倒是也主张并和一些老师一起试编过一种通用教材。我的设想是应该有一本入门用的初级教材，用很少的常用字、词编成简短的课文，让初学者能在很短的时间内知道汉语汉字的奥妙，轻松地上路。但是，我不赞成大家在概念上争论，要不要"国别化"，辩个水落石出，只磨刀，不砍柴。最好还是多做一些各种不同样品、不同案例的考察，看看各种不同的做法都有哪些不同的效果。因为检验真理的最好依据总是客观存在的事实，事实胜于雄辩，尤其是历史发展过程中展现出来的事实。

据此，我向对外汉语教育界的同行们推荐此书，希望大家都来考察这个样例，核实其历史的阐述，斟酌其所做的评判，共同来思考怎样才能使对外汉语教学，尤其是在国外进行的汉语作为第二语言的教学做到"原型化"和"国别化"。

附记：海燕不是学日语出身，也没有专门研究日本的汉语教学，敢于啃这块"硬骨头"实在不简单。中日两国两个民族的文化和语言文字的交融是一个庞大而复杂的课题，要真正弄通日本的汉语史应该从更大的范围去考察，了解汉语和日语的差异（包括类型和结构的差异）、两个国家和民族的文化差异、语言教育上的不同传统和发展道路，分析在汉语教学史上的种种思潮与改革的办法及其效果，还需要很多方面的专家对此进行大规模和上档次的研究。海燕已经是行内的教授了，她的这本书可以给大家提供一些思路，也希望为这个研究内容做出更多的贡献。

《汉语亲属称谓研究论集》序①

　　士云在其博士论文《汉语亲属称谓研究》出版 14 年之后，又寄来了新的论集。我知道，这些年来他一直承担着繁重的教学和行政工作，还兼任了一些社会工作，也常常抽身到国外参加多种相关的学术会议。我看他真是个"全能运动员"，精力充沛，干什么都很投入，很有成绩，常为他高兴。

　　不少攻读博士学位的年轻人拼一阵子，写成论文，获得学位，其学术研究便画上句号，忙着应付手头的工作和安排生活了。士云却是把学业的结束当成新的起点，在已经选定的学术研究道路上继续努力，做出了新的成绩。人到中年，做到这一点并不容易，因为各方面的负担多了，没有足够的热情和毅力是很难坚持的。如果说，业务工作和社会工作靠着一股不落人后或者出人头地的劲头还可以有所作为的话，学术研究要做到长期坚持并不断有所前进，看来还需要有浓烈的兴趣和正确的方法。因为兴趣才能催生足够的热情，方法正确则可以避免走弯路，能够出成果，而没有成果就难有持续的热情。

　　士云研究亲属称谓是从感性的语言事实的对比开始的。他少时生活的江

---

① 本文刊于《汉语亲属称谓研究论集》（胡士云著，神户学院大学出版社 2021 年版）。

淮方言区，保留了早年吴语的一些说法，管祖父叫"爹"，而管祖母叫"奶奶"却是和中原官话以及其他北方官话的说法相同。他想，"爹和奶奶应该是夫妻关系"，为什么京剧《红灯记》中李玉和叫李奶奶为"妈"呢？这就引起了他对于不同方言在亲属称谓上的差异的思考，以致后来走上了研究亲属称谓的路。这使我联想到了自己的类似经历。记得我刚过15岁时在南安家乡的初中毕业，到15公里外的泉州上高中，"自私"说成"jixi"，被说[tzɿsɿ]的泉州人笑话；后来高中毕业去100公里外的厦门上大学，又被说[tzusu]的厦门人笑话。同是闽南话，竟有这么大的差异。我在不断改口的同时，便引起了追寻其中差异的浓厚兴趣。后来，听了黄典诚老师的方言课，读了罗常培先生的《厦门音系》，终于明白了其中的道理，并认定了一生从事的方言研究事业。

人们要交际、要思维，须臾不可离开语言的运用。不论是通语或方言、文言或白话、书面语或口头语，不同的语言千姿百态、无法穷尽，言语的应用更是变化无穷、难以捉摸。但是，只要是有心人，一定可以从中发现问题，找到规律，探知其奥妙，为人们理解语言和运用语言提供有益的帮助。古往今来不知有多少学者，就是从人人都在使用的语言之中悟出道理来的。语言真是一部无所不包的百科全书，它反映了人类自身的生理、心理的行为、动作的成果，也记录了社会生活的方方面面和历史过程。语言就在你的口中、心中、耳边以及眼看的文字之中，但真要了解它却是不容易的。放开来说，任何科学的研究，想找出规律，都需要从漫无头绪的事实中经过艰苦的调查和思考才能获得或多或少的理解，没有足够的热情和正确的方法是无法成功的。数学是最抽象的，数学公式的演算让多少青少年望而却步，陈景润们却津津有味，乐此不疲，就因为他们能在思维演进的过程中获得持续的兴趣，并转化为不竭的热情。

从1992年开始研究汉语的亲属称谓，到2001年通过博士论文，士云用了十年的努力，到现在这本论文集的出版，又过去了20年。把人生最宝贵的年华投放到语言学的这个不大的研究课题，值得吗？我看是值得的。因为他不是把它作为主业，而是作为与主业相关的副业。在主业进展有成的同时，又能有此副业的丰收。这不但为主业提供了必要的助力，也给相关研究的后人留了一份难得的启发，有时还能具有比主业更加永恒的价值。科学的探索总是可以传世的，有价值的发现则是永恒的。

从博士论文到现在的论文集，士云的研究是成功的。因为他能在探索的过程中培养兴趣，始终保持旺盛的热情；方法上也是科学的：先掌握大量的材料，而后经过比较归纳类型，提取规律，这是总体方法论。然而古今汉语记录的文献浩如烟海，现实口语的记录却零散贫乏。前者只能选定重点作几个穷尽的考察，后者则应该尽量运用已有的汇集，像文献中的《史记》、口语记录的《普通话基础方言基本词汇集》和41种现代汉语方言词典，都是他精心选择的合理语料。在比较研究的方法上，既注意共时的类型分析（如指出北方官话和南方方言的基本区别与临近地区的雷同），也关注历时的演变发展（如理出了先秦、汉唐和宋元之后的三个时期的亲属称谓多有不同）；分析问题时，既有宏观的描写（如做出"一称多亲和一亲多称"的概括，又认为是历史长、方言多的原因造成了亲属称谓的"纷繁庞杂"），也有微观的分析（如关于若干常用的称谓"爷、爹、爸、娘"的纵横两向的考察）；既有语言内部的系统和演变的分析（称谓的长幼之别、内外之别、男女之别、词义的演变），也有语言外部的历史文化和社会生活的考察（宗法社会、民族接触、文化背景等）；既有亲属称谓本身的研究，也有对教学应用的关注（如对日汉语教学如何教好亲属称谓）。这都是一般人文社会科学研究的基本方法。正是由于方法正确，他所做出的许多结论都能令人信服，并富于启发性。例如，从宏观方面说，他指出，在人口超过十亿的官话方言中，全区同样的称谓只有数种，超过三分之二的说法只在小范围内使用；亲属称谓中方言差别大的多在长辈称谓，晚辈称谓则较少；《史记》中的亲属称谓是泛指多、特指少，书面语多、口语少，背称多、面称少。从微观方面说，他指出，"爷、爹"在唐以前都只用来称呼父亲，宋以后才开始用来称呼祖父；亲属称谓的词头"阿"在魏晋以后多见（看来是双音化的手段之一，产生于中古前期）；"爸"是中古的字形和读音（部可、补可、必驾三种反切反映了中古音全浊清化和浊上作去，但保留上古的轻唇读重唇），"父"则是上古的字形、中古的读音，读为轻唇音和高元音 u 等。这都是未曾深入研究的读者所难以知晓的结论，揭示出来之后又能使人得到多方面的新知。

本论集共收论文 11 篇，是他在博士论文的基础上进一步研究的成果。从中可以看到，这些年来士云的研究一方面是从理论上升华，另一方面也从事实的深挖和材料的充实上加以努力，并认真总结了教学上的应用。这说明他的学术探讨的兴趣还很旺盛，方法上也有所推进。在繁忙的本职工作之外，能有这么多的成果，说明他的学术研究还有潜在的余力。我在读完全稿之后，还想到汉语亲属称谓的研究中尚有一些值得进一步探寻的课题，也在这里提出来，希望士云在今后的研究中就此做出新的贡献。

这几年来，汉字和汉语的关系引起了我的关注。由于汉语使用汉字作为记录形式，汉字是重于表意而表音不力的，文字的变化和语言的演变就不可能同步发展。士云已经注意到的"父"与"爸"的替换、"娘"与"孃"的并用都是典型的例子。从语源的研究来说，许多方言亲属称谓的差异，经过音义的考证，认清本字之后，往往会有新的发现。例如闽方言中，福州话的"依母"（婶婶）、"依妈"（奶奶）、"老妈"（妻子），厦门话的"查某"（女人）、"引妈"（奶奶），"母、妈、某"等写法可能都和"妈祖"的"妈"属于相同的语源，只是不同时期的读音和意义上的区别造成了不同的习惯写法罢了。利用汉字书写的文献，对于所用文字的古今音、文白读、异读、训读、俗读、俗写都应该加以区别，就像上文所说的考察"父、爸"的字音字形的演变那样。不过，这是方言研究语源探索的课题，不能要求研究亲属称谓的学者都去进行这种深入的论证，但是在引用别人记录的材料时，如果不考虑这类异同，有时就会张冠李戴，做出不准确的归类。

由于汉字的关系，汉语形成了口头语和书面语两大词汇体系。亲属称谓就有明显的书面、口头之别。这和语用上的面称和背称又是相关而不相同的。不仅如此，还有旧语的沿用也和汉字的习惯势力有关。

例如在官话方言（含晋语），"父亲"是书面语，"爸、爸爸、爹、爹爹、老子"是口语，"大、大大"可能是古音保留或变读，"伯伯"可能是偏称，西南官话称二叔、三叔为"二爸、三爸"。这种"以偏为正"究竟该叫什么称谓好？好像还没有见到学者给取过名。此外，"令尊"是古语的沿用，现在某些场合还在使用。由于种种原因，以往的调查往往没有把各种说法都问遍记全，因而就不便于对比研究。尤其是口语中的偏称，一般都很少关注。例如，闽方言中就有面称父亲为"叔"甚至称"哥"、面称母亲为"姐"的。福建西北角的邵武话是闽语蜕变成的赣语，则管女婿叫"姐夫"，背称、面称都这么说。可见，搜集已有的调查材料，引用时还得经过一番鉴别。

在现代化、都市化不断发展，普通话迅速普及的当下，方言的亲属称谓常常被借用的普通话替代或者并行并用。这是普通话普及之后的新鲜事。方言接受普通话的影响，这是大势所趋、社会进步的表现。语言的发展总是要反映社会进步的，我们不必为此忧心忡忡，但是做必要的调查和研究，考察方言的萎缩、蜕变的过程和规律，是必要的有价值的工作。至于那些已经处于濒危状态的小方言，更是有必要进行抢救性的调查，把即将消失的历史事实记录下来，不也是一种历史文化遗产的保护工程吗？

关于汉语及其方言在历史上经历过的语言接触，已经引起士云的注意，并做了一些有益的探索。在这方面可能也还有不小的探索空间。一般来说，北方的官话接受过阿尔泰语系的影响，南方的方言则存有苗瑶壮侗等民族语言的"底层"。近些年来，关于汉语和民族语言的比较研究已经有了新的成果，尤其是经过"语言资源保护工程"的努力，濒危的少数民族语言和汉语方言又积累了不少新材料，今后运用这些语料，再和汉语历史的和现实的亲属称谓作比较，一定可以得到新的认识。

以上想法，可供对亲属称谓研究还兴致勃勃的胡士云博士参考。祈望他还有这方面的新成果问世。

李如龙
2020 年 11 月于厦大